权威·前沿·原创

皮书系列为
“十二五”“十三五”国家重点图书出版规划项目

深圳蓝皮书

BLUE BOOK OF SHENZHEN

深圳文化发展报告（2018）

ANNUAL REPORT ON CULTURAL DEVELOPMENT OF SHENZHEN (2018)

主　编／王为理

副主编／陈长治

社会科学文献出版社
SOCIAL SCIENCES ACADEMIC PRESS (CHINA)

图书在版编目(CIP)数据

深圳文化发展报告. 2018 / 王为理主编. --北京：社会科学文献出版社，2018.5
（深圳蓝皮书）
ISBN 978-7-5201-2554-3

Ⅰ. ①深… Ⅱ. ①王… Ⅲ. ①地方文化-文化事业-发展-研究报告-深圳-2018 Ⅳ. ①G127.653

中国版本图书馆 CIP 数据核字（2018）第 074274 号

深圳蓝皮书
深圳文化发展报告（2018）

主　　编 / 王为理
副 主 编 / 陈长治

出 版 人 / 谢寿光
项目统筹 / 周映希
责任编辑 / 杨　雪

出　　版 / 社会科学文献出版社 · 区域发展出版中心（010）59367143
地址：北京市北三环中路甲 29 号院华龙大厦　邮编：100029
网址：www. ssap. com. cn
发　　行 / 市场营销中心（010）59367081　59367018
印　　装 / 三河市龙林印务有限公司

规　　格 / 开　本：787mm × 1092mm　1/16
印　张：24　字　数：361 千字
版　　次 / 2018 年 5 月第 1 版　2018 年 5 月第 1 次印刷
书　　号 / ISBN 978-7-5201-2554-3
定　　价 / 89.00 元

皮书序列号 / PSN B-2016-554-7/7

《深圳文化发展报告（2018）》
编　委　会

主编简介

王为理　深圳市社会科学院副院长，研究员，复旦大学哲学博士、香港中文大学历史学课程哲学博士，美国哥伦比亚大学访问学者（2010 年）。深圳市决策咨询委员会委员，深圳市第六届人大代表。享受深圳市政府特殊津贴专家，深圳市地方级领军人才。主要从事现代化、城市发展和文化创意产业研究。出版学术专著《人之间——思与禅的一种诠释与对话》（上海三联书店 2001 年）、《从边缘走向中心——深圳文化产业发展研究》（人民出版社 2007 年），译著《多元现代性的反思——欧洲、中国及其他的阐释》（香港中文大学出版社 2009 年、商务印书馆 2017 年），合著《城市文化论》、《文化立市论》等。在《复旦学报》、《香港中文大学人文学刊》、《学术月刊》、《社会科学战线》、《江海学刊》、《学术研究》、《哲学动态》、《马克思主义研究》等刊物上发表学术论文三十余篇，其中十余篇被《中国社会科学文摘》、《新华文摘》、《中国人民大学复印报刊资料》等刊物转载。在《人民日报》、《深圳特区报》等报刊发表文化评论数十篇。所编辑图书《邓小平经济发展论》获第十二届中国图书奖。主持或作为核心成员参与国家社科基金艺术学重大项目《新兴城市文化流动与文化创新研究》、国家社会科学基金重大项目《农民工文化需求与城市公共文化服务体系建设研究》、《中国深圳第 26 届世界大学生夏季运动会申办报告》、《全球创业观察：深圳和香港研究》、《国际化城市文化产业比较研究》等国际、国家和深圳市课题研究三十余项。主持《深圳市文化创意产业创新发展规划（2016～2020）》、《中国（深圳）国际文化产业博览交易会发展规划（2009～2020）》、《深圳市文化旅游产业发展规划（2009～2020）》等文化产业相关规划十余项。

摘　要

《深圳文化发展报告（2018）》由深圳市社会科学院编撰，包括公共文化服务、文化创意产业、文化改革创新、粤港澳大湾区与城市文化、案例与借鉴等内容，较为全面系统地回顾、总结了2017年深圳文化发展的基本状况与主要成果，简要分析了深圳文化发展存在的问题，并从努力建设国际文化创意先锋城市、提升文化供给质量、促进粤港澳大湾区文化交流合作与繁荣发展等角度对2018年深圳文化发展进行了展望。

2017年是党的十九大召开之年，也是深圳全面落实《深圳文化创新发展2020（实施方案）》的一年。在这一年里，深圳文化改革发展工作围绕建设现代化国际化创新型城市和国际产业、科技创新中心的目标，全面完成年度工作任务。进展与成果主要包括现代公共文化服务体系建设取得新进展，市民文化福利水平得到进一步提升；成功组织系列高水平文化艺术活动，城市软实力明显提升；加快推进文化创意产业创新发展，支柱产业的地位更加牢固；打造国际性文化交流品牌，进一步扩大文化交流、讲好“深圳故事”；新闻出版和广播影视行业快速发展，文化传播能力进一步提升；全面加强文化遗产保护，城市文化保护与传承得到加强；坚持改革创新驱动，文化发展的活力得到进一步激发。

报告还基于建设社会主义现代化先行区、国际文化创意先锋城市等深圳未来发展定位，对深圳文化2018年发展前景进行了展望。

关键词： 深圳　文化　十九大

Abstract

*The 2018 Annual Report on the Cultural Development of Shenzhen*is compiled by the Shenzhen Academy of Social Sciences. It covers topics related to public cultural provision, cultural and creative industries, cultural reform and innovation, and the Guangdong – Hong Kong – Macao Greater Bay Area and urban culture, concluding with several case studies. This report reviews the general developments and major achievements in Shenzhen's cultural industries in 2017, examines some of the existing problems, and offers an outlook on trends in 2018 in line with the objectives of making the city an international forefront in cultural and creative industries, improving the quality of cultural provision, and boosting the cultural exchange and cooperation in the Greater Bay Area.

2017 was the year of the 19th CPC National Congress, and also the year of full-fledged implementation of *The Execution Plan for Cultural Innovation and Development in Shenzhen 2010*. It saw the completion of annual tasks in cultural reform and development work, centering on elevating Shenzhen to the status of an international hub for industrial and sci-tech innovation. Some of the major highlights in the past year include new developments in the public cultural provision system, and the augmentation of cultural welfare available to city residents; the successful organization of a number of high-level arts and cultural initiatives, and the visible expansion of Shenzhen's soft power; the acceleration of development in the cultural and creative industries, and the strengthening of this economic pillar; the successful branding of Shenzhen in international cultural exchange, the increase of cross-cultural dialogues, and the better telling of a Shenzhen story; the fast growth of the press, publication, radio, film, and television industries, and the greater capacities for cultural communication; the fuller protection of cultural heritage, and the better preservation and transmission of urban culture; the continuation of the policy of reform – and innovation – driven growth, and the further vitalization of cultural development.

The report also provides an outlook on Shenzhen's cultural developments in 2018 in line with its aspirations to become a vanguard in the global cultural and creative industries.

Keywords: Shenzhen; Culture; the 19th CPC National Congress

目　录

Ⅰ　特稿

Ⅱ　总报告

Ⅲ　公共文化服务

Ⅳ 文化创意产业

Ⅴ 文化改革创新

Ⅵ 粤港澳大湾区与城市文化

Ⅶ　案例与借鉴

皮书数据库阅读使用指南

CONTENTS

Ⅰ Featured Article

Ⅱ Overview

Ⅲ Public Cultural Services

V Cultural Reform and Innovation

VI Guangdong–Hong Kong–Macao Greater Bay Area and Urban Culture

Ⅶ Case Studies

特　稿

Featured Article

坚定文化自信，推动深圳文化繁荣兴盛

李小甘*

摘　要： 习近平总书记在党的十九大上的报告，对文化建设作了全面、深刻的论述，是新时代文化发展的指导思想和行动纲领。深圳必须以习近平新时代中国特色社会主义思想和党的十九大精神为指引，坚定文化自信、提高文化自觉，以“文化创新发展2020”为总抓手，加快构建“五大体系”，建设与城市定位相匹配的文化强市，为社会主义文化繁荣兴盛做出应有的贡献。

关键词： 十九大　文化自信　文化自觉　文化创新

党的十九大是中华民族实现伟大复兴的里程碑，标志着我国迈入了新时

* 李小甘，中共深圳市委常委、宣传部部长。

代、开启了新征程。习近平总书记在党的十九大报告第7部分中提出“坚定文化自信，推动社会主义文化繁荣兴盛”，从牢牢掌握意识形态工作领导权、培育和践行社会主义核心价值观、加强思想道德建设、繁荣发展社会主义文艺、推动文化事业和文化产业发展等5个方面，对文化建设作了全面深刻的论述，阐明了在新时代以什么样的立场和态度对待文化，用什么样的思路和举措发展文化，朝着什么样的方向和目标推进文化建设等重大问题，是新时代文化发展的指导思想和行动纲领。深圳必须以习近平新时代中国特色社会主义思想和党的十九大精神为指引，在学懂、弄通、做实上下功夫，并结合特区实际，加快推动文化创新发展，建设与深圳城市定位相匹配的文化强市，为社会主义文化繁荣兴盛做出应有的贡献。

一　增强新时代文化创新发展的自信自觉

推动新时代文化创新发展，必须准确把握新方位、新坐标，不断增强文化自信和文化自觉，更好地担负起新的文化使命，在实践创造中进行文化创造，在历史进步中实现文化进步。

（一）文化自信是推动文化创新发展的持久力量

文化自信是一个民族、一个国家以及一个政党对自身文化价值的充分肯定和积极践行，对自身文化的生命力持有的坚定信心。文化自信是“四个自信”中更基础、更广泛、更深厚的自信，是一个国家、一个民族发展中更基本、更深沉、更持久的力量，是国家自信、民族自信的源头。

在2014年2月24日的中央政治局第13次集体学习时，习近平总书记首次提出“文化自信”，强调要增强文化自信和价值观自信。在2016年5月17日的哲学社会科学工作座谈会上，习近平总书记又进一步强调：坚定中国特色社会主义道路自信、理论自信、制度自信，说到底是要坚定文化自信。在2016年7月1日庆祝中国共产党成立95周年大会上，习近平总书记首次将“道路自信、理论自信、制度自信、文化自信”并列，强调：文化自信是更基础、更广泛、更深厚的自信，在5000多年文明发展中孕育的中华优秀传统文化，在党和人民伟大斗争中孕育的革命文化和社会主义先进文化，积淀着中华民族最深层的精神追求，代表着中华民族独特的精神标识。在2016年11月30日的中国文联十大、中国作协九大开幕式上，习近平总书记强调：坚定文化自信是事关国运兴衰、事关文化安全、事关民族精神独立性的大问题。党的十九大报告强调：文化自信，是更基础、更广泛、更深厚的自信，全党要更加自觉地增强道路自信、理论自信、制度自信、文化自信；并把“文化自信”写进《党章》。

新时代的文化自信，首先来源于民族文化的深厚根基和现实力量。“中华”的含义：中，即世界中央；华，即服饰华美的意思，是有文化的意思，用以区别没文化的“夷”。国学大师章太炎说，“中华云者，以华夷别文化之高下也”。

新时代的文化自信，更来源于改革开放40年的快速崛起。改革开放40年快速崛起的最重要标志是，中国成为世界经济增长的主要动力源和稳定器。从1978年到2016年，38年间中国GDP年均增速高达9.6%；GDP总量增加了32.3倍；占世界经济总量的比重，从2.3%飙升到14.84%。中国GDP从2010年就开始稳居世界第二，2017年高达82.7万亿元（12万亿美元），对世界经济增长的贡献率超过30%，仅一年的增量就相当于澳大利亚GDP的规模。外汇储备连续11年居全球第一，2017年底达31399亿美元，占全球1/3。

经济上强大，“文化走出去”成为必然。如今，孔子学院遍布世界，146个国家（地区）建立525所孔子学院和1113个孔子课堂，各类学员累计达916万人，成为驰名世界的中国文化品牌。2017年热播的电影《战狼2》全国票房56亿元，在全球电影票房总排行榜排57名，是中国唯一进入全球票房排行榜的电影，彰显了近年我国文化软实力的提升。深圳生产的华为手机占500美元以上全球高端市场的份额达14%，在东北欧市场份额超20%，很多国际友人正是通过华为、腾讯等企业开始了解深圳的。

新时代，我们的文化自信更加理性厚重、坚定从容。有了这样的文化自信，迈向民族伟大复兴就有了更基本、更深沉、更持久的力量，我们走自己的路就有了无比坚实的底气，文化创造活力将被不断激发，文化创新发展就有了深厚底蕴和旺盛活力。

（二）文化自觉体现了文化创新发展的使命担当

人类社会发展史实际上是文化进步史，是以相应的文化觉醒为前提和基础的。“文化自觉”是著名社会学家、人类学家费孝通先生提出的概念：文化自觉的意义在于对其文化有“自知之明”，明白它的来历、形成的过程、所具有的特色和它的发展趋向。简而言之，“文化自觉”就是我们在文化上的觉悟、觉醒，主动对自身文化的渊源、发展、未来以及作用和地位等进行反思，并主动承担起文化发展的历史责任和使命担当。

党的十八大以来，中央高度重视文化建设，习近平总书记先后主持召开了全国宣传思想工作会、文艺工作座谈会、党的新闻舆论工作座谈会、网络安全和信息化工作座谈会、哲学社会科学工作座谈会、全国高校思想政治工作会等，多次强调文化的极其重要性，对中华文化的认知程度和中国文化发展远景阐述得十分深刻。如“古往今来，中华民族之所以在世界有地位、有影响，不是靠穷兵黩武，不是靠对外扩张，而是靠中华文化的强大感召力和吸引力”；“没有中华文化繁荣兴盛，就没有中华民族伟大复兴。一个民族的复兴需要强大的物质力量，也需要强大的精神力量。没有先进文化的积极引领，没有人民精神世界的极大丰富，没有民族精神力量的不断增强，一个国家、一个民族不可能屹立于世界民族之林”。特别是党的十九大报告强调：文化是一个国家、一个民族的灵魂。文化兴国运兴，文化强民族强。

在习近平总书记的亲自指导和主抓下，中国相继出台了一系列打基础、利长远的纲领性制度文件，比如《中共中央关于繁荣发展社会主义文艺的意见》《关于培育和践行社会主义核心价值观的意见》《关于实施中华优秀传统文化传承发展工程的意见》《关于加快构建中国特色哲学社会科学的意见》等。这些纲领性制度文件发挥了“四梁八柱”的作用，为新时代文化发展搭建起全面系统、科学完整的工作体系，充分体现了新时代高度的文化自觉。

责任源于自觉，行动体现自觉。新时代，必须要有推进文化创新发展、增强文化软实力的自觉和担当，高扬自己的文化理想，树立自己的文化形象，切实承担起推动社会主义文化繁荣兴盛的历史责任，更加自觉地用先进文化引领社会进步。

（三）党的十九大报告为文化创新发展指明了方向和路径

坚定文化自信、提高文化自觉，最终目的是要立足自身实际，依靠自己的力量，突出自己的特色，走自己的文化发展道路，即坚持中国特色社会主义文化发展道路，激发全民族文化创新创造活力，推动社会主义文化繁荣兴盛，建设社会主义文化强国。这是党的十九大报告对未来文化发展的总定位、总目标。

在这一总体目标定位下，党的十九大报告提出了 5 个方面的文化发展任务，这是一个相互促进的有机整体，构成了推动社会主义文化繁荣兴盛的基本框架和主要内容。其中，牢牢掌握意识形态工作领导权是“方向”。意识形态决定文化前进方向和发展道路，使全体人民在理想信念、价值理念、道德观念上紧紧团结在一起，保证文化繁荣兴盛的正确导向。培育和践行社会主义核心价值观是“灵魂”。社会主义核心价值观是当代中国精神的集中体现，凝结着全体人民共同的价值追求，决定文化的生命力、凝聚力和感召力。加强思想道德建设是“基础”。习近平总书记强调“夯实国内文化建设根基，一个很重要的工作就是从思想道德抓起”，国无德不兴、人无德不立，人民有信仰、国家有力量、民族有希望，必须不断提升人民的思想觉悟、道德水准和文明素养。繁荣发展社会主义文艺是“标志”。文艺是时代前进的号角，最能代表一个时代的风貌，是文化自信和文化繁荣兴盛的集中展现。推动文化事业和文化产业发展是“支撑”。满足人民日益增长的美好生活需要，必须提供丰富的精神食粮，文化事业和文化产业构成文化繁荣兴盛的物质载体和基本条件。

党的十九大报告集中展现了新时代的文化自信和文化自觉，为推动社会主义文化繁荣兴盛，建设社会主义文化强国提供了根本遵循和基本要求。报告中“创新”一词出现了59次，强调要坚持创造性转化、创新性发展，不断铸就中华文化新辉煌。创新创造是文化的生命所在，是文化的本质特征，任何一个国家和民族文化的发展，都离不开创造性转化和创新型发展。要实现深圳文化的繁荣兴盛，必须在创新中发展，在发展中创新。

二　增强推动深圳文化繁荣兴盛的使命感和紧迫感

深圳经济特区自建立以来，文化建设取得辉煌成就，被联合国教科文组织评为“设计之都”和“全球全民阅读典范城市”，文博会、读书月、创意十二月等品牌活动越办越好，文艺精品创作屡获佳绩，文化事业和文化产业蓬勃发展，文化影响力不断扩大。但同时，也要清醒地认识到深圳文化发展存在的不足和短板。

（一）深圳文化建设仍存在诸多短板

对标国内外先进城市，对标市民日益增长的美好精神文化需求，深圳的文化发展还存在很多薄弱环节和短板。

一是精神文明建设存在薄弱环节，市民文明素质需进一步提高。经过全体市民的共同努力，深圳市连续五次荣获“全国文明城市”称号，但是城市文明水平与现代化国际化城市相比还有较大差距。如从人口学历结构来看，2016年底深圳市1190.84万常住人口中，大专（不含）以下占75%；而伦敦恰好相反，2016年伦敦约有69.7%的人拥有高等学历。从这个角度来看，市民素质直接影响城市文明水平，制约着城市文化发展。

二是公共文化基础设施分布不均衡，公共文化服务供需不对接。硬件方面，原特区外历史欠账太多，公共文化设施方面差距太大。如2016年南山区公共设施人均面积为0.43平方米，而坪山区仅有0.23平方米。软件方面，公共服务与管理错位、缺位的问题不容忽视，大量的外来务工人员的文化需求无法满足，部分社区文化活动中心存在“衙门化”倾向。

三是文体人才和队伍整体实力不强，文艺精品创作缺乏厚实基础。2017年，深圳市有3部文艺作品入选中宣部“五个一工程奖”，14部作品入选全省“五个一工程奖”，但这并不能掩盖深圳文艺人才缺乏、院团整体实力不强的现状，尤其是在体现一线城市综合文艺实力的舞台艺术方面，存在较大差距。在市属国有院团上，上海有18个，北京有12个，广州有7个，杭州有6个，而深圳只有2个。交响乐团保留差额事业单位体制，粤剧团转企后处境艰难；歌舞团交给华侨城，名存实亡。在体育方面，足球国内顶级联赛“中超”，北京有国安；上海有上港、申花；广州有恒大、富力，而且恒大是中超“五连冠”。深圳佳兆业队在2017年中甲排名第6，没有进“中超”。作为影响力最大的体育项目，职业足球是深圳的软肋，与城市地位不相匹配。

四是国有文化集团面临严峻挑战，体制机制改革必须继续突破。媒体格局和舆论生态发生深刻变化，传统媒体的受众大量流失。2017年，报业集团四大报累计实现广告收入4.62亿元，同比下降7.6%；广电集团广告收入15.78亿元，同比下降21.75%；出版发行集团出版物零售收入3.13亿元，同比只增加0.58%。国有文化集团在资源优化配置、媒体深度融合、机制体制转化等方面仍有许多亟待解决的问题。此外，深圳还没有与北京“头条新闻”、上海“澎湃”相类似的客户端。

五是哲学社会科学研究力量不足，学术领军人物和重大理论创新成果缺乏。一流智库缺乏，仅综合开发研究院（中国·深圳）影响较大，为首批25家国家高端智库建设试点单位。社科人才瓶颈突出，全市社科研究人员仅为2400多人，不到全省1/10；市社科院在副省级城市中规模最小，仅有37人；全市高校只有13所，与北京91所、广州84所、上海64所相比差距太大。学术平台缺乏，市社科院长期以来没有综合性的学术期刊；而北京仅社科类核心期刊就高达220种，上海有32种，广州有24种。

六是文化产业核心层比重偏低，产业转型升级有待加强。2017年全市文化创意产业实现增加值2243.95亿元，占GDP比重超过10%。但文化产业结构不尽合理，核心层（新闻出版、广播影视、文化艺术服务等内容产业）比重偏低，仅占3.4%；创意设计服务只占15.1%，文化信息传输服务占35.4%，文化制造业占37.1%，其他（文化休闲娱乐服务等）占9.2%。

（二）推进文化繁荣兴盛是深圳发展的内在需要

深圳是一座有人文情怀和文化自觉的城市。从20世纪80年代“勒紧裤带”兴建科学馆、博物馆、图书馆、大剧院、电视台、深圳大学、体育馆、新闻中心“八大文化设施”，将经济建设和文化建设比喻为“鸟之双翼，车之两轮”；到90年代强调“文化是城市的神，经济是城市的形，两者只有协调发展，城市才能形神兼备”，标志着深圳对文化认识的新高度，凸显了文化是城市之魂的文化观；再到21世纪确立“文化立市”的战略思想，把“文化立市”摆到与科技兴市、经济强市、依法治市同等重要的战略位置上，使之成为深圳经济社会发展的一个重要战略基础、支撑点和动力源，并在实践中大力推进文化强市建设，实现历史性的自我跨越，从“文化沙漠”逐步迈向“文化绿洲”。

当前，深圳要建成现代化国际化创新型城市和国际科技、产业创新中心，率先建设社会主义现代化先行区，奋力向竞争力影响力卓著的创新引领型全球城市迈进，必须要有坚实的文化基础和强大的精神支撑。无论是“现代化”、“国际化”还是“创新型”，必须要有与之相匹配的文化实力，国际化城市不仅要看经济、科技发展水平，更要看文化、教育等基本情况。

放眼世界、立足全球坐标系来看，凡是经济结构好、自主创新能力强的城市，大都也是文化兴盛的地方。如伦敦，全市公共图书馆395间、书店927所，大型剧场年演出数量17285场，全市酒吧咖啡厅数量超过3500间，孕育出《大宪章》《政府论》《国富论》等影响世界历史进程的皇皇巨著。伦敦西区是与纽约百老汇齐名的世界两大戏剧中心之一，集中40多个剧院、占全市近一半；每年新制作剧目基本保持在200部以上，年收入达6.5亿英镑；伦敦市长泰晤士河畔节是著名的大型户外文化活动。

再如，巴黎虽然2016年GDP（6650亿美元）位列全球第五位，但被人记住的不是经济，而是其浓郁的文化艺术氛围，是它曾经作为欧洲乃至世界思想文化的中心，是启蒙运动和人文精神的历史重镇。巴黎左岸也不仅是一个地理位置，更是巴黎的文化艺术心脏。14 世纪以来，各种书店、小剧场、美术馆、博物馆、咖啡馆鳞次栉比，文化名家集中荟萃、文艺氛围十分浓厚。

在文化发展定位和取向上，要立足深圳特点，符合深圳特长，形成深圳特色。建设国际文化创意先锋城市，大力发展现代文化，是符合深圳文化发展规律的。纽约的发展与当下的深圳颇为相似。它的历史沉淀也相对较少，因此它大力发展现代文化艺术，如抽象艺术、波普艺术等，并将其推到极致，从而成为世界性的文化中心。

三　大力推动新时代深圳文化的创新发展

2015 年 12 月，深圳推出了《深圳文化创新发展 2020（实施方案）》，以传承和创新的精神，针对深圳文化发展进程中面临的挑战和存在的问题，打基础、补短板、强弱项、谋长远，增强深圳文化的综合实力，建设与现代化国际化创新型城市和国际科技、产业创新中心相匹配的文化强市。

（一）“文化创新发展2020”是推动深圳文化繁荣兴盛的总抓手

推动“文化创新发展 2020”的总体思路是，“认准一个目标，实施一套方案，构建五大体系，一年办几件实事，坚持数年，必见成效”。“认准一个目标”，是打造与城市定位相匹配的文化强市，建设国际文化创意先锋城市。“实施一套方案”，是按照“文化创新发展 2020”这个“设计图”“施工表”，全面推进 153 项重点任务，目前已经全部启动。“构建五大体系”，包括创新思想理论载体，构建以社会主义核心价值观为引领的城市精神体系；创新城市形象标识，构建以国际先进城市为标杆的文化品牌体系；创新媒体运行机制，构建以媒体融合发展为标志的现代文化传播体系；创新文化服务方式，构建以市民精神文化需求为导向的公共文化服务体系；创新产业发展模式，构建以质量型内涵式发展为特征的现代文化产业体系。“一年干几件实事，坚持数年，必见成效”，强调坚持每年抓几件打基础、利长远、得民心的实事，久久为功、积小胜为大胜。如2017年要完成的66个年度项目，已经基本完成。

“文化创新发展2020”完全符合党的十九大精神，“五大体系”与推动社会主义文化繁荣兴盛的五个方面也是一致的。“文化创新发展2020”获得了社会各界的认可，市委六届二次、三次、四次、五次、七次、八次、九次全会都充分肯定，强调要全面实施“文化创新发展2020”，在文化强市建设上实现新突破，不断提升深圳文化的传播力、影响力和竞争力，加快建设与现代化国际化创新型城市定位相匹配的“文化强市”，率先形成展现社会主义文化繁荣兴盛的城市文明风尚。

（二）“五大体系”是推进深圳文化创新发展的重大举措

习近平总书记在党的十九大报告中强调，要一件事情接着一件事情办，一年接着一年干。要实现深圳文化的繁荣兴盛，必须有正确的理念、合适的路径、切实可行的举措。

1. 构建以社会主义核心价值观为引领的城市精神体系

一个人的价值观，决定了一个人的精气神；一座城市的文化内涵，决定了一座城市的整体形象。社会主义核心价值观是当代中国精神的集中体现，凝结着全体人民共同的价值追求，是构建城市精神体系要抓住的关键环节。

一是培育和践行社会主义核心价值观。城市精神对外可以树立形象，对内可以凝聚人心。深圳需要从塑造与城市定位相匹配的城市精神气质的高度，认真梳理、总结特区精神，开展“新时代深圳精神”大讨论，更好地反映、塑造深圳人的精神风貌，为率先建设社会主义现代化先行区提供精神动力。二是积极培育现代文明市民。大力落实《深圳市民文明素养提升行动纲要（2017－2020年）》，强化市民的认同感、归属感和自豪感，常态化开展新入户市民培训和激励工作，引导树立家园意识、法制意识、诚信意识。坚持“以法治促文明”，加强文明创建领域立法，巩固文明创建成果。推广实施“里子工程”，探索建立公共设施文明友好度标准，推进文明旅游、文明交通、文明餐桌、环境整治工作与社会诚信建设，深化“关爱之城”“志愿者之城”建设，使市民在文明城市建设中不断提升获得感、幸福感。三是推动哲学社会科学创新发展。以“天下名校为我所用”的决心和气度，重点引进一批知名社科专家，用“天下之才”弥补学术短板。发挥综合开发研究院等高端智库的引领作用，大力推动新型智库建设。围绕习近平新时代中国特色社会主义思想，推出一批高水平、有特色的学术精品，为率先建设社会主义现代化先行区提供理论支撑。

2. 构建以国际先进城市为标杆的文化品牌体系

文化品牌是文化竞争力的核心要素，是城市的重要形象标识。如美国的“奥斯卡”品牌商业价值高达数十亿美元，一年一度的奥斯卡颁奖典礼是全球性娱乐事件，近 10 亿人观看直播，给洛杉矶带来 6 亿多美元的经济效益。在构建文化品牌体系过程中，要努力引进、培育一批国际化的节庆、赛事、活动、作品、院团、队伍等品牌，打造更多更亮丽的城市文化名片。

一是狠抓“叫得响、传得开、留得住”的文艺精品创作。紧紧围绕改革开放 40 周年、新中国成立 70 周年、深圳特区建立 40 周年、建党 100 周年等重大时间节点，在影视、音乐、美术、戏剧等艺术门类规划创作一批精品力作。出台进一步繁荣发展深圳美术的指导意见，举办重大主题美术创作精品工程，积极打造“深圳画派”。二是精心办好城市的品牌文化活动。“2018 年城市文化菜单”的品牌文化活动达 31 项，涵盖文化艺术、创意设计、科技创新、体育休闲等类别，是代表深圳国际化城市形象的“文化大餐”。要继续办好“一带一路”国际音乐季、深圳国际摄影大展、深圳（国际）科技影视周等品牌活动，筹办好世界无人机锦标赛、国际乒联世界巡回赛白金系列赛·中国公开赛（深圳站）、深圳舞蹈月、深圳动漫节等新的重大活动。三是做大做强文艺院团。目前，文艺院团改革已进入实施阶段，正在推动设立深圳交响乐发展理事会和基金会，为交响乐团长远发展开拓新路；组建深圳歌舞剧院，着力打造国内高水平的舞台艺术队伍；推动深圳粤剧团和深圳戏院融合发展，并成立深圳市粤剧艺术传承保护中心，打造粤剧艺术传承保护基地和华南地区地方戏曲重点院团。四是持续增强城市文化的对外辐射力。积极构建大外宣格局，提升城市英文门户网站“EYESHENZHEN”影响力，打造外宣新阵地，推进国际传播能力建设。落实“一带一路”重大倡议，重点推进与联合国教科文组织、友城、创意城市网络、世界文化名城之间的交流合作，举办“深圳国际文化周”等一批重点活动，在重要城市、国际航班、著名地标等平台推广深圳形象。五是以“海纳百川”的胸怀广招天下文艺菁才。加快出台《深圳市文化艺术和体育人才引进办法》，建立柔性人才引进使用机制，利用前海人才特区的优惠政策，引进港澳和国外高端文化人才。推动筹办深圳艺术学院、深圳创意设计学院，培育文体基础力量。

3. 构建以媒体融合发展为标志的现代文化传播体系

世界一流城市无一不是信息资源的高地和文化传播的重镇，纽约有美联社、纽约时报，伦敦有路透社、BBC、泰晤士报，巴黎有法新社。深圳要建设国际化城市，必须打造属于深圳的一流文化传媒机构，形成现代文化传播体系，扩大城市的影响力、辐射力。同时，当前媒体格局已发生深刻变化，亟待转型发展、融合发展、创新发展。据不完全统计，2017 年以来国内停刊休刊的报纸媒体约 20 家，不少纸媒缩减出版周期。影响较大的如：上海《东方早报》原有功能全部转移到澎湃新闻网，北京《京华时报》只保留新媒体业务，新华社旗下的《国际先驱导报》停刊，香港 4 个电视频道收视率降到不足 3%。

一是深化深圳报业、广电、出版发行集团系统改革。报业集团重点将《深圳特区报》办成有重要影响的大报，推动《深圳商报》《深圳晚报》《晶报》转型融合，做强深圳新闻网，构建“一主报融媒体多平台”的发展新格局。广电集团打造以深圳卫视、CUTV 为龙头的传播体系，强化差异化发展，做精视听内容和文化服务，形成“双核心矩阵式多元化”的发展模式。出版发行集团实施以出版和发行主业为核心、以书城文化综合体为平台、以数字化转型为重点的“两核心一平台一重点”发展战略，大力输出以中心书城为代表的“文化万象城”模式。三大集团加快建立现代企业制度，坚决关停并转长期亏损企业，根治“体型臃肿、开支庞大”弊端。三大集团加大资本运作力度，加快培育新的上市主体，并在文化创意、园区运营、文化综合体等领域培育新的增长点，以多元发展反哺新闻宣传主业。二是深入推进媒体融合发展。据统计，截至 2017 年 12 月，我国网民规模达 7.72 亿，普及率达 55.8%，超过全球平均水平 4.1 个百分点。因此，搞新媒体项目不是盈利亏损的问题，而是阵地问题。近年来，深圳大力建设了“读特”“读创”“壹深圳”“全民阅读”“掌上书城”等媒体融合重点项目。但新媒体还没有实现真正融合，只是将传统媒体和新媒体做简单嫁接，“左手一只鸡，右手一只鸭”。要加快媒体融合从相“加”迈向相“融”，注重移动媒体优先、采编发流程再造、“中央厨房”突破，打造成拳头产品，努力跻身媒体融合发展的第一方阵。

4. 构建以市民精神文化需求为导向的公共文化服务体系

公共文化服务是现代社会文明的基本标尺，关系和保障着市民的精神需求和幸福指数。2017 年 3 月起正式施行的《公共文化服务保障法》，表明群众的基本文化权益和文化需求正在实现从可多可少、可急可缓的随机状态，到标准化、均等化、专业化发展的跨越。作为一个高学历、高收入、高素质人群聚集的一线城市，深圳对精神文化生活理应有更高的要求。

一是不断推进新的大型公共文化设施建设。目前，蛇口改革开放博物馆已开放，深圳当代艺术与城市规划馆即将运营，正在推进中国改革开放博物馆、深圳文学艺术中心、深圳美术馆新馆、深圳文化馆新馆、深圳图书馆调剂书库等建设，深圳歌剧院也开始研究论证和选址工作，深圳自然博物馆、世界博物馆大厦的规划建设和深圳博物馆老馆维修改造都在进行中。此外，前海规划了 11.2 万平方米的文化用地，用于文化载体建设；在后海规划“深圳湾文化设施带”。二是推行“一区一书城、一街道一书吧”发展模式。为补齐原特区外基层文化设施不足，深圳持续推进“一区一书城、一街道一书吧”的发展模式，加快深圳书城龙岗城、光明城、龙华城、湾区城、大鹏城和深圳数字书城（坪山）总部基地等规划建设，支持建设创意特色书吧和社区阅读创新创业平台，让书城和书吧成为便民的基层文化阵地。三是大力建设基层综合文化服务中心。每个街道基本建成 1 个街道综合文体中心，推进建设集宣传文化、党员教育、科学普及、普法教育、体育健身等多功能于一体的社区综合文化服务中心，打通公共文化服务“最后一公里”。通过项目公示、错峰服务、延长免费开放时间等方式，提升基层文化设施利用率。建设流动文化服务网，重点在原特区外和来深建设者集聚的厂区、生活区开展文化服务。将文化志愿服务融入社区治理，大力推动文化服务数字化建设。

5. 构建以质量型内涵式发展为特征的现代文化产业体系

2016 年我国文化产业增加值为 30254 亿元，占 GDP 的比重达 4.07%，到“十三五”期末文化产业将成为国民经济支柱性产业。推动文化产业质量型内涵式发展，必须聚焦文化核心产业，优化升级产业结构，提高文化产业发展的质量和效益。

一是做强文化产业的核心内容。大力培育新型文化业态，丰富产业文化内涵，加大对优秀原创作品采购、扶持和奖励力度，支持内容产业加快发展。鼓励传统制造型文化企业提高创意设计和研发环节比重及水平，推动文化创意和设计服务与相关产业融合发展，引导文化产业结构优化升级。文博会要注重质量和内涵，不片面追求成交额、规模、数量，提升交易活跃度、成交实效，增强国际化、市场化、专业化水平。二是不断提高文化产业的质量。积极培育腾讯、华强方特等文化领军企业，做强做大市场主体，使深圳成为具有国际竞争力的文化产业集聚高地。实施“大项目驱动”战略，按照“一区一项目”的原则，推进大芬油画产业基地、华强文化创意园等重大项目规划建设，打造文化产业总部经济。三是进一步打响“深圳设计”品牌。“坚定不移打造更具时代引领性的深圳品牌”是市委六届九次全会提出的“九大战略任务”之一，强调要坚持设计支撑，实施设计提升行动，培育一批设计巨匠，打造创新设计之都。深圳还将出台实施《进一步推动深圳设计工作的实施意见》，建设好“联合国教科文组织创意城市网络深圳创意设计新锐奖”“深圳环球设计大奖”等重大平台，进一步打响“深圳设计”品牌。

总 报 告

Overview

B.1
2017年深圳文化发展回顾与2018年展望

王为理　陈长治　熊德昌　杨立青*

摘　要： 本文从公共文化服务、文化艺术活动、文化创意产业、国际文化交流、文化遗产保护、文化改革创新等方面，全面回顾和总结了2017年深圳文化的发展状况，并从努力建设国际文化创意先锋城市、提升文化供给质量、促进粤港澳大湾区文化交流合作与繁荣发展等角度对2018年深圳文化发展进行了展望。

关键词： 深圳　深圳文化　粤港澳大湾区

* 王为理，深圳市社会科学院副院长、研究员；陈长治，深圳市社会科学院文化研究所所长；熊德昌，深圳市文体旅游局文化产业发展处处长；杨立青，深圳市社会科学院文化研究所副研究员。

一　2017年深圳文化发展回顾

2017 年是党的十九大召开之年，深圳文化发展紧扣迎接党的十九大和宣传贯彻十九大精神的主题，围绕建设现代化国际化创新型城市和国际产业、科技创新中心的目标，坚持以供给侧结构性改革为主线，全面落实《深圳文化创新发展 2020（实施方案）》，加快构建现代公共文化服务体系，努力推动文化创意产业创新发展，着力提升城市文化软实力；各项工作取得了新进展，实现了新突破，为深圳走在前列、勇当尖兵提供了有力的精神动力和文化支撑。

（一）现代公共文化服务体系建设取得新进展，市民文化福利水平得到进一步提升

公共文化服务是提升市民文化素质、增进民生福利的主要载体。2017 年，深圳文化建设坚持以人民为中心的发展方向，着力满足市民精神文化需求，努力从完善机制、优化服务、举办活动、设施建设等方面加快完善现代文化服务体系。

市文体旅游局探索建立并实施文化服务质量测评指标体系，发布了《深圳市公共文化服务工作考核标准》，设置保障体系、设施与设备、资源与服务、社会参与等 24 项指标，并据此对各区（新区）2015～2017 年度公共文化服务工作进行综合考核，积极推进改进公共文化服务。扎实推进文化馆、图书馆总分馆制建设，市文体旅游局、发改委、财政委联合转发《关于推进县级文化馆图书馆总分馆制建设的实施方案》，提出具体建设目标任务，要求到 2018 年全市各区（新区）全部建立文化馆、图书馆总分馆制。完善文化馆联盟框架建设，加快推进数字文化馆建设，不断完善“深圳市数字文化”手机 App、微信客户端、数字电视平台、高品质网站教学视频等数字文化建设，提高信息化服务水平。开发深圳市文化馆票务系统，进一步充实群众文化艺术资源数据库。以深圳市文化馆联盟为基础，联合全市各区

（新区）文化馆打造深圳市文化馆云平台，实现公共文化一站式管理与服务，建立交互式需求供给体系，推动文化馆服务从简单的实体文化数据向智能文化服务转变，努力为群众提供个性化定制服务。

成功举办第十三届外来青工文体节，首次举办“打工文学全国征文大赛”“全国服务农民工文化品牌建设研讨会”等活动，深圳外来工文化服务再次受到全国关注。第十四届“鹏城金秋”市民文化艺术节策划举办开幕式暨广场舞大赛、书法美术作品展、“市民晒艺大舞台”、曲艺类原创作品大赛、戏剧小品类原创作品大赛等活动，丰富了市民文化生活。组织策划新春艺术关爱系列活动，文艺演出、挥春送春联、精品艺术展览等共45项活动营造了团结奋进、欢乐祥和的新春节日氛围。深入开展文化志愿服务，进一步完善文化志愿服务网络信息平台，策划组织“文化志愿者进校园——玩转课本剧”、“文义惠鹏城——深圳市文化志愿者喜迎十九大合唱音乐会”、敬老月文艺慰问演出等系列活动，并在全国文化馆年会上展示深圳志愿服务风采。

创新“图书馆之城”移动服务平台，进一步完善“微信”“支付宝”等移动社交平台上的“图书馆之城”服务功能，创新推出预借图书“快递到家”、文献转借、二维码读者证和扫码登录、线上支付、扫描 ISBN 快速检索图书等服务。深圳图书馆联合华润集团创建求贤阁分馆，成为深圳人才公园一道特别的人文风景。联合社会企业创建深圳捐赠换书中心集悦城分中心和必胜客分中心，便利市民进行图书交换。加快优化自助图书馆服务点布局，文献流通量稳步上升。深入推进中小学图书馆文献资源共享“常青藤”计划，全市加盟学校达101所，流通图书达21万余册。深圳图书馆获评全国文明单位，龙岗区图书馆获评全国全民阅读示范基地，福田、宝安区图书馆获评全国全民阅读先进单位。

文化设施建设取得新突破。深圳美术馆新馆和深圳第二图书馆优化设计、博物馆老馆维修改造、深圳改革开放展览馆（临时馆）筹建工作加快推进，文化馆新馆、自然博物馆、二线关博物馆完成选址，深圳歌剧院、改革开放博物馆、海洋博物馆、中国设计艺术馆等前期工作稳步推进。宝安公共文化艺术中心、坪山区文化综合体等一批区级文化设施建设进展顺利。基层综合性文化服务中心覆盖率达92.7%，排名全省第二，基层文化设施网络进一步完善。

（二）成功组织系列高水平文化艺术活动，城市软实力明显提升

高水平文化活动和精品文艺生产是城市文化实力的基本体现，代表了一个城市的文化品位和文化竞争力。围绕重大主题开展文化活动、组织精品生产是2017年深圳文化建设的重要抓手。

围绕迎接党的十九大主题，深圳精心策划举办了《人民的心声》《梦的筑路石》等专场音乐会，开展优秀美术作品展等活动，营造了良好的社会文化氛围。首次发布城市文化菜单，成为国内城市中第一个对标国际一流城市推出的精品文化“菜单”。“菜单”共收录国际化、标志性、高水准的品牌文化活动28项，内容包括文化艺术、创意设计、科技创新、体育休闲等，有鲜明的创新创意特色和丰富的文化内涵，形成了“月月有主题，全年都精彩”的品牌文化活动格局。首届“城市设计周”以“设计未来，为未来设计”为主题，吸引了美国、法国等18个国家（地区）2000多件设计作品参展，其间举办创新、生活、交流、视觉、体验等五大类40多项活动，进一步提升了“设计之都”的国际影响。第十八届深圳读书月、文博会艺术节、第十届创意12月、第二届深圳国际科技电影节、第四届深圳国际钢琴协奏曲音乐周、第七届深圳钢琴公开赛、深圳国际摄影大展等系列精品“菜单”活动成功举办，香港回归20周年系列文化活动、第五届深圳市戏曲名剧名家展演圆满成功，城市文化氛围日益浓厚，文化品位进一步提升。

歌曲《向往》《爱国之恋》，广播剧《罗湖桥》3部作品获中宣部“五个一工程”奖，获奖数量占全省3/4；14部作品获广东省“五个一工程”奖，获奖数量占全省1/4强，位居全省第一。政论片《创新中国》、电视剧《面朝大海》、歌曲《驶向远方》、交响曲《我的祖国》等深圳文艺精品于十九大前后高频次展播展映。电影《中国推销员》正式公映，获得各主流媒体好评。在全市美术馆工作座谈会上，繁荣美术创作的路径被进一步明

确。深圳美术作品在“第十三届广东省艺术节”评选中荣获 2 个金奖、3 个银奖、2 个铜奖和 6 个优秀奖，金、银奖获奖数占全省 31%，居第一位。

（三）加快推进文化创意产业创新发展，支柱产业的地位更加牢固

作为战略性新兴产业和支柱产业，文化创意产业创新发展一直得到高度重视。2017 年，深圳着力优化产业发展环境，不断壮大企业实力，形成了一批龙头文化企业，为城市经济转型升级、优化产业结构做出了积极贡献。据统计，2017 年全市文化创意产业继续保持快速增长的良好态势，全年产业增加值达 2243.95 亿元，同比增长 14.5%，占全市 GDP 比重超过 10%，支柱性产业的地位进一步巩固。

加强文化创意产业扶持与引导，实施贷款贴息、房租补贴等 9 类专项资金扶持计划，447 个企业（项目）获得 3.17 亿元资金资助，为文化企业创新发展提供了有力的资金支持。积极推进文化文物单位文化创意产品开发试点工作，3 家试点单位开发超过 100 款文创产品，丰富了文创产品的文化内涵。加快推进国家文化消费试点工作，策划举办华强北文化消费节，文化信用卡累计发卡量超过 12 万张，努力扩大文化消费，推动消费升级。福田区出台《支持建筑装饰设计行业发展若干政策》，宝安区出台《文化创意产业园区管理办法》，区级文化创意产业扶持政策不断完善。

积极推动文化创意产业融合发展，设立文化金融服务中心。继续评选 10 家年度优秀新兴业态企业，推动“文化 +”企业创新发展。动漫游戏、文化软件、文化创意设计、印刷复制服务等类型的龙头企业增长迅速，华侨城集团连续 7 年入选全国文化企业 30 强，雅昌集团参加第 68 届美国印制大奖斩获 37 个奖项，裕同包装科技蝉联中国印刷包装企业 100 强榜首，腾讯等一批龙头企业净利润大幅增长，5 家深圳企业获得中国文化产业投资基金投资。深圳企业在 2017 年德国 iF 设计大奖上获奖 142 项，连续 6 年居全国大中城市首位。成功举办中以数字文化论坛，深圳——帝国郡文化创意产业孵化中心在龙华区挂牌启动，布里斯班（深圳）国际创意孵化中心落户南山区，对外文化贸易进一步扩大。继续评选文创百强企业和出口 10 强企业，

强化示范企业引领带动作用。加强管理与服务，推动文化创意产业园区不断提升管理、技术和金融服务水平，促进集聚发展。华侨城集团甘坑客家小镇入选首批文化旅游融合先导区试点名单，广东国家数字出版基地深圳园区正式签约，光明华强创意产业园、坪山华谊兄弟文化城、国家动漫产业基地动漫大厦等一批重大项目进展顺利。

第十三届文博会成功举办，实际成交2240.84亿元，比上届增长10.28%；共有2302个政府组团、企业和机构参展，全国31个省区市及港澳台地区全部参展；来自40个国家和地区的117个海外单位参展，99个国家和地区的20016名海外采购商参加。本届文博会通过与省级以上行业协会合作组展，强化展前参展商、采购商双方需求收集和配对，为达成交易奠定基础。全面升级文博会数据库系统，搭建大数据平台，促进供给和需求高效对接。突出“文化+科技”的融合发展，将文化创客馆调整为文化科技馆；首设文化消费·时尚文化馆，集中展示全国各地的高端时尚文化产品和创意精品；将新闻出版馆调整为新闻出版·媒体融合馆，展示传统媒体和新兴媒体深度融合发展的成果。优化参展商结构，龙头文化企业和机构参展比例进一步提高。配套举办了中国文化产品国际营销年会、中国文化贸易与文化双创大会、国家数字出版高端论坛等权威活动，为相关行业提供权威导向和前沿理念。

（四）打造国际性文化交流品牌，进一步扩大文化交流、讲好“深圳故事”

根据建设国际化城市的总体要求，深圳高度重视扩大城市文化的国际影响力。一方面，策划举办高水平、国际性文化活动，营造浓郁的国际化城市文化氛围；另一方面，积极推进深圳文化“走出去”，深化文化交流与合作，讲好深圳故事，扩大城市文化影响。

2017年3月，深圳成功举办首届深圳“一带一路”国际音乐季，奏响对外文化交流活动最强音，成功打造深圳高端国际节庆品牌。奥地利维也纳交响乐团、中国香港中乐团、中国国家交响乐团、立陶宛国家室内乐团等

14 个国际一流乐团举办了 16 场演出，内容涵盖古典与流行、东方与西方、传统与新锐等不同类型的优秀音乐作品，充分展现了海陆“丝绸之路”的音乐、文化魅力，得到了各界观众的热烈追捧和国内外音乐界的广泛好评，成为深圳建市以来，由政府主导的水平最高的一次文艺盛举。刘延东副总理发来贺电，希望音乐季成为传承丝路文明、普及艺术事业、培育音乐人才、弘扬优秀作品的国际舞台。联合国教科文组织助理总干事班德林也为音乐季发来贺信。

首届“深圳国际文化周”在加拿大多伦多和美国纽约成功举办，加拿大总理贾斯廷·特鲁多专门致信祝贺，美国、加拿大多家媒体关注报道。“深圳设计”精彩亮相 2017 年联合国教科文组织创意城市年会。城市宣传片在深圳航空、星级酒店精准投放。专题片《丝路古韵话鹏城》《深圳：创业之都》在央视国际频道播放，《设计深圳》《温暖深圳》在欧洲、澳大利亚播出。探索“外宣 + 网络”城市营销模式，改版深圳英文门户网站。

积极组织文化团队参与“欢乐春节”活动，向海外展示深圳文化建设的成就，加强与友好城市的交流合作，扩大深圳的文化影响。深圳交响乐团与阿尔巴尼亚国家广播交响乐团联袂在阿尔巴尼亚首都地拉那举办“中国之声”新春音乐会，共同奏响经典的中国旋律。选派五洲艺术团赴法国、荷兰、比利时 3 国巡演大型原创音乐剧《凤舞东方》，以舞蹈、杂技、武术等艺术形式，诠释博大精深的中国文化，用舞台语汇再现中国历史及艺术精髓，是近年来深圳市艺术团队赴欧交流演出场次最密集、活动形式最多元、观众最主流的一次访演。以“中国故事深圳传承”为主题，精选东巴画、唐卡、剪纸、葫芦丝等具有鲜明中国文化特色、便于与当地民众互动交流的项目，组织非物质文化遗产传承人赴新西兰参加 2017 年灯会活动。选派深圳优必选公司的机器人舞蹈项目参加在香港举办的“欢乐春节·春节文化庙会”，为香港市民带去具有强烈时代感、科技感的机器人舞蹈表演。配合文化部外联局，在深圳举办 2017 年“中国 - 中东欧舞蹈冬令营”，首次将“欢乐春节”项目采用“请进来”的方式开展。

赴巴黎文化中心举办“艺外——天工当代”中国传统手工当代艺术创

作展，向欧洲主流社会和创意群体展示深圳市非物质文化遗产的传统手工艺术，加强中国传统文化与西方主流文化的交流融合。组派深圳文创企业代表团赴德国举办中国风格艺术设计展，举办“并行世界”——中德建交45周年当代艺术展。组织中国民乐演出团参与文化部主办的首届中国非遗文化周演出活动，深圳民乐团担纲了“中国非遗文化周”开幕演出，在海牙中国文化中心举行了中国古典文化及中国民乐工作坊等活动。组团赴库克群岛参加庆祝我国与库克群岛建交20周年演出活动，用艺术搭建深圳与库克群岛人民的友谊之桥。组团赴英参加爱丁堡艺术节并举办“深圳文化周”，推出《中国新城深圳新声》跨界音乐会、原创粤剧《夫人计》（根据莎士比亚名作《麦克白》改编）等精彩节目。组派艺术团赴加勒比地区执行演出任务。深港澳联合举办纪念香港回归20周年音乐会、深港美术作品交流展、澳门创意周等活动，深港澳文化交流不断深化。

（五）新闻出版和广播影视行业快速发展，文化传播能力进一步提升

新闻出版和广播影视既关系民生事业，又涉及产业发展，还代表了一个城市的文化传播能力。深圳高度重视新闻出版和广播电视产业的发展，充分发挥其公共文化服务的职能，不断壮大产业实力。

成立深圳市全民阅读指导委员会，研究编制《深圳市全民阅读发展纲要（2018－2020实施计划）》，推进设立全民阅读基金工作，发布《深圳全民阅读白皮书（2016年度）》。积极开展全民阅读活动，在“4·23世界读书日”和“深圳未成年人读书日”期间举办了218项380场精品活动，策划开展“阅读·同行”数字阅读活动，将数字阅读与绿色出行相结合，打造地铁流动数字阅读新生态。开展第四批深圳市全民阅读评选，评选出“全民阅读示范单位”“全民阅读示范项目”“全民阅读优秀推广人”各10个。推动成立深圳市阅读推广人协会。精心组织第十八届读书月活动，举办“温暖阅读”“互联网+”“书香深圳”“阅读导航”等九大板块77项活动，展示了读书月持续的创新活力。广泛开展城际阅读交流活动，在“4·23世

界读书日”期间，深圳市文体旅游局与上海市新闻出版局牵头联合举办“深圳－上海儿童阅读交流研讨会”活动，邀请深圳、上海以及台湾、香港的著名学者共同探讨问题儿童阅读推广问题。联合上海市新闻出版局共同主办“2017 上海·深圳城际阅读交流”系列活动，以“阅读与城市”为主题开展“阅读推广组织交流”“上海浦东·深圳青少年阅读公开课”等多项精彩活动。澳门特别行政区政府文化局组团参加读书月启动仪式，澳门出版 200 多种图书在深圳书城专柜展出，并开展了“澳门图书馆义工深圳古村行”等交流活动。深圳也组团赴澳参加“2017 好书大晒启动礼暨《澳门阅读地图》”发行仪式。合肥市本土文化名人、专家学者到深开展阅读交流活动，促进两地的文化合作。

根据近年来民营实体书店经营中遇到的问题，深圳积极落实实体书店扶持政策，友谊书城、深圳书城罗湖城等获得省级专项扶持资金 54 万元。社区书吧连锁网点建设等 9 个项目入选国家新闻出版广电总局改革发展项目库，10 个新闻出版项目获得国家文化产业发展专项资金资助。成功申办第二十八届全国图书交易博览会，展示了深圳图书发行和全民阅读领域的实力。

广播影视产业保持繁荣发展。新增影院 38 家，影院数量达 226 家，全年票房收入 22.13 亿元，同比增长 18.34%，位居全国第三。持证影视制作机构增加至 597 家，同比增长 73%，备案公示电视剧 27 部 1035 集，动画片 21 部 1171 集，备案、立项电影剧本（梗概）88 部。《海上丝路看深圳》获中国新闻奖二等奖。成功举办第八届国际新媒体短片节、第九届深圳动漫节、第四届中国（深圳）国际电视剧交易会。

推进有线电视网络升级改造，开通 IPTV 用户 77 万户，同比增长 7%。加快推进 4K 电视网络应用和产业发展，已完成 4K 网络改造覆盖用户数 74 万户，成功实施百兆宽带连接，置换 4K 高清机顶盒 60 万台。推动公益电影固定放映点建设，开展个性化订制和爱心卡服务活动。全年放映公益电影 1.88 万余场，观影 475 万人次。加强广播影视企业服务工作，深圳市广播影视企业获国家文化产业发展专项资金、国家电影事业发展专项资金近 7000 万元资助。

（六）全面加强文化遗产保护，城市文化保护与传承得到加强

深圳作为一个年轻的城市，虽然没有丰厚的文化积淀和历史文化资源，但一直重视文化遗产保护工作，坚持扬长避短，推进创造性转化和创新性发展，形成了文化遗产保护的深圳特色。

文物保护工作全面加强。召开全市文物工作会议，出台《关于进一步加强文物工作的实施意见》，明确未来几年文物保护工作的总体要求、目标任务和重点举措。发布《深圳市文物建筑消防安全标准化管理规则》，为文物安全提供制度保障。大万世居修缮工程完成验收，茂盛世居修缮工程完成现场施工，大鹏所城二期工程进展顺利。组织“莲花山广场邓小平雕像”等改革开放历史文物申报国家重点文物保护单位。落实非国有不可移动文物保护补偿制度，核拨58万元补助20处非国有文物保护单位。宝安区、龙华区办理擅自拆除悦兴围碉楼案入选国家文物局年度文物行政执法指导性案例。

博物馆事业加快发展。组建博物馆协会，成功举办“互联网+中华文明——中国博物馆创新论坛”。引进“楚地道教文物展”“山西出土北朝文物精品展”等精品展览，“川渝地区汉代文物精品展”荣获首届广东省博物馆陈列展览精品奖。加大民办博物馆扶持力度，22家民办博物馆获得650余万元门票补贴。望野博物馆成功组织深圳文物赴西安、天津展出。加大文物收藏力度，成功收藏李岚清同志篆刻书画作品70件、涂光帜院士捐赠实物47箱、深圳改革开放史文物151件（套），馆藏内容和体系更加丰富。举办“国际博物馆日”系列活动、免费文物鉴定等文博活动130余场，策划组织暑期及非遗手工坊活动、“博物馆小讲堂”、“环球自然日”等活动，丰富市民文博知识。加大文创产品开发力度，深圳博物馆成功开发8类14款文创产品，并在香港国际授权展、义乌“中华文博礼”全国文化文物创意产品成果展等展出，荣获“优秀参展单位”和“创新设计奖”。

非物质文化遗产保护力度持续加大。研究制定非物质文化遗产保护管理办法，推荐“潮俗皮影戏”等9个项目申报第七批省级非物质文化遗产代表性项目。核拨市级非遗保护补助经费257万元，举办欢乐闹元宵、文化遗

产日、非遗进社区（校园）等展演展示活动100余场，促进非物质文化遗产保护与传承。

（七）坚持改革创新驱动，文化发展的活力得到进一步激发

改革是文化创新发展永恒的动力，是破解文化发展难题、实现可持续发展的关键一招。2017年，深圳不断深化文化体制改革，坚持以改革补短板，以创新谋发展，进一步激发了文化发展的活力。

国有文艺院团深化改革实现重大突破。针对市属国有文艺院团偏少、部分转企院团经营困难和资源配置不合理等问题，深圳从2015年下半年启动新一轮文艺院团改革调研，酝酿进一步完善国有文艺院团管理体制和运营机制。2017年9月，《深圳市深化国有文艺院团体制改革实施方案》经市委常委会议、市委深改组、市政府常务会议审议通过。新一轮改革坚持正确导向，突出社会效益；坚持分类指导，尊重艺术规律；坚持政府主导，强化市场驱动；坚持改革创新，不走回头老路。方案实施后，深圳粤剧团、音乐厅、大剧院等5家国有文艺院团和文化演出场馆由国资部门重新移交市文体旅游局管理，实现管人管事管资产管导向相统一，深圳歌剧舞剧院注册成立，深圳交响乐发展理事会和基金会加紧筹备，深圳市粤剧传承保护中心正式组建，深圳交响乐团与深圳音乐厅、深圳粤剧团与深圳戏院融合发展迈出坚实步伐。

国有文化集团深化改革取得新进展。深圳报业、广电、出版发行集团加快改革步伐，积极落实各项改革任务。一是加快实施“瘦身”计划。报业集团完成总部人事改革目标，集团员工总数较上年减少126人，减幅3%；集团传统采编人员向新媒体领域转岗分流11.5%；注销清理5家“僵尸企业”。广电集团按照5年缩减员工规模15%的目标，比改革前整体减少员工384人，减幅4.5%；停播效益不佳的电视栏目6档，关停清理经营不善的下属企业3家。出版发行集团进一步整合书业板块，成立了书业连锁公司，实现采购、物流、销售一体化。二是建立人才激励机制。报业集团实施名记者、名编辑、名评论员“三名”工程，调动采编人员积极性。广电集团推进公共频道和4个专业频道“干部带任务上岗”改革，完善干部退出机制，

优化员工晋升通道，激发人才活力。三是增强资本运作能力。报业集团旗下深圳新闻网正式在新三板挂牌上市，成为广东省第一家依托传统报业集团、整合数字媒体业务登录新三板的新媒体公司。由深圳广电集团成立的前海天和文化产业投资基金完成投资项目 5 个，累计投资额 6375 万元，并获得财政部 5000 万元出资支持。四是培育新的增长点。报业集团与深圳地铁集团成功组建报业控股的地铁传媒合资公司，平面广告资源约占深圳轨道交通总线网的 80%。广电集团与深圳巴士集团合资组建公交电视网络传媒公司，推出“智慧大屏”公交电视服务。出版发行集团加快推进原特区外书城、异地书城、书吧建设，市内外已建成运营 34 家书吧。五是推进融合发展。报业集团初步构建起“一主报融媒体多平台”发展新格局，形成了以深圳特区报、深圳新闻网、读特、读创领衔，“纸媒 + 网站 + 客户端 + 官微 + 自媒体 + 代运营”全覆盖的融媒体矩阵，用户量持续增长，影响力不断扩大。广电集团完成集团新媒体平台“壹深圳”客户端改版升级，深化与广播、电视的深度融合，增加在线听广播、直播等功能。出版发行集团开发的全民阅读 App 荣获 2017 年中国数字出版创新论坛数字出版创新奖。

深化“放、管、服”改革。制定实施重大行政执法决定法制审核制度，促进依法行政。推进文化行政审批和政务服务事项标准化，审批流程更加简洁方便，文化审批事项全部实现网上审批。推进一门式、一窗式政务服务改革，所有现场政务服务事项授权综合窗口“一窗式”受理。制定文化市场综合执法改革方案，加强执法队伍建设，推动 15 个新设街道设立文化市场管理和“扫黄打非”机构。文化市场综合执法深入开展，“扫黄打非”工作持续加强。“深圳文化市场”微信公众号正式运营，文化执法信息化水平进一步提升。推动成立市互联网文化协会和文化市场行业协会，促进行业自律。

在看到成绩的同时，也应清醒地看到深圳文化建设当前还存在的一些问题与不足，与现代化国际化创新型城市的定位还不相称，还不能有效满足人民群众对美好生活的文化需求。一是公共文化服务的质量与效能还有待提高，服务供给与群众实际需求还存在差距，社会力量参与公共文化服务的积极性还有待进一步激发。二是文化创意产业发展政策体系有待进一步完善，产业发展用地难、融资难的问题依然突出，内容产业竞争力有待进一步增强。三是文艺精品生产还存在薄弱环节，代表城市原创能力的舞台艺术、影视作品偏少，高端文化人才缺乏。四是有国际影响的文化品牌或赛事总量偏少，影响力有待进一步提升。五是城市文化形象还需进一步塑造，城市文化影响力与深圳经济社会地位还不相称。

二 2018年深圳文化展望

2018 年是全面贯彻习近平新时代中国特色社会主义思想和党的十九大精神的开局之年，是改革开放四十周年，也是决胜全面建成小康社会、实施“十三五”规划承上启下的关键一年。深圳的文化建设将继续围绕城市改革发展目标，继续以《深圳文化创新发展 2020（实施方案）》为总抓手，深化文化体制改革，提升公共文化服务水平，增强文化创意产业的综合竞争力，不断推动深圳文化的创新发展。

（一）全面发力建设国际文化创意先锋城市

深圳以习近平新时代中国特色社会主义思想和十九大精神为指导，强调要率先建设社会主义现代化先行区，奋力向创新引领型全球城市迈进。这个城市发展新定位，反映了中国特色社会主义进入新时代的根本要求，体现了深圳为适应我国社会主要矛盾转化而确立的新使命、新任务；这个城市发展新定位，对深圳文化建设提出了新的更高要求。这个要求归结为：打造与城市定位相匹配、相适应的文化强市，努力建设国际文化创意先锋城市。

建设国际文化创意先锋城市，是深圳文化创新发展的必然选择。经过近 40 年建设和发展，深圳文化已进入新时代。2016 年，深圳宣传思想文化战线坚持问题导向，经过深入调研、论证，全面梳理了深圳文化发展面临的挑战、存在的薄弱环节以及需要解决的问题，有针对性地提出系统性的对策和可操作性的解决办法，制定了《深圳文化创新发展 2020（实施方案）》，确立了“认准一个目标，实施一套方案，构建五大体系，一年干几件实事，坚持数年，必见成效”的工作总思路，对深圳文化建设进行了全面战略部署，为深圳文化创新发展提供了总抓手、描绘了整体蓝图。这里的“认准一个目标”，就是打造与城市定位相匹配、相适应的文化强市，努力建设国际文化创意先锋城市。

建设国际文化创意先锋城市，需要把握深圳世界影响力的地位和形势。全球城市的一个重要特征是具有全球影响力。这种影响力不仅是经济影响力，而且更重要的是软实力的影响力，是时代潮流的引领力，是文化、舆论、组织和制度的引领力。从近些年全球知名的城市评级机构全球化及世界级城市研究小组与网络发布的世界城市评级报告来看，深圳排位远低于港京沪，也低于广州的档次，主要原因不在深圳的经济方面，而是在政治、文化、国际化、全球化等方面的差距较大。目前，国内已有北京、上海提出建设全球城市，并且上海明确规划在“十三五”末期初步建成国际文化大都市。深圳应结合自身定位实际，深刻认识文化对全球城市的重大意义，切实把建设国际文化创意先锋城市作为建设全球城市不可分割的组成部分，把建设国际文化创意先锋城市作为建设全球城市的一个目标内涵和题中应有之义，把建设国际文化创意先锋城市与建设全球城市统筹规划。

建设国际文化创意先锋城市，需要把握国际文化创意先锋城市的基本内涵和特征。要紧扣“国际”内涵，深入探讨国际文化成长的内在规律，体现国际文化发展的基本特征和要求，设计国际文化建设的基本理念、基本架构、基本方式和基本程序；要紧扣“文化创意先锋城市”内涵，深入探讨文化、文化创意、创意城市、国际文化创意先锋城市的发展动力机制，体现创新发展的基本特征和要求，打造创意先锋城市的产业基础和基本模式，从而进一步定义“国际文化创意先锋城”，并形成一定的理论基础。要对标国际文化创意城市典范，确定深圳的个性和特色。例如，纽约文化具有开放多元和市场化特色，伦敦文化具有创意创新和产业化特色，巴黎文化具有前卫激进与传承保护相结合的特色，东京文化偏重于产品输出，等等。要在对比借鉴中找准深圳定位的特色，下大力气发挥优势、补齐短板，进一步提升全球影响力水平和档次。

（二）全面推动深圳文化供给质量再上新水平

作为我国文化改革发展的最新进展，文化供给侧结构性改革正引起社会各界的重视和关注。无论在理论探讨还是在工作实践中，文化供给侧问题比较突出，诸如“社会效益与经济效益相互矛盾”“文化供给不适应新兴文化需求”“公共投入增加而绩效下降”等，那么，如何剖析各种问题的根源、解决核心问题，就成为文化供给侧结构性改革的关键所在。从根本上说，文化产品和服务的质量，包括结构性的总体质量和功能性的单位质量，始终是文化供给侧结构性改革的中心议题，通过改革提升文化供给质量，成为这场改革取得成功的主要标志。只有解决了质量问题，其他各种问题才能迎刃而解。

从学界的质量定义看，质量是以满足需要为基础、为导向、为标准的，质量概念的核心内涵、出发点和归宿是满足需要，尽管质量可以体现为物化形态和具体指标，尽管质量也会受供给过程和方式的影响。“文化质量”主要指文化对人的一般精神需求的满足程度，经社会公认或专业机构认可一旦形成，就具有相对的稳定性，一般不以供求关系的变化为转移。如果在文化质量中引入了供求关系的变化，那么，同一文化质量在不同时期或不同地域的不同供需关系中就会有不同的表现，有的表现好，有的表现差。这种文化质量在供求关系中的表现，就是“文化供给质量”。文化供给质量是在文化质量中引入了供求关系，反映了文化质量的结构性需求强度，主要强调文化供给对文化需求的满足。分析文化供给质量仍然是以满足文化需求为出发点和归宿的，并不是孤立地就“供给”谈“供给”。所谓供给侧的“产能过剩”是相对于需求量而言的，所谓“结构不合理”也是相对于需求结构而言的。需求是供给的参照和标的，是质量的衡量标准和基础。

提升文化供给质量，是深圳文化强起来的必然要求。深圳文化建设作为中国特色社会主义文化建设的前沿，有义务率先反映社会主要矛盾转化的鲜明特征、探索文化繁荣兴盛的成功路径，把提升文化供给质量作为贯彻落实“文化创新发展 2020”的一个关键环节，为率先建设社会主义现代化先行区、迈向创新引领型全球城市提供强大的精神文化支撑。

在塑造城市精神方面，要不断创新适应发展的城市精神理念，推进和实现深圳市民和移民的人文精神共享，提升深圳城市精神文化品位。要抓住主题，组织开展“新时代深圳精神”大讨论，总结提炼“新时代深圳精神”，并通过媒体报道、专家解读、基层宣传等各种形式，广泛宣传“新时代深圳精神”，不断增强城市的凝聚力和影响力。在建设公共文化方面，要不断推进公共文化服务标准化、均等化，保障和发展市民文化权益共享，提升城市公共文化服务水平和质量。要规划建设深圳歌剧院、深圳湾文化设施带等一批新的文化地标，加快推进美术馆新馆、图书馆调剂书库建设及博物馆老馆维修改造工程，做好文化馆、深圳自然博物馆等项目的前期工作，强力推进“一区一书城、一街道一书吧”建设，落实市、区、街道、社区四级基本公共文化服务标准，推动基层综合性文化服务中心建设，落实公共文化服务考核标准和绩效评估。在文艺创作方面，要不断推出文艺精品，促进深圳市民乃至全国人民的文艺共享，提升城市文化生活品质。要围绕改革开放40周年、新中国成立70周年、深圳经济特区建立40周年等重大时间节点，在影视、音乐、美术、戏剧等艺术门类中规划创作一批精品力作，办好“城市文化菜单”的重点活动，实现“创意十二月”“深圳国际科技影视周”“一带一路国际音乐季”等重点活动的品质提升。在推动文化传播方面，要促进传媒融合发展，推动文化“走出去”，提升深圳文化形象的影响力；要充分发挥“最互联网城市”的优势，推动在互联网基础上各种媒体在技术和经营方式上的融合，加强新闻舆论引导，统筹内宣和外宣，推进国际传播能力建设，协调优化经贸外宣、文体旅游外宣、教育外宣、科技外宣等资源，积极构建大外宣格局，进一步提升深圳的国际知名度和美誉度。在推进文化产业发展方面，推动文化产业创新发展、融合发展，扩大市民的文化市场共享，提升城市文化生产力规模和质量；要发挥文体旅游产业绿色低碳的优势，加快推动文体旅游产业转型升级，不断提升经济发展质量，优化文化创意产业发展环境，加大对重点领域和新业态的扶持力度，继续开展百强企业、文化创意企业出口10强评选，加快打造100家文化领军企业，做强做大龙头企业，推动新闻出版和广电行业加快发展，完善书报刊发行体系，推进4K电视网络应用，支持深圳广电集团申办4K高清频道，支持文交所搭建4K广播影视内容版权交易平台，推进自办频道全高清化播出。

（三）积极推动粤港澳大湾区文化交流合作和繁荣发展

经过多年发展，由深圳、广州、珠海、佛山、惠州、江门、东莞、中山、肇庆和香港、澳门两个特别行政区组成的粤港澳大湾区，已经成为我国乃至全球经济实力最强、发展最活跃的区域之一。相比美国的旧金山湾区、纽约湾区和日本的东京湾区，粤港澳大湾区无论在人口聚集度、经济规模还是产业结构上都毫不逊色。目前，粤港澳大湾区人口6600万，面积5.6万平方公里，经济总量超过1.4万亿美元，高科技产业和第三产业发达，拥有全球最大规模的海港群和空港群，完全具备跻身世界级大湾区的条件。粤港澳经济的相互依存和人员的密切联系，为粤港澳文化的相互交融和共同发展奠定了基础；而粤港澳文化的交融发展又对大湾区可持续的强劲发展产生强大的能动促进作用。

推动粤港澳大湾区文化融合发展，需要从两个维度进行探索：一是选择和确定文化认同的基础，提升文化认同度，增进粤港澳在心理心态心性上的融合和认同；二是坚持先进文化发展方向，培育和建构先进文化，以先进文化引领大湾区繁荣发展。深圳作为我国改革开放的前沿，毗邻港澳，与广东其他城市、香港、澳门在长期深度合作中形成了“我中有你，你中有我”的发展格局，在全球产业分工中占有一席之地，因此，深圳在粤港澳大湾区经济发展、文化发展中都可以发挥独特的功能。

在文化类型上，大力发展现代文化、开放文化。作为世界经济的最发达地区之一，粤港澳大湾区的文化基质应是现代的、开放的、流行的、国际化的，表明了深圳文化建设的基本特点。要大力发展现代文化，现代文化反映了社会发展水平，反映了人们在当代生活方式、科技水平下形成的新型思想理念、道德标准、行为准则等，反映了主导价值理念、伟大的精神形态。要大力发展开放多元的国际性文化，湾区原本属于经济概念，但当今世界级大湾区城市群通常也是文化中心。移民结构丰富，多地区、多民族、多国别人口聚集，带来开放多元的文化色彩。如被称为“民族大熔炉”的旧金山湾区就是美国最大的移民聚集地，也是开放多元的文化中心。深圳、香港、澳门这三个大都市都是移民城市，移民文化的特点是开放多元，开放文化反映了现代人的视野和心胸，反映了开放、包容的文化心态和发展思维，反映了创新、超越的追求和活力。要大力发展流行文化，反映时尚时髦新潮，反映消费文化、休闲文化、物质文化、流行生活方式、流行品位、都市文化、大众文化以及群众文化，引领文化新潮的国际化传播。正在推进实施的“深圳文化创新发展2020”“深圳城市文化菜单”是深圳发展现代文化、开放文化的指引，对深圳文化建设和大湾区文化发展都具有重要意义。

在文化根脉上，大力发展中华传统文化，推进大湾区地域特色文化交流与合作。传统文化是粤港澳的文化纽带。粤港澳同属中华文化圈，植根于中华传统文化，对中华传统文化具有高度认同。基于同根同源的地域、历史和亲缘关系，粤港澳三地文化以岭南文化为主流，融汇了广府文化、客家文化和潮汕文化三大主要文化，广府话、客家话、潮汕话与英文、葡语相比在大湾区城市群中占主流地位，应充分借助岭南文化群体的基础和优势，推进粤港澳大湾区的文化交流与合作。

（四）以满足有效需求、提升服务水平为指引完善现代公共文化服务体系

在全球化时代，一座城市的吸引力与竞争力，不仅取决于经济发展水平的高低及其所创造的就业机会的多少，也在于其提供的基础设施、公共服务等公共物品的完备程度及相应的公共服务能力，后者日益成为城市吸引全球人口流向和人才汇集的决定性因素之一，而其中的公共文化服务水平，成为增进城市吸引力和竞争力的有力抓手和显在标志。深圳以“经济城市”知名，2017 年经济总量已位居全国大中城市第三位，但文化始终是个短板，如上面提及的在城市评级机构 GAWC（全球化与世界级城市研究小组与网

络）发布的2016年版《世界城市评级报告》中，作为中国一线城市的深圳仅位居Beta级（第六档），这无疑与其发展“偏科”及文化短板有直接关系。因此，对于致力于现代化国际化创新型城市和国际科技、产业创新中心建设的深圳而言，加快城市文化发展尤其是文化基础设施和公共文化服务建设，将是必然选择。这其实早已成为城市决策者和广大市民的关注点和社会共识，如1980年以来深圳先后投资规划建设的30多个市级文化设施，全市公共文化设施总面积达255.1万平方米，位于中心区的关山月美术馆、深圳音乐厅、图书馆新馆、博物馆新馆、中心书城、广电中心和少年宫、当代艺术与城市规划展览馆先后竣工，形成了代表城市形象和水平的文化设施群落。在2018年，深圳的文化基础设施建设将迎来新一波建设高潮，除了“一区一书城、一街道一书吧”稳步推进，文化馆新馆、美术馆新馆和第二图书馆等项目取得新进展，深圳歌剧院、深圳湾文化设施带等新的文化地标项目也将逐步落实，同时全市超过80%的街道和社区将建成基层综合性文化服务中心，基层文化设施网络进一步完善。

在2018年的文化发展尤其是文化设施建设中，博物馆将是其中的一大亮点。2017年深圳市文体旅游局牵头制定的《深圳市博物馆事业发展五年（2018－2023）规划暨2030远景目标》有望在年内颁布，其中一批新的博物馆项目将得到加快推动，如借助改革开放40周年之机，深圳将加快“中国改革开放博物馆”的建设进程，并实现“深圳改革开放展览馆”建成开馆。此外，博物馆老馆维修改造工作加快，深圳自然博物馆、二线关博物馆也已完成选址，深圳海洋博物馆、中国设计艺术馆等前期工作也将继续推进。可以说，作为“城市客厅”，博物馆在城市发展中的地位独特，成为展示城市文化形象的载体与平台，而作为“为公众提供知识、教育和欣赏的文化教育机构”，它在促进“市民发展”、提升市民文化能力方面的作用不可替代。博物馆建设成为见证深圳文化未来发展的方向标。

文化基础设施建设是深圳提升城市文化服务“能力”的一个重要标志，但不必然意味着深圳公共服务“水平”也获得了相应的提高。事实上，从文化供给侧结构性改革的角度看，前者偏于“供给端”，后者则偏于“需求端”。近年我国公共文化服务体系建设取得了很大成就，但假如说存在某种基本缺失的话，那么过于强调“供给”而相对忽视“需求”尤其是“有效需求”的满足，则为其中之一。在这方面，深圳同样存在供需错配、无效供给现象，导致公共文化供给效率不彰、质量不高，其突出表现，就是一些大型文化场馆使用率偏低甚至空置，一些社区图书馆、文化馆等基层文化设施也存在少人问津等资源浪费现象。究其原因，显然不是目前所提供的公共文化过剩，而是由于以政府部门为主导力量的供给主体缺乏市场敏感度，缺乏科学严谨的社会需求调查和反馈机制，尤其是文化供给缺乏在新技术新媒体条件下以“体验”为中心环节的社会文化消费行为方式的有效应对，导致供需错配的必然结果。而无效供给的发生，一方面必然导致广大市民的精神文化需求得不到有效满足，另一方面则导致市民文化素质、文化能力的提升难以加快，其结果则是制约了深圳公共文化服务“水平”获得新的拓展。因此，2018 年深圳公共文化服务发展的重点，一是依据已出台的《关于加快构建现代公共文化服务体系的实施意见（2016－2020 年)》及其实施标准、《深圳市基本公共文化服务实施标准》、《深圳市基层图书馆达标评估标准》等文件，落实市、区、街道、社区四级公共文化服务标准和考核标准，促进公共文化服务均等化、标准化；二是积极研制科学的评估指标、形成有效的评估机制，依托第三方开展独立的公共文化服务的绩效评估，为更大程度地满足有效需求、提升服务水平、完善现代公共文化服务体系、提升深圳城市文化形象创造新的发展条件。

（五）以完善配套、提升质量为抓手促进文化创意产业内涵式发展

30 多年来，深圳文化可以说实现了一种跨越式发展，这一方面体现于公共文化发展的迅速，另一方面则体现于文化创意产业的“崛起”。尤其是对于深圳这样的文化资源积淀薄弱的新兴城市而言，后者更具标识意义。假如说公共文化服务领域是以政府公共财政投入为主、市场为辅，那么在文化创意产业领域则是以市场为主、政府为辅，其例证就在于目前深圳较有市场竞争力的文化行业，如创意设计、文化软件、动漫游戏、新媒体及文化信息

服务、影视演艺、高端印刷、高端工艺美术等发展良好的重点产业，无不是市场起决定性作用的结果，尤其是民营企业在其中居于市场主体地位。这可以说是深圳文化得以较快发展的一个基本经验。但与此同时，正如党的十八届三中全会通过的《中共中央关于全面深化改革若干重大问题的决定》所指出的那样，“经济体制改革的核心问题是处理好政府和市场的关系，使市场在资源配置中起决定性作用和更好发挥政府作用”，深圳文化创意产业的快速发展，产业规模持续扩大，2016 年其增加值达到 1949.70 亿元，占全市 GDP 总值的 10%，除了市场因素，政府在其中也发挥了重要作用，特别是在构建产业支持体系方面，促进文化创意产业发展的政策体系不断完善，文化产业扶持力度不断加大，文博会、文交所、中国文化产业投资基金和国家对外文化贸易基地等国家级文化产业平台带动作用日益凸显，成为深圳文化创意产业发展的另一重要助推力。

但与此同时，基于先天不足等原因，深圳文化创意产业在发展实践中也存在不少问题，如原创内容产业薄弱，支撑产业可持续发展的内容资源不足；结构性人才储备不足，研发人员和中高技能人才占比偏低，人才集聚平台和交流载体较少，人才吸引力下降；产业结构中制造业比重偏大，附加值偏低；企业规模总体偏小，重点产业中规模和实力可以与国际知名文化企业竞争的骨干企业不多等。因此，依托正在实施的《深圳市文化发展“十三五”规划》《深圳市战略性新兴产业规划（2016－2020）》《深圳文化创意产业创新发展政策》及其配套实施细则，2018 年深圳文化创意产业将立足于已有的发展基础，一方面以推进文化供给侧结构性改革为主线，致力于产业结构的调整优化和产业发展质量的提高，努力解决如何聚集内容、技术、资本、人才等要素，解决内容支撑不足、文化创意人才结构性匮乏与吸引力下降等突出问题，特别是在深圳房价处于高位、生活成本不断升高、难以吸引更多优秀人才的情况下，如何充分利用现有人才政策，加快制定出台《深圳市文化人才引进办法》，加强部门联动做好文化人才引进和培养利用长效机制，对于缓解深圳文化创意产业的内容支撑不足难题、提升产业发展质量显得尤其迫切；另一方面则要创新文化创意产业的发展机制，主要包括：政府完善文化创意产业政策和法律支持体系，推动2018年新修订的《深圳文化创意产业创新发展政策》尽快出台，认真研究并制定配套相关实施细则，切实了解企业需求，为产业发展营造更好的政策环境；政府树立服务企业意识，做好文化产业资金平台、投融资平台、信息平台和园区平台建设的服务性工作，高质量办好第十四届文博会和第二十八届全国图书交易博览会，以及“深圳时装周”“深圳设计周”等品牌活动，重点推动国家对外文化贸易基地、深圳国际版权交易中心投入实质运营，建设好广东国家数字出版基地深圳园区，启动新一批市级产业园区申报认定工作；健全现代文化产业体系和市场体系，继续培育发展“文化+科技”“文化+互联网”“文化+创意”“文化+金融”“文化+旅游”等新型业态示范企业和优秀项目，重点推动文化金融战略合作，谋划成立文化创意专业支行；进一步完善文产资金评审制度，优化市文产资金申请制度和扶持政策内部操作流程，确保公平公正公开，不断提高产业资金使用效能和服务企业工作效率，同时组织开展原创研发、保险费资助、房租补贴、优秀新兴业态企业认定、出口十强认定、地方配套、文化创意企业百强认定等资金扶持计划。

（六）以改革开放四十周年为契机深化文化体制改革

党的十九大之后，新的改革发展措施在改革开放40周年陆续出台，特别是中共十九届三中全会审议通过了《中共中央关于深化党和国家机构改革的决定》和《深化党和国家机构改革方案》，提出深化党和国家机构改革的首要任务是完善坚持党的全面领导的制度，加强党对各领域各方面工作的领导，确保党的领导全覆盖，确保党的领导更加坚强有力；同时“要坚决破除制约使市场在资源配置中起决定性作用、更好发挥政府作用的体制机制弊端，围绕推动高质量发展，建设现代化经济体系，调整优化政府机构职能，合理配置宏观管理部门职能，深入推进简政放权，完善市场监管和执法体制，改革自然资源和生态环境管理体制，完善公共服务管理体制，强化事中事后监管，提高行政效率，全面提高政府效能，建设人民满意的服务型政府”。

十九届三中全会为本轮大规模党和国家机构改革确定主要方向，十九届三中全会的精神也将在宣传文化系统中得到全面贯彻和体现。显然，这轮机构改革是以往大部制改革的延伸和深化，也将推动2018年深圳文化体制尤其是文化管理体制的改革走向深化。事实上，早在1989年深圳就合并了文化艺术、新闻出版、广播电影电视三个部门，成立深圳市文化委员会，率先在全国建立起“大文化”管理框架；2009年深圳市大部制改革时，再度实现文化局（新闻出版局、广播电影电视局、文物局）、体育局和旅游局等部门的合并，大部制改革再度拓展，相当程度上避免了政出多门、互相扯皮等体制弊端，但由于党委、政府、市场社会主体的关系还没完全理顺，政事分开、政企分开、管办分离等还没真正实现，政府文化职能“三个转变”还不到位，使得党政文化管理部门的关系协调和机构重叠问题、党政部门与国有文化企事业单位关系等的改革调整都还有进一步拓展的空间。借助新一轮中央深化党和国家机构改革之机，深圳的党政宣传文化机构改革以及简政放权、加快转变文化行政部门职能、提升政府部门服务效能等方面的改革在2018年将有望取得新的重要进展，有利于深圳文化管理体制改革的进一步深化。

在深化文化管理体制改革的同时，根据中央关于文化供给侧结构性改革的精神和《深圳文化创新发展2020（实施方案）》的要求，深圳宣传文化领域的相关体制机制改革在2018年也将继续开展，如在进一步深化国有文化集团改革方面，推动深圳报业、广电集团继续深化完善改革方案，实现资源优化配置和体制机制转化，集中资源巩固和打造优势媒体、拳头产品，推动深圳出版发行集团完成公司化改造，建立现代企业制度，提高规范化、市场化运营水平；在推进国有文艺院团和场馆管理体制、内部运营机制改革上，将按照《深圳市深化国有文艺院团体制改革实施方案》确定的路线图和时间表，推动设立深圳交响乐团发展理事会和基金会、在深圳大剧院基础上组建深圳歌舞剧院、推动深圳粤剧团和深圳戏院融合发展、成立深圳市粤剧艺术传承保护中心等改革事项的落地实施。

公共文化服务

Public Cultural Services

B.2 公共文化空间品牌建设的创新探索

——以 09 剧场为例

黄士芳*

摘　要： 09 剧场是罗湖区文化馆的内设剧场。作为罗湖区文化馆开展免费开放服务的公益性文化设施，同时也是罗湖区提供公共文化服务的载体，09 剧场于 2012 年 3 月启用后，探索推出"军哥剧说"系列贴近深圳生活、彰显深圳特色的戏剧主题晚会，在罗湖区内外受到广大观众的欢迎，形成 09 剧场"军哥剧说"的火爆文化品牌现象。本文以此为案例进行研究，探讨公共文化空间品牌创新与公共文化服务体系建设的关系。

关键词： 空间品牌　09 剧场　公共文化

---

* 黄士芳，深圳市特区文化研究中心主任，博士。

09剧场是罗湖区文化馆的内设剧场。罗湖区文化馆的门牌号码是太白路2009号，因此对外称呼这个馆内剧场为09剧场。作为罗湖区文化馆开展免费开放服务的公益性文化设施，同时也是罗湖区提供公共文化服务的空间，09剧场于2012年3月启用后，以罗湖区多年来沉淀积累的戏剧作品和戏剧文化为基础，以罗湖区的戏剧人才为核心，探索推出“军哥剧说”系列贴近深圳生活、彰显深圳特色的戏剧主题晚会，在罗湖区内外受到广大观众的欢迎。截至2017年12月底，09剧场共演出“军哥剧说”系列主题晚会达493场，受益观众达20万人次。09剧场于2013年入选“深圳十佳创意项目”，2014年12月获得第一批“广东省公共文化服务体系示范项目”创建资格，2015年7月获得第三批“国家公共文化服务体系示范项目”创建资格，2017年8月被广东省文化厅、财政厅授予“广东省公共文化服务体系示范项目”。

一　文化馆职能转变与剧场空间的效能提升

文化馆作为我国文化事业的重要组成部分和公共文化服务的重要设施及管理机构，其法定地位已得到国家相关法律的确认，而其具体职能也在相关标准中得到细化。随着我国免费开放公益性文化场馆政策的实施，文化馆的服务职能面临根本性转变，这对作为文化馆组成部分的馆内剧场的服务提升提出了新的要求。

（一）文化馆的法定地位

文化馆的法律地位在《中华人民共和国宪法》中已经明确，如宪法第二十二条规定，“国家发展为人民服务、为社会主义服务的文学艺术事业、新闻广播电视事业、出版发行事业、图书馆博物馆文化馆和其他文化事业，开展群众性的文化活动”，可见文化馆已被国家根本大法列为法定文化事业的一部分。

2003年8月1日起施行的《公共文化体育设施条例》第二条首次在行

政法规层面将文化馆界定为公共文化体育设施：“本条例所称公共文化体育设施，是指由各级人民政府举办或者社会力量举办的，向公众开放用于开展文化体育活动的公益性的图书馆、博物馆、纪念馆、美术馆、文化馆（站）、体育场（馆）、青少年宫、工人文化宫等的建筑物、场地和设备”。

2017 年 3 月 1 日起施行的《中华人民共和国公共文化服务保障法》将文化馆纳入法定公共文化设施范围。该法第十四条规定，“本法所称公共文化设施是指用于提供公共文化服务的建筑物、场地和设备，主要包括图书馆、博物馆、文化馆（站）、美术馆、科技馆、纪念馆、体育场馆、工人文化宫、青少年宫、妇女儿童活动中心、老年人活动中心、乡镇（街道）和村（社区）基层综合性文化服务中心、农家（职工）书屋、公共阅报栏（屏）、广播电视播出传输覆盖设施、公共数字文化服务点等”。

（二）文化馆的法定职责

《中华人民共和国公共文化服务法》明确了文化馆的法定职责。第二十条规定，“公共文化设施管理单位应当按照国家规定的标准，配置和更新必需的服务内容和设备，加强公共文化设施经常性维护管理工作，保障公共文化设施的正常使用和运转”。第二十一条规定，“公共文化设施管理单位应当建立健全管理制度和服务规范，建立公共文化设施资产统计报告制度和公共文化服务开展情况的年报制度”。第二十二条规定，“公共文化设施管理单位应当建立健全安全管理制度，开展公共文化设施及公众活动的安全评价，依法配备安全保护设备和人员，保障公共文化设施和公众活动安全”。第二十三条规定，“各级人民政府应当建立有公众参与的公共文化设施使用效能考核评价制度，公共文化设施管理单位应当根据评价结果改进工作，提高服务质量”。第二十四条还规定，“国家推动公共图书馆、博物馆、文化馆等公共文化设施管理单位根据其功能定位建立健全法人治理结构，吸收有关方面代表、专业人士和公众参与管理”，强调公共文化设施管理单位建立健全法人治理结构。第二十九条进一步明确文化馆站的公益性文化单位性质。该条规定“公益性文化单位应当完善服务项目、丰富服务内容，创造条件向公众提供免费或者优惠的文艺演出、陈列展览、电影放映、广播电视节目收听收看、阅读服务、艺术培训等，并为公众开展文化活动提供支持和帮助”。

从上述法律规定可以看出，关于文化馆的制度设计实际上已非常明确，即四位一体的架构：其一，文化馆是公共文化设施的核心组成，在公共文化服务体系中必不可少；其二，文化馆是公共文化设施管理单位；其三，文化馆是法人治理结构改革中的重要法人单位；其四，文化馆站属于公益性文化单位，公共服务职责明确。

（三）文化馆服务职能的转变

2011 年 11 月，文化部、财政部发出《关于推进全国美术馆公共图书馆文化馆（站）免费开放工作的意见》（文财务发〔2011〕5 号），要求上述文化场馆在推进免费开放的过程中，建立与其职能任务相适应的基本文化服务内容和方式，加强管理，深化改革，提升服务能力；以免费开放为契机，加强规范化建设，健全规章制度，清晰职责任务，明确服务内容，使公共文化设施的利用率明显提高，免费开放落到实处，切实保障人民群众基本文化权益。文化馆免费开放包括两个方面：一是指公共空间设施场地的免费开放，二是指与其职能相适应的基本公共文化服务项目健全并免费向群众提供。基本公共文化服务项目将随着社会的不断发展、政府财力的增长和人民群众精神文化需求的不断增长而发展变化。文化馆免费开放主要包括：多功能厅、展览厅（陈列厅）、宣传廊、辅导培训教室、计算机与网络教室、舞蹈（综合）排练室、独立学习室（音乐、书法、美术、曲艺等）、娱乐活动室等公共空间设施场地的免费开放；普及性的文化艺术辅导培训、时政法制科普教育、公益性群众文化活动、公益性展览展示、培训基层队伍和业余文艺骨干、指导群众文艺作品创作等基本文化服务项目健全并免费提供。由此可见，文化馆内的剧场自然成为免费开放服务的内容之一。

2015 年 1 月，中办、国办印发《关于加快构建现代公共文化服务体系的意见》，进一步强调提高公共文化服务效能，完善公共文化设施免费开放的保障机制，要求深入推进公共图书馆、博物馆、文化馆、纪念馆、美术馆等免费开放工作，加强公共文化服务品牌建设，推动形成具有鲜明特色和社会影响力的服务项目。该意见首次发布《国家基本公共服务指导标准》，要求县级以上（含县级）在辖区设立文化馆，按照国家颁布的建设标准等进行规划建设，规定文化馆等公共文化设施免费开放，基本服务项目健全。

提高文化馆的服务效能也是国家的法定任务。《中华人民共和国公共文化服务保障法》第四条规定提出，“县级以上人民政府应当将公共文化服务纳入本级国民经济和社会发展规划，按照公益性、基本性、均等性、便利性的要求，加强公共文化设施建设，完善公共文化服务体系，提高公共文化服务效能”。可见服务效能问题已提高到法律保障高度，作为公共文化服务责任主体的政府和政府所主办的公益性文化机构必须高度重视和认真落实。因此，文化馆和其中的剧场都应依法履行法定职责，加快实现服务职能转变，由传统的被动服务、闭门服务、基础服务转向主动服务、开放服务、品质服务。

二　09剧场“军哥剧说”品牌建设的创新做法

作为文化馆提供公共文化服务的空间载体，09 剧场的开放服务需要内容支撑和观众支持，而这都需要剧场能够提供让观众喜欢的演出活动。只有这样，才能满足群众的美好文化生活需求，也才能更好地吸引观众留住观众。为此，罗湖区文化馆和小品话剧团经过初步探索后将剧场发展定位在戏剧主题晚会上，并以“军哥剧说”系列作为主打品牌提升剧场的影响力和吸引力。经过五年多的创新探索，成功塑造 09 剧场“军哥剧说”公众形象，成为深圳市公共文化空间较大影响力的剧场服务品牌。

09 剧场最初每场演出需要组织观众，罗湖区文化馆领导与小品话剧团的主创人员根据剧场实际情况和观众反馈，持续不断地实践与创作，在

2012 年 10 月推出了“军哥剧说”系列之《剧说成功》和《剧说沟通》主题晚会，上演后获得了很大成功，仅靠观众口口相传，就做到了场场爆满。在每周两场、每场两个小时的演出中，笑声、掌声、音乐声、欢呼声交织在一起，自始至终没有间断。观众评价 09 剧场“军哥剧说”，“从头笑到尾，又能感悟人生道理”，“励志但无说教，幽默却不庸俗”。在 09 剧场上演满 100 场的时候，有网友在网上高度评价 09 剧场：不为扬名不为利，09 剧说接地气；公益表演过百场，场场爆满人气旺；老少通吃精神粮，看过都夸 09 棒。

《剧说成功》以“成功”为主题贯通整场晚会，主持人“军哥”通过脱口秀的形式，将他们对于“成功”这一主题的思考向观众传递。该系列里面包含小品《铁饭碗》《你要相信我》《超越》等。深圳是一个年轻而富有活力的城市，有着残酷的竞争但相对公平，人们来到深圳都渴望在此获得成功。《剧说成功》与现场观众交流探讨他们认为什么是成功，成功的方法是什么。观众表示在深圳打拼、奋斗难免有疲惫倦怠的日子，看过《剧说成功》后又重拾信心，对成功有了新的定义。

《剧说沟通》讲述人与人之间的沟通方式，包括电话、书信、邮件乃至现在的微博、微信等，以“沟通”为主题贯通整场晚会，用《清洁交响曲》《最近我不烦》《守候》三个形式各异的小品来进一步诠释“沟通”这一主题；用默剧的形式，用纯肢体语言来表现形形色色人和清洁工之间的沟通；办事窗口的工作人员和咨询人员之间的沟通；陌生人之间的误解与沟通，等等。

在创演推出《剧说成功》《剧说沟通》获得初步成功后，09 剧场又紧紧依托小品话剧团，深化创演推出以“军哥剧说”为主题的系列作品，形成常演的“军哥剧说”系列作品，包括《剧说成功》《剧说沟通》《剧说温暖》《剧说团队》《剧说爱情》《剧说快乐》《剧说成长》《剧说清廉》等，都获得观众的高度认可和热烈欢迎。

通过对 09 剧场“军哥剧说”的现场体验和跟踪分析，笔者概括出该剧场实现良好创演效果的创新做法。

（一）注重节目创演创新

在节目主题、节目内容、节目形式等方面探索新的样式，保持了较高的思想性、艺术性和观赏性。在节目主题上，突出主创人员和主持人“军哥”的角色，将系列节目定名为“军哥剧说”戏剧主题晚会，围绕“军哥剧说”推进其他节目的创演，推动晚会的资源优化配置，在观众中形成名人认同效应。在节目内容上，突出与弘扬社会主义核心价值观有关、与时代有关、与深圳有关的话题和主题。在节目形式上，发挥小品戏剧的优势，同时通过主持人军哥的“脱口秀”带动整台节目的活跃，配合其他形式的演唱、乐队等，形成持续两个小时的晚会高潮效果。全国政协委员、著名表演艺术家巩汉林评价说：我从内心佩服 09 剧场，你们大胆的创作和尝试，让我们综艺晚会的形态有了新的拓展。

（二）注重品牌培育创新

09 剧场“军哥剧说”注重阵地的利用、创演人员的宣传、节目定位的提炼三者之间的联动，通过节目本身的质量提升，形成了以剧目为核心的剧目、剧场、剧星品牌连锁效应。在剧目品牌打造上，形成了“军哥剧说”的系列主题戏剧节目品牌，包括《剧说成功》《剧说沟通》《剧说温暖》《剧说团队》《剧说爱情》《剧说快乐》《剧说成长》《剧说清廉》等，这些剧目成为每场晚会的主打节目，深受现场观众的热爱和支持。同时，通过剧场与剧目的联动宣传，使观众广泛了解到“军哥剧说”是在罗湖文化馆剧场演出的，因而极大地提升了罗湖文化馆剧场的声望声誉。在演员的推广上，由于整台节目以“军哥剧说”的定位出现和推广，所以也造就了小品话剧团的明星演员和主持人，实现了小品戏剧的明星效应。“军哥”由此成为 09 剧场节目的符号和形象。

（三）注重创演机制创新

09 剧场“军哥剧说”建立了以馆为依托，以馆办的小品话剧团为核心创演团队，以剧场为载体空间的创演机制，既发挥了馆内人员积极性和提高资源的利用率，同时又充分整合利用了社会人才资源。09 剧场“军哥剧说”依托的深圳市小品话剧团属于民办非企业组织，主办单位就是罗湖区文化馆。2006 年小品话剧团成立，邸叙然任团长。作为深圳市具有专业水准的戏剧表演团体，小品话剧团所有保留节目均为原创。因为作品大多取材于深圳人的都市生活，所以受到观众的喜爱和追捧，经常代表深圳和广东省参加全省乃至全国的巡演，多次参加市、省、国家级小品大赛并获得大奖，60 余个作品在中央电视台《中国小品总动员》《周末喜相逢》《笑星大联盟》《我要上春晚》《中国文艺》《流金岁月》《快乐驿站》等栏目录制播出。其中，《笑星大联盟》录制播出了深圳小品专场，引起强烈反响，被央视导演称为“深派小品”。小品话剧团自成立以来，创作的小品荣获省级以上奖项超过 200 个。小品话剧团 26 位成员中的 24 位都是体制外的戏剧工作者和戏剧爱好者。他们因为热爱戏剧而聚集在一起，不拿固定的工资，只有创演的补贴。主持人和主创人员李学军的主业是培训师，在与导演邸叙然合作过程逐步激发创演活力。“军哥”的角色是主持人，负责对主题进行深度的挖掘和表述，同时作为一个串接者，把观众和剧场紧密连在了一起，进一步激发了互动和思考，令观众把注意力和感受力融入剧场。

（四）注重服务方式创新

09 剧场启动之初，为了推动辖区市民进场观看演出，文化馆工作人员和小品艺术团成员主动地走出去，走进社区，主动请社区居民到剧场观看免费主题演出。这种“走出去，请进来”的模式本身就是公共文化服务的模式创新，目的是让市民了解和熟悉文化服务内容，同时吸取市民对演出的意见建议。这种请看演出、培养观众的格局很快被打破，因为通过人际传播和现代网络传播，09 剧场的演出效果迅速得到观众的高度肯定，剧场开始利用现代网络技术进行服务方式创新。09 剧场从来不对外现场售票，发票方式是每周一在网上进行预订当周门票，常常是每周一中午前周六的门票就全部订满；若有人预订到了票，却临时有事来不了的，也会马上在网上把票让给别人，唯恐浪费了一个宝贵的座位。此外剧场也通过飞信、微信、微博等传播平台对演出进行宣传，由此出现了场场爆满、一票难求的盛况。2012年10月开始，“军哥剧说”系列成功上演后，09剧场也从每周一场加演至每周两场，以满足市民的热烈需求。

三　09剧场“军哥剧说”创新品牌的效果和启示

截至2017年12月底，“军哥剧说”系列在09剧场已经上演了493场。罗湖区文化馆负责人符史安先生评价“军哥剧说”系列创造了深圳公益演出的新纪录：深圳至今没有其他专项公益演出能够达到四百多场仍然爆满。“军哥剧说”系列受观众欢迎程度如此高，可谓空前。

罗湖区文化馆通过打造“军哥剧说”系列树立了09剧场的品牌形象，其实现的社会效益十分显著。一方面，它有效地推进了文化馆在免费开放后的职能转变，为文化馆的更好作为提供了载体。文化馆免费开放后要主动提供适合群众文化需求的文化服务产品，而剧场演出空间是最能对接群众需求的，也是最能引起群众关注和实现群众享受参与的。罗湖区文化馆主动创新，以剧场演出为重要突破口，在实践中探索寻找符合群众文化需求的公共文化服务产品，“军哥剧说”系列的成功创演为罗湖区文化馆的服务履职提供强有力的支撑。另一方面，从提高公共文化服务效能来说，剧场空间品牌的打造和常设节目的连续演出也有效地解决了传统公共文化空间的资源闲置和利用率不高的问题，从而有力地提高了公共文化场所的服务效能，实现了更好地服务人民群众的目的。

09剧场以“军哥剧说”为核心成功打造剧场品牌，获得广泛的社会认可，为公共文化机构和公共文化空间的创新服务提供了有益的借鉴和启示。

（一）公益性公共文化空间必须始终坚持以人民为中心，提供公共文化服务

党的十九大报告确立了习近平新时代中国特色社会主义思想，其中的十

四条基本方略之一是强调坚持以人民为中心，提出人民是历史的创造者，是决定党和国家命运的根本力量。必须坚持人民主体地位，坚持立党为公、执政为民，践行全心全意为人民服务的根本宗旨，把党的群众路线贯彻到治国理政全部活动之中，把人民对美好生活的向往作为奋斗目标，依靠人民创造历史伟业。而在《中华人民共和国公共文化服务保障法》第三条中，也明确规定公共文化服务应当坚持社会主义先进文化前进方向，坚持以人民为中心，坚持以社会主义核心价值观为引领。所以坚持以人民为中心的服务导向是公共文化服务的根本宗旨，也是构建公共文化服务体系的出发点和落脚点。

落实到具体的公共文化机构上，文化馆作为政府举办的公益性文化事业单位，是开展公共文化服务的重要场所，是保障人民群众基本文化权益的重要阵地，更应坚持以人民为中心的服务导向，依法尽职地履行承担提供公共文化服务、服务人民群众的职责。而作为文化馆一部分的剧场能否发挥公共文化设施的服务效益，事关文化馆服务的尽职履职，事关政府公共文化服务的保障落实，事关全心全意为人民服务的全面践行。

罗湖区推进09剧场开展公益文化服务的过程中，从开放演出到确立“军哥剧说”作为剧场主打品牌定位也有一个摸索的过程。2012年3月剧场开放演出初期，推出的演出节目受到群众欢迎的程度并不高。2012年10月小品话剧团经过创作推出《剧说成功》《剧说沟通》初步受到观众欢迎后，剧场主办机构罗湖区文化馆开始联合小品话剧团，集聚文化馆、小品话剧团创演人员的智慧创意，广泛听取观众的意见建议，在2013年后确定剧场的品牌发展定位和节目创演方向，即突出演出主持人李学军的“军哥”形象；突出“剧说”主题，以“剧说”为主题核心创作系列作品；以主题晚会为演出主要形式，突出小品话剧特色，强调互动参与。从创演实践来看，确实得到了观众的广泛认可和热烈欢迎，每到周六晚演出上演时，从全市各区蜂拥而至的观众在剧场门口排起了长龙，媒体为此多次给予了正面的报道。

（二）文化场馆的剧场演出必须坚持内容至上，自主创作推出接地气正能量的精品力作

“军哥剧说”系列是一台戏剧主题晚会，同时结合脱口秀，突出创新演出特色。它的产生是小品话剧团团长兼导演邸叙然的作品精华与李学军多年培训师经验“联姻”的结果。渴望从过往作品中提炼主题的邸叙然，从李学军做培训的主题和经验中找到了灵感：何不做一台综艺性表演，反映深圳人的故事？以深圳人自己的故事来表达深圳人的心声、引发每个人对生活的思考。“军哥剧说”系列通过脱口秀的形式，将这些主题的思考向观众传递，再用小品、歌舞、朗诵等精彩节目来诠释主题，并使之贯穿整场晚会。节目尽量避免说教，让戏剧本身去抚慰人们心灵，用轻松愉悦的形式来讲述反映深圳人自己日常生活的故事，不但使人们的压力在快乐轻松中得到释放，同时也引发人们去思考和体悟自己的人生，从而也从正面影响社区和家庭关系，让剧场成为心灵家园。“军哥”作为一位穿针引线的主持人负责对主题深度的挖掘和表述，而小品、歌舞等艺术形式则是对叙事的注解、点化或者升华。而单个小品的艺术魅力也因为主题的贯穿和综合，增加了张力和传播力。导演邸叙然认为，创作者只有心里装着社区居民，作品才能接地气，才会受到观众的喜爱。

比如，《剧说温暖》以“温暖”为主题贯通整场晚会，其中三个小品《保安日记》《综管员轶事》《请和陌生人说话》分别讲述了每天与生活息息相关的社区保安、街道社区登记住户信息的综管员，以及小区邻里的故事，故事真实、幽默、欢乐、温暖。上演后反响热烈，现场观众数度感动落泪，他们看了《剧说温暖》觉得深圳有了家乡的感觉。《剧说团队》则用《集训》《军歌嘹亮》《超级小兵》三个小品讲述了团队的力量。一个企业、一个单位、一个部门，大到成千上万，小到三两个人，都是团队，《剧说团队》用戏剧的形式告诉观众，光靠自己单打独斗一定会被社会淘汰，人们都需要关注和重视团队的力量。此外，09剧场还推出了《剧说快乐》《剧说成长》《剧说清廉》等一系列充满正能量的主题晚会，与深圳的观众共同探

讨大家最关心的热点话题。

党的十九大报告提出繁荣社会主义文艺，强调社会主义文艺是人民的文艺，必须坚持以人民为中心的创作导向，在深入生活、扎根人民中进行无愧于时代的文艺创造，要求坚持思想精深、艺术精湛、制作精良相统一，繁荣文艺创作，加强现实题材创作，倡导讲品位、讲格调、讲责任，抵制低俗、庸俗、媚俗。从“军哥剧说”系列节目的创演情况看，节目都是现实题材，是从深圳实际生活中得到的创意而创作的，很接地气，充满正能量，有品位，有格调，符合思想精深、艺术精湛、制作精良相统一的创演标准和方向。中国剧协小戏小品上海创作基地负责人、著名剧作家余志清评价“军哥剧说”：“在全国群文戏曲创作中，它其实是一个标杆，呈现了一个社会主义核心价值观，而它的形式呢又是寓教于乐。”著名小品导演、表演艺术家李文启认为：“他们接地气又有朝气，所以形成了今天的人气。他们在创新，不是老一套，舞台呈现样式以及跟观众的互动都在不断地创新。已经是一种文化现象，是值得研究的。”

（三）文化馆坚持走创演结合之路，是实现公共文化机构精品创作有效转化为服务产品并有力服务群众的最佳选择

文化馆的法定职责和服务项目之一是群众文艺创作。文化部制定发布的《市（地级市、区）文化馆等级必备条件和评估标准》规定群众文艺创作及辅导是文化馆的等级评估必备条件，要求地市级以上馆应设有群众文艺创作及辅导的部门和人员，县级馆应有群众文艺辅导的部门和人员，还规定要求拥有馆办文艺团队。不过，在具体的实践中，文化馆普遍存在馆里创作作品不能直接服务于群众的现象，形成创作与演出脱节，难以实现创作的社会效益。

罗湖区文化馆依托馆办的文艺团队——小品话剧团进行创作和演出，依靠馆设的剧场打造剧场演出品牌，实现了创作、演出、场地相统一的服务机制创新，有力地提升了创作作品转化为服务产品的效能，有效地发挥了剧场的服务功能和使用效率，最终也实现了文化馆全面履职公共文化服务的终极目标。值得注意的是，承担“军哥剧说”系列创作和演出的小品话剧团并

不是职业院团，演员都是兼职的，靠兴趣爱好而主动聚集在一起，平等的关系、灵活的机制，再加上对这个行业的热爱，使演员为舞台奉献出了十二分的热忱和努力，观众的掌声、笑声和对09剧场的肯定让演员们更加积极努力地创演深受欢迎的节目。而作为小品话剧团团长的邸叙然，成长于山西大同的艺术世家，2006年被罗湖区作为文化专业人才引进。邸叙然集编、导、演于一身，同行评价他简直就像“舞台的精灵”，有着超凡的舞台驾驭能力，了解观众的喜好，关注特区人的日常生活，将身边事搬上舞台，还能演绎得满台生辉。邸叙然认为，要打造一个成功的话剧团，只有靠三多：多出作品、多出精品、多出演出。“军哥剧说”系列创始人之一和台柱子李学军做过办公人员、电台主持人、培训师等多种工作，和邸叙然一同合作创作出了“剧说系列”。在09剧场，无论是四五岁的小朋友还是70多岁的老年人都亲切地管他叫“军哥”，“军哥”已经成为观众粉丝们对他家人般亲切的昵称。除了导演邸叙然、主创李学军外，李牧霏、杨成成、赵勇、赵婷婷、王靖凯、马天伟等演出者也都是受过专业训练的科班演员，这也为“军哥剧说”的成功创造了条件。

据统计，小品话剧团2017年创作2台主题戏剧晚会、2部原创话剧和5个原创小品，在09剧场演出“军哥剧说”系列达到130场，并受邀前往江西吉安、湖南常德、广州市、东莞市、清远市和本市的福田、南山、龙华、盐田等区演出24场。小品话剧团和09剧场承办了首届“青年戏剧月”活动，历时20天，共演出17个剧目30场，承办了“中华颂第二届小戏小品曲艺高级研修班”，邀请名师授课，并进行一场“中华颂第二届小戏小品曲艺优秀作品展演”。小品话剧团还被授予“广东省小戏小品试排演（深圳）基地”和深圳广电集团娱乐频道老有才俱乐部创作基地。

B.3

打造公园文化周品牌，提升深圳公园文化品位

深圳公园文化品位提升课题组*

摘　要： 举办“公园文化周”是深圳公园文化建设的重要组成部分，也是深圳公园文化品位提升的突破口。自2006年举办首届以来，深圳公园文化周已连续成功举办了11届，取得了很大的成功，但也存在不少问题和挑战。未来深圳应着眼于转型升级、品位提升，努力建设国内领先、国际知名的一流公园文化节庆品牌。

关键词： 深圳公园文化周　公园文化　公共文化服务

在深圳公园发展过程中，“公园文化周”的策划举办具有重要意义，也是深圳城市文化建设的重要进展。自2006年举办首届以来，公园文化周举办时间已超过十年，因此有必要在党的十九大精神指引下对公园文化周做出回顾和评估，并着眼深圳未来的城市发展，对如何实现公园文化周的转型升级和品位提升提出相应的建议。

一　深圳公园文化周的简要回顾

举办“公园文化周”是深圳公园文化建设的重要组成部分，也是深圳

* 课题组主要成员：唐永琼、谢燕、王为理、杨立青、邓达奇。

公园文化品位提升的突破口。在相当意义上，它是深圳公园发展的内在要求和逻辑延伸的结果。

改革开放30多年来，在历届市委市政府的领导和支持下，经过城管、园林部门和社会各界的多年不懈努力，深圳公园的数量和规模实现了迅速的扩展，截至2017年底深圳已拥有大大小小各类公园921个，公园数量位居全国前列，为深圳“公园之城”建设奠定了坚实的硬件基础。但从“公园之城”的内涵上看，仅仅拥有硬件设施显然是不够的，还需要在管理服务体制机制等软件以及公园文化内涵上下功夫。在这方面，深圳相关部门和公园建设者们可以说从一开始就形成了较高的自觉，在园林园艺、科普教育和社会文化活动上推进公园文化建设，不断增进深圳公园的文化内涵。在园林园艺上，深圳的大型市政公园很早就按照“一园一特色”等思路予以设计布局，比如在特色园艺花卉上，从1987年开始，人民公园、东湖公园、荔枝公园及笔架山公园举办了18届迎春花展，目前已形成莲花山公园簕杜鹃展、东湖公园菊花展、人民公园月季花展、洪湖公园荷花展、翠竹公园毛竹展、仙湖植物园科普展等公益性展览活动，公园不仅成为引种、驯化、栽培、科普的基地，而且也是在国内享有盛誉的物种保护中心和深圳生态文化的重要组成部分。同时，依托深圳遍布各处的大小公园所营造的园林绿化环境，公园不仅是人们日常休闲的好去处，而且成为广大市民进行跳舞、唱歌、摄影、健身等的大舞台和公共文化空间。

正是在公园硬件和软件都形成了相当好的基础上，深圳在2006年开始举办公园文化周，以推动深圳公园的“内涵式发展”。其背景有：自1994年获得“国家园林城市”称号以来，深圳不断巩固和发展“国家园林城市”成果，提高园林绿化规划、建设和管理水平，尤其是借助2002年、2005年被市委、市政府确定为“公园建设年”之契机，全面加快公园建设步伐，仅2004～2006年就新增郊野公园2个、森林公园6个、市政公园10个、社区公园245个，2006年底全市已建成公园442个，为举办“公园文化周”提供了良好的空间载体和硬件平台。此外，2003年深圳市委、市政府提出并实施“文化立市”战略，不断加大对文化建设的投入力度，不断优化文化发展环境，努力构建公共文化服务体系，大力发展文化创意产业，各具特色的企业文化、社区文化、公园文化、广场文化等不断涌现。在此背景下，深圳有关部门在着力打造“公园之城”的同时，为促进公园全面建设，丰富公园文化内涵，拓展公园服务功能，让市民更好地享受公园文化，从2006年开始每年在市区两级市政公园举办公园文化周，以“加强公园文化建设，丰富公园文化内涵，提高群众文明素养，提升城市文化品位”。因此可以说，如同2000年举办深圳读书月、2004年开始举办“文博会”等一样，2006年公园文化周的举办，既是深圳公园自身内在发展逻辑的自然延伸，也是深圳这座新兴现代城市的文化意识觉醒并付诸实践的结果。

自2006年举办首届以来，深圳公园文化周已连续成功举办了11届，取得了良好的社会效益，主要体现在以下几点。

（一）活动内容日益多样，公园文化内涵不断丰富

综观每届公园文化周，其活动形式主要由动态和静态两部分组成，动态活动围绕年度主题，采取文艺演出、体育竞赛、娱乐表演以及知识讲座等社会文化方式展示；静态活动以“自然、和谐”等为主题，以营造节日氛围、创新公园文化为主要内容，采取营造园林景点和举办各种花展、图片展、摄影展、书画展等方式展示，达到动态与静态有机结合，体现动中有静、静中有动，观赏与参与互补，不断丰富公园的文化内涵。如2016年第11届公园文化周（周）以“美丽深圳，多彩生活”为主题，确立了文艺、体育、音乐、科技、时尚、展览、园艺和城管工作成果展示等八大类丰富多彩的节目。其中作为文化周主会场的莲花山公园和深圳湾公园的活动最为丰富，如莲花山公园不仅有2016莲花山草地音乐节等高雅艺术节目，也有风筝大赛、太极表演、秧歌表演等大众化表演，既有一年一度的市花簕杜鹃展，也有第19届国际植物学大会系列科普活动和摄影大赛获奖作品展，以及宜居家园生态互动、一小时亲子游等时尚类活动。深圳湾公园则依托日出剧场举办了深圳湾草地音乐会和深圳湾之律，摇滚音乐会等深受广大市民期待和欢迎的演艺活动，无不给公园营造了浓郁的园林园艺、社会文化氛围，极大地提升了公园的文化内涵和服务市民的水平。

（二）举办规模日益扩大，市民参与热情高涨

自2006年以来，深圳公园文化周的举办规模逐年扩大，市民的参与热情也日益上升。首届公园文化周于2006年12月23日在市区两级11家市政公园同时举行，历时11天，共有456家单位参与文化周活动，参演人员24889人，演出节目1573个，吸引了200多万市民的热情参与。而于2016年11月成功举办的第十一届深圳公园文化周，承办公园已由第一届的11家扩展到24家，组织的各类活动287项，共吸引了约688万人次市民游客入园游览，集中展示了城市生态文明和公园文化建设成果以及丰富多彩的城市生活，较好地满足了广大市民的精神文化需求，彰显了深圳开放、创新的城市气质，受到了市民朋友的广泛赞誉。

（三）组织机制不断改进，运作模式基本形成

为确保公园文化周活动的顺利举行，相关部门从一开始就专门成立了“深圳市公园文化周组委会”，全面负责活动的筹划、组织、指导与协调。组委会下设办公室，办公室设在市城管局（深圳市公园管理中心），负责日常各项具体工作的组织、计划与协调。从第十一届开始，公园文化周由市城管局和市文体旅游局共同主办，加强了与市文体部门和各区的资源对接，引入更多优质活动资源，通过部门、市区配合，积极争取各区、各相关部门的支持和资源投入，取得了良好的效果。从举办模式上看，公园文化周形成了“政府主办、公园承办、社会协办、公众参与”的举办模式和“政府补贴、单位调剂、社会赞助、社区支持”的经费筹集原则，通过吸引社区居民、企业团体、民间文艺社团等各方社会力量共同参与，以不断丰富文化周的活动内容，实现了政府和社会的双赢。

（四）社会影响逐渐扩大，初步形成品牌效应

近年来公园文化周吸引了市内外众多媒体的大量报道，相关资讯在较短时间内迅速成为市民关心的热点，极大地扩大了公园文化周的社会影响和辐

射范围。比如传统纸质媒体和广电媒体对近几届公园文化周的报道都达到100篇次以上，深圳市公园管理中心、“美丽深圳”以及各大媒体、活动举办方的微信公众平台也纷纷推送或转载文化周相关活动信息和精彩内容，公园文化周在举办期间成为网络热搜词汇。而公园文化周的品牌效应，还主要体现在其重点活动品牌的成功树立上。如在园林园艺上，人民公园月季花展、园博园茶花展、洪湖公园荷花展、莲花山公园簕杜鹃花展、东湖公园菊花展这五大特色花展，不仅代表了深圳公园的特色和亮点，而且成为深圳公园文化周的品牌活动，围绕特色花卉展举行的科普、书画诗词、摄影、艺术品展等活动，极大地赋予公园浓郁的文化内涵和人文色彩，每当各主题花展举办之时，前来赏花游玩的广大市民和外来游客络绎不绝。再如文化周期间举办的深圳湾和莲花山这两个草地音乐会，在短短几年就成为深圳公园文化的标签，它们不仅让更多的市民走近和欣赏到国际顶级的高雅艺术，而且也极大地提高了深圳的文化品位，繁荣了深圳的演艺市场，扩大了深圳的文化影响，成为深圳公园文化周最具品牌效应的重大活动之一。

二　深圳公园文化周存在的不足

经过多年的努力，深圳公园文化周从无到有、从小到大，目前已成为深圳较具社会知名度和影响力的城市文化品牌活动之一。但与此同时，受限于体制机制、资源投入、创新创意等主客观因素，公园文化周在取得较大成绩的同时，也存在不少的问题和挑战。

（一）文化内涵挖掘不足，文化品位有待加强

从根本上说，“深圳公园”的发展过程也是“深圳公园文化”的发展过程，因为公园的规划建设本身就体现了规划建设者的文化意识，浸润着公园设计者的艺术构思和创意设计，进而展现为每个公园的文化个性。但公园在园林园艺上的规划建设，只是体现一种静态的文化或凝固为物的自然形态，其文化内涵需要深度的挖掘和崭新的呈现。在这方面，由于文化挖掘形式还

不够多样，展现与互动手段还不够吸引人，在手段上也未充分利用更多的高科技以达到更大的文化呈现效果，如在科普上，由于自然科学的声色光电等原理和人文社会科学的历史文化知识等科普工作的相对缺乏，影响了科普活动的参与面和吸引力。同时，作为城市公共空间，除了个别公园，深圳大部分公园的基础文化设施如剧场、舞台、简易书吧、小型咖啡（茶）馆等并不齐备，也削弱了公园空间的文化品位和公园文化周的艺术氛围。

（二）社会文化过于大众化，高端化特色不够鲜明

综观世界著名的公园，如纽约中央公园和伦敦海德公园，它们之所以成为国际知名的文化地标和旅游观光热点，并不完全在于其优美的自然环境，更在于中央公园“莎士比亚公园戏剧节”、海德公园“无座音乐会”等高端艺术活动的置入和活跃。反观深圳的公园，目前的公园文化周一般性的大众文化活动比重过大，并以中老年人为参与主体，尽管也有深圳湾、莲花山草地音乐会这样的高雅艺术活动，但总体上类似的高端活动品牌太少，不仅使公园文化周在整体上给人文化品位不高、文化特色不鲜明的印象，与公园文化周“树品牌、提品位”的更高目标要求有着相当的距离。加上每年文化周活动的创新、创意力度还不够大，高科技化、开放化、时尚化、国际化程度还差强人意，难以吸引更多层次群体的参与，使得公园文化周的社会参与活力难以实现更大的释放。

（三）市场社会力量调动不够，运行体制机制有待完善

国际上知名的公园文化周庆品牌，其基本的成功经验无不与市场社会力量的充分调用以及灵活有效的运行体制机制有着直接的关联。在这方面，深圳公园文化周由于是政府部门主办的公益类活动，政府主导的基本特点使得公园文化周的运营模式会受到有形无形的制约而难以取得更大的创新，如基于公园文化周本身的“公益性”，无形中制约了对社会资源的汲取与利用：专业文化企业作为营利性机构，其本质属性及其商业诉求是与公园文化周的“公益性”相背离的；而采取企业赞助、投放广告等形式吸引企业对公园文

化周的支持，又受到公园不得进行商业活动等规定的限制，进而加剧了目前日益突出的活动经费筹集难的问题。因此，如何充分利用社会资源，实现政府与市场社会力量的良好结合，包括吸引更多具有专业水平和实力的社会文化团体的广泛参与，也就成为日后公园文化周实现更好发展的必然选项。

（四）市场营销推广不足，品牌知名度有待扩展

文化周庆的知名度一方面与其本身的举办水平有着直接的对应性关系，另一方面也与其市场营销推广相连。但由于受到体制机制、资源投入等种种条件的限制，其目前的宣传推广及其社会影响还主要局限在深圳一地，在粤港澳珠三角地区、全国乃至国际上的市场推广力度明显不足，营销推广的渠道、方式也较为单一，其时效性难以转化为持久的美誉度，以致国内外很多知名的文化艺术团体和艺术家（包括园林园艺方面的）并不知晓深圳公园文化周及其重要活动内容，这既降低了他们与深圳进行广泛深入合作的可能性，也影响了深圳公园文化周对外知名度的扩展，反过来也制约了深圳公园文化周的更大发展空间。

由上可知，深圳公园文化周的举办取得了很大的成绩，但在相当程度上也处于某种发展的“瓶颈”状态。这说明在未来公园文化周亟须注入崭新的文化内容，实现举办模式的改革创新，吸纳更广泛的社会力量参与，推动它向高品位、高参与、广覆盖的可持续方向发展，使其成为深圳最重要的城市文化周庆之一。

三　公园文化周转型升级、品位提升的对策建议

在党的十九大精神的指引下，深圳公园文化周未来的发展定位，应围绕深圳加快建设“社会主义现代化先行区”和现代化国际化创新型城市的发展目标，以推动“公园之城”“世界花城”的内涵式发展为动力，以极大提升深圳公园文化品位、塑造深圳公园文化品牌为核心，创新和优化举办模式，实现政府和社会的优势互补，不断激发发展活力，通过举办丰富多彩、

雅俗共赏的高质量公园文化周庆活动，让广大市民分享深圳园林园艺和社会文化发展成果，在满足市民日益增长的公园文化需求的同时，以建设国内领先、国际知名的一流公园文化周为未来目标定位，进一步提升城市文化品位和文化形象。

（一）完善公园文化周的组织构架和统筹、协调功能

1. 切实发挥“组委会”统筹功能

经过十几年的发展，公园文化周已经形成了相对稳定的筹备组织形式，这就是以“深圳公园文化周组委会”为核心的组织架构，即由分管市委常委担任组委会主任，市城管局、市文体旅游局局长担任副主任，市公园管理中心主任担任执行副主任兼组委会办公室主任，协办单位为市广电集团和报业集团，承办单位为市公园管理中心、各区（新区）城市管理局。在未来，着眼于公园文化周的“品位提升”，建议对上述组织架构加以优化完善，更为切实地发挥其统筹功能：第一，完善“公园文化周组委会”的组织构成，建议适当增加市委或市政府相关领导进入组委会，以强化党政系统的具体行政统筹协调作用；第二，扩展组委会的委员单位范围，除了双主办单位市城管局与市文体旅游局，委员还可包括市委宣传部、市财委、市公安局、市规划国土委、团市委、市总工会、市妇联、市社科院、深圳大学、市广电、报业、出版发行三大集团以及重要的企业、社会组织等机构负责人，调动各成员单位参与承办各类主题活动的积极性和责任感；第三，借鉴“深圳读书月”等节庆品牌的有益经验，邀请德高望重的市离退休老干部担任组委会总顾问，邀请相关著名社会人士担任组委会特别顾问，发挥顾问机制的积极作用。

2. 完善部门之间、市区之间的联动机制

建议市城管局长期与市文体旅游局密切合作，共同主办公园文化周，市公园管理中心总协调，实现城管系统与文化系统的分工协作、资源共享与优势互补；同时积极主动地争取市委宣传部、市财委、市公安局、三大文化集团等市级部门的积极配合和大力支持。此外，借鉴“深圳莲花山青年文化

周”等活动成功开展的有益经验，在各辖区公园共同主办重点文化周活动，实现市、区、街道城管、财政、宣传、文体、旅游等部门的通力合作，尤其是争取各区、街道的行政、经费、宣传、节目等资源的投入与共享。为加强部门、市区之间的有效联动，在公园文化周筹备举办过程中，在市委和市政府的指导下，“组委会”可形成定期或不定期的联席会议机制，协调解决筹备举办过程中的各种问题。

3. 成立“公园文化周”策划委员会

在“组委会”之外，广泛吸纳园林园艺、文化艺术、政府官员、公园管理等领域专业人士以及企业、社会组织和媒体、市民代表，成立“公园文化周”策划委员会，按照特色化、科技化、高端化、国际化、品牌化的目标要求，加强公园文化周的策划能力，提高公园文化周的举办水平。策划委员会的主要职责是负责策划、优化公园文化周活动的板块设置、内容结构及筛选评估。为加强公园文化周的创新，在核心委员相对固定的同时，其名单根据现实需要在一定时期内通过换届方式予以更新，以不断吸纳不同界别的新鲜血液，确保文化周常办常新，保持文化周对社会大众的持续吸引力。同时策划委员会在文化周筹备期间还负责召集相关策划会：“市民代表策划会”主要了解普通市民的文化需求和建议，有效对接、体现大众文化意愿；“专家代表策划会”主要依托更广范围的专家学者的专业知识、智力和创意，为公园文化周的品位化、高端化发展出谋划策；“媒体记者策划会”则主要借助媒体记者对社会文化变化的职业敏感，发挥其独特的优势，使公园文化周不断推陈出新。

4. 根据“一园一特色”制定公园文化周专项规划

深圳公园文化周如今正处于承前启后的重要节点上，面临着“提文化品位、树国际品牌”的新机遇与新挑战，需要根据深圳经济社会发展和公园建设的整体发展情况，制定与之相适应的具有前瞻性而又科学可行的公园文化周发展规划，确立起未来发展的根本方向、基本原则、总体格局、主要任务和重点项目。由于公园文化周主要依托公园这一空间载体，因此其专项规划的核心内容是各个主要公园的分项规划，也即依据每个公园的不同性质、功能及“一园一特色”“错位发展”的主要思路，制定公园文化周的分项规划：依托目前深圳形成的三级公园体系，森林、郊野等自然公园以自然风光为主，回归和体现自然本色，尽量减少人为设计之意；综合性或专题性大中市政公园则应成为公园文化周的主要承载平台，主会场致力于打造核心主打品牌，分会场则专注于培育系列精品项目子品牌，且在园林文化、社会文化活动的内容、形式、时间、资金、策划等方面突破现有的思维定式，开拓思路，勇于创新，使公园文化周“常办常新”，每届均能带给市民一种全新的文化感受；社区公园则在加强绿化休憩、文体健身功能的同时，通过地方性的非遗展现等形式体现本土、地域特色。

（二）加大相关资源投入，积极探索市场化、社会化运作模式

1. 加大政府的资源投入

经费严重紧缺是历届公园文化周的老大难问题，也是制约公园文化周发展的最主要因素。作为政府主办的大型文化周庆，要有效提升公园文化周的品位，需要政府投入更多的公共资金，为打造公园文化周品牌创造更好的条件。积极争取市财政部门的支持，设立深圳市公园文化发展专项资金，用于市属公园文化设施的改善和公园文化周活动的举办；争取市宣传文化事业专项基金和文化产业发展专项资金的支持，用于公园文化周创意活动的开展，同时争取各区财政等部门对辖区公园文化周活动的支持。公园文化周举办期间，借鉴“文博会”经验，举城管全系统之力，抽调相关人员加强文化周的筹备；加大政府购买服务力度，以劳务派遣、争取社会专业人士加盟等方式缓解公园专业人力紧张的状况；加强对公园文化研究型专业人才培养和引进，在公园文化周举办期间争取义工团体的大力支持等。

2. 争取社会资金的投入

基于中央、省、市对节庆类活动的调控以及政府财政资金的有限性，要实现公园文化周的可持续发展，还需要吸引社会资本、商业机构和民间团体参与公园文化周的举办。争取相关部门的支持，制订专项方案，以“公园文化周组委会”的名义与知名企业谈判，扩大社会赞助、捐助的范围，增

加社会资源投入，弥补资金不足。借鉴日本公园文化发展以及上海辰山草地广播音乐节的企业冠名赞助的经验，研究公园文化周接受社会企业赞助的松绑政策：通过社会公益捐助、冠名赞助、给予企业一定广告空间和效应等形式，缓解活动经费不足，提升活动质量，实现公园文化周的社会共赢。

3. 积极走市场化、社会化运作路子

基于政府主办文化周庆在运作机制上的弱点，如激励机制不足、社会需求变化灵敏度不高、存在体制性制约等，未来的公园文化周可改变传统的“政府办节”模式，在不以营利为取向的前提下，树立市场经营意识，用经济的方式办文化，形成政府和社会良好的“伙伴关系”，积极探索市场化、社会化的运作模式：“政府搭台，社会唱戏”，积极引入优秀的有实力的专业文化企业和社会组织，加深长期合作空间，依托它们独特的资源和信息优势，承办、协办和自行开发相关主题活动，在给予它们直接补贴的同时，引导其申请多层级政府基金和获得更多社会资助，活动项目、经费筹集以社会为主、政府为辅，通过社会化运作，逐步由政府补贴转变为费用自给，鼓励其自行邀请境内外著名文化团体、艺术家来深参与文化周活动，培育有持续吸引力的重点活动品牌。

（三）空间上主分会场并举，时间上既集中又灵活

1. 全力办好主会场活动，打造公园文化周核心品牌

基于莲花山公园和深圳湾公园得天独厚的优越地理位置和人流量大等条件，以及独具特色的、在广大市民和游客中树立良好口碑和形象的公园文化和公园活动，借鉴纽约中央公园“莎士比亚戏剧节”、伦敦海德公园音乐节、柏林森林音乐会等国内外著名公园文化周庆的成功经验，确立莲花山和深圳湾两公园的双主会场地位，按照文化主题更加集中突出、活动宁缺毋滥的思路，以专业化、国际化、高端化为标准，整合更优质的政府和社会资源，加强对主会场活动的精心策划，通过更具创新创意的方式，全力办好主会场活动，在继续提升已有的莲花山草地音乐节、簕杜鹃花展、深圳湾草地音乐会等品牌活动的基础上，培育更多更优的品牌活动，以此为抓手提升公

园文化周的品位，将之打造为最具社会能见度和影响力的公园文化周核心品牌。

2. 适当扩展办好分会场，打造公园文化周子品牌

为扩展公园文化周的社会参与度，便捷广大市民近距离地接触公园文化周活动，除了全力将主会场办出品位、办出品牌，在突出中心的同时，也要依据区域相对均衡而又实行总量控制的原则，调动各区、街道和社会各界的积极性，适度扩展、办好分会场，极大地扩展公园文化周的社会参与度。根据深圳市内十区的公园发展现状，依托其辖区内较大、较有特色的若干公园设立分会场，同时根据人口的分布情况，在人口集聚度较高的厂区、社区公园设立分会场，满足上述人群参与公园文化周活动的需求。着眼于公园文化周的整体品位提升，对分会场的数量予以一定限制，避免数量过多致使活动质量参差不齐和文化品位下降，同时确保有限的经费用于更有社会影响的重点活动开展。对分会场实行较为严格的准入和考核机制，通过形成严格的标准和评估机制，奖励表彰优秀的分会场，淘汰不合格的分会场，保证公园文化周的举办质量和整体形象。

3. 举办时间上既集中又灵活

继续以 11 月为公园文化周集中举办时间，集中宣传、集聚人气、扩大影响，同时为方便广大市民参与文化周活动，将市属公园不同时间举行的主题花展更好地结合起来，突出做好一个专项活动或主题活动，力求做到“一园一特色”，每个分会场公园具体举办时间依据各自的实际情况灵活而定，并通过媒体发布等多种方式加强对各个公园的举办时间、内容的宣传，使公园文化周在举办时间上既相对集中，又灵活延展，实现集中与分散、短时段与长时段相结合，打造永不落幕的公园文化周品牌，取得更好的举办效果。

（四）强化公园文化周的时尚化、创意化和国际化特色

1. 突出时尚化、年轻化特色

通过现代工业材料及声音、图像、光影等现代高新技术传播手段和形

式，呈现公园文化。与深圳科技部门及大疆等著名科技企业、相关行业中介组织合作，增设参与性强的高科技文化项目内容，举办高水平的 VR、无人机、智能机器人、影音数码、动漫游戏等高科技展示与互动活动；与“深圳双创周”“深圳制汇节”主办机构和知名创客机构合作，在主要公园举办创客作品展，凸显深圳的高科技色彩和创客文化特色。与市文体旅游部门和各类文化体育中介组织、创意产业行业协会合作，开展滑板、攀岩等户外时尚极限活动，致力于将深圳打造成为国内外知名的公园时尚运动中心；依托深圳作为国内三大时装产业中心的优势，在公园文化周期间与深圳时装协会合作开展时装展演等活动，展示深圳的青春时尚文化；与观影民间组织合作，举办专题化、类型化的公园户外电影放映活动，吸引分众化的市民观众踊跃参与。

2. 形塑创意无限公园文化周

创新植物科普方式，依托园博园或仙湖植物园等主要公园，举办“深圳公园培育与引进新物种年度展览”。结合“创意十二月”，与华侨城文化创意产业园区（OCT）等园区机构合作，广泛调动市内外众多艺术家、设计师和知名的行业机构共同参与公园创意市集的举办，每年在大型公园公共空间营建具有原创性的、不同风格的临时性园林小品或特色文化设施，为市民和游客展示现代艺术的魅力。与深圳城市规划部门合作，在公园举行深圳“城市建筑模型年度展”等区域规划和城市建筑展览。与深圳博物馆、深圳史志办等机构及本土历史研究者合作，在每个作为会场的公园建造相关历史文化的园林小品，举办优秀非遗展演、社区历史展览和相关讲座活动，强化市民的城市家园感和社会共同体意识。结合 11 月份举办的“深圳读书月”，通过在公园空间开展颇具新意的户外读书讲座、书籍封面设计展、无人机换书大会等公共阅读活动，将公园打造成创意阅读的大舞台。

3. 通过加强国际文化交流与合作凸显国际化色彩

加强国际化的公园文化信息交流，借助举办“国际植物学大会”之机及其所积累的资源，增设公园文化周的“论坛”板块，通过举办园林园艺高端论坛的方式，邀请国内外著名园林园艺专业人士与会，打造国内外公园文化交流与信息中心平台，扩展深圳园林园艺等公园文化在国内外的知名度和影响力。加强与国内外发达城市尤其是与港澳台、国际友好城市的交流与合作，加强与上述地区和城市的知名公园文化活动品牌、著名园林园艺专家、文化艺术团体及艺术家的往来，邀请上述知名专业人士担任公园文化周策划委员会的国际委员，并参与深圳公园文化周的活动策划和项目合作，提升公园文化活动的国际品位。以市场和社会组织为主体，以深圳湾草地音乐节、莲花山草地音乐节、园博园“福田世界音乐周”等重点活动为平台，继续加强与国际知名艺术团体和艺术家的联系与合作，进而扩展文化周的国际化合作网络。加大对公园文化周国际化活动板块的投入力度，争取将其中重点活动纳入“深圳文化菜单”，将之打造成为深圳公园文化周最具影响的活动项目品牌，使广大市民和外来游客从中感受到深圳作为国际化城市的高品位文化魅力。

（五）借助各种渠道与平台，加强对公园文化周宣传推广

作为深圳公园文化周整体运营的重要环节，加强宣传必不可少，所谓“好酒也怕巷子深”。因此，一方面要坚持努力提高文化周的举办品位和水平，吸引各类群体的广泛参与；另一方面要以完善的对外宣传策略，精心制订宣传方案，将扩大参与度的目标要求与社会的“宣传度”“关注度”紧密联系起来，促进两者的相互促进和相得益彰。

1. 加强文化周方案征集和宣传

在每届公园文化周的启动阶段，对传统媒体、主流网站、新媒体等进行“公园文化周”活动板块设置，对内容结构、重点项目及社会主体承办方案进行征集，这种媒体征集行为及对征集结果的媒体反馈本身也是一种社会宣传，有利于发动文化企业、社会组织和广大市民的参与，扩大公园文化周在社会中的知晓度。

2. 加强举办过程的全媒体宣传推广

围绕重点公园、重点活动项目，进一步加强全媒体的宣传力度，一方面，继续邀请深圳报业集团和广电集团作为协办单位，鼓励和支持深圳媒体

主办公园文化周活动，在活动和宣传上可取得双重社会效益；充分利用中央、省、市主流传统媒体予以宣传推介的同时，借助企业赞助经费，通过户外广告、车体广告、张贴海报、制作《深圳名园记》手册、制作公园文化周活动指南、创办旅游者信息亭等渠道将文化活动的日程安排发放给媒体、游客。另一方面，顺应互联网时代新媒体快速发展的时代潮流，继续联合“今日头条”等公众号与自媒体定向传播公园文化周的活动信息和精彩内容，并借鉴“文博会”“深圳读书月”等文化活动品牌的宣传经验，积极筹办“深圳公园文化周”专门网站，上线 App 软件产品，完善微信公众号，外包给有丰富经验的企业组织运营，使之成为发布信息、对外宣传的载体和平台。还可采用邀请形象代言人、“网络直播”等线上线下共同互动等方式，加强对公园文化周活动内容、嘉宾和重点项目的及时宣传。

3. 借助各种渠道，推介营销公园文化周

借助深圳的文化旅游、政府外宣等渠道，加大对深圳作为“全国绿化模范城市”、“国家生态园林城市示范市”和“国际花园城市”的宣传，并通过邀请专业团体制作专题片等形式，将深圳公园及其文化建设作为其中的亮点予以重点对外推介；利用“文博会”“高交会”等大型国际活动平台，开展对公园文化周在国内、国际的包装、宣传和推广，不断扩展深圳公园文化周在国内外的知名度和影响力。

B.4
以博物馆化提升城市文化内涵和形象*

毛少莹**

摘　要： 本文从传统的“博物馆”概念引申出“博物馆化”概念，分析“博物馆化”的理论内涵及实践意义，并对“博物馆化”这一策略在当代文化各领域的广泛应用，尤其是提升城市文化内涵与形象的典型实践案例进行了初步的梳理总结，从而对深圳这样的新兴城市如何提升城市文化内涵与形象，具有启发意义。

关键词： 博物馆　博物馆化　文化内涵　文化形象

一　博物馆化

（一）什么是“博物馆化”

“博物馆”从英文“museum”翻译而来，其词源是希腊文“mouseion”。在古希腊，“mouseion”被视为供奉缪斯的神殿，而缪斯是九位掌管文艺和科学的女神的通称，因此“mouseion”意味着充满智慧、创造知识的场所，开放的花园、大自然以及封闭的研究区域，都可以是“mouseion”的空间。

---

* 本文为作者牵头承担的深圳市哲学社会科学“十三五”规划课题（编号：135B005）《博物馆事业发展与深圳国际化城市建设研究》的阶段性成果之一。

** 毛少莹，深圳市特区文化研究中心学术总监、研究员。

1683年，英国牛津大学阿什莫尔博物馆的建立，“museum”成为博物馆的统称，用来表示收藏和展出历史古物、艺术品和自然标本的一种机构，因此从17世纪后期开始，“museum”一词成为博物馆的固定表述，而不再指原来具有更宽泛意义上的“museum”。“museum”的主体意义发生了某种重大改变：作为研究和授课的场所之意由源于拉丁文的“university”（大学）所取代，储藏图书资料的场所则被称为“library”（图书馆），专门从事测试和分析的地方则归属于“laboratory”（实验室）。在我国，虽然古代文明灿烂辉煌，宫廷、民间都广有收藏，也诞生过很多著名的藏宝与教育机构，但并没有博物馆之说。19世纪中期，接触过西方博物馆的中国人开始把“museum”翻译成博物馆（或博物院），从那以后，“博物馆”这一名称才逐渐流行于中国。[①] 根据国际博物馆协会2007年修订的“museum（博物馆）”的定义，“博物馆是服务社会及其发展的一个非营利的永久组织，对公众开放，它为教育、研究与愉悦的目的，而收藏、保存、研究、沟通与展示物质与非物质的人类文化与自然遗产。”[②]

“博物馆化”，简单地讲即将一件物品、一种场景、一个空间或一种文明成果“纳入博物馆”，或赋予博物馆含义的过程及结果，这里“化”是动词。比如一个瓷碗，当它用来盛饭时，它不过是普通用品，但当它被作为博物馆藏品收藏、研究、陈列、展示时，则它被“博物馆化”了。又如一个街区，在日常生活功能之外，增加特定的命名（如某历史文化街区，或某遗产保护区），加以一定的符号化、故事化，赋予特定的文化意义，就是所谓的博物馆化。典型的例子，如澳门“大三巴”等历史建筑及其所在街区，被统称为“澳门历史城区”（The Historic Centre of Macao），于2005年被世界遗产委员会列入《世界文化遗产目录》。[③] 这一城市街区被命名为世界文

① 王宏钧主编《中国博物馆学基础》，上海古籍出版社，2001，第36页；谢开：《国内外“博物馆化”表征简述》，http://www.xzbu.com/4/view-6104422.htm。

② 潘守永、尹凯：《当代博物馆变迁的全球新视野：挑战与启示》，《中国博物馆》2012年3期。

③ 参见http://www.huaxia.com/zt/zhwh/13-023/3366749.html，以及http://www.wh.mo/cn/about/#。

化遗产的过程，就是典型的博物馆化。再如，常见的城市中的古玩街、古玩城，创意商品街区、特产街等，这些地方售卖的物品都被赋予了某种特定的含义，也具有了“博物馆化”的意蕴。

以传统的博物馆概念来看，“博物馆化”是一个与博物馆相关又不同的概念，“博物馆化”包括但不限于“博物馆”。就这两个概念的关联性看，“博物馆化”可以说是对博物馆藏品、博物馆功能及意义的确认过程。博物馆作为“文化载具”，建立在进化论、历史学、知识学、人类学、文化相对主义、文化多样化等理论基础之上。博物馆对特定自然、文明遗产的收藏、研究和整理，将其化为（命名为）各类“藏品”，并加以人工的系统化的呈现过程，无疑是博物馆化的过程。

（二）为何提“博物馆化”

已有“博物馆”概念，为何还要提出一个“博物馆化”的概念，这样提是不是多余？考察当代丰富多彩的文化现象，提“博物馆化”主要有如下背景和理由。

首先，内外交融、虚实交织与跨界融合对传统博物馆概念的挑战。

先说内外交融和虚实交织。“内外交融”指从博物馆本身看，内部与外部边界的模糊和交织；“虚实交织”则指实体空间与虚拟空间的融合。作为重要的文化设施，传统的博物馆往往有明确的收藏定位、馆舍建筑构成的物理边界、服务范围的局限性带来的内外边界。但是，随着博物馆社会教育、公共服务等功能的广受重视，博物馆陈展方式的改变，流动展览的举办等，就外在形式而言，传统的馆内、馆外的边界不清晰了，就内在内容而言，传统的精英取向逐渐走向普及、大众。同时，大众也以各种方式更多地参与、分享博物馆发展。

“跨界融合”则指不同类型的机构设施、行业之间的融合。20 世纪 80 年代以来，随着人们的受教育程度和闲暇时间普遍增多，公众精神文化需求普遍高涨，越来越多“类似博物馆”的活动或文化空间受到欢迎，一种被称之为“跨界融合”的文化发展趋势十分引人瞩目。就传统的文化机构看，不少图书馆、文化馆、乡镇文化站、社区文化中心等，也收藏本地历史物证、文明遗存，也举办展览——藏书展、摄影展、传统农具、民族服饰等公共展览服务。换言之，作为传统文化设施的博物馆与图书馆、文化馆的功能正在融合。而更大范围、更具深度、更快速度的融合，则发生在五花八门的社会机构和广阔市场中——人们走进雅致的茶馆，可能在喝茶的同时顺便参观一个精美的茶具展；走进一家素菜馆，那里或许正在同步举办唐卡艺术展；走进红木家具店，家具店可能也办了红木博物馆供顾客参观等。此外更有数不清的其他社会文化机构基于混杂公益与营利的目的，举办类似博物馆的藏品展——文献展、摄影展、瓷器展、电子产品展（营销的同时也传播产品的历史）、企业文化馆的企业文化展等。与此同时，大量的各类文玩收藏市场、藏品拍卖会也日益增加。作为一个创造意义的过程，“博物馆化”也大规模地发生在旅游、文化产业园区等行业或领域。正如谢开所指出的，博物馆化是将其所“化”的对象从原初情景中加以“解构”，并“建构”新情景的过程。[①] 这一过程无疑也是一个创造意义的过程。工业旅游——以参观工厂、流水线等产品制作过程的工业旅游正成为当代颇受欢迎的旅游项目，它也因此成为博物馆化的好案例。[②] 总之，“传统的‘博物馆’的概念显示出了局限性，迫切需要一种新的概念或视角来重新审视这一问题”。[③]

其次，以社区博物馆、生态博物馆的兴起为代表的“新博物馆运动”对传统博物馆概念提出了挑战。

20 世纪五六十年代以来，随着欧美人权运动和反思工业文明运动的推

---

① 谢开：《国内外“博物馆化”表征简述》，http：//www. xzbu. com/4/view－6104422. htm。

② 旅游人类学学者迪安·麦坎内尔在《旅游者：休闲阶层新论》一书中，就哥白林壁饰挂毯纺织厂织布工人作为工业旅游对象，被博物馆化了（museumlized）的情形做了分析。他认为，被参观的工人和工厂，其博物馆化有三层含义：第一，工人工作的场景超脱于最初工业时代的背景，其意义发生了变化；第二，工人处于被展示、被凝视的状态，具有了可参观性；第三，观看过程被嵌入一定的目的性，展览是为了向观看者传递“教化”的目的。

③ 秦臻：《博物馆空间北京城》，清华大学出版社，2016，第 13 页。在该书中，作者基于建筑学研究的立场，提出了“博物空间”的新概念。

进，世界博物馆发展经历了以“对博物馆社会教育作用再认识”为核心的第二次博物馆革命。[①] 博物馆的教育功能成为博物馆的首要功能。为此2007年国际博物馆协会对“museum”（博物馆）的定义进行修订。20世纪80年代后，博物馆不仅关心物，更关心人，人的因素（而非藏品这一物的因素）成为衡量一个博物馆能否实现其终极目标的基本标准，而如何保证不同社会阶层的人能够公平共享博物馆，甚至发展出了更为成熟的文化政策和多样化的具体措施，这构成了可称为“第三次博物馆革命的主要内容”。比如在制度上，加强公众赋权、公众参与，以削弱传统博物馆专业、专家的某些特权，并推动博物馆管理的民主化等。其中，社区博物馆和生态博物馆正是方兴未艾的新博物馆运动的代表。

“社区博物馆”，即以社区居民共同关心的主题来定位的博物馆，社区博物馆从狭义上说就是在社区里面的博物馆，从广义上说则是将整个社区作为博物馆。世界上第一座以社区民众及其议题为主的社区博物馆是1967年美国设立的安纳考斯提亚社区博物馆（Anacostia Neighborhood Museum）。我国首座完整概念上的社区博物馆则于2016年在福州市三坊七巷开启。“三坊七巷社区博物馆”由1个中心馆、37个专题馆和24个展示点组成，是以“地域+传统+记忆+居民”的模式重新组织保护与展示的新型博物馆。博物馆全方位地展示了城市里坊制度、明清建筑特色、近代中国名人及闽都民俗与非物质文化遗产。作为一种全新的博物馆形态，该博物馆尝试将遗产保护、传承、展示和宣传与活态文化传统、特色民俗民风相结合，努力做到保护与发展的统一，属于一种新的博物馆类型。[②]

① 现代博物馆已经有200多年的历史，20世纪以前的博物馆脱胎于王公贵族的私人收藏，仍然留存了大量私人收藏的痕迹。19世纪末到20世纪20年代，以欧美国家为代表的博物馆普遍发生了将博物馆从纯收藏机构转为社会开发机构，发挥其社会功能，尤其是教育功能的革命，被博物馆史家称之为第一次博物馆革命。参见安来顺《二十世纪博物馆的回顾与展望》，《中国博物馆》2001年第1期。

② 《福州三坊七巷社区博物馆正式揭牌》，http：//fj. people. com. cn/GB/181516/15501431. html；另可查看乔欣《社区博物馆——从馆舍天地走向大千世界》，《中国文化报》2016年5月16日，http：//www. wenwuchina. com/article/2016/20/203/269278. html。

生态博物馆的出现也是博物馆化的一种典型案例。“生态博物馆”（ecomuseum）的概念最早于1971年由法国人弗朗索瓦·于贝尔和乔治·亨利·里维埃提出。生态博物馆在生态学家、人类学家、博物馆学家等的共同努力下获得快速推进。据不完全统计，全世界已经发展有300多座生态博物馆，我国也出现了16个生态博物馆。生态博物馆是将博物馆看成一个生命系统，而社区博物馆则将其看成一个社会系统，两者角度不一样，但本质上都是活态的、开放的。正如原国家文物局文物司司长段勇在出席《福州三坊七巷社区博物馆规划及近期实施方案》论证会上指出的，包括社区博物馆在内的“广义的博物馆”，强调主体与客体的结合，更多地关注现在和未来的发展。可以说，新型博物馆突破了场馆的束缚走进社会、突破了展品的束缚走进文化脉络与社会环境、突破了过去时空的束缚走进现当代社会生活，真正是“从馆舍天地走向大千世界”。[①]

综上所述，一个或许可称之为“泛博物馆时代”正在来临。概括来看，“博物馆化”即将藏品、历史或自然遗产及其价值、故事进行某种“固化”，并确认其功能意义的过程。如果说作为名词的“博物馆”是相对固定的概念，那么“博物馆化”就是一个动词，是表达动态过程的一个概念（类似“文化”这一概念中的“化”也是动词一样）。显然，“博物馆化”发生在一座座具体的博物馆的建设之中，涵盖了“博物馆”概念本身，但“博物馆化”又不限于传统意义上一座座有形、有边界的博物馆，它具有更宽广的涵盖面，可视为一种广义的博物馆概念。“博物馆化”作为一个概念是对博物馆本质特征的抽象及其运用，凡是以各种灵活多样的形式赋予某种物品、特定空间、景观、生态系统、生活方式等以博物馆含义的过程，皆可视为一种“博物馆化”。“博物馆化”既保留了博物馆的核心意义，又极大地扩展了博物馆这一文化综合概念的多种可能性。

---

① 乔欣：《社区博物馆——从馆舍天地走向大千世界》，《中国文化报》2016年5月16日，http：//www. wenwuchina. com/article/2016/20/203/269278. htm。

二　以“博物馆化”提升城市文化内涵和形象

由于博物馆化具有重要作用，发展博物馆或推动城市的博物馆化，成为很多国家和城市提升文化内涵和形象的重要途径，主要表现在如下几个方面。

（一）梳理城市历史，固化本土传统，阐发文化意义——历史类、地志类、纪念类博物馆或博物馆化区域

文化是历史积淀的成果，一个没有历史的国家或城市，很难成为一个有文化的城市。因此，多数城市的博物馆，都会有一个反映当地历史文化传统、地方志性质的博物馆，或在本地的综合博物馆中，专门设一个反映本地历史文化、风土人情的专馆，如上海历史博物馆就是如此。一些城市即便没有专门的历史博物馆，在其综合性博物馆中也会设有一片区域陈列相当分量的内容用以反映本地历史，如深圳博物馆中的“深圳历史专题馆”。

利用老街区或特色景观建设的博物馆群或历史文化街区以提升城市文化形象也是常见的做法。著名的如德国柏林博物馆岛，该岛由5座博物馆及“考古长廊”连接组成一个博物馆群，1999年被联合国教科文组织认定为世界文化遗产，成为德国著名的文化地标和旅游目的地。[①] 我国北京以故宫博物院、国家博物馆等为核心，借助颐和园、天坛等组成的明清文化遗产系列，建立了较为完备的博物馆体系，凸显了古都的文化形象。杭州市充分利用西湖丰富的历史文物古迹、民间传说故事等，先后在西湖周边建立了包括“中国茶文化博物馆”等在内的20多座博物馆（另有60多处国家级、省市级文物保护单位），对整合和提升杭州文化内涵与形象发挥了很

① 柏林博物馆岛位于柏林市中心施普雷岛北端，由建于普鲁士王统治时期的老博物馆和德国统治时期的新博物馆、老国家美术馆、博德博物馆及佩加蒙博物馆5座博物馆组成，并由“考古长廊”连接为一个有机的整体。

大的作用。此外，德国伯恩博物馆长街、法兰克福博物馆河畔、奥地利维也纳博物馆区、日本上野恩赐公园、澳门历史文化街区等，都是这样的例子。上述历史文化区域的博物馆化，也可视为“露天博物馆”（也称户外博物馆）。兴起于北欧的露天博物馆，将展品（留）置于户外，主要是乡土建筑、居住类型、经济和技术等的集中展示，旨在促进工业文明时代对传统乡村生活的反思。另外，露天博物馆不仅可以是对原有历史文化风貌的保护，也可以采取“集锦式”的做法，如著名的瑞典斯堪森露天博物馆（Skansen Open Air Mmuseum），① 以及上海黄浦区思南路的思南公馆露天博物馆。②

为鼓励对这类承载人类文明遗产区域的保护与发展，联合国教科文组织于1972年通过了《世界遗产公约》，此后，凡是被列入世界文化和自然遗产的地方，都由其所在国家依法严格予以保护，成为当地的自然或人文遗产象征。③“申遗”遂成为很多国家和地区保护文化遗产、推介宣传的重要手段。2008年，我国也通过了《历史文化名城名镇名村保护条例》，并先后组织了多次历史文化名城、名镇、名村的评选。同时，对历史文化街区的保护，也纳入了国家《文物法》范围。至2017年，国家核定公布的国家历史文化名城达118处，国家历史文化名镇名村350处。此外，我国已拥有世界

① 该馆创立于1891年，位于瑞典斯德哥尔摩的动物园岛，是世界第一座露天博物馆，把全国各地约150栋建于16～19世纪的不同风格建筑（包括创办者自己的故居）迁移到动物园岛，通过展示完整的环境来创造历史感，也包括在这些老建筑中开设邮政博物馆、烟草博物馆等馆中馆，很好地丰富了城市的文化内涵。

② 思南路是上海一条百年马路，该馆是作为上海市历史文化风貌区而设立的，其主体是位于思南路上的思南公馆。这一旧建筑秉承“修旧如故”的理念，耗时十余年修复后在2010年重新开放于众，此外，这一带集聚的上海近代百年老洋房有51幢，包括联立式花园洋房、联排式建筑、外廊式建筑、新式里弄、花园里弄和现代公寓等多种建筑样式，每一栋建筑都近乎原貌重现。思南公馆没有被完全定位成名人故居，而是逐渐成为融合历史与现代，举办各种文化事件、商业活动、休闲娱乐、收藏级居住等为一体的综合性商业地产，被列入了上海特色商业街区之一，http：//sh. bendibao. com/tour/201713/174688. shtm。

③ https：//baike. baidu. com/item/% E4% BF% 9D% E6% 8A% A4% E4% B8% 96% E7% 95% 8C% E6% 96% 87% E5% 8C% 96% E5% 92% 8C% E8% 87% AA% E7% 84% B6% E9% 81% 97% E4% BA% A7% E5% 85% AC% E7% BA% A6/400233.

遗产46处，其中世界文化遗产29处，世界文化与自然混合遗产4项，世界自然遗产8项。[①] 这些历史文化遗产保护的重大项目、工程，广泛运用了博物馆化手法，对梳理历史文脉、保存文化遗产、提升当地文化内涵与形象，发挥了重要作用。

（二）收藏整理展示人类文明瑰宝，提升国家和地区的文化地位和话语权——古代艺术博物馆、专题艺术博物馆

城市博物馆中数量最多、往往也是最负盛名的一类，是古代艺术类、专题类博物馆。这类博物馆往往收藏了大量的文物艺术珍品，通过研究整理这些民族文化瑰宝，发掘其背后丰富的历史信息，梳理其文化演进、民族发展、地区交流等故事，形成自己独特的文化价值和公众吸引力。这方面的例子不胜枚举。世界著名大博物馆，如我国的故宫博物院、台北故宫博物院、上海博物馆，英国大英博物馆，法国卢浮宫博物馆，美国纽约大都会博物馆，俄国艾尔米塔什博物馆，日本京都国立博物馆以及梵蒂冈博物馆等，大多是古代艺术博物馆。这些艺术博物馆以丰富的馆藏、珍贵的古代艺术品，广受本地人和游客欢迎，成为城市文化的品牌，提升了城市的文化形象和“国际能见度”。在我国，除国有博物馆之外，非国有博物馆中大多数是这类博物馆，如徐州的“中华圣旨博物馆”，郑州的“大象陶瓷博物馆”，西安的“唐三彩艺术博物馆”，深圳的“望野博物馆”（陶瓷为主）、“金石艺术博物馆”（古代石刻艺术为主）等。

不过值得提及的是，由于古代艺术品的珍稀性，这类文物如今大多已被各大著名博物馆所收藏，即便在我国这样文物众多的文明古国，改革开放以来由于大兴土木搞建设而发掘出数量惊人的文物，但历经40年的发展，这些文物也已被各个国有博物馆或私人博物馆、私人收藏家收藏（或流失海

---

① https：//baike. baidu. com/item/% E5% 8E% 86% E5% 8F% B2% E6% 96% 87% E5% 8C% 96% E5% 90% 8D% E5% 9F% 8E% E5% 90% 8D% E9% 95% 87% E5% 90% 8D% E6% 9D% 91% E4% BF% 9D% E6% 8A% A4% E6% 9D% A1% E4% BE% 8B/2229053.

外），使得收藏古代艺术品的最好时机已经过去，新建博物馆已很难循传统路径将收藏此类古代文物艺术珍品作为馆藏定位了。

（三）兴建非传统博物馆或博物馆化区域，以增加城市文化资本、提升城市文化内涵和影响力

与那些历史文化积淀深厚的城市不同，一些新兴城市则以更灵活多样的形式，如搜集大量古代或现代艺术品加以系统整理陈展，或者将历史证据与创造性的讲述混合在一起，使博物馆成为知识、意义生产和民族身份、城市文化身份构建的最佳符号与工具。还有一些城市以文化创意产业推动城市特定区域、空间或社群博物馆化，以提升城市文化内涵和影响力。而对于这一策略的良好应用，莫过于美国。美国建国历史不足250年，自身文化积淀十分有限，如今却成为一个博物馆数量最多的国家：据统计全美共有各类博物馆35144家，远远超过麦当劳餐馆（1.4万）加上星巴克连锁店（1.1万）的总和。按人口数量计算的话，不到1万人就有一家博物馆。特别是作为博物馆密集区的华盛顿特区，仅8700人就有一座博物馆！数量众多、功能齐全的博物馆，迅速提高了美国在全球文化版图中的地位和影响力。[①] 美国不少城市都有很好的博物馆，如美国首都华盛顿，虽然历史不长，却是世界上博物馆数量最多的城市之一，有200多家博物馆坐落于华盛顿的街头巷尾，包括著名的国家历史广场史密森尼博物馆（Smithsonian Institution）群。[②] 这一博物馆群的形成，对于增加美国历史文化内涵，提升其文化形象的意义毋庸置疑。美国发展博物馆的创新之举，还包括推出大量科技类、自然类、儿童专题类等的博物馆。[③]

① 《美国博物馆数量是星巴克咖啡店的三倍》，凯迪网 http：//m. kdnet. net/share。

② 这一博物馆群是世界最大的博物馆体系，它所属的十六所博物馆中保管着一亿四千多万件艺术珍品和珍贵的标本，同时，它也是全世界最优秀的科学、艺术、人文、公共教育的研究和服务中心之一，https：//baike. baidu. com/item/% E5% 8F% B2% E5% AF% 86% E6% A3% AE% E5% B0% BC% E5% 8D% 9A% E7% 89% A9% E9% A6% 86/12718333？fr = aladdin。

③ 〔美〕爱德华·P. 亚历山大：《美国博物馆：创新者和先驱》，陈双双，译林出版社，2016年。

深圳华侨城景区也是一个很好的案例。作为一个年轻的移民城市，深圳文化积淀薄弱，针对这一情况，深圳于20世纪八九十年代先后兴建了“锦绣中华”“中国民俗文化村”“世界之窗”等微缩景区，借用各地文化资源，集锦式地展示各种著名景点，其实质也可视为一种博物馆化手法的应用。这些景区符合深圳移民城市和当时的时代氛围，有效地吸引了大量的游客，对深圳改变城市形象，增加文化内涵发挥了重要的作用。

值得关注的是，除了大量出现的科技类、行业类博物馆，当代艺术的兴起也极大地拓展了艺术博物馆的内容和形式，涌现了很多博物馆化的创新尝试，如将艺术品展览与商业结合的博物馆化做法正受到欢迎。如北京侨福芳草地商业中心位于北京市朝阳区东大桥路9号，紧邻北京CBD核心地带，总面积达20万平方米，是一座集顶级写字楼、时尚购物中心、艺术中心和精品酒店于一身的创新建筑。该中心将当代艺术作品展示与商业结合，艺术品以灵活的方式与商业不同业态结合，展陈布局于商厦的内外空间，包括室外广场、商铺周边、内部走廊等，努力营造既艺术又商业的交融的特殊空间，打造了一种混合商业与艺术鉴赏、文化休闲相结合的综合体，加之其本身的优势地段与国际氛围，领先的环保设计、永续发展的理念和丰富多元的艺术氛围构成了侨福芳草地的独有特色，为到访者带来充满新意的独特体验，被称为“北京风格时尚与高品质的新复合生活板块”。[①] 类似的例子还有上海徐家汇的上海环球港超大型购物中心、[②] 香港的K11购物艺术中心等。[③] 这些尝试，改变了传统商业综合体的形象，增加了城市的文化氛围和品牌。事实上，随着博物馆化手法的广泛应用，地铁站、社区、商场、户外，都可以成为延伸和实现博物馆功能的重要场所，各种流动博物馆、露天博物馆、虚拟博物馆等方兴未艾。

---

① http://www.parkviewgreen.com/cn/.

② https://baike.baidu.com/item/%E4%B8%8A%E6%B5%B7%E7%8E%AF%E7%90%83%E6%B8%AF/6728997?fr=aladdin.

③ http://hk.k11.com/.

结 语

总之，作为一个新概念，“博物馆化”与传统的“博物馆”既有相同之处，也有不同之处。相同之处是，无论“博物馆”还是“博物馆化”，其目的都是对藏品、历史或自然遗产及其价值、故事等进行保存、固化，并确认其功能意义的过程及结果。这一过程也正是将文明成果加以积累、梳理、研究、展示的过程。也因此，“博物馆”或“博物馆化”具有了维系传统、传承文明、教育后世，以及寄托、表达审美与某种价值关怀的功能。不同之处则在于，“博物馆”往往具有特定的地理位置、物理空间界限，以及受限于藏品、设施、管理运营水平等因素，而“博物馆化”则具有更加多样的可能性和包容性，并通过种种方法或策略得到更广泛灵活的应用。换言之，博物馆可视为博物馆化的结果，博物馆化则可视为一种不仅可以作用于传统博物馆的藏品、文化遗址、自然遗产，也可以是对非传统的社会生活场景、当代文化创意行业等进行整理、整合、研究、包装、推介、营造的手段、策略或方法。“博物馆”是名词，“博物馆化”是动词。“博物馆化”以其灵活性，更好地体现了动态发展中的“新博物馆运动”的当代价值取向。犹如著名历史学家克罗齐所言，“一切历史都是当代史”，“博物馆化”将平凡物件、日常生活化为各种带有博物馆意义的做法，其实质是将历史与现实、短暂与永恒、局部与整体、世俗与超越、个人与群体（共同体）、物质文明与精神文明等连接起来，并有机地嵌入当代生活的肌理之中，借由此种“博物馆化”，而实现对其所化对象（藏品、文化与自然遗产、社区、商厦或旅游点等）的内涵、形象、意义的一种重新“打量”、发现或者赋予。因此，当今时代，博物馆化完全可以突破原有的博物馆馆舍等物理限制、部门行政管理限制、传统行业分工限制，而在提升城市文化内涵与形象的过程中得到灵活多样的应用。当然，这也构成了对现行博物馆管理体制与政策的挑战。“博物馆化”对深圳这样的新兴城市如何提升城市文化内涵与形象，尤具启发意义，留待以后深入研究。

B.5

深圳加快博物馆事业发展的意义、机遇与挑战*

杨立青**

摘　要： 博物馆在展示人类文明、促进文化交流、提高现代公民思想道德和科学文化素质等方面有着十分重要的作用，深圳加快博物馆事业发展有着完善城市文化功能结构等方面的积极意义。在全球化背景下，文化加速流动给深圳博物馆事业的发展带来了难得的发展机遇，但也存在自身文博资源匮乏等诸多挑战。

关键词： 深圳　博物馆　公共文化服务

现代意义的博物馆自出现以来，一直在展示人类文明、促进文化交流、提高现代公民思想道德和科学文化素质等方面发挥着十分重要的功能。同时，作为现代城市最为重要的文化设施之一，博物馆是城市社会发展的象征和文化发展的重要标志，是展示历史、经济、文化、科教和风土人情的“城市客厅”，也是面向市民和游客提供公共文化服务的重要场所。因此，对于深圳而言，加快博物馆事业的发展无疑有着广泛而深远的意义。

---

* 本文系《深圳市博物馆事业发展五年（2018－2023）规划暨2030远景目标》前期研究成果之一。

** 杨立青，深圳市社会科学院文化所副研究员。

一　深圳加快博物馆事业发展的意义

（一）加快博物馆事业发展，有利于深圳进一步完善城市文化功能结构

美国哲学家兼规划家路易斯·芒福德和加拿大城市规划批评家雅可布斯指出，城市是文化的容器和人类文明的结晶，或是“一种特殊的精密构造”，它不仅专门用来保存和流传人类文明的成果，而且为市民开展文化累积和文化创造提供了可能。作为一座中国改革开放后成立的新城市，深圳在相当时间内是服务于“特区经济”发展的，是在经济开发区而不是城市的意义上获得了世人的关注的。除经济功能之外，包括文化在内的城市综合性功能，在深圳经济特区发展规划中并没有预留出足够的位置。换言之，经济功能从一开始就是深圳最为核心的城市功能，社会与文化功能则相应地受到忽视。而随着特区经济的快速发展，深圳迎来了持续 30 多年的人口流入和经济繁荣，其结果之一就是在经济之外，包括文化在内的城市社会功能引起了决策者的重视。20 世纪 80 年代所谓“勒紧裤腰带”建设“八大文化设施”，就是地方政府高层面对越来越大的社会公共服务压力所做出的积极政策回应，并标志着深圳开始从单一性的“经济特区”向综合型“现代城市”的过渡和转变。

20 世纪 80 年代的“八大文化设施”，一方面说明了城市文化建设开始受到政府的重视，另一方面也揭示了深圳文化本身的严重匮乏：城市的文化设施、文化活动太少，人们的精神文化生活需求得不到应有的满足，相比于经济的起飞和商业的繁荣，深圳文化的发展显得极为滞后。为此，20 世纪 90 年代以来深圳不断加大对城市文化的投入，建设了深圳三大书城、深圳图书馆（新馆）、深圳音乐厅等新的大型文化设施，打造了深圳读书月、“文博会”等文化活动品牌，极大地推动了公共文化服务、文化创意产业的跨越式发展。而作为城市文化建设的重要标志，深圳的博物馆发展也进入快

车道，尤其是近十年来，以深圳博物馆（新馆）、南山博物馆等国有博物馆以及金石博物馆、望野博物馆、和畅园博物馆等非国有博物馆的陆续建成开放为标志，深圳博物馆事业也呈现国有、非国有并行发展的良好局面，不断夯实深圳的城市文化根基。然而，相对于快速发展的城市社会需求，尤其是相比于国内外文化先进城市，深圳的博物馆发展在数量、种类上偏少，在馆藏的丰富程度及公共服务品牌塑造等方面存在较大差距，更遑论对标纽约、伦敦这样的全球顶尖文化城市了。如目前深圳正式注册的各类博物馆仅 45 座，其中三级以上博物馆 6 座，而上海共有注册博物馆（纪念馆）126 家，其中国家一级博物馆 4 家、二级博物馆 7 家、三级博物馆 8 家，这一发展现状显然不适应深圳作为中国一线城市文化功能的扩展需要，不适应未来越来越基于文化地位的城市发展形势，只有加快博物馆事业发展，才能进一步完善城市的文化设施网络和文化功能结构，扩大城市的文化资源积累，为城市的未来文化创造提供更好的环境和条件。

（二）加快博物馆事业发展，有利于提升深圳公共服务水平和城市竞争力

据统计，1980 年深圳成立经济特区时总人口仅为 33.29 万人，二十年后的 2000 年第五次人口普查结果显示，深圳市人口总量已超过 700 万，一举超过了香港（678 万）；时至今日，深圳的城市管理人口已超过 2000 万，成为国际著名建筑师库哈斯所说的珠三角地区城市化“大跃进”最有活力的代表性区域之一。对于一座城市而言，居民人口的迅速增长意味着什么呢？它首先意味着城市本身所具有的巨大机会与蓬勃活力，同时也意味着城市需要更多、更好的基础设施和公共服务。就后者来说，伴随着经济的快速发展和产业升级，深圳不断加大对基础设施和公共服务的投入，以适应经济社会发展的内在要求，但与日益庞大的人口规模和不断增长的公共需求相比，深圳的基础设施和公共服务始终面临着很大的社会压力。

以博物馆为例，如前所述，一方面深圳博物馆在数量和规模上均有很大的可扩展空间，以适应广大市民对于博物馆文化的广泛需求；另一方面相比

博物馆发达的国内外先进城市，深圳已有的博物馆在公共服务能力和水平上也有待加强和提升。美国大都会艺术博物馆之所以世界闻名，一方面基于其美轮美奂的博物馆建筑内外观和所藏的300万件巨量展品，另一方面也与它极为高效、专业的运作机制和公共服务水平有关。它不仅在涵养国民艺术素养、增进国民文化能力方面居功至伟，且在提升纽约的全球城市声誉、树立业界标杆方面同样具有举足轻重的影响，它因此也构成了纽约这样的国际顶级城市的博物馆公共服务水平的符号。不仅如此，纽约的一些小型博物馆，同样也是其公共服务水平的折射：位于纽约下东区的“移民公寓博物馆”，通过为观众提供个性化服务，灵活尝试各种新奇的想法，让观众深入地了解当地的故事、文物和一些重大事件，使观众以独特的视角去了解当地文化。因此，作为“为公众提供知识、教育和欣赏的文化教育机构”，博物馆本身在城市公共文化服务中的地位独特，尤其是在提升“市民发展”方面的作用不可替代。[①] 更重要的是，在今天的全球化时代，如同城市本身所带来的极大经济发展机会，事实已经证明，一个城市的公共服务能力和水平，日益成为一个城市吸引全球人口流向和人才汇集的决定性因素之一，而包括博物馆服务在内的文化服务能力，则成为增进城市吸引力和竞争力的有力抓手和显在标志。因此，加快博物馆事业的发展，推动深圳博物馆在量的扩展的同时实现服务品质的改进，将有助于深圳公共服务水平和城市吸引力、竞争力的整体提升。

（三）加快博物馆事业发展，有利于深圳推进现代化国际化创新型城市和粤港澳大湾区建设

作为深圳多年来孜孜以求的发展目标，建设现代化国际化创新型城市，

① “市民发展”概念来源于对1995年英国开卷公司的雷切尔·冯·里尔提出的“读者发展”的借鉴，后者被定义为一种主动介入的实践活动，以增强自信和享受阅读，扩展阅读选择，提供分享阅读经验的机会，并将阅读提升为一种创造性的活动。该公司的汤姆·弗雷斯特后来对这个概念做了进一步的阐述：它是读者文化能力的发展。参见 Opening the Book. Definition of reader development [EB/OL]. [2011 - 9 - 10], http://www.openingthebook.com/library - resources/reader - centered/definition/default.aspx。

将成为深圳未来对标国际一流城市、实现城市发展梦想的重要组成部分。所谓一流城市，简单说来就是在全球城市结构和“级别”序列中位居前列的城市。正如全球知名的城市评级机构 GAWC（全球化与世界级城市研究小组与网络）发布的2016年版的《世界城市评级报告》所分档的那样，第一档的 Alpha + + 只有伦敦和纽约两个城市，第二档 Alpha + 有新加坡、香港、巴黎、北京、东京、迪拜、上海 7 座城市，这些城市构成了全球顶级城市的 C9 阵营。在其之后还有 Alpha、Alpha - 等 7 档上榜城市。GAWC 对全球城市的评级，依据的是城市的国际知名度、对国际事务的影响力、人口规模、国际机场、国际港口、先进的交通系统与通信设备、对外资的吸引力、金融业与总部经济发展水平、蜚声国际的文化影响力、有影响力的传媒与体育社群等多个指标，是一个涵盖了政治、经济、文化、科技、国际化水平等多个维度的评价体系。从中可见，一流的城市有一流的城市文化与之相匹配，比如伦敦和纽约这两座顶级的全球城市，在艺术和传媒影响力方面，纽约有百老汇，伦敦有西区，纽约有纽约时报、华尔街日报，伦敦有泰晤士报、金融时报、经济学人。这一状况在其他排名靠前的全球著名城市中也同样如此。

立足于颇具竞争力的制造业和金融业，深圳目前已初步奠定了国际科技产业创新中心的地位，未来深圳要推动现代化国际化创新型城市建设，除了在经济和科技上继续着力之外，城市文化能否获得实质的提升，事实上已成为深圳能否位居一流城市的关键所在。其道理同样在上述报告中得到说明：作为中国四大一线城市，广州和深圳在其中的排位可谓意味深长：在榜单中，从2012年到2016年广州跃升一位到 Alpha -（第四档），成为中国第五个晋升 Alpha 档次的城市，在国内的排名仅次于香港、北京、上海和台北，而深圳同期也跃居一位到 Beta（第六档），却依然落后广州两个挡位。之所以如此，是因为深圳虽在经济竞争力上位居广州之前，但在政治、文化、传媒、体育、国际化水平（如领事馆机构、国际机场）的综合实力上明显逊于广州，也就是说，深圳位居广州之后，与其“偏科”及在政治、文化、国际化水平上的短板有直接关系。而要“纠偏”，弥补短板，加快博物馆在内的文化事业发展显然是个“明智的选择”。

此外，在2017年3月5日召开的十二届全国人大五次会议上，国务院总理李克强在政府工作报告中提出，要推动内地与港澳深化合作，研究制定粤港澳大湾区城市群发展规划，发挥港澳独特优势，提升在国家经济发展和对外开放中的地位与功能，使之成为国家建设世界级城市群和参与全球竞争的重要空间载体。而深圳作为其中的核心节点城市，要在粤港澳大湾区建设中发挥更大的作用，除了经济和科技，同样急需在城市文化上发力，推动包括博物馆在内的文化快速发展，极大地提升文化品质。事实上就国际视野来看，一座城市的文化吸引力和竞争力既内涵于也外显于该城市的博物馆之中，特别是随着国际文化旅游观光业的兴起和持续兴盛，旅游目的地最吸引外来游客的往往是当地的著名博物馆，如纽约的大都会博物馆、现代艺术博物馆、美国自然历史博物馆，伦敦的大英博物馆、泰特美术馆，巴黎的卢浮宫、蓬皮杜国家文化和艺术中心，圣彼得堡的艾尔米塔什博物馆，东京的国立博物馆、日本科学未来馆等，博物馆作为融传统与现代于一体的文化聚集地，既体现了一座城市文化积累及其融合发展之精粹，也因国内外游客的纷至沓来而极大地增添了城市的国际化色彩，实可成为深圳现代化国际化创新型城市建设和推进粤港澳大湾区发展之文化努力方向。

二　深圳加快博物馆事业发展的机遇

（一）全球化时代文化加速流动所带来的机遇

在全球化背景下，当今世界已进入“城市时代”，城市在全球发展中居于核心节点位置，同时这也是一个经济、文化相互交融的“文化时代”，尤其是伴随全球产能的相对过剩和创意经济的迅速崛起，预示着“后工业时代”的文化发展不仅对一个国家和民族的文化自觉、文化认同的建构和话语权的获得意义重大，而且有助于城市现实的竞争力锻造和未来的可持续发展。不过值得强调的是，文化发展有着自身的规律，是历史长期积淀的产物，这点在我国的北京、西安及国外的罗马、开罗等古老城市的博物馆中体现得最为明显。其中最为著名的例证是，大英博物馆作为世界上历史最悠久、规模最宏伟的综合性博物馆，它收藏了800多万件世界各地的许多文物和珍品，藏品之丰富、种类之繁多，为全世界博物馆所罕见。它正是伴随着英国作为日不落帝国的崛起和全球扩张、文化掠夺的全过程而实现了自身的极度扩展。同样地，纽约的大都会博物馆、现代艺术博物馆，也是与美国迅速发展并取代英国成为全球霸主之动态历史进程相适应的。这也说明文化积淀与文化流动是相辅相成的关系：充满动态的文化流动性总是内含于相对静态的文化的积淀之中，并成为城市文化发展的最大内驱力。王京生曾就此论述道，文化并不是一成不变的，而是充满了流动和活力，流动性的文化体现在纵的流动与横的流动两个方面，仅有文化的历史纵向流动显然不能说明城市崛起的原因，文化还有空间横向的流动性。后者所造就的历史奇迹，可能更令我们惊叹。①

在相当意义上，深圳就是（资源）流动的产物。从中央设立经济特区所释放出的巨大政策效应和历史能量，到深圳依托毗邻香港的独特区位而在改革开放中大放异彩，其根本就在于深圳这样的经济特区，以自身的比较优势在对外开放中把握了20世纪70年代后期以来世界新一波产业转移的历史机遇，实现了资金、技术、人才等全球流动资源在短时间内的交汇与积聚，从而因缘际会推动了自身的快速发展和崛起。这一过程在深圳的文化发展中也同样得到了印证，由于地处中国改革开放前沿地带，并容纳了数以百万计移民的到来，深圳比内陆城市更容易接受流动性的文化，也更容易由此而获益，比如华侨城文化主题公园的成功举办就是证明。对于深圳的博物馆事业而言，其加快发展的一大机遇也在于此，也即在文化加速流动的历史趋势中，实现国内外文博资源向自身的汇集与积聚。在这方面，深圳虽在文化积淀尤其是在文博资源积累上相对薄弱，但也有独特的优势，如依托于持续30多年经济繁荣所奠定的强大的公共财力和民间财富优势，深圳完全有机

① 王京生：《文化是流动的》，《深圳新闻网》2012年5月18日。

会在全球化文化经济融合发展时代将经济优势转化为文化优势；同时，作为中国四大一线城市之一，深圳不仅有着中国最具活力的城市经济，而且也因市场的完善和商业的发达而培育出极具活力的社会力量，我们从金石、望野、和畅园等非国有博物馆中可以看到，深圳的企业和个人不仅在民间收藏方面颇具实力，而且部分人也具有相当幽深的文化情怀，他们将成为深圳博物馆尤其是非国有博物馆事业未来发展越来越重要的主体，从而也为深圳博物馆事业的加快发展创造了良好的机遇。

（二）中国经济的崛起和中华文化的复兴为深圳博物馆事业发展带来的机遇

全球化时代既是人类经济政治交往空前活跃、一体化融合发展的新时代，也是各民族国家、地区个性得以凸显的文化多样化时代。正如《世界文化多样性宣言》所指出的那样：文化在不同的时代和不同的地方具有各种不同的表现形式，尊重文化多样性、宽容、对话及合作是国际和平与安全的最佳保障之一。而在另外的层面上，在全球化时代强调文化多样性，积极弘扬各民族国家的优秀文化遗产及其独特价值，也是反思破除西方价值主导世界、构建“美美与共”的人类命运共同体的通途。

伴随中国经济的崛起和中华民族复兴的进程，党和国家高度重视中华优秀传统文化的传承发展，始终从中华民族最深沉的精神追求看待优秀传统文化，从国家战略的高度继承优秀传统文化，从推动中华民族现代化进程的角度创新发展优秀传统文化，使之成为实现“两个一百年”奋斗目标和中华民族伟大复兴中国梦的根本性力量。正如习近平总书记 2014 年 10 月 15 日在文艺工作座谈会上的讲话中所指出的那样，“中华优秀传统文化是中华民族的精神命脉，是涵养社会主义核心价值观的重要源泉，也是我们在世界文化激荡中站稳脚跟的坚实根基。增强文化自觉和文化自信，是坚定道路自信、理论自信、制度自信的题中应有之义”。2017 年 2 月 6 日，中共中央办公厅、国务院办公厅颁布《关于实施中华优秀传统文化传承发展工程的意见》（以下简称《意见》），阐述了中华优秀传统文化传承发展的重要意义、指导思想、基本原则和总体目标，以及传承发展的主要内容、基本途径、主要措施、重点工作，部署了一系列重点任务，并从组织领导、政策保障、法治环境、社会参与的角度提出了传承发展工程的实施方式和条件。

自20世纪五四新文化运动以来，对于中国传统文化而言，习近平总书记的相关讲话和《意见》的颁发无疑是一个具有新的历史标识意义的文化事件，它明白无误地表明了中华民族伟大复兴的中国梦与优秀传统文化之间的内在关系，以及重新认识和挖掘中国优秀传统文化的智慧。而作为凝结了传统文化理念、智慧、气度、神韵的“典型代表”，文博事业在保护、传承、弘扬优秀传统文化中的地位和作用无可替代，在延续中华民族精神命脉、增强文化自觉和文化自信方面以及营造人类共同精神家园方面责无旁贷。可以说，党和国家对优秀传统文化复兴的高度重视和大力支持，不仅为全国文博事业的大发展注入了强大动力，也为深圳博物馆事业的加快发展创造了新的机遇。自古以来，深圳地区虽位居中华文明边缘，远离政治文化中心，但近年考古发现其文化传统可上溯到四五千年前，很多先民在这块土地上繁衍生息，也创造出了丰富的颇具地方特色的器物文化和民俗文化。深圳虽然是改革开放后兴起的现代移民城市，但同样需要优秀传统文化的滋养，只有现代与传统的高度交融，才能在全球化时代锻造出自身的文化认同，形成新的文化自觉和共同体意识。由此出发，依托党和国家高度重视优秀传统文化发展的良好时机，一方面加大对本土传统文博资源的保护、传承和利用，另一方面借助深圳的城市优势，通过体制机制的创新，吸引更多的国内国际文博资源在深圳的集聚，促进古代历史、古代艺术等博物馆事业发展，无疑是贯彻落实中央相关精神、推进文化立市战略、建设城市文化共同体的题中应有之义。

（三）深圳的城市特点和目标定位为博物馆的现代化、特色化发展提供了新机遇

深圳作为中国改革开放事业的一面旗帜，是中国现代城市创新发展的一面镜子。尽管深圳的城市历时短暂，但在其身上凝聚了中国改革开放的精神

文化密码，其30多年的发展也全面而深入地见证了中国推进国家现代化建设的整体过程。在某种意义上，深圳就是一座大型的改革开放博物馆。因此，深圳要加快博物馆事业的发展，必须立足于自身的资源禀赋，依托于自身的城市特点和未来定位，扬长避短，实现博物馆的现代化、特色化发展。比如深圳市场经济体制确立较早，形成了一个讲究权利、法律、规则、契约的发达市场经济体系和相对强大的社会力量，这显然有利于非国有博物馆的蓬勃发展：由于市场型社会本身拥有很多资源，它不再像以往那样纵向依托政府资源的输入，而是通过横向市场行为获得足够的发展资源和自主空间。同时，深圳的民营经济发达，城市人口来自全国各地，具有藏富于民、藏艺于民、藏才于民的移民城市特点，这无疑都构成了深圳非国有博物馆发展的经济基础和社会条件。而从深圳的城市定位上看，无论是“现代化国际化创新型城市”和国际科技产业创新中心，还是“社会主义现代化先行区”的目标，都是基于深圳作为一座现代城市而非传统型城市的内在特点而制订的，深圳未来的博物馆发展，同样应立足于此。正如“年轻城市”纽约及其现代艺术博物馆所带给我们的启示那样，作为当今世界最重要的现当代美术博物馆之一，纽约现代艺术博物馆最初以展示现代绘画作品为主，后来展品范围渐渐扩大，包括雕塑、版画、摄影、印刷品、商业设计、电影、建筑、家具及装置艺术等项目，目前其收藏的现代艺术品数量已达15万件之多，以至于在纽约范围内不少人略称其为“现代”或英文简称MoMA，成为纽约作为现代城市最具特色的文化符号之一。

可以说，深圳的城市特点和目标定位，为深圳博物馆发展带来的机遇已然出现。比如在高科技迅猛发展、移动浪潮席卷世界、科技应用渗透到社会各个角落的时代背景下，深圳正在加紧筹建新的深圳科技馆和自然博物馆，假如能充分利用作为国际知名高科技产业中心的优势，在硬件和软件上同时着力，当能将上述二馆建设成华南重要的科普教育和公共服务中心。而在中国改革开放迎来四十周年之际，经国家文物局的批复，中国改革开放博物馆在深圳挂牌，并将于2018年建成开放。而该馆在深圳的设立与建成，将为深圳的博物馆发展注入强大动力，也极大地提升深圳在国内外博物馆界的地位。再如建筑面积达近9万平方米的极具现代感的深圳当代艺术馆与规划展示馆已经落成，其中当代艺术馆展示面积14000平方米，是以当代艺术的展示、收藏、研究、推广、教育为主要功能的大型公益性艺术机构，内容包括雕塑、摄影、绘画、影像、多媒体等现代艺术和工业设计、建筑设计、服装设计、平面设计、动漫设计等领域，作为提升城市文化软实力、推广新锐艺术并展示城市规划设计的大型公共文化建筑，该馆将与何香凝美术馆、关山月美术馆、深圳美术馆等构成错落有致的现代艺术馆（美术）群落，其未来发展将与深圳作为国际“设计之都”和创意城市建设相互促进、相得益彰。此外，深圳30多年的快速发展，培育了一系列在国际国内市场极具竞争力的产业或行业，形成了颇具规模和影响的“总部经济”，如现代金融、高新技术、现代物流以及平面设计、时装、钟表、无人机等，它们既是深圳经济转型和产业升级的见证，也是深圳当代经济社会发展历史的重要组成部分。正如我们在由中建集团投资建设的“深圳中国钢结构博物馆”中所看到的那样，它们的发展壮大不仅为深圳行业博物馆的大发展提供了潜力巨大的可挖掘空间，而且也为深圳博物馆的现代化、特色化发展创造了新的机遇。

三　深圳加快博物馆事业发展的挑战

如上所述，深圳加快博物馆事业发展，对于未来城市发展意义重大，在迎来难得的发展机遇的同时，深圳的博物馆也存在结构不完善、布局不合理等问题，面临着一系列的挑战，从而也形成了相当的发展压力和制约性影响。

（一）全球博物馆呈现勃兴态势，深圳的博物馆建设具有“时不我待”的紧迫性，但面临着自身文博资源匮乏以及城市竞争的挑战

时至今日，基于博物馆独特功能、地位的深刻认识，加大博物馆建设已成为世界各地文化发展的一种共识和热潮。如2014年3月27日习近平在巴

黎联合国教科文组织总部发表演讲中指出，每一种文明都延续着一个国家和民族的精神血脉，既需要薪火相传、代代守护，更需要与时俱进、勇于创新。中国人民在实现中国梦的进程中，将按照时代的新进步，推动中华文明创造性转化和创新性发展，激活其生命力，把跨越时空、超越国度、富有永恒魅力、具有当代价值的文化精神弘扬起来，让收藏在博物馆里的文物、陈列在广阔大地上的遗产、书写在古籍里的文字都活起来，让中华文明同世界各国人民创造的丰富多彩的文明一道，为人类提供正确的精神指引和强大的精神动力。

回顾新中国成立以来我国博物馆的发展历程，假如说 20 世纪 50 年代和 70 年代末是其中的两个高峰，那么开始于 21 世纪的博物馆建设则是第三个高峰，其标志就是近年来中国至少有几十个城市热衷于“博物馆之城”的建设，如昆明市政府 2008 年提出要将昆明建设成“博物馆之城”，古城西安也于 2010 年实施“中国博物馆之城”计划，甚至广东潮州近年也制订了《潮州市建设博物馆之城实施方案》。据统计，现在全国一年正在筹建的博物馆就有上百座，这意味着差不多每 3 天就有一个新博物馆开始筹建。截至 2017 年 4 月 7 日，全国国有可移动文物共计 10815 万件/套，其中完成登录备案的国有可移动文物 2661.0907 万件/套①，国有、非国有博物馆 4873 家，其中正式登记注册的非国有博物馆 1297 家。而根据第一次全国可移动文物普查总结电视电话会议和广东省第一次全国可移动文物普查总结电视电话会议的资料，深圳在普查数据平台登录的藏品总数为 35355 件（套），现存具有保存价值的各类不可移动文物共有 1116 处，其中有全国重点文物保护单位 1 处，省级文物保护单位 13 处，市区级文物保护单位 121 处；全市共有国有博物馆 16 家，登记注册的非国有博物馆 29 家。两相比较，深圳不仅博物馆数量偏少，与北京、上海、西安、武汉等城市相距甚远（如武汉博物馆数量目前就已达 108 家），而且在可移动文物的藏品总数占全国的比例上

① 参见《全国国有可移动文物“家底”查清　文物有了身份证》，《人民日报》2017 年 4 月 9 日。

更是低下。

以上数据说明，深圳文博事业在全国的落后状况非常明显，不仅与深圳的经济社会地位严重不匹配，而且适应不了广大市民对博物馆文化的公共需求，适应不了深圳建设现代化国际化创新型城市的未来要求，因此加快博物馆建设具有“时不我待”的紧迫性。然而，“博物馆毕竟不是简单的盖房子”，就如同全国火热的博物馆建设热潮所暴露出来的问题一样，深圳的博物馆建设同样面临着藏品不足和服务水平有待进一步提升的问题，包括即将落成的南山博物馆，筹建经年，“馆藏”始终是制约其发展的首要问题。对于深圳而言，由于自身历史文化积淀薄弱、文博资源匮乏等原因，建筑面积达4万平方米、展馆面积达17000平方米的南山博物馆如何“填满”也是个现实存在的难题，包括正在筹建的中国改革开放博物馆、深圳自然博物馆以及主体建筑已落成的深圳当代艺术馆与规划展示馆等，情况也同样如此。在此意义上，加强文博资源的征集，创新体制吸引外地文博资源的进入，显然是解决这一问题的关键。但由于文博资源的稀缺性以及管理上的“属地性”，文物征集在实践上困难重重，即便深圳有着相对于其他城市的经济优势，也因种种原因丧失了时间窗口，难以将经济优势转化为文化优势。更重要的是，随着全国各地经济的发展及其城市文化意识的提高，就全国范围而言，以各地的“博物馆之城”建设为例，文博资源处于一个城市竞争空前激烈的阶段，这点在全国民间文博资源的争夺上更是如此，而深圳由于文化意识和行政体制上的原因，已错过了争取更多文博资源落户深圳的时机，这不能不说是深圳加快博物馆发展面临的重大挑战。

（二）博物馆作为城市的文化标杆之一，其发展必须以一定的空间载体和人才资源为依托，但深圳博物馆发展面临着文化用地严重缺乏、人才难觅等现实难题

众所周知，博物馆首先是作为城市文化设施以建筑形态出现和物质空间的方式存在的，因此博物馆建设必须以拥有一定的土地为前提。但深圳要加快博物馆发展，其最为重大的现实挑战恰好就在于“无地可用”：由于深圳

过去30多年经济发展过于迅速，集聚的人口过于庞大，而本身辖区面积又过于狭小，在城市规划难以跟上城市“野性”发展步伐的情况下，更多的可开发土地用于交通、住房、工业、商业以及城市绿地等用途，迄今为止，预留给文化用地的空间已所剩无几，因此土地问题对于深圳博物馆发展的制约是刚性的，这点在深圳非国有博物馆发展中最为突出：由于没有独立用地，很多非国有博物馆只能通过建筑物租赁的形式存在，除了运营成本高昂之外，它们普遍存在展厅面积小、库房和办公条件不佳、分散设馆、参观不方便等问题。如何破解土地空间不足所导致的一系列瓶颈问题，成为深圳博物馆未来发展的一大关键。

在建筑、资金等核心要素之外，不管是“征集、保藏、陈列和研究代表自然和人类的实物”，还是作为“为公众提供知识、教育和欣赏的文化教育机构”，博物馆建设皆以拥有一定数量的专业人才为要件。然而，也恰是在这方面，深圳在博物馆人才储备上也面临着很大挑战。近年来我国事业单位改革的深入，基于事业体制的机构和编制数量总体上“稳中有降”的改革精神和未来趋势，对深圳国有博物馆的发展带来很大影响，不仅新的国有博物馆机构设立受到制约，而且也因编制有限而难以吸纳更多的专业人才，比如南山博物馆作为一个大中型国有博物馆，其正式事业编仅为11人，又如深圳博物馆面临研究人才断层、南头古城博物馆没有专门研究人员等。在此情况下，通过政府的社会购买等方式招聘人才以满足博物馆发展之需，但由于我们目前的人才认定、聘用、流动等方面的体制机制的不完善，人才总量和质量对于博物馆发展而言始终是个制约性因素。这点在非国有博物馆领域尤其突出：目前深圳非国有博物馆普遍面临资金困难，本身并无余力在陈列、研究等领域的专业人才培养和引进方面着力，甚至在讲解人员的配备上也存在困难。

（三）现代博物馆发展必须具有很强的创新能力，但深圳博物馆的创新发展存在认识、体制、政策上的障碍

基于深圳博物馆发展所存在的文博资源、土地空间匮乏等劣势以及博物馆数量、质量有待提高等现实紧迫性，深圳的博物馆事业要实现加快发展，

必须要有创新思维，以创新举措推动创新发展。然而，由于种种原因，目前深圳的博物馆发展却存在认识、体制和政策上的障碍，抑制了博物馆的发展空间。

首先，在认识上，由于受深圳的城市历史不长、文化积淀不厚以及长期以经济建设为中心思想的长期影响，很多人认为博物馆发展在深圳并不重要，博物馆文化在城市社会中的地位无足轻重，从而认识不到博物馆在当今世界进入城市时代后对于城市无可替代的功能与作用，这种“不重视”的结果就是博物馆发展严重滞后于深圳的经济社会发展及其对博物馆文化的现实需求和未来城市发展目标定位的要求。其次，在行政体制上，相比于经济等部门，我国文物部门相对弱势，全国各地因经济社会发展而轻易毁坏不可移动文物时有发生的情况在深圳同样存在。在深圳的大部制改革之后，文物部门一方面在文化大部制中的位置并不突出，另一方面由于更高级别的有效协调机制的欠缺，文物部门与发改、财政、规划等部门的协调力度也有待加强，在争取相关资源投入博物馆建设上的“能力”相对有限，这一“体制安排”显然也是深圳博物馆发展相对滞后的制度原因。同时，目前深圳的博物馆尤其是国有博物馆均为事业型体制，在人财物等方面的运作机关化、行政化色彩依然浓厚，相对独立性不强，激励不足，效率不高，不仅在公共服务上难以提高回应性和前瞻性，而且在机制创新上也难以取得更大的进展。最后，在博物馆发展政策上，深圳一方面“共享”了国家层面的《文物保护法》《关于非公有资本进入文化产业的若干决定》《博物馆管理办法》《关于促进民办博物馆发展的意见》等鼓励博物馆发展的法律规章；另一方面在国有博物馆之外，深圳市委宣传部、市文体旅游局、市财委、市规划委、市民政局、市人社局等部门也于2012年联合发布了《深圳市民办博物馆扶持办法》等非国有博物馆促进政策，宝安、南山等区也先后出台了《宝安区民办博物馆资金奖励办法》、《南山区扶持非国有博物馆暂行办法》及《南山区博物馆接受民间办馆（展）管理暂行办法》，在经费支持、建馆用地、寄展服务、业务帮扶、人才引进和税收优惠等多方面对免费开放的民办博物馆进行扶持，但总体而言，相对于国内外先进城市的博物馆的运作机制和创新举措（特别是在充分利用社会资源方面），深圳在政策上创新意识并不超前，在投入力度上并不突出，在创新办法上并不显著，不仅在新建博物馆、吸引更多国内外文博资源集聚方面进展不大，而且在已有博物馆“征集、保藏、陈列、研究”和“公共服务”的能力和水平上也存在很大的有待提升的空间。

此外，深圳加快博物馆发展所面临的内外挑战还有不少，比如在创意经济蓬勃发展的当下，受制于目前的文化管理体制，难有更强的创新意识和更多的激励机制开发，难有更受观众喜闻乐见的博物馆文创产品的出现；在教育推广方面，由于博物馆立法滞后等原因，博物馆与教育等部门的合作还有待深化，其社会教育功能尚未获得更大的发挥；同时在新技术、新媒体日新月异的当下，互联网技术对传统博物馆服务产生了巨大的影响，如何在意识、政策和技术层面对之予以积极有效的回应，通过建设数字博物馆、智慧博物馆等方式，极大激发博物馆发展的活力，追赶在这一领域领先的国内外发达城市，也构成了深圳博物馆未来发展的一大挑战。

B.6
福田区创建国家公共文化服务体系示范区经验

唐霄峰*

摘　要： 深圳市福田区于2013年11月获得国家公共文化服务体系示范区（项目）创建资格，2016年4月高分通过相关部门验收，同年10月成为第二批国家公共文化服务体系示范区。在此过程中，福田区形成了创建国家公共文化服务体系示范区的宝贵经验，如以科学的创建理念为先导、党委和政府有效发挥了主导作用、紧紧抓住公共文化服务体系这个根本、一贯注重改革创新等；同时也给我们留下了积极的启示，有条件的城市可结合自身实践情况学习和借鉴其相关经验，建设适合自己的公共文化服务体系。

关键词： 公共文化服务　深圳文化　福田区

国家公共文化服务体系示范区是文化部、财政部在国家层面推动我国公共文化服务体系建设的创新举措，即按照公益性、均等性、基本性、便利性的要求，在全国东、中、西部创建一批结构合理、发展平衡、网络健全、运行有效、惠及全民的公共文化服务体系示范区，培育一批具有创新性、带动性、导向性、科学性的公共文化服务体系项目，为我国

---

* 唐霄峰，深圳市社会科学院文化所助理研究员。

公共文化服务体系建设探索路径、积累经验、提供示范，推动公共文化服务体系建设科学发展。[①]

2016 年 4 月，深圳市福田区通过国家公共文化服务体系示范区创建工作验收，同年 10 月，成为第二批国家公共文化服务体系示范区。这一荣誉，不仅属于福田区的，也是属于整个深圳的。福田区成为国家公共文化服务体系示范区，标志着福田区和深圳市在公共文化服务体系建设领域真正走在了全国前列，成为全国公共文化服务体系建设的“领跑者”[②]。可以说，福田区在创建国家公共文化服务体系示范区的过程中，积累了很多宝贵经验，也给予了我们很多有益的启示。

一　福田区创建国家公共文化服务体系示范区的主要经验

2013 年 11 月，第二批国家公共文化服务体系示范区（项目）创建工作会议在上海举行，福田区代表深圳市顺利通过评审，获得创建资格。2014 年 2 月，深圳市福田区正式启动第二批国家公共文化服务体系示范区创建工作。2014 年 10 月 18 日至 19 日，文化部督查组对福田区国家公共文化服务体系示范区创建工作开展中期督查，结果福田区以东部地区第一名的优异成绩顺利通过。2016 年初，在国家公共文化服务体系示范区统一验收之前，福田区严格对照国家公共文化服务体系示范区东部验收标准七个部分 28 项 72 个指标进行自查，在 67 个考核指标中，有 65 个自评优秀，优秀率为 97%，总得分为 990 分。2016 年 4 月中旬，福田区以高分顺利通过验收。2016 年 10 月 26 日，在文化部举办的 2016 年度中国图书馆年会暨国家公共文化服务体系示范区创建工作论坛上，福田区被正式命名为国家公共文化服务体系示范区。

① 白雪华：《以点带面，发挥示范效应　推动我国公共文化服务体系建设科学发展——国家公共文化服务体系示范区（项目）创建工作概述》，《国家图书馆学刊》2012 年 6 月。

② 黄青山、石朝晖：《公共文化服务　福田要当领跑者》，《深圳商报》2015 年 8 月 5 日第 A04 版。

福田区创建国家公共文化服务体系示范区工作历时近三年。其间，福田区委区政府有效发挥主导作用，以科学理念为先导，紧紧抓住公共文化服务体系的公共性这个根本，坚持改革创新，以系统完善的体制机制为保障，积极引导和协调社会各界力量，同心同德，群策群力，顺利完成创建任务，成为第二批国家公共文化服务体系示范区。福田区创建国家公共文化服务体系示范区的经验主要包括以下几个方面。

（一）有科学的创建理念为先导

为了切实保障国家公共文化服务体系示范区创建工作有条不紊，福田区首先提出了科学的创建理念："深圳创建、福田申报；深圳文化、福田表达。"正是在这一科学理念指导下，福田区才圆满完成了国家公共文化服务体系示范区创建工作任务，达成了示范区创建目标。

1. "深圳创建、福田申报"实际上是合理地界定了创建主体和申报主体

申报主体是福田区，但实际创建主体却是深圳，因为福田区作为深圳市的中心城区，在公共文化服务体系建设领域处于深圳市的最前沿，代表了深圳市的最高水准，一直以来都是深圳市在城市公共文化服务体系建设领域对外展示的窗口，因此福田区申报国家公共文化服务体系示范区并不是以自身为单位来创建的，而实际上是代表深圳市来实施创建的。基于此，虽然福田区申报国家公共文化服务体系示范区创建资格，但在实际创建过程中，福田区必须依托深圳全市的力量，整合全市的相关资源，调动和发挥深圳社会各界的各种力量，共同参与到国家公共文化服务体系示范区创建工作中，才能更加切实有效地保障创建工作扎实有效地不断迈向深入。

2. "深圳文化、福田表达"，实际上体现了福田区在公共文化服务体系建设领域乃至于整个城市文化领域对于深圳市的担当和自信

作为深圳的中心城区，福田区一直致力于引领深圳的文化改革创新之风，致力于提升和完善辖区文化设施建设，致力于文化体制机制改革创新，致力于实现辖区群众文化权利，公共文化服务体系建设一直走在深圳全市前沿。此次福田区代表深圳市申报国家公共文化服务体系示范区，正体现了福

田区上上下下在公共文化服务体系建设领域对于深圳市的担当和自信。实践证明，福田区申报国家公共文化服务体系示范区创建，并顺利通过国家验收，成为名副其实的国家公共文化服务体系示范区，充分证明福田区在文化领域，特别是在公共文化服务体系建设领域是深圳市当之无愧的代表，以强有力的创建成果向全国人民展示了深圳文化的最新成果。

（二）党委和政府有效发挥了主导作用

福田区委区政府对国家公共文化服务体系示范区创建工作高度重视，充分发挥了主导作用。在 2013 年 11 月获得国家公共文化服务体系示范区创建资格以来，福田区委区政府围绕创建工作目标任务，积极制定和完善相关政策，建立并不断完善相关制度，扎实有效推进创建工作。

1. 创建初期，福田区委区政府出台《关于建设高品质国际化文化强区的决定》，从经济建设、政治建设、文化建设和社会建设四位一体的高度，以“国际视野、崇尚一流”为目标要求，把文化建设定位为福田区科学发展、民生幸福、社会和谐的重要载体和坚强保障。2014 年，福田区委区政府又出台《深圳市福田区创建国家公共文化服务体系示范区工作规划（2013－2015）》，正式提出“深圳创建、福田展示”“深圳文化、福田表达”的创建理念和打造“十大文化功能区”的创建核心工作目标，为创建工作提供了总的指导方针。在该规划基础上，又于 2015 年出台全国首个区级公共文化社会建设“1＋1＋N”系列文件，引导和鼓励社会力量参与公共文化建设。2016 年，又出台了《关于加快构建现代公共文化服务体系的实施意见》，提出坚持“文化民生、创新发展、社会参与、国际开放”四项原则，全面推进现代公共文化服务体系建设。有了这些配套政策的支持，福田区国家公共文化服务体系示范区创建工作有了明确的努力方向。

2. 建立并逐步完善领导目标督查制度，保障创建工作按预定计划推进。在创建初期，福田区委区政府就建立了党委统一领导、党政齐抓共管、相关部门分工负责、社会力量积极参与的创建工作总格局，从三个方面抓紧抓实创建工作。其一，坚持党政“一把手”“挂帅”，成立示范区创建领导小组，区委书记、区长任双组长，各相关单位主要负责人担任成员，订立定期例会制度和重大事项会商机制，统筹推进创建工作。自 2013 年 11 月创建开始至 2016 年 4 月通过验收，福田区共组织召开专题会议近 20 次，研究制定实施意见、创建规划等重要政策文件。其二，完善创建目标责任制。由区长与各相关部门负责人签订创建工作分解目标责任书，并在此基础上建立创建工作部门自查制度，定期组织开展部门自查工作。创建期间，共向国家创建办报送工作动态 24 期、简报 18 期、深度工作情况汇报 8 期和自查报告 5 期。其三，建立重点项目督查制度，将创建工作纳入区委区政府重大工作责任制一览表和政府公共服务白皮书。创建期间，共开展专项督查 6 次，并将主要问题纳入区委常委会和区政府常务会督办内容。

（三）紧紧抓住公共文化服务体系的公共性这个根本

福田区一直以来都高度重视公共文化服务体系建设，牢牢把握文化服务体系的公共性这个根本，坚持文化惠民的根本宗旨，不断优化辖区公共文化设施体系，积极组织开展丰富多彩的文化活动，逐步构建起了多元化、均等化的公共文化服务供给网络，形成了富有福田特色的公共文化服务体系。

1. 建成“一公里文化圈”，形成系统性的基层公共文化服务网络

福田区在接受国家公共文化服务体系示范区创建工作验收之前，已部署并建成“市—区—街道社区”三级文化网络设施共 391 个，文化设施总面积达到 43. 8 万平方米，城市公共文化设施面积达到平均每万人 3227 平方米。在文化场馆层次方面，福田区文化馆达到了国家一级馆和省特级馆标准（共有 7 个主题文化馆）；福田区图书馆达到国家地市级一级馆标准；10 个街道文化站全部达到省特级标准，站舍面积均在 1500㎡以上；90 个社区均设有 200 平方米以上的社区文化活动室并统一挂牌；另有两个全国特色文化广场和两个省十佳文化广场，社区文化活动室和图书馆覆盖率均为 100%；公共图书馆人均占有藏书 2. 55 册，人均年增新书 0. 10 册，远高于全国平均水平。

2. 辖区居民公共文化服务实现均等化

在创建过程中，福田区一方面注重主题文化馆开发建设，按照艺术门类

划分，科学均衡规划发展；同时，大力发展青年文化和都市文化等特色文化，积极拓展公共文化服务的受众群体。围绕国家公共文化服务体系示范区创建工作目标，福田区打造了中国（深圳）嘻哈文化周、打击乐文化周、“我行我秀”青年文化月、福田当代戏剧双年展等新的文化服务品牌；推出孟京辉戏剧福田演出季、“都市100”话剧展演、“让市民走进音乐厅”等高雅演出的低票价补贴等项目，深受市民欢迎；发布了《福田区关于进一步加强劳务工公共文化服务工作的意见》，推动公共文化服务覆盖到辖区农民工群体，受到全社会广泛关注。

3. 构建起多元化的公共文化服务供给网络

一是建立政府向社会购买公共文化服务制度。福田区制定了公共文化社会建设“1+1+N”系列文件，建立起一系列向社会购买公共文化服务、鼓励社会力量参与公共文化建设的政策制度；设立每年1亿元的区宣传文体事业发展专项资金，专门用于鼓励、资助社会力量开展公益宣传和举办多种公共文化体育活动，向文化企业或个人购买公共文化服务，丰富公共文化体育服务的产品供给。二是实行文化场馆全免费开放，全区107个公共图书馆全部推出错时或延时服务，为市民群众提供更多便利；在此基础上，建立并不断完善网上图书馆和文化馆网络，充分利用辖区2个市总馆、1个区总馆、10个街道馆、96个社区馆以及福田数字图书馆、24小时自助图书馆的独特优势，不断优化公共文化资源配置，一方面实行总分馆运营管理模式，另一方面实行通借通还，大大提升了公共文化资源运营效率。

（四）一贯注重改革创新

作为深圳市的中心区，福田区为了捍卫在全市文化领域特别是公共文化领域的领头羊地位，在文化领域一贯注重改革创新，在创建国家公共文化服务体系示范区期间，改革创新力度更是不断加大。

1. 创新布局十大文化功能区

一直以来，福田区公共文化资源相对其他区有比较优势，这是有利的一面；但这些文化资源服务市民群众的整体效能一度也存在不理想的状况。为更好地提升辖区公共文化服务效能，福田区依托辖区文化资源众多、文化元素丰富的优势，结合辖区群众文化需求多元、文化参与度比较高、文化观念前卫等特点，大胆改革创新，打造了包括主题文化馆、图书馆、博物馆、广场、公园、地铁、公共艺术、现代戏剧、街道特色、数字文化等在内的“3传统 +3 新兴 +3 特色 +1 平台”的十大文化功能区。在传统文化方面，以原有的7个主题文化馆为基础，创新推出“5 +2 工程”，全面发挥各主题馆功能，举办主题文化馆艺术节等丰富多彩的文化活动；同时，系统提升区属文化场馆功能，形成各具特色的主题文化馆功能区；107 家公共图书馆创新实行总分馆制，依托中心书城、特色书吧等社会资源，借助深圳读书月、大家讲坛等知名品牌活动营造全民阅读氛围，形成图书馆阅读功能区；系统创新利用各类文化遗产资源，出台《福田区扶持非国有博物馆暂行办法》，规划布局建设安托山博物馆功能区。在新兴文化方面，通过开展“十佳文化广场”评选活动以及举办深圳（福田）国际城区影像节、中韩国际社区嘉年华等品牌文化活动，打造富有特色的广场文化功能区；通过举办“莲花山草地音乐节”等大型活动，将“福田星光影院”等惠民项目送入公园，形成公园文化功能区；联合深圳地铁集团，举办“深圳·福田地铁文化周”等活动，释放地铁空间文化元素活力，打造地铁文化功能区。在特色文化方面，以专业剧场和高端文化企业为基础，发挥文化顾问孟京辉的引领价值，打造福田当代戏剧双年展、“都市 100”话剧演出季、校园戏剧节等文化品牌，形成现代戏剧功能区；实施城市雕塑艺术工程，形成前卫的公共艺术功能区；实施“一街道一特色”工程，布局打造福田白领文化、沙头民俗文化、香蜜湖国际文化等，形成各具特色的街道文化功能区。另外，还积极打造“互联网 +”数字文化功能区：设立“福田文体通”微信公众号，作为对接群众多层次文化需求的平台；依托智慧城市建设，借助物联网、云计算、大数据等最新信息技术，高标准建设文体事业公共信息服务云平台。

2. 创新设立全国第一家区级文化议事会

为保证辖区各类文化事项，特别是重大文化工程和项目从立项到实施都能够符合科学性、公共性和经济高效的要求，福田区先后聘请 19 位境内外文化专家担任文化顾问和文化议员，参与福田区“文化议事会”。议事会设有提案、质询、调研、评议、督办等5项基本制度，在全区重大文化工程和项目及其决策等重要方面提供调查研究、民意预判、咨询论证以及跟踪评估等支持。福田文化议事会这一创造性举措实施以后，受到全国广泛关注，并且得到了中宣部和文化部的高度关注和重视，被中央深改办评价为新时期文化体制机制改革的一个亮点。

3. 在国内率先尝试引入社会组织实施街头艺人自治管理

长期以来，国内的城市街头艺人一直没有被纳入城市管理范围，表现为自由无序状态；福田区作为文化活跃的深圳中心城区，街头艺人很多，且相对集中（主要在中心书城区域），以往对这些艺人的管理一直缺位。为更好地创建国家公共文化服务体系示范区，福田区把城区街头艺人管理纳入工作范畴。通过这一创新性举措，福田区引入社会组织参与城市公共文化服务，与街头艺人签订自律公约，划定区域、固定位置、规定时间、抽签派号、持证上岗、核对入场，由此成为国内第一个“社会组织参与、街头艺人自治”的城区，引起国内多家大型媒体的关注，并在全国产生了较大影响。

二　福田区创建国家公共文化服务示范区的启示

福田区创建国家公共文化服务体系示范区的经验一方面具有福田特色，另一方面又具有强烈的时代感，在全国公共文化服务体系建设领域具有一定的示范意义。福田区创建国家公共文化服务体系示范区的经验给我们带来的启示主要有以下三个方面。

（一）要建设层次较高、系统较为完善的公共文化服务体系，必须有雄厚的经济基础以保证投入

自2013年底开始创建国家公共文化服务体系示范区以来，福田区一直高度关注公共文化服务体系建设的经济投入，以雄厚的财政力量为基础，坚持财政经费在公共文化服务体系建设领域“持续增长、足额配套”原则，

高标准规划、设计公共文化服务各个领域的建设规模与层次，推动辖区公共文化服务体系建设水平的全面提升。2013 年、2014 年、2015 年福田区文化建设支出分别为 14029 万元、14485 万元、19350 万元，分别占当年区财政支出的 1.55%、1.59%、1.66%，文化建设经费投入占当年财政支出比例远远高于深圳全市平均水平。在此基础上，福田区又确立了“全面推进、重点保障”原则，在创建期间连续投入 8 亿元，用于公共文化设施和服务水平的全面升级和重点提升。为了确保中央补助资金和地方创建专项资金合理规范使用，福田区确立了“专款专用、严格管理”原则，建立了相关资金使用情况专门档案，确保专款专用，高效使用。

另外，福田区还根据辖区社会力量热心关注公共文化服务体系建设的有利条件，以专项资金为杠杆和指挥棒，积极倡导社会力量参与承办公共文化服务活动，鼓励和吸引社会资金进入公共文化服务体系领域。在创建国家公共文化服务体系示范区期间，福田区共划拨 1.5 亿元专项资金资助“深圳国际打击乐文化周”“中国（深圳）国际嘻哈文化周”等规模不一、各具特色的文化服务项目共计 232 个，并以此撬动约 1 亿元的社会资金，形成了政府主导、社会参与、市民共享的良好局面。

（二）城市公共文化服务一定要把维护和实现好群众的文化权益放在第一位

市民既是城市文化建设和发展的实践主体，也是建设和发展的评价主体，更是建设和发展的价值主体。一直以来，福田区党政领导干部对此都有着清醒的认识，并且在实践中充分展现市民作为城市文化发展主体的地位和作用，通过制定科学系统的政策和一系列扎实有效的措施来保证辖区全体市民共同参与文化建设、文化发展评价，共同享有文化发展成果。

为了让辖区群众更好地利用和分享文化资源，福田区大胆吸收国内外文化比较发达的城市经验，创新开发各类文化元素，在整合和提升现有城市文化资源的基础上打造出了包括“3 传统 +3 新兴 +3 特色 +1 平台”的十大文化功能区，一方面实现了现有文化资源的效能最大化，另一方面为辖区群众更好地利用文化资源提供了很大便利。为了给市民创造更多的参与城市文化的机会和条件，福田区还特别注重提升公共文化产品供给的内容和层级。在创建国家公共文化服务体系示范区过程中，福田区积极贯彻“专业、多元、均等”三原则，向市民群众提供包括公益类的培训、学术沙龙类基本公共文化服务活动，通过资金资助、政府主导、社会文化组织和企业承办等方式组织开展大型品牌文化活动，积极开展专项经费扶持的、由优秀群众文化团队或群众自发参与的文化公益活动，年均5000多场次，较好地满足了辖区群众在公共文化服务方面对于均等化、专业化、多元化的需求，较好地实现了辖区市民群众的文化权益。

（三）必须坚持公共文化服务体系建设永远在路上的理念，一贯坚持改革创新

事物的发展都呈现为一个历时性的过程。随着时代的进步，人们对于公共文化服务体系建设的要求也在与日俱新，因而就城市公共文化服务体系建设而言，永远不能止步不前。福田区创建国家公共文化服务体系示范区的先进经验显示出，他们不管是在创建之前还是在创建之中，不管是在创建理念上还是在创建实践上，不管是在制度设计上还是在体制机制革新上，福田区都一直坚持破旧立新，如创新设立全国首家区级文化议事会，创新推出图书馆公共文化机构法人治理结构，创新引入社会组织进行街头艺人自治管理，创新引入社会力量参与公共文化服务体系建设，创新推行世界冠军和文化名人引进计划，创新推动数字化公共文化服务体系建设，创新实施依托网吧提供公共电子阅览服务，等等。这些举措都是福田区根据辖区文化现象新特点、市民群众文化新需求、城市文化发展新趋势和国家公共文化新目标做出的既有较强实效又有鲜明时代感的改革创新举措。在公共文化服务领域，形势在变、市民群众公共文化服务需求在变，公共文化服务内容也要变，城市文化工作者必须根据这些变化的情况，从公共文化服务体系建设永远在路上的理念出发，根据公共文化服务体系领域变化了的形势和条件，不断进行改革创新，推出能够满足市民群众新的公共文化服务体系需求的新理念、新政

策、新制度、新举措。

福田区创建国家公共文化服务体系示范区的经验，一方面有其独特之处，另一方面在全国也有一定的示范意义。有条件的城市（或城区）可以结合自身实际情况学习和借鉴福田区创建国家公共文化服务体系示范区的相关经验模式。

B.7
深圳充分发挥非物质文化遗产的作用积极弘扬传统文化

欧阳进雄*

摘　要： 伴随现代化、全球化的进程，中华文化受外来文化的冲击日益加剧，我国部分优秀的传统文化正面临消失的危险。深圳是中国改革开放的产物，本土文化和各地文化交相辉映，有着其他地方不可比拟的非物质文化遗产资源。在国家顶层对非遗工作空前重视的背景下，深圳非遗工作面临空前的机遇和挑战。本报告力图从促进深圳非遗保护发展的建成中积极探索深圳如何充分发挥非物质文化遗产的作用，从而助力弘扬传统文化。

关键词： 非物质文化遗产　传承保护　传统文化　深圳

党的十九大报告指出："文化是一个国家、一个民族的灵魂。文化兴国运兴，文化强民族强。没有高度的文化自信，没有文化的繁荣兴盛，就没有中华民族伟大复兴。"这为我们做好文化工作，特别是做好非物质文化遗产保护工作指明了方向。优秀的传统文化是中华民族文化自信的源泉，灿若群星遍布全国的非物质文化遗产更是文化繁荣兴盛的根脉所在。

---

* 欧阳进雄，深圳市非物质文化遗产保护办公室主任。

一　非物质文化遗产的内涵

（一）概念

中国是有着五千年灿烂历史的文明古国和文化大国，这些优秀的文化经过历史的积淀，以文化遗产的形式保存了下来，为中华民族乃至世界人民都留下了宝贵的精神财富。文化遗产包括“物质文化遗产”和“非物质文化遗产”。物质文化遗产，就是有形的文化遗产，也就是我们通常所说的文物，包括历史文物、历史建筑、人类文化遗址。其范围主要有以下五个方面：一是具有历史、艺术、科学价值的古文化遗址、古墓葬、古建筑、石窟寺和石刻、壁画；二是与重大历史事件、革命运动或者著名人物有关的以及具有重要纪念意义、教育意义或者史料价值的近现代重要事迹、实物、代表建筑；三是历史上各时代珍贵艺术品、工艺美术品；四是历史上各时代重要的文献资料以及具有历史、艺术、科学价值的手稿和图书资料等；五是反映历史上各时代、各民族社会制度、社会生产、社会生活的代表性实物。

非物质文化遗产是相对于物质文化遗产而提出的，主要区别在于文化遗产的载体不同，一个是非物质的无形的，一个是物质的有形的。非物质文化遗产是活态的，依赖活态的传承人得以传承，重点突出人的因素，注重的是可传承性，强调的是精神意义、文化价值及技能传承的保护。《中华人民共和国非物质文化遗产法》定义：非物质文化遗产是指各族人民世代相传并视为其文化遗产组成部分的各种传统文化表现形式，以及与传统文化表现形式相关的实物和场所，包括：（1）传统口头文学以及作为其载体的语言；（2）传统美术、书法、音乐、舞蹈、戏剧、曲艺和杂技；（3）传统技艺、医药和历法；（4）传统礼仪、节庆等民俗；（5）传统体育和游艺；（6）其他非物质文化遗产。

（二）特点

1. 非物质文化遗产是传统文化中的优秀与精华部分

中华文明是几大古文明中唯一没有中断、延绵至今的文明。这与中华文化一贯提倡继承与批判结合、扬清抑浊、推陈出新、自我净化是分不开的，也是中华文明一以贯之、文脉不断的根本所在。中国一直是一个多民族国家，流传至今的丰富的非物质文化遗产就是各民族文化的精华部分，也是中华民族优秀传统文化的重要体现和标志。这些非物质文化遗产，是中华民族在数千年文化绵延和传续中，通过生产生活实践创造的丰富多彩的历史文化，是中华民族智慧与文明的结晶，是民族情感的纽带和国家统一的基础，对传统文化的传承、提升、创新、促进做出了重大贡献。中华传统文化中流传至今的典章史籍、歌赋戏曲、乡俗民约、家规祖训等，大多是讲仁爱、重民本、守诚信、崇正义、尚勤俭、戒奢侈等文化精华，是中华民族优秀传统文化得以代代流传的正能量。

2. 非物质文化遗产是弘扬传统文化必不可少的载体

传承、弘扬传统文化有很多方式，比如需要通过文字，更需要通过人。文字本身也是非物质文化遗产，然而文字再悠久也不能忽视口头传统。直到今天，许多民族是没有文字的，但这些民族的知识体系、文化积淀、艺术创造，如传统礼仪、民俗、节庆等，很大部分是通过口头传承等形式也即以非物质文化遗产为载体来实现的。

3. 非物质文化遗产传承与传统文化相辅相成

传统文化是一个民族在历史长河中各种思想文化、观念形态汇合的总体。民俗、节日等非物质文化遗产是传统文化中最具有价值、最具有代表性的传统文化。保护非物质文化遗产的重要意义是延续历史，维持各民族的真实性和完整性。弘扬传统文化，就是要牢记并传承这个民族的血脉和传统，通过弘扬传统文化，增强中华民族对自己悠久历史的正确审视，增强中华民族伟大复兴的精神动力。因此，保护和传承非物质文化遗产，将对弘扬中国传统文化产生积极的作用。而全社会重视文化传统、敬仰优秀传统文化，将会促进全社会了解和传承非物质文化遗产，进一步推动非物质文化遗产的保护、活化和创新，真正做到在保护中传承，在传承中发展，实现非物质文化遗产的“见人见物见生活”。

（三）非物质文化遗产的当代意义

1. 非物质文化遗产对于研究社会的历史形态有着独特的作用

中国经历了一个漫长的农耕社会，因此中华民族的大部分非物质文化遗产产生于传统的农耕文明，是特定时期、特定区域文明生活方式的印记。通过这些非物质文化遗产，我们可以生动地体认到当时的历史事件、当时人民的生存状态、生活方式。因此非物质文化遗产集中体现了不同地域、不同人群、不同民族之间的风土人情、生活习俗，以及他们的思想、感情和艺术创作方式、特点，对于今天研究社会的历史形态有着独特的作用。

2. 非物质文化遗产有利于传承和弘扬民族精神

党的十九大报告指出：“中国特色社会主义文化，源自于中华民族五千多年文明历史所孕育的中华优秀传统文化。”在全球化的今天，确保民族特性、民族自主精神是每一个民族无法回避的历史使命。而非物质文化遗产是中华传统文化中的精华和优秀部分，在其长期沉淀和形成的过程中，集中蕴藏着民族的独特文化和精神特质，通过传承、宣传传统节日和民俗风情等方式，激活传统文化内涵，扩展民族精神内核，潜移默化地影响人们的观念和生活，可以增强民族自信心和民族归宿感，坚定文化自信，形成并维护中华民族共同的精神家园。

3. 非物质文化遗产可为当代中国文化发展提供源源不断的营养和素材

非物质文化遗产中有大量的民间故事、神话传说，也有很多文化艺术创作的原型和素材，可以为新时代的文艺创作提供不竭的源泉，特别是在今天文化创意产业崛起的全球化时代，深入挖掘包括非物质文化遗产在内的传统文化资源，对于促进我国文化创意产业的发展、繁荣社会主义文化、推动中华文化走出去等都具有非常重大的价值和深远的意义。

二　深圳非物质文化遗产保护的现状和特点

十多年来，在深圳市委、市政府的关注和重视下，深圳非物质文化遗产保护工作取得了一定成绩，也形成了自己的特色。

（一）深圳非物质文化遗产保护的现状

1. 总体情况

自2008年以来，深圳先后公布了四批非物质文化遗产代表性项目名录。截至2017年底，全市共有各级非物质文化遗产代表性项目164项，其中国家级7项（传统舞蹈4项，传统医药2项，民俗1项），省级24项，市级28项，区级105项；全市现共有代表性传承人153人，其中国家级代表性传承人2人，省级代表性传承人20人，市级代表性传承人30人，区级代表性传承人101人。

2. 分类情况

市级以上的非物质文化遗产，按类别分，民间文学3项、传统音乐5项、传统舞蹈13项、传统戏剧2项、传统体育3项、传统美术5项、传统技艺8项、传统医药7项、民俗类13项；按区域划分，宝安区15项、光明新区1项、龙华新区5项、大鹏新区5项、龙岗区8项、盐田区5项、罗湖区7项、坪山新区1项、南山区5项、福田区7项。

3. 在广东和全国的占比情况

国务院目前共公布4批国家级非物质文化遗产代表性项目1372项，深圳国家级项目7项，占比约为0.5%；广东省目前共发布6批省级非物质文化遗产代表性项目461项，深圳有省级项目24项，占比约为5.2%。

（二）深圳非物质文化遗产保护工作的特点

1. 兼容开放富有层次

深圳的移民潮和城市化开始于20世纪80年代。随着经济特区的建立、改革开放的实行和工业化的发展，外地移民大量涌入，城市人口迅速增加，社会经济高速增长，深圳逐渐迈向城市化、现代化。深圳的城市化进程，在某种意义上就是一部移民史。同时作为全国最为重要的口岸城市，深圳每年通过口岸进出的人员和车辆之多，在全国一直遥遥领先。正是这样的一种移民文化，全国各民族人民汇集深圳，加上毗邻香港，中西文化汇集，形成了深圳开放、包容和容易接受新事物的文化氛围，既继承了中华优秀传统文化，又深受外来优秀文化影响。

2. 本土非遗项目丰富多彩

深圳虽是一座年轻的现代化城市，但是自古就适宜人类生存和发展，是内地移民和海外交通的要地，是具有深厚历史文化底蕴和丰富鲜活的非物质文化遗产的地方。其源远流长的历史文化，以及特色鲜明的民间传说、工艺、歌舞、节庆和习俗等非物质文化遗产足以让深圳人民引以为豪。比如：汉民族传统的舞龙、舞狮、舞麒麟，沙头角吴氏客家人的天后宝诞祭奠，万丰广府粤曲、粤剧，石岩客家山歌，沙头角沙栏吓吴氏鱼灯舞，南澳渔民娶亲舞、盐田的疍家人婚俗等，既有个性，又有共性，五彩纷呈，丰富多彩。

3. 改革开放后外来非遗项目落地生根

改革开放以来，作为“排头兵”的深圳，更迎来了空前的汹涌澎湃的移民高潮。随之而来的是一些内地优秀的非物质文化遗产也移植到深圳。比如已列入国家级非物质文化遗产名录的“平乐郭氏正骨法”，源于河南省洛阳市平乐村，1985 年平乐郭氏正骨第五代传人郭春园，率领弟子和一批业务骨干，在深圳筹建深圳平乐骨伤科医院，使得深圳平乐正骨医术成为平乐郭氏正骨的重要分支；还有源于陕西的田氏剪纸、源自潮汕的皮影戏（深圳大鹏）等。据统计，目前在深圳有关部门认定的市级非物质文化遗产代表性项目中，异地非遗项目占比达到 31%。

（三）深圳市非物质文化保护工作的成效

1. 非物质文化遗产保护工作从无到有，从小到大

近年来，深圳非常重视对非物质文化遗产的保护工作，通过深入普查非

物质文化遗产资源，逐步整理编辑与深圳本土相关的历史文化资料，出版了一批非遗书籍及图册。自 2008 年以来，深圳先后公布了四批非遗代表性项目名录以及项目保护单位、非遗代表性传承人名单；同时制定了相关规范性文件，订立了工作标准和规章制度，促进非物质文化保护和传承的规范化。

2. 非物质文化遗产传承传播工作不断加强

一是非遗活动开展成效明显，“我们的节日——欢乐闹元宵”非物质文化遗产展演展示活动、文化遗产日等系列活动精彩纷呈、深入人心。“沙头角鱼灯节”“麒麟文化周”“三月三庙会”等一系列本土民俗活动开展得如火如荼，引发关注；二是非遗的传承、传播工作开展有序，持续加强“非遗进校园、进社区”及相关培训力度，目前政府每年提供的资金支持已增加至 400 多万元，用于扶持市级以上非遗代表性项目和代表性传承人以及非遗进校园、非遗进社区、非遗传承培训等。2009 年以来，共开展“非遗进社区、进校区”活动超过 160 场次，10 人以上的传承培训平均每个项目 10 场次/年；三是保护基地建设初见成效，2013 年深圳职业技术学院被列入第一批广东省非物质文化遗产研究基地名单。2016 年塘朗小学被深圳市非物质文化遗产保护中心授予“客家山歌传播基地”，成为首家被授予非物质文化遗产传播基地的学校。另外，福永醒狮舞、平乐郭氏正骨医术也被列入第一批省级传承基地。截至 2017 年，全市已建成非物质文化遗产传承传习所共 18 家、非物质文化遗产博物馆（展馆）7 家。

3. 非物质文化遗产成为对外文化交流的主力军

深圳作为经济特区，历年来承担了国家大量对外文化交流的任务。如每年的“欢乐春节”，深圳都要派出多支队伍，到海外一些重要国家推广中华传统文化。仅 2017 年，深圳就组织参与了海外“欢乐春节”系列活动，先后在法国、荷兰、比利时、西班牙、新西兰等国成功开展文化交流。在这些对外文化交流活动中，深圳的非物质文化遗产项目和传承人承担了大量工作，一些具有鲜明中国文化特色和岭南文化特点的项目，如广东粤剧、醒狮、剪纸，比较发达的非物质文化遗产项目，如杂技、魔术等，在对外交流时深受国际社会欢迎和好评，为弘扬中华文化起到了积极的作用。

（四）深圳市非物质文化保护和传承工作的不足

1. 传承和发展的基础较为薄弱

伴随着全球化趋势的日益加强和社会的迅猛变迁，人们的生产生活方式也发生着剧烈的变化，对非物质文化遗产的传承和发展产生了巨大影响。部分原来主要以手工艺为主要生计来源的传统非遗项目，面临需求不足、工艺不适应新的环境，以致传承人收入微薄、生计困顿，使年轻人不愿学习和传承非遗项目，活态传承举步维艰。另外，在经济利益的驱使下，各级政府把经济发展作为硬道理、硬指标，也导致在一定程度上忽视了对传统文化和非遗文化的保护和传承工作。

2. 政策支持与法律保障缺失

深圳非物质文化遗产保护工作在政策层面上的空白区域仍然很大，相关政策和法规相对较少且滞后。近几年，国家出台了《中华人民共和国非物质文化遗产法》，广东省相继出台了《广东省非物质文化遗产条例》，但是深圳没有根据现行法律、条例的要求，重新制订本市的非物质文化遗产保护办法，导致与保护相关的一些问题不能得到系统性解决。

3. 活化程度不高，自我造血功能不强

一些非遗项目由于自身条件的局限性，自身造血功能不足，难以自我积累、自我发展，而仅靠政府补助是解决不了非遗传承发展的。同时，一些适合开展“生产性或产业化保护”的项目，因本身缺乏创新能力和市场拓展能力，仍然处于小作坊式的初级阶段，难以适应社会的实际有效需求。

4. 财政投入待加强

近年来深圳非物质文化遗产保护工作得到市财政及市宣传文化事业发展专项资金的支持，对全市非遗保护工作发挥了积极作用。但由于非遗保护工作的特殊性，许多非遗项目仍严重缺乏保护资金，对非遗传承人的鼓励措施和经费支持仍有待提高。特别是部分传承人生活还处在困顿之中，对他们的补助还远不能改善生存水平，更难以通过补助的方式来起到示范和帮助传承的作用。

三　当前做好非物质文化遗产保护工作面临的发展机遇与挑战

（一）国家顶层对非物质文化遗产保护工作空前重视

非物质文化遗产是文化遗产体系的重要组成部分。21 世纪以来，我国的非物质文化遗产保护工作经历了由单项抢救性保护到全面系统性保护的过程。从 2001 年昆曲艺术被联合国教科文组织公布为“人类口头和非物质遗产代表作”时，中国非物质文化遗产保护工作刚刚起步。2003 年文化部、财政部、国家民委和中国文联联合启动实施了“中国民族民间文化保护工程”，正式在国家层面启动了对传统民间文化的保护、抢救。2005 年国务院办公厅印发《关于加强我国非物质文化遗产保护工作的意见》，正式从国家层面提出了中国的非物质文化遗产的概念、工作要求、工作方针（保护为主、抢救第一、合理利用、传承发展）、工作原则（政府主导、社会参与，明确职责、形成合力，长远规划、分步实施，点面结合、讲求实效）；同年 12 月，国务院又印发了《关于加强文化遗产保护的通知》，进一步要求全国各级地方政府要积极推进我国非物质文化遗产保护工作。2011 年国家颁布施行《中华人民共和国非物质文化遗产法》，自此非物质文化遗产保护工作进入了有法可依、科学保护的新阶段。十八大以来，以习近平同志为核心的党中央对文化遗产工作高度重视，习近平总书记多次对文化遗产工作做出重要指示批示。2013 年以来，习近平总书记先后就河北正定古城、武汉中共中央机关旧址、哈尔滨 731 遗址群、辽宁阜新“万人坑”遗址的保护工作做出批示，指出要秉持正确保护理念，加强修护工作，防止破坏性建设。2014 年 2 月，习近平总书记在北京考察工作时强调，“历史文化是城市的灵魂，要像爱惜自己的生命一样保护好城市历史文化遗产”。党的十九大报告指出文化遗产工作在决胜全面建成小康社会，夺取中国特色社会主义伟大胜利的事业中担当十分重要的角色。这些重要讲话、批示和十九大精神，对非遗保护工作指明了正确的方向。

（二）以非物质文化遗产为核心的中国传统文化是满足人民对美好生活向往的重要组成部分

十九大提出，我国社会主要矛盾已转化为人民日益增长的美好生活需要和不平衡不充分的发展之间的矛盾。这是关系到全局的历史性判断，也是关系到未来走势的战略性判断。人们已不满足简单的物质需求，不满足批量化的工业制造，而是需要从供给侧结构性改革着手的个性化创造，需要提升消费品的文化含量去满足精神层面的需求，而非物质文化遗产的审美和个性化将对满足群众精神需求起到积极作用。当前，新常态下经济发展速度放缓，供给侧结构性改革调整成为中国经济发展的新要求和新动力，包括非物质文化遗产在内的中华优秀传统文化以及满足个性化需求、极具灵活性和艺术性的生产模式，正日益成为满足社会文化需求的有效手段和经济发展的新增长点。此外，迅猛发展的新技术、新媒体，一方面对民间口头文学、民间艺术和手工技艺的非物质文化有较大冲击，另一方面也为非物质文化遗产的传播提供了强大的技术支撑和广阔的传播空间，非物质文化遗产项目如能与时俱进，实现创新发展，在互联网时代必将大有可为。

（三）深圳建设国际创新型城市和文化强市的迫切要求提振传统文化

当今中国已经驶入实现中华民族伟大复兴的快车道，迅速崛起的中国将更加频繁地参与国际交往和国际事务。在此背景下，深圳市第六次党代会明确了“努力建成现代化国际化创新型城市”的宏伟目标，要“依托内地、服务全国、面向世界”，要“成为代表国家参与全球竞争合作的先行区”。这一战略目标的实现，要求以更加强烈的自觉开展优秀文化传承，培育和树立文化自信，确立文化认同，致力于文化强市建设。2016 年出台的《深圳文化创新发展 2020（实施方案）》，提出要建设与现代化国际化创新型城市相匹配的文化强市。建设文化强市，需要在城市的特色文化上做文章。一座城市的特色应体现在城市特有的文化资源，而非物质文化遗产则代表着地域的特色文化。深圳以其特有的移民城市特点，拥有一般城市所不具有的独特资源，比如在非物质文化遗产文化资源方面，本土非物质文化遗产得以挖掘，外来非物质文化遗产项目更是亮点纷呈，这些都构成了深圳建设文化强市难得的文化资源，也为深圳传承弘扬优秀传统文化创造了条件。

（四）社会和市民对中国传统文化持续关注并投入极大热情

21 世纪以来短短的十几年时间，我国的非物质文化遗产保护工作经历了由单项抢救性保护到全面系统性保护过程，逐渐进入了依法、科学的保护阶段。这是我国非物质文化遗产保护工作适应并融入国际非物质文化遗产保护发展潮流的必然趋势。深圳顺应趋势，高度重视非物质文化遗产保护工作，坚决贯彻国务院关于非物质文化遗产保护工作的十六字方针，从政府官员到普通群众，都对非物质文化遗产有着相当大的热情，社会各界对传承非物质文化遗产的关注度持续升温，这为深圳未来的非物质文化遗产保护工作提供了良好的社会氛围。

四 促进深圳非物质文化遗产保护发展的建议

（一）活态化保护，是非物质文化遗产永恒铁律

非物质文化遗产是一种无形的文化遗产，其存在于无形，就必须依存于活态的人、活态的社会生态环境。在这方面，除了要选好非物质文化遗产项目的保护单位与传承人、保持非物质文化遗产的文化生态，结合深圳实际，还要动员全市各文化行政部门、非遗协会、高校、非遗企业、广大市民的共同参与，通过举办“深圳非物质文化遗产周”等公共活动，打造全市非物质文化遗产展演展示的平台，扩展非物质文化遗产的社会影响。同时要充分发挥学校的功能，重视非物质文化遗产专业教育，利用高等教育、中小学教育、社会教育等在人力、智力以及创造力等方面的优势，创建全方位、多层次的非物质文化遗产教育体系，通过多种途径对学生开展以非物质文化遗产

为核心内容的中华优秀传统文化教育，激发青年学生积极参与非物质文化遗产保护、传承、发展的热情。

（二）法制化保护，确保非物质文化遗产保护工作规范化

推动《深圳市非物质文化遗产管理办法》《深圳市非物质文化遗产研究基地、传承基地、传播基地认定与管理办法》尽快颁布施行，完善非物质文化遗产保护政策体系，使非物质文化遗产的保护发展与文化建设、社会建设、经济建设及城镇建设规划等相衔接。要做到非物质文化遗产保护单位权责明确，统筹规划，健全机制，协调发展。要制定更加科学合理的非物质文化遗产保护和发展规划，完善市、区级非物质文化遗产申请政策，加大制度建设力度，完善保护、扶持、补贴等工作的监督机制。

（三）数字化保护，确保濒危非物质文化遗产项目得以抢救性保护

“抢救第一”是我国非物质文化遗产保护的基本方针，也是一种重要手段。由于其自身原因或是因为时代变迁，一些非物质文化遗产的免疫力弱，处于自生自灭的濒危状态，面临着流失、消亡、后继无人的局面。对这些项目，要加大抢救性保护力度，特别是要予以数字化记录保护。一是通过调查、搜集、整理、研究，对这些非物质文化遗产项目进行图文资料的数字化保存，使之得以真实记录下来。二是通过政府扶持、资助扶持代表性传承人，对一些代表作、珍贵实物等进行严谨细致的保护，确保这些项目不至于真正消亡。

（四）生产性保护，壮大非物质文化遗产的实体经济

一些民间传统工艺、传统中医药、传统风味小吃、传统演艺节目等非物质文化遗产项目，不仅蕴含着深厚的历史价值，而且具有极强的经济属性，挖掘这些项目的生产价值，既可以促进当地经济的发展，又可以实现非物质文化遗产的传承。如深圳的合成号、麦轩食品、安琪月饼等，通过生产性保护，正在逐年壮大发展，形成了独具特色的岭南风味小吃。再如深圳设市宣

传文化事业发展专项基金，正逐年加大对福永杂技团、辛之宽魔术艺术团、深圳粤剧团等传统艺术团体的支持力度，使之不仅取得了很大的艺术成绩，也获得了相应的票房收入。

（五）共享性保护，加强非物质文化遗产对外文化交流

自成立经济特区以来，深圳的经济发展取得了世人瞩目的成就，同时城市文化也实现了跨越式发展，成为见证中国改革开放40年伟大成就的一面旗帜。目前“国家立场，深圳表达”正在成为深圳未来文化发展的重要诉求。在未来，深圳可进一步依托国家“欢乐春节”“一带一路”倡议以及各个国家开展的“中国年”活动，借助深圳70多个友好城市平台，广泛推动深圳非物质文化遗产“走出去”，积极开展对外文化交流，在推动非物质文化遗产的共享性保护的同时，增强深圳文化的国际影响力。

文化创意产业

Cultural and Creative Industries

B.8
文化视野下的特色小镇建设

周笑冰*

摘　要： 特色小镇秉承创新、协调、绿色、开放、共享发展理念，是融合产业、文化、旅游、社区功能的创新创业发展平台，是新型城镇化的一条绝佳路径，在文化传承与创新方面大有可为。在广泛借鉴国内外成功特色小镇经验的基础上，我国特色小镇建设应更加注重其文化灵魂，从文化传承与创新的角度定位特色小镇，以文化创意产业引领特色小镇建设，以文化生活方式来打造小镇社区，以文化治理理念来规划管理特色小镇，使我国新型城镇化建设顺利进行。本报告拟从文化视域研究特色小镇的内涵和功能定位，通过国内外成功特色小镇的经验为深圳特色小镇建设

* 周笑冰，中共深圳市委党校哲学与文史教研部副主任，教授。

提供了参考。

关键词： 特色小镇 文化传承 文化创新

城镇化是现代化的必由之路，而特色小镇是新型城镇化的绝佳路径。2016 年始，特色小镇在全国蓬勃兴起，深圳也在全市范围内围绕产业特色、文化内涵、美丽环境等标准规划了若干特色小镇。环顾世界，国外有很多产业都是布局在小镇而非都市，成功的小镇各有“特色”，无法复制，但大多都延续了百年甚至千年。究其深层原因，这些小镇除拥有独具特色的产业、优美宜人的环境之外，都有着深厚的文化积淀和历史传承，形成了具有鲜明标识的小镇精神和文化脉络。特色小镇真正的持续发展之力来自小镇的“文化自觉”和“文化自为”，更来自“文化自信”，正如党的十九大报告指出的，“文化自信是一个国家、一个民族发展中更基本、更深沉、更持久的力量”。

一 特色小镇的内涵与功能定位

（一）特色小镇兴起的时代背景

改革开放以来，随着我国经济飞速发展，大量农村人口涌入城市。我们用 30 多年的时间走过了发达国家城市化进程几百年的路，因此，问题与成就同在。1978 年我国城镇化率为 17.9%，2016 年已达到 57.35%，意味着今天有近六成中国人生活在城镇。其结果是，大城市人口压力巨大、空气污染、交通拥堵、房价飞涨，制约了这些城市的可持续发展，也使我国经济社会发展面临困境。目前中国城乡两极分化严重，农村的落后与城市的繁荣形成鲜明对比，这样的社会结构既抑制了农村的发展，也抑制了城市的发展。因此，必须探求新的城乡结构，重新规划城市和乡村的发展。

在这样的背景下，浙江等省市开始了特色小镇的探索，成功打造了云计算产业生态小镇“云栖小镇”、乌镇互联网小镇、上城玉皇山南基金小镇等一批特色小镇。作为城镇化发展的一种重要形式，特色小镇不仅是农村实现就地城镇化的一种手段，也是缓解城市人口、资源等方面压力的一条途径，对于推进新型城镇化发展战略具有重大意义。①

2016 年深圳各区都在谋篇布局。宝安区提出建设“中国制造 2025”先行区，首先规划了一批科技小镇，有专为腾讯量身定制在大铲湾建“互联网 +”未来科技城，有集“政产学研教”于一体的“宝安 - 中交 - 大工科技创新小镇”；前海将建设主定位为国际科技创新文化创意交流中枢、深港文化融创生态圈的“海丝小镇”；龙岗区携手华侨城集团打造中国文创第一镇——“甘坑新镇”；龙华区建设以服装产业为核心，集产、学、研、销、展、游为一体的时尚创意产业聚集区——“大浪时尚小镇”（已于 2017 年 8 月入选广东省首批特色小镇创建工作示范点）。

（二）特色小镇的内涵及特征

2017 年 12 月 4 日，国家发展改革委、国土资源部、环境保护部、住房城乡建设部联合印发的《关于规范推进特色小镇和特色小城镇建设的若干意见》，要求特色小镇立足产业“特而强”、功能“聚而合”、形态“小而美”、机制“新而活”，打造创新创业发展平台和新型城镇化有效载体，同时将浙江特色小镇建设的理念方法、精神实质和创新精神经验纳入文件并推广。

2016 年国家发改委出台《关于加快美丽特色小（城）镇建设的指导意见》，文件指出，特色小镇主要指聚集特色产业和新兴产业，集聚发展要素，不同于行政建制镇和产业园区的创新创业平台。特色小镇要具备特色鲜明的产业形态、和谐宜居的美丽环境、彰显特色的传统文化、便捷完善的设

---

① 刘国斌、高英杰、王福林：《中国特色小镇发展现状及未来发展路径研究》，《哈尔滨商业大学学报》（社会科学版）2017 年第 6 期。

施配套、充满活力的体制机制等五大特征。对于以文化旅游为特色的小镇而言，历史文化的积淀和传承与文化产业、旅游产业的打造更要求有机统一与完美结合。

（三）特色小镇的功能定位

2017 年底，中央经济工作会议在部署 2018 年经济工作中，首提“特色小镇”，指出要“引导特色小镇健康发展”，这次会议对于特色小镇发展具有非常重要的意义。要求既要从供给侧结构性改革的高度来认识特色小镇的意义，同时仍然要规范当头，避免特色小镇盲目发展、一哄而上。

特色小镇是相对独立于市区，具有明确产业定位、文化内涵、旅游功能、社区特征的发展空间载体，是一个集“产、城、人、文”于一体的综合型社区或以创新、创业为目的而聚集的人群共同体。① 因此，特色小镇应当具备以下主要功能。

第一，产业功能。产业特色是小镇生命线，特色小镇建设应当在创新驱动下，摆脱传统产业布局的“大而全”造成的“产业雷同”现象，以“特而强”的布局思路取胜。通过发展特色产业，提升特色小镇和小城镇的活力、竞争力和吸引力，集聚人口、安居乐业，实现可持续发展。

第二，文化功能。文化是小镇的灵魂，也是城市发展中“更基本、更深沉、更持久的力量”，是小镇得以延续百年千年的核心要素。特色小镇在产业发展中应高度重视小镇发展的文化积淀与历史传承，融历史文化于产业发展、社区建设之中。

第三，社区功能。小镇最核心的要素是“人”，要“以人为本”。特色小镇不是各种平面功能的简单相加，而是人、居、产业、自然和谐的人类生产生活新模式，是一个有机统一的整体，是一个生命体。

① 周晓虹：《产业转型与文化再造：特色小镇的创建路径》，《南京社会科学》2017 年第 4 期。

二　国内外特色小镇建设的经验借鉴

东西方城市化发展道路虽然不同，但历史上都曾出现过小镇经济，也形成过不同地域不同特色的小镇文化，形成过不同类型的“小镇生活方式”。特色小镇的建设是一个长期过程，眼光要放长远，应以百年千年计。因此，深圳特色小镇建设应广泛借鉴国内外特色小镇的成功经验，使城市化更加顺利进行。

（一）国外特色小镇的成功经验

在欧洲，特色小镇作为一种特有的生活空间，成为人类城市化的一种发展类型，存在了几百年甚至上千年。欧洲国家特色小镇的形成有其历史渊源，在“城市文艺复兴的推动和伴行下，欧洲中世纪城市发展有两个源头，城市经济和庄园经济几乎是平行的轨迹：一方面是手工业和商业为主体发展的城市和市镇；另一方面是庄园经济和庄园手工业的发展而形成的城市和市镇。”① 至今法国仍然有 3 万多个大大小小的市镇。小镇主要是家族产业、家族文化与小镇共同体文化，这样的小镇生活方式构成了欧洲文化的根脉。

1898 年，英国人埃比尼泽·霍华德在《明日的田园城市》（*Garden City of To-morrow*）一书中针对当时英国大城市的弊端，提出“城市－乡村”发展模式，倡导重大社会改革。霍华德认为，城市虽然工资高、就业机会多、前途诱人，但高地租、高物价大大抵消了其优点；乡村虽然有美丽的景色、高雅的园林、清闲的空气和潺潺的流水，但信息闭塞导致人们孤陋寡闻，且经济上贫穷落后。因此，城市和乡村都不能全面反映大自然的用心和意图。因此，城市和乡村必须成婚，这种愉快的结合将迸发出新的希望、新的生

① 张鸿雁：《特色小镇建设与城市化模式创新论——重构中国文化的根柢》，《南京社会科学》2017 年第 12 期。

活、新的文明[①]。霍华德的理念看似乌托邦，却影响了西方城市发展的方向，并对中国当前的城镇化仍然具有借鉴意义。

表 1　国际知名特色小镇

国家	特色小镇	国家	特色小镇
法国	阿维尼翁戏剧小镇	英国	斯特拉特福德莎翁小镇
	格拉斯香水小镇		剑桥镇
	阿尔勒梵高小镇		哈特菲尔德庄园小镇
	依云小镇	美国	硅谷高科技小镇
	戛纳小镇		格林威治对冲基金小镇
瑞士	达沃斯小镇		好时小镇
德国	哥廷根小镇		门罗帕克风险投资基金小镇
	英戈尔斯塔特小镇	新西兰	玛塔玛塔小农庄
	沃尔夫斯堡		皇后小镇
	赫尔佐根赫若拉赫	日本	柯南动漫小镇

国外有众多各具特色的小镇，诸如公司镇、家族镇、会议镇、旅游镇等，这些小镇多以某个独特功能而产生全球范围的影响力[②]。下面我们从文化视野考察几个欧美国家不同类型的特色小镇，从中汲取其文化运营方面的成功经验。

1. 戏剧艺术圣地阿维尼翁：浪漫的法国小镇

阿维尼翁如同法国其他小镇一样，美丽而宁静，人口不到 10 万，却是法国乃至欧洲的戏剧艺术创作中心。公元 14 世纪，由于罗马教廷与法国王室的激烈冲突，罗马教廷被迫迁到阿维尼翁，历史上共有七位教皇在此居住，长达 70 年，使这里成为联合国世界文化遗产。

1947 年，让·维拉尔（Jean Vilar，1912～1971）在国家青年、艺术与文学部以及阿维尼翁市政府等单位的支持与资助下，举办了首次“阿维尼翁戏

① 参见〔英〕埃比尼泽·霍华德《明日的田园城市》，商务印书馆，2000，第 8～9 页。

② 张银银、丁元：《国外特色小镇对浙江特色小镇建设的借鉴》，《小城镇建设》2016 年第 11 期。

剧艺术周”活动。最具历史意义的是，维拉尔破天荒地在教皇宫殿庭院里搭起了一座戏剧舞台，从此将原本与戏剧毫无关联的宗教场所变成了一个普通大众狂欢的戏剧圣地[①]，曾经戒律森严的古老城堡如今变成了全球艺术家的狂欢胜地。让·维拉尔认为戏剧是人类生活的一部分，主张戏剧必须走“大众化”的道路，戏剧应属于全体公民，而不是少数人的享受。让·维拉尔一生致力于戏剧艺术的大众化，虽然“大众戏剧”是一种理想境界，但他创立的阿维尼翁戏剧节在半个多世纪后的今天仍然是法国乃至世界戏剧界的一面旗帜。

2017 年是阿维尼翁戏剧节 71 周年，这里每年聚集着来自法国和世界的戏剧艺术家和戏剧爱好者，浓厚的艺术氛围熏染着这座千年小镇，成为小镇精神的灵魂，吸引着来自世界各地的戏剧艺术朝圣者。

2. 德国哥廷根学派诞生地：千年古镇哥廷根

哥廷根，人口不到 13 万，形成了“哥廷根学派”和“哥廷根思想”，创造了世界科学文化奇迹。18 世纪数学家高斯在这里开创了“哥廷根学派”，19 世纪哥廷根数学学派进入全盛时期，20 世纪哥廷根成为无可争辩的世界数学中心，当时数学领域的学生中最响亮的口号就是，“打起你的背包，到哥廷根去!”除科学精英外，哲学家亚瑟·叔本华、诗人海涅、社会学家马克斯·韦伯、尤尔根·哈贝马斯，我国的朱德元帅和国学大师季羡林都曾求学于哥廷根大学，现象学家埃德蒙德·胡塞尔、童话大师格林兄弟等都曾任教于哥廷根大学。[②] 二战期间大批知名的犹太籍科学家和学者被迫离开，使哥廷根的文脉遭受重创。

进入 21 世纪，哥廷根丰厚的文化遗产依然吸引着来自世界各地的学子。这座小镇之所以能保持千年不衰，都源于城市的精准运营。首先是环境运营。城市环卫实现机械化，垃圾实行分类处理，小镇市民文明素养较高，保持了城市环境的洁净有序。其次是文化运营。在哥廷根随时随处都能追寻大

---

① 宫宝荣：《维拉尔的大众戏剧观与阿维尼翁戏剧节的创立》，《戏剧》（中央戏剧学院学报）2006 年第 2 期。

② 闵学勤：《德国名镇哥廷根的建设对中国特色小镇创建的启示》，《中国名城》2017 年第 1 期。

师们昔日的脚印，近三百年有如此多的伟人频繁驻足停留在哥廷根，除了追求科学精神以及德国高校较自由的注册制外，哥廷根在多方面形成的文化软实力也是其中的重要原因。[①] 商业运营也是哥廷根的秘密武器，小镇的商业布局更像一个旅游城市，火车站就是一条标准的商业街，在这里买德国特产比大城市便宜，还有各种美食和古老的集市。

3. 百年全球创新中心：美国硅谷

硅谷肇始于20世纪初，至今已有百年历史。毫无疑问硅谷是成功的，但硅谷也是难以复制的。一般的学术著作在研究硅谷成功的原因时，比较多关注科技和产业，以及风险投资等。而《硅谷百年史》的作者阿伦·拉奥和皮埃罗·斯加鲁菲认为，硅谷的成功很大程度上源自其先进的生产关系、宽松的创业环境以及多元文化氛围。

硅谷通过股份和期权使每个人获得他所应得的财富，吸引了全世界的人才。宽松包容的氛围使甲骨文、思科、英特尔、雅虎和谷歌等公司能够靠“前东家”得以创立并成功。20世纪60年代肖克利晶体管公司的“八个叛徒”创办仙童半导体公司，成为大部分半导体公司之母，衍生出包括英特尔在内的多家公司。湾区周边的社会文化环境对硅谷的产生有着深远影响，尤其是当年的“西大荒”精神，是一种离经叛道的独立个性和敢于冒险的文化态度。“湾区之所以能吸引全世界的人才，是得益于它作为一个充满阳光、‘酷’、领先和包容四海的地区形象，以及它是美东、欧洲和亚洲高学历青年学子的梦想之地”。[②] 文化多元是硅谷创造力的重要源泉，美国人的很多发明创造来自移民而不是来自出生在美国的美国人。在1995年至2005年，硅谷52.4%的工程和技术初创企业创始人出生于美国以外的国家和地区。[③]

---

① 闵学勤：《德国名镇哥廷根的建设对中国特色小镇创建的启示》，《中国名城》2017年第1期。

② 阿伦·拉奥（Arun Rao）、皮埃罗·斯加鲁菲（piero Scaruffi）：《硅谷百年史：伟大的科技创新与创业历程》（第二版），人民邮电出版社，2014，第5页。

③ 数据来源：“硅谷无法复制　创新、人才和企业家精神是核心”，科技_腾讯网，http：//tech.qq.com/a/20130707/001106.htm。

（二）中国特色小镇的成功经验

在我国，南宋时期有据可查的特色产业市镇达上万个，江浙地区大概兴起了500多个有规模的市镇①。明清时期的江南市镇更是繁荣一时，如今仍有周庄、同里、角直、西塘、乌镇和南浔等江南小镇，也都是百年、千年的经典之作。② 后因封建集权社会的束缚和羁绊，以小城镇为表征的中国文化根柢也逐渐衰落下去。

2015年浙江省首次提出特色小镇概念，旨在以新理念、新机制、新载体推进产业集聚、产业创新和产业升级。同年，《浙江省人民政府关于加快特色小镇规划建设的指导意见》中提出从2015年起3年间将重点培育和规划建设100个左右特色小镇，来支持浙江省发展的七大产业（信息经济、环保、健康、旅游、时尚、金融、高端装备制造）和历史经典产业（茶叶、丝绸、黄酒、中药、青瓷、木雕、根雕、石雕、文房）。目前浙江已评选三批108个省级创建特色小镇。其中，乌镇、云栖小镇等成为佼佼者。特色小镇也正在从为产业服务，转变为为人服务。

浙江省质监局2017年12月发布了我国首个“特色小镇”评定地方标准——《特色小镇评定规范》（以下简称《规范》），该标准将于2018年1月29日正式实施。《规范》提出特色小镇“1+8”的评定指标体系，由共性指标和特色指标构成：在明确特色小镇功能“聚而合”、形态“小而美”、体制“新而活”的共性要求基础上，针对信息经济、环保、健康、时尚、旅游、金融、高端装备制造和历史经典8类特色小镇产业特点分别设置三级特色指标，充分尊重不同特色小镇的独特个性，使之形成具有相对普遍指导意义的特色小镇建设发展模式。③ 以下介绍目前我国特色小镇两个成功范例。

---

① 参见张鸿雁《特色小镇建设与城市化模式创新论——重构中国文化的根柢》，《南京社会科学》2017年第12期。

② 参见张鸿雁《特色小镇的“城市文化资本”——论小镇“文化动力因”的整合与建构》，《新理财（政府理财）》2017年第7期。

③ “全国首个《特色小镇评定规范》地方标准正式发布”，https：//zj. zjol. com. cn/news. html?id=841226。

1. “互联网” + “戏剧” + “观光” 之镇：千年乌镇的现代蜕变

中国目前最成功的特色小镇无疑是乌镇[①]。乌镇地处苏杭之间，曾经是人流如织的风尚之地。这座江南小镇有着丰厚的文化底蕴，千百年来人才辈出。但由于种种原因，20 世纪 90 年代乌镇破败不堪，亟待发展。摆在乌镇人面前有很多捷径，而操盘手陈向宏选择了一条崎岖路——再现古镇当年风貌，很多人不解、嘲讽甚至谩骂，但得到当地政府大力支持，最终取得成功。

十多年来，乌镇的发展经历了从观光小镇到度假小镇，再到文化小镇的过程。最初乌镇从观光旅游起步，特点并不鲜明，与其他古镇有所趋同。陈向宏认为古镇的发展不能仅靠门票收入，决定向度假休闲中心转向，并与中青旅合作在西栅经营酒店，获得成功。但陈向宏很快意识到，“小桥流水大家都一样，区别只能是文化，文化特征才是一个古镇最大的个性。于是 2010 年起，乌镇开始向文化小镇转型”[②]。乌镇一直谨慎平衡文化与商业的关系，与乌镇理念不冲突才允许经营。

随着人们对文化艺术的需求越来越旺盛，乌镇再次创新，向文化小镇迈进。2013 年，陈向宏在法国小镇阿维尼翁戏剧节的启发下，联合黄磊、赖声川、孟京辉共同发起举办了“乌镇戏剧节”。来自世界多个国家的著名戏剧团来到乌镇，这里成为文艺青年的圣地，戏剧艺术盛会使乌镇走向国际化。现在“乌镇戏剧节”成为中国最著名的戏剧节，每年纽约时报、欧洲主流媒体都会报道。2014 年世界互联网大会乌镇峰会召开，并永久落户乌镇。将现代文化引入乌镇，反而使乌镇魄力四射，使千年古镇有了灵魂，重新焕发生命，“旅游 + 文化”带动了古镇的商业和产业。

2. “创新牧场 - 产业黑土 - 科技蓝天”：西子湖畔的云栖小镇

云栖小镇是浙江省首批创建的十个示范特色产业小镇之一，小镇紧跟当

---

① 乌镇隶属浙江省嘉兴市桐乡，7000 年前乌镇的先民就在这里繁衍生息。春秋时期，乌镇是吴越边境。唐朝时，乌镇隶属苏州府。1950 年 5 月，乌、青两镇合并，称乌镇，属桐乡县，隶嘉兴，直到今天。

② 《乌镇总裁陈向宏：我是如何操盘乌镇的》，《公关世界》2017 年第 7 期。

今科技与产业融合的发展趋势，以全球化视野、互联网思维，极具前瞻性地进入云计算和大数据领域，提出了“构建中国云计算生态，打造云产业领域的达沃斯小镇”目标。2017 年 1 月至 10 月，实现财政总收入 5.85 亿元，并成功入围浙江省首批建设类高新技术特色小镇。

目前云栖小镇以阿里云为核心，聚集了一大批高层次创新创业人才，全国 70% 以上的云计算、大数据产业工程师云集于此，这个浙江特色小镇的发源地俨然成为全球云计算大数据领域人才的摇篮。根据云栖小镇官网介绍，小镇已累计引进包括阿里云、富士康科技、Intel、中航工业、银杏谷资本、华通云数据、数梦工场、洛可可设计集团在内的各类企业 425 家，其中涉云企业 314 家，包括产业覆盖大数据、App 开发、游戏、互联网金融、移动互联网等各个领域，已初步形成较为完善的云计算产业生态。①

云栖小镇正在构建一个“创新牧场 - 产业黑土 - 科技蓝天”的创新生态圈。“创新牧场”是指草根创业者的舞台，通过整合世界一流的设计、研发、制造、检测、电商、融资等基础服务，专注于扶持和帮助创业创新的中小企业成长。“产业黑土”即是指要建设西湖创新研究院、互联网工程中心等，帮助现有的传统企业实现转型升级。而“科技蓝天”则是指在云栖小镇筹建国际一流的私立研究性大学——西湖大学。②

三　特色小镇文化建设的思考与建议

“产城人文”并重是下一步特色小镇建设的重中之重。特色小镇的“特”就在于文化差异，无论文创小镇、文旅小镇，还是产业小镇、会议小镇、金融小镇，其主题定位、资源评价、产业布局及运营手段，甚至小镇风

---

① “云栖小镇介绍”，云栖小镇官网，http://hzcloudtown.com/web - site/xzdt/gyxz_list.jsp?type = 1&xzjj = on。

② 参见“云栖小镇介绍”，云栖小镇官网，http://hzcloudtown.com/web - site/xzdt/gyxz_list.jsp?type = 1&xzjj = on。

貌、建筑格调、社区营造等都是文化创意的体现，表达了小镇特殊的文化符号与历史记忆。因此，特色小镇的发展需要文化定位与引领。

（一）从文化传承与创新的角度定位特色小镇

特色小镇的建设需要顶层设计，统筹规划，更需要设计者的观念变革，尤其是地方政府观念的变革。尽管目前从中央到地方更加重视新型城镇化和产业发展，但从国内外经验来看，特色小镇是文化传承和创新的最佳载体，因为，文化才是特色小镇得以延续的根脉，也是小镇“特色”的真正来源。

党的十九大报告中强调要“推动中华优秀传统文化创造性转化、创新性发展”。深藏于民间的传统文化是我们最富贵最丰富的资源。改革开放以来，我们对民间的传统文化资源的认识和利用经历了一个过程：第一个阶段只重经济不重文化；第二个阶段是片面追求文化的经济效益，不加甄别、不尊重规律的过度重视，甚至引发各种闹剧；目前正在进入第三个阶段即注重文化的社会效益与经济效益统一的阶段，这个阶段人们逐渐意识到文化的传承是为了创新，尤其是注重其“活态传承”。让传统活在人们的生活中，这本身就是一种创新。一个小镇就是一个活的传统文化博物馆。

例如，华侨城文化集团以“文化 + 旅游 + 城镇化”模式开发深圳市龙岗区甘坑客家小镇，目标是成为中国文创第一镇。甘坑的文化底色是客家文化，因此客家文化的传承与创新是基本定位。华侨城文化集团采用 IP Town① 模式切入文创，对濒临失传的客家文化元素“凉帽”进行挖掘与活化，将客家文化与数字创意产业结合，开发创作了 VR 电影《小凉帽之白鹭归来》，斩获第 74 届威尼斯国际电影节最佳沉浸影片、最佳未来影像金狮奖两项大奖。此外，还举办“小凉帽国际精品绘本展”，来自世界各地丰富多彩的参展作品与古色古香的客家宅院相互辉映，浓厚的艺术气息使曾经贫穷落后的甘坑小镇成为孩子们喜爱的创意世界。

① IP Town，即将 IP 模式与特色小镇开发相结合。

总体来说，华侨城甘坑新镇的客家传统文化的传承与创新目前还仅停留在比较初级的阶段，继续深入挖掘除需要华侨城文化集团自身努力外，各级政府应当发挥积极作用。特色小镇建设中政府、企业、市场三者各自担负不同职责：政府引导、企业主体、市场化运作。因此，要加强政府引导和服务保障，在规划编制、基础设施配套、资源要素保障、文化内涵挖掘传承、生态环境保护等方面更好地发挥作用。

（二）以文化创意产业引领我国特色小镇建设

与以往产业园区发展不同，特色小镇是构建“产、城、人、文”四位一体有机结合的重要功能平台。文化创意产业已经渗透在我们生活的方方面面，并出现明显的融合发展趋势。

从建设特色小镇的路径看，集聚创新资源、激活创新资源、转化创新成果，实现产业发展从资源要素驱动向创新驱动转变，这与文创产业的特征不谋而合①。以文化创意产业引领我国特色小镇建设是新时代的新课题、新挑战，也是新机遇。中央 2014 年 10 号文件给文化创意产业的外部转型提供了相当明确的信号，文件特别提出文化创意与设计服务要为八大产业形态服务：装备制造业、消费品工业、建筑业、信息业、旅游业、农业和体育产业等。因此，每一个特色小镇的打造都必然离不开文化创意产业。

各级政府应从理论高度认识文化创意产业对小镇特色的提升和塑造的功能，在特色小镇的建设规划中，要依托特色产业，文化创意先行，从国家战略和全球视野来定位产业地位和发展目标。

（三）以营造文化生活的方式来打造小镇社区

特色小镇的出现顺应了产业升级和消费升级的需求，也顺应了中产阶层

---

① 吴娇娇：《文创产业助推特色小镇建设的探索与思考》，《环球市场信息导报》2016 年第 16 期。

"逆城市生活"发展的需求。特色小镇建设主体是"创意阶层"[①]，目前门类比较齐全的浙江省特色小镇主要涉及产业信息经济、环保、健康、时尚、旅游、金融、高端装备制造和历史经典8个领域，从事这些领域以及周边领域的群体都属于创意阶层。这一阶层大都属于社会的中产阶层，他们重视追求生活品质，不仅是物质生活品质，更重要的是精神生活品质。这就需要更多文化生活的营造，特色小镇要形成"小镇生活方式"和"小镇如家"的心理归宿感。形成典型的"地点精神"和地域精神，以小镇生活为荣，不仅形成生产和就业机制，更主要的是形成一种生活方式和后现代社会的中国样板。[②]

"特色小镇"的"特色"，实际上集聚了发展所需的各种要素，为破解城乡二元结构提供了范例。国内外"特色小镇"大多集众创空间、研发中心、人才公寓等为一体，小镇中生产、生活、生态相互融合。[③]霍华德在《明日的田园城市》提出的"城市－乡村"发展模式是一种新的城镇化认知视角，特色小镇就是要汲取城市与乡村各自的优长，并对两者进行创造性的结合与重新构建，使其成为"既有时尚性、充分就业、良好的教育、创业环境和市民精神等城市现代性要素；又有乡村田园风光、自然景观、'乡绅生活'等回归乡土的风情情怀，撷两者之精华，去两者之糟粕形成新时代的小镇生活"[④]，成为人们心向往之的田园

---

① 美国学者理查德·弗罗里达认为，创意阶层最显著特点就是其成员从事着旨在"创造有意义的新形式"的工作。他们由两类成员构成，"一种是'超级创意核心'群体，包括科学家与工程师、大学教授、诗人与小说家、艺术家、演员、设计师与建筑师；另一种群体是现代社会的思想先锋，比如非小说家、编辑、文化人士、智囊机构成员、分析家以及其他'舆论制造者'。无论是软件程序员还是工程师，建筑师还是制片人，他们都完全投身于创意工作"。除两类核心群体外，创意阶层还包括"创新专家"，他们广泛分布在知识密集型行业，如高科技行业、金融服务业、法律与卫生保健业以及工商管理领域。〔美〕理查德·弗罗里达：《创意阶层的崛起——关于一个新阶层和城市的未来》，中信出版社，2010，第80页。

② 张鸿雁：《特色小镇的"城市文化资本"——论小镇"文化动力因"的整合与建构》，《新理财》（政府理财）2017年第7期。

③ 陶魏斌：《特色小镇的江苏之路》，《中国建设报》2016年11月24日第6版。

④ 张鸿雁：《特色小镇建设与城市化模式创新论——重构中国文化的根柢》，《南京社会科学》2017年第12期。

城市。因此，打造特色小镇，关键还是要看能不能吸引和留住各类创意人才。

（四）以文化治理理念规划管理特色小镇

城镇运行三分靠建设，七分靠治理。2017 年“两会”上，习近平总书记提出“城市管理应该像绣花一样精细”。我国社会发展进入新的历史时期，文化的治理功能日益凸显。文化治理是新的历史条件下政府文化管理的新形式，是国家通过采取一系列政策措施和制度安排，利用和借助文化的功能用以克服与解决国家发展中问题的工具化，对象是政治、经济、社会和文化，主体是“政府＋社会”，政府发挥主导作用，社会参与共治。①

特色小镇文化治理是企业、政府和社会共同参与的过程。首先，应以企业为主体将文化基因植入小镇产业发展的全过程，不仅培育创新文化，更要挖掘小镇独特的历史与传统文化，形成与众不同的小镇特色文化。其次，政府应从中华优秀传统文化传承与创新的高度引导小镇特色产业与地方历史民俗、文化风貌有机融合发展，使文化成为产业发展的内生动力，并通过政策的制定、实施和绩效评价来促进企业在小镇建设中加强文化建设的力量。再次，鼓励居民积极参与小镇文化建设。小镇是社区，小镇治理需要社区居民参与到社区自治中来，让他们对社区和小镇产生更多的归属感和责任感。可以尝试“文化＋社会治理”的模式，让小镇充满“人情味”，发挥文化的“柔性”治理功能。

① 胡惠林：《国家文化治理：发展文化产业的新维度》，《学术月刊》2012 年第 5 期。

B.9

“互联网 +”视域下流行音乐内容发掘新模式*

——以深圳市不要音乐文化有限公司为例

钟雅琴　陈良璧**

摘　要： 在互联网频繁介入文化产品发行传播过程的今天，流行音乐原创内容的发掘亦受互联网深度影响。“互联网 +”时代，以“不要音乐”为代表的一批小型音乐文化公司使用互联网传播平台，以校园音乐人才为主要内容源，在互联网语境下进行优质音乐内容发掘培育的探索。报告详细介绍了“不要音乐”内容发掘模式的主要特征及主要问题，由此可见，互联网语境下优质音乐内容发掘对中国音乐产业发展的重要性。

关键词： 流行音乐　内容产业　互联网　深圳

以唱片公司为主体进行流行音乐内容发掘是 20 世纪八九十年代中国流行音乐产业普遍采取的路径与模式①，作为音乐内容提供者，唱片公司在决定大众“听什么、看什么”的过程中占据主导地位。然而 21 世纪以来，互

---

* 本文为广东省哲学社会科学“十二五”规划（GD15XYS25）和广东省普通高校省级重大科研平台项目（2016WTSCX103）的阶段性研究成果。

** 钟雅琴，深圳大学文化产业研究院副研究员，硕士生导师；陈良璧，深圳大学文化产业研究院硕士研究生。

① 王思琦：《独立厂牌、独立音乐与独立音乐人——新世纪中国内地流行音乐发展回顾之二》，《歌唱世界》2015 年第 11 期。

联网的快速发展拓展了受众对流行音乐内容的自主选择空间，亦为大众发行音乐内容提供了新渠道。“互联网+”时代对音乐内容的发掘途径与模式提出了新要求。以“不要音乐”为代表的音乐文化公司借由互联网发展，以打造泛音乐消费场景为目标，致力于运用互联网平台发掘优质音乐内容，为发掘的音乐内容提供曝光度与话题性以孵化音乐IP。

一 短视频：优质音乐内容发掘的新方式

随着受众在流行音乐中所处地位的提升，传统唱片时代以唱片公司为主导，以及大众媒体时代以媒介为主导的音乐内容发掘模式逐渐失效。受众不再满足于被动接受，而倾向主动选择新的流行元素。因而，音乐内容发掘的新模式应运而生，不少创业公司以此为主题开始其探索，“不要音乐”便是其中的代表。

音乐内容的发掘包括了音乐人以及不同呈现形式的音乐作品，“不要音乐”以校园音乐人才为内容来源，开始了互联网语境下音乐内容发掘的探索。作为一个在线音乐娱乐品牌，创立于2016年3月的“不要音乐”由深圳市不要音乐文化有限公司运营，在2016年5月10日推送了“由深圳大学张欢翻唱蔡健雅的歌曲——《十万毫升泪水》”作为第一条音乐短视频。6月17日，“不要音乐”更新第一条微博。8月1日，自媒体上的内容推送改为日更，“不要音乐”完成数量上的飞跃。截止到2017年1月，“不要音乐”累计播放量超过8亿，仅微博秒拍的当月播放量即为10198.4万，同类型PGC[①] 内排行23，音乐PGC第1名。成立短短一年，“不要音乐”即初步完成从量到质的改变。2017年8月，在亚洲新歌榜2017年度盛典中，“不要音乐”荣获2017年度创意营销音乐机构。

“不要音乐”成立的初衷源于主创人员对国内互联网视频内容过度搞笑

① PGC，即 Professional Generated Content，指专业生产内容（视频网站）、专家生产内容（微博）。

化、低俗化，缺少优质音乐内容现状的担忧。2016年，短视频形态开始走入大众视野，然而，通过对国内外短视频的对比可以发现，当国内火爆的短视频内容集中在较为低俗的搞笑素材时，国外最受追捧的短视频内容却是音乐素材。借此，“不要音乐”认为音乐短视频有望成为国内短视频优质内容的重要组成部分。打造泛音乐的消费情景，做优质音乐内容的发掘者与把关者成为“不要音乐”的发展方向。目前，“不要音乐”拥有覆盖全面的互联网宣传渠道，包括自媒体平台、门户音乐平台以及直播平台，这使其挖掘的音乐得以不同形态走入大众视野，并基于此帮助校园音乐人实现梦想，打造“互联网音乐厂牌”，担当“校园音乐网红挖掘机”①。“不要音乐”已经通过音乐短视频的制作，发掘了不少有潜力的音乐新人为中国流行音乐输送了一定的优质人才与音乐作品。

与此同时，作为创业公司的“不要音乐”已经引起各资本方的关注。目前，公司成功获得A轮融资，市场估价8750万元②，主要来自东方富海、七星瓢虫、新浪微博、太合音乐集团等重视内容孵化的资本力量。对于“不要音乐”创立较短时间内就得到资本市场的肯定，创始人周洛认为，短视频内容创业正处于风口，“一条”与“二更”等短视频企业的成功验证了短视频的商业潜力，在搞笑与八卦内容成为红海之后，音乐将成为短视频内容的新核心。此外，音乐内容的变现能力也是“不要音乐”得以受到资本肯定的重要原因。从太合音乐集团在A轮投资中的介入可以发现，传统的音乐内容生产者亦对“不要音乐”所提供的音乐内容充满信心。目前“不要音乐”内容变现的模式大致分为两个方向，即短视频商业广告变现和音乐人的演艺资源变现。大量的音乐人低成本合约，特别是校园音乐人的合约是“不要音乐”的制胜法宝。基于音乐人合约的其他商业合约为“不要音乐”提供了音乐内容的线下变现能力，如“不要音乐”与知名直播平台YY于2017年签署的价值千万、为期一年的音乐内容提供合约等。

---

① 不要音乐官方网站，http://www.buyao.tv。

② 猎云网，http://www.chinaz.com/start/2017/0119/646955.shtml。

二 互联网：流行音乐内容发掘的新语境

谈及现代流行音乐内容发掘的路径，其演变需要追溯至唱片公司主导音乐内容发行的时代。在传统唱片时代，在大众文化语境中取得话语权的唱片公司包揽了流行音乐专辑“企制宣发”① 的全过程，全新音乐内容的发掘路径主要是以“星探”进行线下的、随机性的、带有浓郁商业诉求的单一性挖掘。进入大众媒体时代，电视音乐选秀节目的兴起在一定程度上扩大了音乐内容的发掘路径，但是，本质上仍然是由受大众接受、在文化语境中具备话语权的大众媒介依靠自身偏好来挖掘。例如《中国好声音》每一年集中在音乐高校、职业音乐人与唱片公司范围内的选手筛选。

互联网兴起引发大众文化中话语权的转移，为音乐内容的发掘带来了新的路径，即“不要音乐”为代表的开放式的、受众高度参与音乐内容的发掘路径。受众对音乐内容发掘过程主动地、有效地参与扩大了“不要音乐”所发掘的音乐内容的来源：不再局限在专业音乐院校而扩散到全部的高校；不再采用主动的内容发掘而转向以被动接收的校园音乐人向公司提供的音乐素材为基础挑选对外呈现的音乐内容。新的音乐内容发掘路径使音乐元素多样化、内容纯粹化，亦弱化流行音乐内容自带的商业气息。互联网为校园音乐人提供易接触的、有效的音乐内容提供途径，“不要音乐”的音乐内容发掘路径是基于互联网的、双向化的新路径。汤晓畅认为，非音乐专业院校的校园音乐人所提供的音乐内容更为纯粹与自然，非专业院校的音乐人由于缺少将自己的音乐才华与作品向外展示的渠道，他们对音乐的热爱会更热烈，作品中所体现的情感更容易打动人心。

目前，“不要音乐”的音乐短视频内容主要分为以下几个方面：以“不要音乐 - 街头”“不要音乐 - 旅行”为代表的翻唱音乐 MV，以歌手演唱为

① 企制宣发，即指现代流行音乐专辑诞生过程中的四个阶段，分别是专辑的企划、专辑内音乐作品的创作与制作、专辑正式发行前的宣传以及专辑在唱片市场的正式发行。

主要内容平台直播，以及以“音乐老司机”为代表的网络音乐真人秀节目。“不要音乐”挖掘的音乐内容以“校园音乐”为主打标签，歌手全部来自全国高校尤其是音乐类专业院校，推送的音乐内容以翻唱作品为主，原创作品为辅，部分歌手在国内已经累积了一定数量粉丝，“不要音乐”也逐渐成长为一个独立的音乐 IP。“校园音乐”是“不要音乐”在音乐内容发掘方面的主要路径。

互联网的介入在提供音乐内容挖掘路径的同时，也为观众提供了与音乐内容提供者直接交流的平台，造就了“不要音乐”的音乐内容发掘模式：重视与受众交流的二次发掘模式。过去的文化产品由于主要话语权几乎全部掌握在创作者/发行方手中，观众只能在欣赏过程中居于被动地接受地位。无论是在传统唱片时代还是大众传媒时代音乐内容挖掘模式中，观众是边缘的，被动接受的，没有权力的，音乐内容采用一次性挖掘模式，即每一个呈现在大众视野的音乐内容都已经是经过人为设定的、成熟的、凝聚大量资本“完成品”。总而言之，唱片公司与传播媒介决定了大众“听什么”。

“不要音乐”则采用二次内容发掘模式，对首次发掘的内容仅做基础筛选、几乎不做商业化的运作，取而代之通过互联网平台为这些内容提供第一次与大众接触的频道，“不要音乐”以最简单的编曲让校园音乐人以最自然的方式走入大众视野，是原生态内容的呈现。对于音乐内容商业化、精细化的设计制作流程被放置在所发掘内容获得受众喜爱之后，即音乐内容的二次发掘：公司对首推过、所录制的音乐短视频热度高、转发量大的音乐人进行二次发掘，增加音乐人在宣传渠道中出现的频率，并开始对这些音乐人进行商业包装扩大其影响力，包括向电商广告、直播平台、音乐选秀节目以及知名唱片公司推介，在这个过程完成传统唱片时代出道的音乐人在出道前的形象设计过程。“不要音乐”的二次发掘建立在互联网为内容生产者与内容接受者提供的交流平台上。观众通过平台对“不要音乐”的音乐内容进行评论并与音乐人进行直接交流，并为公司提供下一次音乐内容选择方向。在“不要音乐”的模式里，是观众决定了“听什么”。

此外，互联网平台的开放性与包容性，加速了“不要音乐”作为音乐

IP 的成长。过去，传统大众媒介传播的单向性与信息不平等造成观众与文化产品的接触基本停留在被动接受的状态。音乐作品的诞生过程对于观众来说是完全封闭的，内容生产者则不同于传统媒介的线形传播，互联网媒介拥有双向的、多维的传播与信息交换模式。作为互联网媒介的主要使用者——青年观众，借此拥有了交流的渠道，并主动热烈地表达自己的意见。他们借助互联网在音乐 IP 的产生过程中主动并热烈地与生产者以及其他观众交流，通过对喜欢的内容生产者的关注与直接交流，生产者与受众之间的距离被缩短，用户黏性有所增加。大数据的引入使“不要音乐”得以通过 App 向用户推荐符合其观看倾向的内容，解决互联网传播过程中内容难以被检索的问题，提升受众对“不要音乐”的认可以及“不要音乐”作为音乐 IP 的活力与潜力。

三　“不要音乐”内容发掘模式的主要特征

“不要音乐”在同类型主营业务的公司里发展较快、业界认可度较高，从公司的发展现状来看，媒介载体高效、内容呈现新颖、变现途径丰富是“不要音乐”所采用音乐内容发掘模式的主要特征。

互联网平台为所挖掘的音乐内容提供了其他媒体不可比拟的传播深度与广度，这一点是“不要音乐”内容发掘模式最核心的优势。相比传统媒介，互联网在传播中最大的特点在于它不仅仅是传统媒介的延伸，而且是一种可以激活个人元素的“高维媒体”，它激活了以个人为基本单位的传播力量，是一种重新构造世界的结构性力量①。庞大的网民数量让互联网作为传播媒介拥有与传统媒介不同能量级的传播。

“不要音乐”对互联网平台的大范围使用，使其内容的传播速度由于高维媒体所具备的传播优势得到扩张。“高维媒体”破除了过去音乐内容的传

① 喻国明：《互联网是一种“高维”媒介——兼论“平台型媒体”是未来媒介发展的主流模式》，《新闻与写作》2015 年第 2 期。

播媒介，如唱片、电台、电视媒介等的障碍与界限，广阔的平台及发生在每个人之间的频繁交流赋予内容更广阔的传播空间。同时，在互联网传播媒介无处不在、无孔不入的今天，生长于互联网的“不要音乐”内容宣传与推广方面的成本大幅度降低，使“不要音乐”得以轻装上阵，摆脱传统音乐内容发掘机构的重资产障碍。相比过去唱片公司与经纪公司，培养新人、发掘新内容成本大大降低了，这使“不要音乐”拥有更多的机会与时间发掘更多新的音乐内容。

内容呈现形式新颖是“不要音乐”的另一个优势。在“不要音乐”出现之前，国内从未出现以“音乐短视频”为发掘内容载体的音乐公司，即便在“不要音乐”成立接近两年的今天，目前与“不要音乐”相同类型的公司仍然稀缺，即便已有几家公司开始尝试音乐短视频的制作但其发展层次无法与“不要音乐”相比较。“不要音乐”所发掘的音乐内容最主要的载体是音乐 MV。作为时下热门的视频形式，短小微的特点为短视频赋予了传播的灵活度以及便利性。直观的影像呈现方式有利于在短时间内打动阅读时间与注意力被极度分散与压缩的受众，以短视频为载体是“不要音乐”受到资本青睐的最大原因。同时，“不要音乐”的音乐 MV 内容清晰明了，即在特定的背景情境下纪录歌手演唱歌曲时的状态。“时长短、内容简单”简化了“不要音乐”的音乐短视频后期制作的程序，缩短了制作周期，保证音乐内容的更新速度。

对呈现内容不进行深度加工而尽量保持原汁原味，使“不要音乐”发掘的内容脱离过去精心制作的音乐作品给予观众固定印象，使用单一乐器配合人声的简单编曲简化了音乐录音的制作流程。对于 MV 中音乐人形象呈现的处理，则褪去了传统歌手形象的“神”性而强调“人”性[①]，平民化、通俗化、缺陷化的音乐人形象更容易引起受众亲切感，降低受众对新音乐内容的陌生与排斥。大多数使用翻唱而不是原创的形式呈现新的音乐内容，它

① 艾欣：《从“神”到“人”——论中国电视真人秀节目对明星形象的“去神化”建构》，2015 年华中师范大学硕士学位论文。

是侧重于对原有音乐符号的再消费，承接原曲的受众以及符号学意义并生发出新的意义，带来了“看不见的消费符号价值”。① 这样的内容呈现方式使“不要音乐”更轻易地获得受众的肯定，从而为下一步音乐内容的变现打好基础。

内容变现形式的多样化则为“不要音乐”带来盈利点与发展潜力。相比传统音乐内容发掘后主要依靠专辑售卖、演唱会周边、商业活动等线下活动变现，基于互联网的内容发掘方式“不要音乐”天生就具备以线上活动实现变现的优势。当前，“不要音乐”发掘的音乐内容的变现方式主要是：以音乐人自身成长为主要依靠的演艺资源变现，以及以“不要音乐”作为音乐 IP 的成长为主要依靠的广告与周边产品变现。

在传统的、通过音乐作品推动“音乐新人”以实现音乐内容变现的模式逐渐失效的今天，中国的流行音乐市场似乎无法再接纳加工完全后推出没有人气基础的音乐新人，唱片公司也不再愿意推新人而转向通过网络已积累一定受众接受度的网络红人。“不要音乐”的音乐内容发掘模式即是一种“校园音乐网红”的发掘模式，所发掘的校园音乐人及他们的作品除去发行渠道包括了自媒体与移动客户端。“不要音乐”App 是一个具备社交属性的短视频移动端平台。观众借助移动端平台自由地选择喜爱的音乐 MV，进行转发评论，完成了音乐人人气的初步积累。音乐人对音乐作品的诠释与自我的表达通过移动端平台直接展现在观众面前，完成了音乐人形象的初步设计。经过初步的发展，“不要音乐”的音乐内容已经具备线上变现的基本条件，他们的流向大致为直播平台、音乐选秀节目以及音乐经纪公司。由于已经经历了早期的人气积累与市场考验，“不要音乐”推向传统音乐内容制作渠道的音乐人们拥有明显的优势。音乐人已经成为“不要音乐”可以轻易变现的演艺资源。

与传统的唱片公司不同，“不要音乐”在互联网语境下的音乐内容发掘已经将自身打造成为独立的音乐 IP。据悉，目前“不要音乐”在各大

① 陆正兰：《流行音乐的商品符号学研究》，《符号与传媒》2017 年第 1 期。

网络平台的粉丝积累量均为十万级，新浪微博粉丝量超过八十万，微信公众号粉丝量超过三十万，在音乐类自媒体中已是相当不错的成绩。随着身为音乐IP的影响力逐渐扩大，“不要音乐”逐渐开始基于公司本身成长的线上变现。不少公司看中“不要音乐”的音乐属性以及青少年属性，与其进行商业广告性质合作。同时，在以音乐内容的推广赢得知名度以后，“不要音乐”也利用平台本身的影响力搭建网络电子商务平台，出售以“不要音乐”为设计核心周边，产品包括“不要音乐”定制尤克里里、水杯、贴纸等，已经在微信微店上架销售。通过周边对“不要音乐”IP的强调，提升了受众对音乐公司作为内容的一部分的认可，这对于一直作为整体并被认为是音乐标签的音乐文化公司来说，这是重要的形象塑造手段。

四　互联网音乐内容发掘模式的主要问题

“不要音乐”在借助互联网平台获得关注度与便利性的同时，互联网也为“不要音乐”带来了内容发掘上的问题，主要包括内容同质化与娱乐化、内容输出效率低、定位不清晰等。

首先，“不要音乐”所发掘的内容存在同质化与娱乐化的缺陷。综观“不要音乐”所推送发掘的音乐内容可以发现大部分是主流的华语情歌翻唱。推送内容的高度同质化导致“不要音乐”目前发掘的音乐内容仍然难以在受众心中留下深刻的印象，或是拥有鲜明的音乐标签。不断向大众输出大量音乐风格相同、拍摄手法相同的音乐MV，逐渐使受众对“不要音乐”的内容推送形成审美疲劳，仅从微信公号近期文章阅读量基本都在两千左右徘徊的现状来看，“不要音乐”同质化的内容输出似乎很难吸引大量听众对重复的内容产生持续不断的兴趣。

输出内容的娱乐化是“不要音乐”在发掘内容的选择上的短板。尼尔·伯兹曼曾在《娱乐至死》中分析媒介文化的过度娱乐，认为会引发了大众审美的解构。审美趣味的娱乐性被放大后，对于内容的关注即会被转移[①]。综观目前“不要音乐”主要栏目，其娱乐大众的属性相较音乐属性更加明显。为了吸引眼球，“不要音乐”的推送内容有追逐社会热点的嫌疑。每日的音乐推送文案与标题均紧扣当日的娱乐八卦热点，推送文案对娱乐八卦的追逐虽然能够吸引一部分观众阅读推文但是也分散了受众对推送内容的核心——音乐短视频的注意力，降低了推送的音乐短视频作为媒介产品的注意力价值[②]。

以音乐直播的节目形式、与全民 K 歌合作的“音乐老司机”栏目是 2017 年“不要音乐”新推出的音乐娱乐真人秀节目。过于重视与受众的互动而忽略了内容的美感是这个栏目突出的问题。当绝大部分的资金资源都向娱乐性凸显的网络自制综艺倾斜，“不要音乐”所呈现的内容自然与其音乐内容发掘与输出的核心业务相背离。由于参演人员的挑选标准相对宽松，“音乐老司机”参与人群水平参差不齐，节目并未能达到国外相似版本的口碑，纯粹只是为了娱乐而娱乐。网络综艺的节目模式似乎并不应该作为以“音乐”为标签的公司主打的内容模式。

其次，音乐内容输出效率低亦是“不要音乐”音乐内容发掘上存在的比较明显的问题。尽管“不要音乐”对音乐内容的变现能力是得到认可的，但是就音乐内容的输出效率而言，“不要音乐”的成绩显然是不过关的。“不要音乐”所发掘的音乐人才与内容全部来自高校校园，存在专业性不足的问题。无论是翻唱的演绎或是少量原创的创作制作水平都难以与主流音乐制作公司水平搭边，甚至远不如独立音乐人的作品。“校园清新风”的标签并不是万能的，耐听却无亮点的作品并不是如今变化多端的流行音乐审美趣味心仪的对象，自然难以达到真正有效地对流行音乐的内容输出。流行音乐的核心应当是优秀的音乐作品。过多消费经典中式流行情歌，而忽视对原创音乐的发掘是“不要音乐”有效内容输出占比较低的重要原因。同时，尽管目前已有部分“不要音乐”发掘的校园音乐人登上更大的舞台，如《中

---

① 尼尔·伯兹曼：《娱乐至死》，章艳译，广西师范大学出版社，2005 年。

② 曲江滨、刘伟：《媒介产品的经济学解读》，《石家庄铁道学院学报》（社会科学版）2008 年第 2 期。

国新歌声》《天籁之战》等，但是尚未有受流行音乐市场认可的、真正的歌手出现，这从侧面验证了“不要音乐”的内容发掘效率较低。

最后，公司未来发展的定位不清晰亦是“不要音乐”目前发展面临的短板。“不要音乐”先后曾使用“打造互联网音乐厂牌”“校园音乐网红挖掘机”等称号定位公司的发展方向。栏目不断调整也证实了公司仍在对发展道路进行探索。究竟是借助互联网专注于校园音乐内容的发掘、成为专业音乐公司，还是探索音乐真人秀的制作模式与传播范式，成为娱乐公司抑或是学习“一更”“二条”转变方向做音乐版的纪录片短视频，甚至多面发展成为一个娱乐综合体。这个问题从目前“不要音乐”的发展现状来看，公司管理层仍未做出确切的决定。对公司未来发展的不清晰容易使公司轻易尝试不同风格、不同发展方向的产品开发，为公司未来带来可能性的同时，也浪费了公司的发展资源，某种程度上拖慢了公司发展的进程。“不要音乐”未来的道路应该如何继续，互联网语境下文化内容发掘的路径与模式还会有怎样的发展，就现状而言，难以做出完善的回答。

结　语

2016年中国音乐产业总规模突破3200亿元，同比增长7.79%，同比增速相较同期GDP增数高1.09%，中国音乐产业在2016年延续前几年的上升势头稳固增长。2016年中国音乐产品增加值为235.03亿元，占同年文化产业总增加值不到1%，这证明中国的音乐产业在未来仍然有极大增长空间与潜力。在制作技术不断发展的背景下，国家政策的扶持以及资本对“不要音乐”一类音乐属性公司的青睐，促使传统音乐产业形态加快与新兴音乐产业形态的融合，重构产业链条，激发消费链，推动中国音乐产业正式进入快速增长的新时代①。中国音乐产业的核心层中占比最大的是数字音乐产

① 中国图像与数字出版协会音乐产业促进工作委员会：《2017年中国音乐产业发展报告》，转载自搜狐网：http://www.sohu.com/a/202285960_179557。

业，由此可见，互联网语境下的音乐内容发掘对于中国音乐产业发展的重要性。

“不要音乐”对互联网语境下音乐内容发掘模式的探索已经取得一定成果，其本身作为音乐 IP 的身份亦逐渐得到受众的认同。但是在大众文化娱乐化趋势愈加明显的今天，其所发掘的“音乐内容”并未完全逃脱娱乐化的范畴，并且出于对当前大众流行音乐审美趣味走向的迎合，其出品内容具备较高的同质性，没有独特的个性。如果能适当增加发掘内容的原创性与多样化，丰富推荐音乐人的音乐风格，在处理好歌曲版权的前提下对音乐作品做大胆的改编，相信“不要音乐”的内容输出效率与质量将能提高不少。“不要音乐”本身仍处于创业公司阶段，其对未来发展道路的摸索导致公司发展轨迹的波折。尽管“不要音乐”尚未为中国流行音乐输送有分量的音乐内容，但是，其对互联网语境下的音乐内容发掘模式的探索对流行音乐在互联网时代的新内容发掘与发行具备引导与参照意义。

未来是万物互联的时代，把握环境的变化，尽可能从宽广的路径出发对潜在的优质内容进行发掘，是中国流行音乐发展历程中的必经之路。然而，就目前的发展情况而言，内容同质化、内容一致化以及输出效率低是“不要音乐”所发掘音乐内容的共性。“互联网 +”时代优质音乐内容的发掘究竟需要怎样的模式才能真正达到对流行音乐内容的有效输出，是一个值得长期思索的问题。

B.10

深化设计产业发展与“设计之都”建设的整合性策略研究

袁 园*

摘 要： 2018年是深圳获得联合国教科文组织创意城市网络“设计之都”称号的第十个年头。在这样一个新的历史节点和城市竞争语境下，重新审视和反思深圳的设计产业发展以及“设计之都”建设，对深圳实现“国际化大都市”及“与香港共建国际文化创意中心”的城市愿景具有战略性的重要意义。本文围绕深圳整合性发展设计产业和“设计之都”建设的议题，分析可能性与必要性，并以亚洲及世界创意城市的发展案例作为思路启发，提出深圳整合二者发展的几点策略性思路。

关键词： 设计产业 设计之都 创意城市 深圳

2018年是深圳获得联合国教科文组织创意城市网络“设计之都”称号的第十个年头。而在刚刚过去的2017年11月，武汉市继深圳、上海、北京之后，也顺利被纳入该国际网络，成为中国第四座、四大一线城市之外第一座“设计之都”，向我们预示着已经有越来越多的城市认识到创意设计产业和创意城市建设的重要性。这同样意味着，在未来城市间的竞争中，“设

* 袁园，深圳市特区文化研究中心副研究员，台湾实践大学（台北）创意产业博士班博士候选人。

计”对经济结构调整、消费升级以及创新型和谐城市的构建具有重要意义。在这样一个新的历史节点和城市竞争语境下，重新审视和反思深圳的设计产业发展以及“设计之都”建设，对深圳实现“国际化大都市”“与香港共建国际文化创意中心”的城市愿景，将具有战略性重要意义。

一　深圳设计产业与“设计之都”整合发展的必要性与可能性

（一）设计产业与“设计之都”整合发展的必要性

深圳近两年在科技创新领域迸发出极强的经济增长实力与比较优势，以腾讯、华为、大疆无人机、华大基因为代表的本地高科技企业，代表中国已经成为世界级具有领先优势的大企业。顺应目前全球工业4.0潮流，深圳在智能制造、人工智能、电动车、无人驾驶以及机器人研发、制造方面，也于龙岗、宝安等过去传统制造业聚集地区完成了积极布局，并通过各种筑巢引凤的人才政策和科技创业扶持，不断磁吸着全球的高端科技人才、企业以及创业团体。可以说，在以科技创新为战略，拉动城市经济持续增长的政策制定与实施上，深圳已经初见成果。但是，若与目前世界级科技创新中心美国硅谷相比，深圳目前的“现代化国际化创新城市”发展还算刚刚起步。

不过，如若撇开单一的科技创新视角，寻找其他方面的“复利性”优势，深圳所拥有的“设计之都”称号却有可能成为深圳推动城市升级和总体产业升级的重要整合框架。作为一个由联合国教科文组织牵头发起的“国际性创意城市网络”，其所颁发的“设计之都”称号本质上应被看作一个策略性的激励工具——申请这个称号的城市除了要具备一定的“设计”产业方面的优势之外，更需要承诺在随后的几年当中实施一系列促进设计和创意产业发展的措施。

获得称号之后，深圳在市一级层面成立了“深圳设计之都推广办公室”、“深圳设计之都推广促进会”以及“深圳创意文化中心”等专门性机构，并举办了诸如“创意十二月”、“艺穗节”、深圳时装周、深圳环球设计大奖等一系列创意文化活动与赛事，显示出城市管理者在打造“设计之都”品牌上的努力与决心。但与政府对科技创新的实质性扶持力度，以及科技创新领域的迅猛发展相比，深圳的设计产业并未出现明显的深化发展。虽然保留既有水准，但是与上海、北京在产业总产值、专业人才培育等方面仍然差距明显；深圳的“设计之都”在近十年并未形成具有“差异化”的比较优势。而未来社会的发展趋势除了需要由“科技”引领之外，以设计产业为代表的文化创意经济也正显示出其强大的经济拉动力和增长潜力，这已经在各个发达国家和地区成为共识。

而论及对“设计”以及“设计产业”的理解，深圳市相关机构以及主流媒体对“深圳设计”的自豪感还停留在所获国际奖项的数量上①，显示的还是后发国家在设计能力上得到“国际”承认的“自我肯定”心理。然而，在设计能力如何带动产业转化、如何驱动城市整体发展的国际化升级等——这些显然更具有现实效应的问题上，深圳还没有拿出切实可行的具体方案和行动日程。

此外，长期以来特区内外土地使用在功能规划和政策上的不同，以及公共设施配置的不均衡等诸多历史性问题，使得原特区外的行政区（如宝安、龙岗）以及后来成立的新区（龙华、光明、坪山、大鹏）在市容市貌和城市规划上与原特区内（罗湖、福田、南山、盐田）呈现出明显的“落后”现状。深圳的整体城市魅力也因此大打折扣。对于已经或即将引进的高端人才而言，主要的创业机遇和工作地区恰恰是比较集中在原特区外——需要进行“腾笼换鸟”式产业升级的新区。因此，原特区外的地区亟待利用“设计之都”框架下的创意城市发展策略来提升市区形象和区域治理水平。

（二）设计产业与“设计之都”整合发展的可能性

深圳在深化设计产业发展以及在“设计之都”框架下推动城市国际化

---

① 《“深圳设计”闪亮国际舞台》，《深圳特区报》，转载自人民网 2017 年 2 月 3 日 http：//sz. people. com. cn/n2/2017/0703/c202846 –30411137. html。

发展这两方面都有实际的需求，而将二者放在一起进行整合性发展的可能性，源于全球设计产业发展的新趋势。

有学者将全球设计之都发展的新趋势总结如下：（1）设计系统成为国家和城市构建设计创新能力的着力点；（2）设计驱动的创新正在成为创新体系的一部分；（3）设计从工业产品创新向高端服务业拓展成为趋势；（4）城市设计品牌化理念进入政策制定议程；（5）以用户为中心的设计（UCD）理论与方法将成为设计实现多层次创新的重要途径。[①] 由此可以看出，现在全球设计概念的转变越来越转向策略性的“大设计”概念，而不再仅仅是传统工业生产的“附加性服务”。丹麦设计中心在 2003 年就提出了评价企业设计能力发展成熟度的“设计阶梯模型”，将不同企业对“设计”的运用划分为四个层级：（1）无设计层级，即在产品与服务的开发中完全不运用设计；（2）设计为产品提供美学附加值；（3）设计被运用为服务创新和产品创新的流程和手段；（4）设计作为一种策略工具，用于开发企业整体的创新战略，以便形成持久的竞争优势。有相关数据显示，哥本哈根作为丹麦企业实现设计创新升级的承担者和实施平台，到 2007 年已有 66% 的企业进入该阶梯模型第三、第四层级[②]。

深圳作为相对于欧洲的后发现代性城市，拥有同时利用设计推动传统企业转型和城市升级发展的历史性机遇。深圳应抓住这个机遇，以全球设计产业发展趋势和世界设计之都建设经验为参考，努力实现国际文化创意中心城市这一目标。

深圳迈向国际化城市的跨越式发展在国家政策层面也正式得到支持。国务院于 2018 年 1 月 15 日刚刚发布了对《关于撤销深圳经济特区管理线的请示》批复，意味着深圳“二线关”正式退出历史舞台，显示了深圳未来在城市规划、公共服务设施配置以及城市化管理水平等方面，将在制度和体制

① 张立群、汪萌萌、梁琦惟、杨顺、吴彩虹、朱海蛟：《世界设计之都建设与发展研究》，《中国工业设计发展报告（2014）》，社会科学文献出版社，2014。

② 张立群、汪萌萌、梁琦惟、杨顺、吴彩虹、朱海蛟：《世界设计之都建设与发展研究》，《中国工业设计发展报告（2014）》，社会科学文献出版社，2014。

上完成同城一体化建设。

最新一轮的《深圳经济特区一体化建设攻坚计划（2017－2020年）》也提出：“进一步加大政策、资源等向原特区外地区的倾斜力度，加快提升原特区外地区城市建设软硬件水平，到2020年基本实现特区一体化。”[①] 在城市化发展程度上，深圳原特区外地区相对于特区内地区“不均衡”，作为拉低深圳“设计之都”魅力的历史性因素，将有可能在该行政批复引导的“顶层设计”层面获得重要的扭转机遇，从而为设计产业和“设计之都”整合发展提供了驱动力。

二　设计产业与创意城市整合性发展国际案例

“创意城市”概念较为明确地提出，最早来自查尔斯·兰德利2000年出版的《创意城市：如何打造都市创意生活圈》[②]，其英文名 The Creative City：A Toolkit for Urban Innovator，即指出此处所谓的“创意城市”就是针对城市创新者（Urban Innovator）提供的某种“工具箱”（toolkit）似的思考框架，其主要回应的问题还是城市如何通过“创意”来获得创造性解决既有问题以及创新性发展的方案。自21世纪以来，随着这本著作的风靡，全球各个地区主要城市都掀起了“创意城市”建设的热潮。联合国教科文组织（UNESCO）提出的“创意城市网络”计划，就是这个背景下的产物。通过这个网络的建构，UNESCO用一种准官方的形式，表达了对21世纪城市发展的某种趋势化判断，同时也是鼓励全球拥有特定创意产业优势背景的城市，在整合和促进产业的基础上同时推动城市的创新性建设。“设计之都”是广义的创意城市名称之下的一个分类，其他还有“文学之都”“音乐之都”“美食之都”等一系列的子名称。因此，我们更应该从“策略”的角

① 《深圳“二线关”退出历史　特区一体化迎来加速期》，《21世纪经济报道》，转载自新浪网2018年1月17日，http：//news.sina.com.cn/c/2018－01－17/doc－ifyqtycw8606568.shtml。

② 查尔斯·兰德利：《创意城市：如何打造都市创意生活圈》，杨幼兰译，清华大学出版社，2009。

度来理解“创意城市”的概念——它不仅仅是 UNESCO 构建的一个特定的网络，更是世界上很多国家，尤其是亚洲不少城市在 21 世纪以来利用创意经济增强自身城市竞争力和城市魅力的重要整合性手段。以下我们将通过几个案例来考察这些城市整合发展设计产业和创意城市建设的经验。

（一）曼谷：创意基础设施

“泰国设计”与“泰国制造”曾经是廉价、低端的代名词，而现如今却获得国际上的高度认可。不但时装、家具、生活用品、珠宝等领域的优秀设计成功登上了国际舞台，而且美国《时代》杂志还用“风格之镜”来赞誉泰国设计所散发的现代魅力。与此同时，泰国在刚刚过去的 2017 年，吸引了全球 3500 万的旅游者，较 2016 年同期增长 8.77%；其中 980 万人次的中国游客为泰国创造了高达 5200 亿（约合 1047 亿人民币）左右泰铢的收入，较 2016 年同比增长 15.78%；而泰国旅游业总收入也达到了 1.82 万亿泰铢（约合 3660 亿人民币）较 2016 年同期增长了约 11.66%[①]。泰国的首都曼谷越来越成为全球精英人士置业、退休养老的目的地。曼谷的土地价值在 2016 年一年中增长了 40%[②]，并且 2018 年被房地产界继续看涨。城市魅力和价值的这种转变究竟是怎么发生的?

早在 2003 年，泰国政府就推行了名为“创意泰国”（Creative Thailand）的长远计划，以推动泰国创意经济的发展。该项计划并不是应景式地顺应潮流之举，而是有着非常清晰的目标诉求、大手笔的资金投入、系统化的路径设计。为了“将泰国打造成为亚洲的设计中心”“连结全球时尚流行的中心点”，泰国政府在提出该计划的同时，真金白银地拿出了 200 亿泰铢来开展一系列的促进方案，其中包括几个大手笔的基础设施的建设、高品质展销平台的搭建，以及人才教育的培养等。

---

① 《2017 年泰国旅游业持续增长　中国游客贡献最大》，新华网 2018 年 1 月 16 日，http://www.xinhuanet.com/world/2018-01/16/c_1122268452.htm。

② 《90 后已经海外买房了　曼谷暴涨 40% 之后，地产价值洼地都在哪?》，搜狐网 http://www.sohu.com/a/213184343_100023191。

在亚洲具有一定经济基础和创意实力的城市中，一般都会设立一个专门的职能性行政机构，来协调城市创意经济发展等事务。例如：香港设计中心、台湾创意设计中心、深圳创意文化中心、上海创意产业中心、南京创意设计中心等。但是若论在设计界的影响力以及对创意产业和创意城市的带动作用和能见度，泰国创意设计中心（Thailand Creative & Design Center，简称：TCDC）则创造了典范。

TCDC 被誉为“设计创业者”的天堂，作为一个政府机构，其任务是激发社会的创造性思维，并推动国家创意产业的发展。为了让更多的人接触到创意设计的魅力，2005 年 TCDC 创办时最开始选在了人潮流动的曼谷皇家购物中心 5 楼。后来因发展的需要，2017 年 5 月正式搬到了位于中国城区石龙军路的邮政总局大楼，这个经过活化再利用的建筑古迹在知名建筑团队 Department of Architecture 的设计下，为设计师们提供了更为宽敞、齐全的创意空间，包括展示中心、设计资源中心、与材料资讯公司 Material ConneXion 合作的材料图书馆、联合办公空间、创客空间及文创商店等超过 9000 平方米的展演体验空间。而原来位于百货商场 5 楼的 TCDC 旧址则被改建成 AIS DC 数字共创中心，以顺应时下数字化和共创的最新设计潮流。

这里最值得亚洲其他城市设计师艳羡的当属材料图书馆（Material & Design Innovation Center），其规模为亚洲最大，现场展示 2000 多种材料及线上资料库，而且每月以 33 种新品数量在不断更新，并在“新登场”（New Arrival）和创意墙（Idea Wall）上亮相最新的研发成果。对于初创设计师而言，有着如此庞大而且与世界潮流同步的材料图书馆和数据库，他们可以节省很多个人的研发成本，也有助于他们产品的推陈出新，及个人创业的成功。

除了知识和资料数据库的功能之外，TCDC 还用它的空间设计和陈列诉说着这个中心对每个细节的追求，是名副其实的城市创意空间和“创意孵化器”。新的 TCDC 整体建筑空间是老建筑与新建筑的结合，在原有的邮政大楼上插入了一个新的建筑体块，并使用了具有光感、半透明的现代材料，与厚重的历史建筑之间产生了意涵丰厚的对照与对话。建筑室内设计所采用的桌椅家具也全部出自泰国设计师之手，甚至包括得过国际设计大奖的精品家具。TCDC 的展览区，着力于让国内外新晋设计师有更多作品展示的机会。这些都增加了 TCDC 的“可参观性”，无论是在商场旧址，还是在新的邮政大楼，TCDC 成为全球创意人士在曼谷进行文化观光的必到之处。而 TCDC 也主动肩负起行销国家及城市文化创意资产的责任，除了注册会员之外，国外观光客也可以凭借护照免费进入参观一次。这大大增添了曼谷作为创意城市的魅力形象，宣传了一个国家的创意氛围。泰国 2017 年创意产业产值达到 1 兆 2000 亿泰铢，为我们提供了一个很好的利用创意空间、创意机构、知识资料库整合性发展设计产业以及创意城市的案例。

（二）台北：创意文博会

台北在 2016 年获得由国际工业设计社团协会颁发的“世界设计之都”称号，显示了台北在设计领域的世界级实力。而文化博览会往往是一个城市创意产业、创意水准的集中体现。

台湾地区从 2010 年起开始策划举办文博会，2011 年推出第一届到 2017 年第七届，只有短短七年，发展时间并不长，举办三届之后就进入了品牌反思阶段。2017 年 4 月刚结束的台湾地区文博会吸引了来自 25 个国家的参展商，644 家参展单位，达成交易为新台币 5 亿元；吸引参展观众 5 天内达到了 23 万人次，三大展区都涌现了长长的等候人潮；6 个场次的文创趋势论坛现场累计超过千人到场，网路直播更吸引了 9 万人次观看。取得这种带动产业交易、设计创新以及公众积极参与和文化观光等多方面联动效应的原因究竟是什么？台湾地区文博会的转型具体做了哪些调整呢？

台湾地区文博会虽是由政府主办，但是执行机构是台湾创意设计中心（简称“台创”）。该中心是 2003 年由政府组织成立的财团法人机构，主要目的是推动台湾的文化创意产业发展，是整个台湾地区创意设计发展的整合性服务平台。其主要任务包括提升设计人才原创能力、促进国际设计交流、加强创意产业市场竞争力，帮助企业发展自有品牌等。基于机构原本的综合性视野和促进台湾创意设计产业发展诉求，对文化创意产业的理解超出一般只考虑短期“会展经济收益”的片面认识，能够从更高、更全面的角度来认识文化创意产业博览会。

在文博会的组织形式上，台创进行“创造性的破坏”，打破了文博会在“会展中心”举办的世界性通例，采取了“策展”的形式在三大文化创意园区内举办。台湾地区文博会的策展理念首先体现在对三个主要展览空间进行大致的品类划分，华山创意园区主要展示“创意设计”，松山创意园区为“工艺和图像授权”，花博展区则展示“时尚流行”。2017 年将三个场馆的内容调整为“设计”、“工艺”和“授权”更为简洁的三块，以便可在每个大分类下容纳更多不同性质的文创企业。正是在这样的“策展”思路下，文博会的功能超越了单纯的产业内经济交易，而扩充成吸引全民参与的文化盛事，不仅为参展商吸引了更为多元化的参展观众，而且以文化活动的参与方式进一步拓展了市民的创意文化体验，拉动了文化消费力，为城市创意产业可持续发展奠定了基础。

台湾地区文博会对创意产业的多元促进策略还直接体现在“城市即展场，展场即生活”的理念中。虽然带有明显策展性质的展场选定在文创园区和花博公园的场馆内，但是主办方提出的“串联好店”计划，则将城市中未能参与到展场中展出的文创店铺、文创小微企业进行了平台性的串联，为它们提供了非常低的成本而高频度的推介机会。

“城市即展场”显示了台湾地区文博会以开掘台北整座城市创意文化氛围为目标的野心。在主办方的设计中，以华山文创园、松山文创园、花博争艳馆三个固定展场作为节点，形成了以 L 形路线为移动路线，文博会积极串联其周边 150 家以上的文创书店、咖啡馆、餐厅、展演空间等，将其视为散落于城市街角或寻常巷落中具有生活场景的“分展场”，统一纳入文博会的总体活动中，在宣传上进行文创生活店、文创生活方式和台北艺文城市形象的多重行销。参展观众只要到标志有“串联好店”的店铺中参观或在社交媒体上签到、宣传，就能参与抽奖活动。大大激发了民众的参与热情并客观上带动了相关艺文类店铺的销售业绩和城市居民创意文化类消费的惯性。台北市中心区域的创意空间也通过文博会的“串联”而得以集中亮相，形成某种创意文化和创意经济同频共振的势能。

（三）欧盟城市：社会设计与城市创新

欧美等发达国家在设计领域的领先，除了较早地将审美元素注入产品设计中，更体现在他们对“设计观念”的追求与突破。例如：北欧社会学家埃伦·凯早在19世纪末北欧国家的机械化产品还是粗制滥造时，就提倡“大众化的美”并以此著述，认为设计师应为普通人的生活提供好的设计。因此形成了北欧设计的基本态度：“不制作不实用的东西，如果它实用又必需，那就一定要把它做得完美。”[①] 同样，英国有“高街风格”、德国有“包豪斯”、意大利有“设计批评体系”——能够公开在各种媒体上讨论各种观念，以使其保持活力。正是这些有着相应哲学基础和地文化支撑的“设计观念”推动了这些国家设计的品牌化，占据了全球经济价值链的上端，并长期帮助其相关产业的产品赢得国际竞争力。

设计领域在近些年的最新发展，是对“社会设计”议题的呼吁和探讨。早在1971年，美国设计师、设计哲学家维克多·帕帕奈克就曾出版了《为真实的世界设计》，对过于商业化和消费主义的设计提出质疑：“近来的设计仅仅停留在满足浅表而短暂的欲望层面，人类生活真正的需求却往往被设计者们忽略掉了”[②]。他认为设计应该为社会和生态考虑，设计者和创意工作者都应认识到通过设计和创意来促进社会真正改变的责任。埃佐·曼奇尼在2015年出版的《设计，在人人设计的时代：社会创新设计导论》中提出：“我们正在全面进入一个改变过程，就过程的本质和时机而言，它与欧洲从封建文化进入工业化都市社会的路径并没有太大区别。在漫长的历史长河里，这个过程将是一场革命，是与过去的断然决裂，它会导致整个系统（包括社会、经济及政治系统）的根本性转型。”[③] 鉴于此，他积极构建社会

① 于炜、姜鑫玉、郭明月、杨文鹏：《欧洲：英国、德国、意大利的工业设计现状、趋势》，《中国工业设计发展报告（2014）》，社会科学文献出版社，2014。

② 〔美〕维克多·帕帕奈克（Victor Papanek）著：《为真实的世界设计》，周博译，中信出版社，2013。

③ 〔意〕埃佐·曼奇尼：《设计，在人人设计的时代：社会创新设计导论》，钟芳、马瑾译，电子工业出版社，2016。

创新网络，建立“国际社会创新和可持续设计联盟”，推动该理念的广泛传播与实践。

事实上，欧盟早在1990年就推行了“城市实验计划”（Urban Pilot Programme），它是一项资金最充裕，也是唯一有组织的跨国性的城市创新促进计划。其目标在于面对社会冲突、产业衰退、环境恶化与污染等问题时，城市可能采取的新方法，主要强调的是提高城市竞争力、回应社会问题以及促进可持续发展的统合性城市创新策略。

对此，哥本哈根将尝试的地点选在拥有45000人口的西桥，其中有近半数人口都靠救济金生活。城市实验的重心放在改造位于西桥荒废区的欧克斯奈哈伦旧市场，改造后这里变成城市生态技术中心，主要用以展示资源回收流程、绿色建筑以及一项训练与就业方案。随着欧克斯奈哈伦成为商业市场未来发展的催化剂，当地人的就业机会也获得了持续增加。

鹿特丹采取的“内城区计划”，则成功地整合了一项经济重建计划与科普范祖伊德区的“社会报酬”提升，通过培训计划，增加当地就业。政府领头组织维修并管理住宅，提高街道安全的地区团队也提升了当地的形象，从而吸引了更多的观光客。

三　深圳整合设计产业发展与“设计之都”建设的几点策略建议

从以上案例分析来看，设计产业与创意城市建设的整合发展不但早就得到欧洲国家的重视，而且也越来越成为亚洲重要城市获取竞争力的策略。深圳这些年在创新经济上取得国内暂时领先的地位，但还主要表现在科技创新领域上。设计产业虽然仍保持一定的优势，但面对像武汉这样的内陆城市竞争者，也不能不增加危机感。更何况，由设计产业所代表的审美经济和人文气质也将成为一座城市创意魅力和持久繁荣的重要基石。以深圳建设“国际文化创意中心城市”的目标来看，本文提出以下几点策略性建议。

（一）加强对创意基础设施的理解和管理水平

无论是城市的发展还是产业的发展，都需要基础设施的支持。创意产业和创意城市也是一样，需要政府建设相应的创意基础设施，为产业的发展提供助推力，为城市的建设创造文化地标。尤其在当下文化经济和文化观光旅游越来越重要的时代趋势下，创意基础设施对产业经济和城市吸引力具备双重的重要意义，因此是非常值得进行大手笔的投入。

不过深圳目前对创意基础设施的理解还停留在传统的公共服务机构阶段。虽然在硬体建筑上深圳市舍得投入建设高水准、有设计感、带“文化地标”意义的场馆，但在使用功能上目前主要还是针对普通大众的“普惠型”公共服务，例如图书馆、音乐厅、美术馆、博物馆、体育场等。而像泰国创意设计中心（TCDC）那样带有专业性质的、为设计产业专门人士服务的综合性创意基础设施，深圳还没有。TCDC 作为一个促进创意产业和民众创意思维的综合性机构，所集结的专业书籍、设计材料、展览空间、设计品商店、共享办公、创客空间，几乎囊括了目前创意设计产业链上中下游所需的全部服务空间。对于期望投身于创意设计的初创者来说，TCDC 不仅是一个庞大的知识库、素材库，而且还能够每月提供不断更新的资讯和材料，帮助他们的创作能够紧跟世界潮流。而 TCDC 无论是最初选址在市中心的繁华商场，还是现在扩容后迁移到历史遗迹中，都释放出主动吸引普通民众，邀请文化观光客来共享创意氛围、探索创意空间的强烈信号，同时达到对民众进行日常化的创意教育和对城市进行创意形象行销的多重目的。

泰国在近几年爆发出惊人的设计能量，其创意产业产值和文化观光人数、收入也不断攀升，这些离不开政府在“创意泰国”计划上的重要投入。200 亿泰铢的专项财政支持，有不少用在对整合性的基础设施的软件和硬件投入上，为曼谷这座城市增添了有形（文化地标）和无形（知识库）的文化资产。相比于每年将总额很大的文创资金分散用在补贴或奖励个别企业，曼谷投入“创意基础设施”的策略，起到了“一箭多雕”的复利效应——对于整个产业链眼界提升、创意人才支持、大众创意教育、文化观光客吸引等多方面都起到了明显的激励性作用；随着年月的积累，创意基础设施作为知识库和素材库还将为这座城市涵养出新的文化资产和历史积淀，不断为城市的“创意场”赋能，磁吸着全球的创意人才到此聚集，使国际化创意中心的目标得以真正实现。

深圳完全有这样的经济实力来建立如TCDC这样的综合性创意基础设施的硬体，只要能够看到、意识到，“再创造”并不难，甚至可以与商业、观光做更宽泛的结合。例如，首尔2014年落成的东大门设计广场（DDP），由世界级明星设计师扎哈·哈迪德设计，被管理者规划成超大规模的“艺术与休闲观光综合体”——将艺术厅、文化中心、设计实验室、创意市场和东大门历史文化公园全都结合起来，形成一个综合性的集公共文化服务、专业性创意基础设施服务、国际会展、历史文化观光地以及商业性休闲场所于一体的巨大“创意场”。但是“综合体”规划完之后，要往里面放什么内容，如何进行管理，要取得怎样的效果……这些属于文化内容、制度设计层面的管理能力，往往是最容易被“效仿者”忽略的问题，而这些“软性”挑战目前恰恰也是深圳在创意基础设施建设上最大的短板。

这些伴随着新机构、新建筑、新趋势而产生的新问题，显然无法在旧有的行政管理“套路”中找到对应的办法。因此，引进国际化的管理人才、招聘艺术管理、创意产业管理等新兴学科毕业的专门人才，重视文化艺术基础设施管理的“专业化”；并形成一种在多元中整合的理事会或跨国专家委员会制度等，将至关重要。

（二）加强传统产业交易平台向创意设计型展会的延伸

会展对于一个产业的发展具有多重促进意义。深圳文博会全名为“中国（深圳）国际文化产业博览会”，是一个国家级的国际文化产业博览会。到目前为止，我国国家级的综合性文化产业博览会还包括中国西部文化产业博览会、中国东北（沈阳）文化产业博览会、中国北京国际文化创意产业博览会和中国（义乌）文化产品交易会。除此之外，山东、湖北、江苏、福建、河南等省市乃至市县也都举办过综合性的文化产业博览会。可是，除了国家和地方之间的规模有别之外，我们似乎很难说清楚每一个博览会之间的区别性特征是什么。

深圳文博会走过十三年历程，随着经验的累积，在会场的管理、参展商的筛选等方面，越来越呈现出规范化和互动化的趋势[①]。但是在展会品牌上还没有形成明显区别于其他综合性展会的标志性“差异化”特色。其关键在于深圳对“文博会”的理解和定位，还比较止步于传统的产业交易平台。深圳是最早举办国家级文博会的城市，但并没有因此增加深圳这座城市在创意形象上的持续累积。

虽然产业性的展会或交易会，主要是以“交易”为目标，但是“文化创意产业”相对而言还是有其“作为文化象征产品”的第二重属性。文化产品对消费者的意义也绝不仅仅只是传统商品意义上的“使用价值”。在后工业时代的消费中，文化产业除了“内容产业”之外，其附加于传统制造业之上，通过设计将传统产品变成创意产品的过程，主要是为其添加了审美价值和象征价值，这两种价值的具体呈现拥有潮流性和“不确定性”，这也成为创意产业发展中一个明显的难题。

正因为文化创意产业的发展有其特殊性，尤其是在以设计产业的发展为主要带动的传统产业升级、新兴产业领跑的过程中，文博会固然要以产业“交易”平台为基本诉求，但同时，依循文化创意产业的特性，将创意设计文化的宣传附加到展会的“设计”中，将吸纳除了参展商、采购商之外更多的人群，包括普通市民、观光客、对新奇事物充满兴趣和好奇的年轻学生、相关专业准专业人群等，而他们都是潜在的消费者或者未来的创意阶层。针对他们，在市一级的层面进行协调，于全市各个创意空间、文化场馆，举办关联性的展会活动或者体验式的参与活动，正如台湾地区文博会在转型后所做的尝试那样，将有可能在带动创意设计文化被更多现代市民接受的同时，提升整座城市的创意魅力。

---

① 据笔者2017年5月在会场田野走访获得的口头访谈反馈。

（三）加强设计产业的基础研究，为“深圳设计”找到哲学层面的品牌化差异

现代设计肇始于现代工业的先发国家，英国、德国、意大利等都在各自的工业发展历史中以及独特的社会文化传统语境中形成了自己的设计理念乃至设计哲学。有学者总结欧洲工业设计的趋势有三大特点：独特性、个性化、标志化①。其中独特性、个性化两项，在中国的设计产业得到了极大的强调，因为它们比较明显地内化于当代全球资本主义差异化竞争的市场逻辑中。可是对“标志化”的理解，却在中国当下的设计语境中存在明显的疏忽，而事实却证明设计理念和哲学的“地域标志性”恰恰是设计产业得以进阶性发展，获得品牌化差异优势的重要质素。

例如，德国被公认为工业设计的发源地，不仅有乌尔姆造型学院、包豪斯设计学院，更有包豪斯在 1923 年就提出的“艺术与技术的新统一”的设计理念，指出技术不依赖艺术，而艺术却离不开技术。行业内的有识之士以同仁性质创办的“德意志制造联盟”也发挥了重要的理念宣传和探讨作用，共同促使德国的工业设计摸索出自己的标志性特点和哲学精神，即基本摈弃了传统而烦琐的装饰性特征，从造型的简约和功能的严谨中创造美感，同时严格保证产品质量，从而创造了“德国制造”世界性的美誉，近百年而不衰。

作为文艺复兴发源地的意大利，其设计在总体上则拥有较强的艺术与手工传统。以米兰理工大学设计学院以及 Domus 设计学院为代表的世界顶尖设计院校，不断在产学互动中更新着意大利设计的理念和内涵。尤其是 Domus 设计学院被称为“后工业时代欧洲最著名的设计学院”，而享誉业界的 Domus 设计杂志，其创办人吉奥·庞蒂正是倡导意大利“艺术的生产”的现代主义设计大师。通过杂志他传输了意大利设计要追求“实用美观”

① 于炜、姜鑫玉、郭明月、杨文鹏：《欧洲：英国、德国、意大利的工业设计现状、趋势》，载《中国工业设计发展报告（2014）》，社会科学文献出版社，2014。

的观念，同时发起组织了意大利蒙扎设计双年展和米兰设计三年展，影响了他同时代和年青一代的设计师们，极大地推动了意大利现代设计风格的形成。

相比较而言，英国的设计产业重视整体性和设计管理并引领了当代“高街风格”（High Street style）；北欧设计则以社会学家埃伦·凯“大众化的美”为总体理念，坚持为日常生活设计，形成了“优良设计”的简约美学风格。

随着时代的发展，绿色设计、可持续设计以及社会设计（social design）等一系列新的概念和理念正逐渐突破传统工业设计“产品设计”的范畴，越来越突出了设计作为一种策略性工具可能给当今各种社会问题带来解决方案，它包括了产品设计而又更拓展到广泛的社会事业、城市更新，乃至经济、环境、社会的发展等各方面。在强调设计师的社会责任的同时，当代社会设计、可持续设计更像一个系统性的工程，谁能在这个新兴领域“设计”出一套涉及整座城市发展的系统化管理方案或机制，谁就能创造出符合这个时代需求和趋势的新的地域性“设计品牌”以及独特的创意城市品牌形象。

深圳作为一座崛起中的创新型城市，正在努力发展自己的城市发展理论，市委、市政府也高度重视“深圳学派”的建设。寻找这座因改革开放“伟大设计”而诞生的创新性新城的“学派特色”，无须在传统人文学科的相对“短板”领域去与北京、上海争优势，而应该在深圳现有的科技创新、设计创新优势基础之上，以适应未来趋势的“文化创意大人文观”为视角，积极发展设计以及设计产业的基础性研究，努力探索出“深圳设计”的独特精神内涵与哲思质地。在这个总体的“标志性”的城市设计理念的指导下，不仅有利于深圳设计产业在全球化时代的“差异化竞争”，更能够以此塑造深圳作为“设计之都”的独特魅力，达到二者整合性发展的双重目标。

B.11

深圳健身休闲产业发展现状、问题与对策研究

高小军*

摘　要： 本报告对深圳市健身休闲产业的整体规模、产业结构、产业主体、区域分布、重点细分产业进行了系统介绍，对其所面临的产业总体规模不大、产业结构有待优化、基础服务体系不健全、相关业态融合不深、产品开发运营能力不足等问题进行了分析，并对此提出了针对性的对策建议。

关键词： 深圳　健身休闲产业　产业结构　业态融合

当前，随着我国经济社会发展迈入新时代，社会主要矛盾转变为人民日益增长的美好生活需要和不平衡不充分的发展之间的矛盾，人民群众对于多样化的体育健身休闲需求呈现爆发式增长，人们的体育消费方式也逐步从传统的以体育用品等实物型消费向以体育健身休闲、服务等体验型、参与型消费转变，特别在国家大力实施“健康中国”战略的背景下，健身休闲产业已经发展为现代体育产业最具活力和发展潜力的组成部分。2016 年以来，国家在推动健身休闲产业发展方面先后出台《“健康中国 2030”规划纲要》《全民健身计划（2016－2020 年）的通知》《关于加快发展健身休闲产业的指导意见》《体育产业发展十三五规划》《关于进一步扩大旅游文化体育健康养

* 高小军，深圳市特区文化研究中心助理研究员。

老教育培育等领域消费的意见》等一系列纲领性政策文件。同时，国家体育总局为贯彻《国务院关于加快发展体育产业促进体育消费的若干意见》精神，联合国家发改委等多部委正式印发了《山地户外运动产业发展规划》《水上运动产业发展规划》《航空运动产业发展规划》《冰雪运动发展规划（2016－2025年）》；国家旅游局和国家体育总局联合出台了《关于大力发展体育旅游的指导意见》，一系列密集出台的政策举措，为以体育、文化、旅游、健康深度融合为主要特点的健身休闲产业发展，提供了前所未有的机遇。预计2025年，中国健身休闲产业总规模将达到3万亿，成为新时代引领产业结构、消费模式、经济动能、发展方式等转型升级的强劲引擎，成为实现全民健身与全民健康，满足人们对美好健康生活向往的重要保障。

深圳作为引领中国经济结构转型升级的标杆城市，特别是文化创意相关产业发展迅速，“文化＋旅游”“文化＋科技”“文化＋金融”等“文化＋”模式引领全国，文化创意产业已经成为深圳国民经济的第四大支柱产业。与文化创意产业相比，在国家战略的推动下，深圳健身休闲产业发展面临新形势与新机遇，深圳市委、市政府先后出台《深圳经济特区全民健身条例》《关于促进体育产业发展若干措施的通知》《深圳市全民健身实施计划（2016－2020年）》等政策举措，大力推动健身休闲相关产业的发展。

一　健身休闲产业相关概念界定

《国务院办公厅关于加快发展健身休闲产业的指导意见》（国办发〔2016〕77号）明确将健身休闲产业界定为“以体育运动为载体、以参与体验为主要形式、以促进身心健康为目的，向大众提供相关产品和服务的一系列经济活动，涵盖健身服务、设施建设、器材装备制造等业态”。由此可见，健身休闲产业与体育服务业、体育用品制造业、体育场地设施建设等传统体育产业的界定有所不同。一是概念更加宽泛，涵盖内容更广，既包括体育健身、体育休闲、体育旅游、体育观赛等参与性、观赏性活动，也包括健身休闲相关的器材装备研发制造、培训服务、中介服务等所有与健身休闲相关的产品与服务。二是凸显产业事业融合发展。健身休闲产业与全民健身事业，与文化、旅游、健康、农业、航空、交通运输等产业融合互动，密不可分。三是健身休闲产业对于整个体育产业具有特殊地位和影响力，是整个体育产业发展的原动力，在整个体育产业中具有重要地位。美国经济学家艾尔菲·米克曾将体育娱乐与休闲产业（Sports entertainment and recreation）、体育产品与服务、体育组织作为体育产业的三大支柱。

二　深圳健身休闲产业发展的整体概况

（一）产业总体规模快速增长

2016 年，深圳市体育产业总产出达 553.78 亿元，同比增长 11.0%，是 2011 年的 2.6 倍，2011 ~2016 年年均增长率达 21.2%；增加值达 214.99 亿元，同比增长 11.4%，是 2011 年的 2.7 倍，年均增长率达 24.4%，远高于深圳市 2016 年 GDP 增长幅度（9.0%）（见图 1）。在经济发展新常态下，深圳体育产业保持较快增长速度，体育产业对全市经济的贡献度逐渐提升。2016 年深圳市体育产业增加值占当年全市 GDP（19492.60 亿元）的比重为 1.1%，高于全国同期平均水平（0.8%）0.3 个百分点。

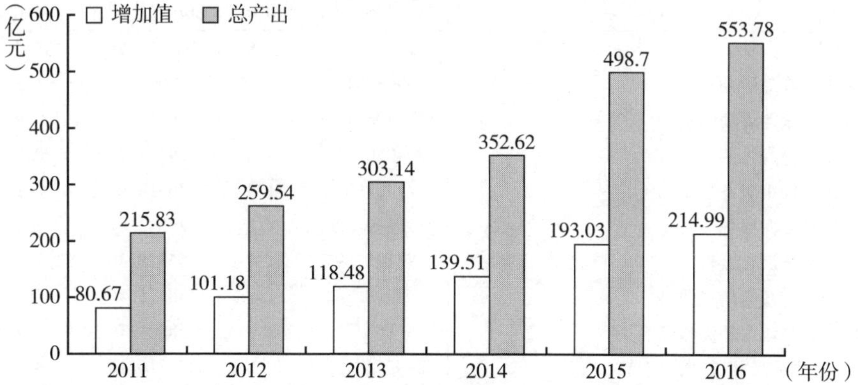

图 1　深圳市体育产业历年总产出及增加值

（二）产业结构有待优化

从产业构成来看，2016 年深圳市体育用品及相关产品制造业总体规模最大，相关企业单位达 1418 家，总产出为 329.84 亿元，占全市体育产业总产出 59.6%；实现增加值 84.67 亿元，占全市体育产业增加值的比重为 39.4%。其中，体育用品制造和体育服装鞋帽制造合计占比企业达 1264 家，总产出最多。在体育器械及配件制造、运动车、船、航空器等设备制造领域也占有一定优势，涌现出大疆无人机、好家庭、喜德盛等知名健身设备器材制造企业。

体育服务业作为健身休闲产业核心本体行业，包括体育管理活动、体育场馆服务、体育健身休闲活动、体育竞赛表演活动、体育培训与教育、体育中介服务、体育传媒与信息服务、其他与体育相关服务八大细分行业。2016 年深圳市体育产业实现总产出约 141.77 亿元，占全市体育产业总产出的 25.6%；创造增加值约 76.34 亿元，占全市体育产业增加值的 35.5%。在体育服务业中，体育健身休闲活动规模最大，总产出约 80.41 亿元，占全市体育产业总产出的 14.5%，增加值约 42.93 亿元，占全市体育产业增加值的 20.0%。

表 1　2016 年深圳市体育产业总产出、增加值类别构成

类别	总产出		增加值	
	数值(万元)	占比(%)	数值(万元)	占比(%)
总计	5537799.98	100.0	2148858.60	100.0
1. 体育服务业	1417720.35	25.6	763444.55	35.5
(1)体育管理活动	69657.13	1.26	39007.51	1.8
(2)体育竞赛表演活动	32406.15	0.6	19243.15	0.9
(3)体育健身休闲活动	804066.42	14.6	429318.26	20.0
(4)体育场馆服务	77404.94	1.4	46918.86	2.1
(5)体育中介服务	96899.92	1.8	47840.87	2.2
(6)体育培训与教育	77123.69	1.4	55518.36	2.6
(7)体育传媒与信息服务	103998.58	1.9	58575.75	2.7
(8)其他与体育相关服务	156163.51	2.8	68021.79	3.1
2. 体育用品及相关产品制造	3298354.10	59.6	846716.16	39.4
3. 体育用品及相关产品销售、贸易代理与出租	751189.59	13.6	523045.53	24.3
4. 体育场地设施建设	70535.93	1.3	16652.36	0.8

（三）中小企业是产业发展主力

从体育产业单位规模来看，体育产业以中小企业为主，有影响力的品牌企业较少。调查数据显示，体育收入在500万元以下的单位数5285家，占88.8%；500万～1000万元的单位数205家，占比3.5%；1000万～2000万元的单位有125家，占比为2.1%；2000万元及以上的单位有334家，占比为5.6%。

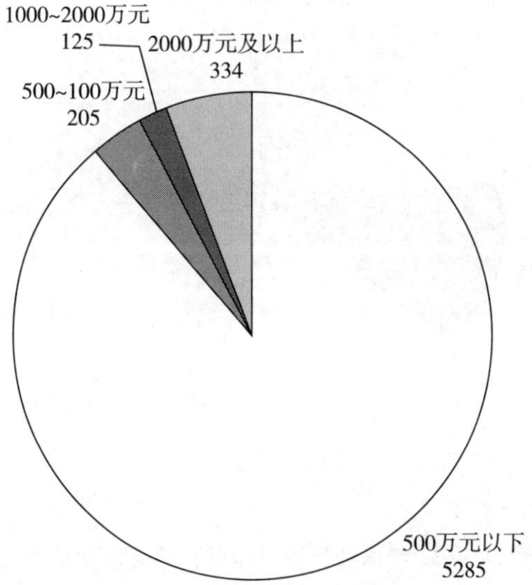

图2　2016年深圳体育产业规模分布（家）

（四）产业区域分布不均衡

从产业分布上来看，宝安区、南山区、福田区体育产业规模较大，相关企业产业集聚程度较高，成为深圳体育产业发展的核心区域。统计数据显示：三区2016年分别实现体育产业总产出109.35亿元、98.24亿元和84.58亿元，合计占全市比重为52.8%；分别创造增加值36.67亿元、39.63亿元和43.75亿元，合计占比为55.9%。龙岗区、龙华区、罗湖区、光明新区的体育产业规模相对较大，占全市比重均在10%左右。相比而言，自然山海户外资源相对丰富的盐田区、坪山区和大鹏新区体育产业总体规模较小，总产出占全市比重均不足3%。从区域产业结构来看，福田区、南山区、罗湖区以体育服务业为主。宝安区、龙岗区则以传统体育用品相关制造业为主。

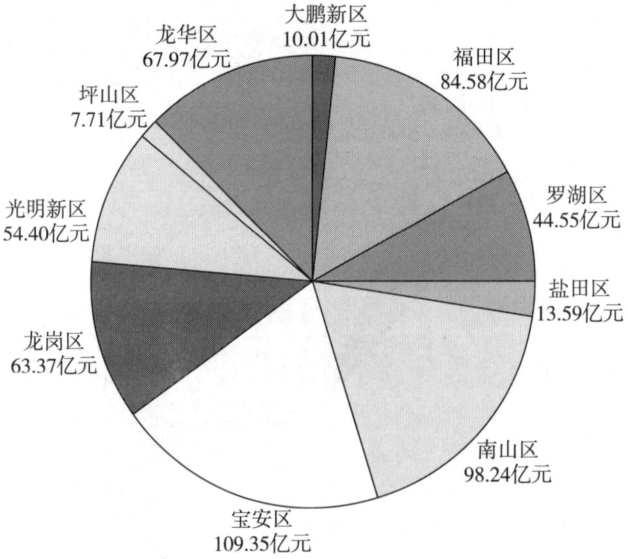

图3 2016年深圳各区（新区）体育产业总产出

三 深圳健身休闲产业重点发展领域

经过多年发展，深圳健身休闲产业形成了高尔夫运动、水上运动、健身会所、航模运动四大优势领域。与此同时，深圳在高尔夫、航模、游艇、无人机、运动及竞赛自行车、健身器材等体育用品及相关产品制造领域形成了一定的规模和优势，拥有了一定的健身休闲消费市场和消费人群，相应的健身休闲基础设施也不断增多和完善，培育出一批具有竞争力和发展潜力的市场主体。

（一）高尔夫运动产业

2016 年出台的《竞技体育“十三五”规划》《国务院办公厅关于加快发展健身休闲产业的指导意见》明确将高尔夫列为竞技体育范围，鼓励高尔夫等时尚运动项目健康发展。2017 年 8 月，深圳出台《关于促进体育产业发展若干措施》明确将“发展高尔夫运动，建设以绿道和高尔夫球为依托的体育旅游休闲功能区”作为重点任务。在政策推动下，深圳高尔夫运动整体发展较好。据统计，2016 年深圳高尔夫运动总产出为 27. 37 亿元。2015 ~2017 年连续三年举办的高尔夫深圳国际赛是由欧洲职业高尔夫巡回赛和中国高尔夫球协会共同认证，这是中国大陆唯一以城市命名的欧巡一级赛事。深圳高尔夫运动整体发展态势仍然面临挑战。统计数据显示，2016 年深圳在统高尔夫企业超过半数，总产出低于上一年。高尔夫运动在深圳发展面临转型升级，一方面，亟待加强高尔夫运动文化的普及与推广，完善基础配套，融入市民日常健身休闲活动；另一方面，要推动高尔夫运动市场运营主体转型升级，引进和培育高端赛事，提升高尔夫健身消费环境，延伸高尔夫运动产业链，促进高尔夫运动产业向展会、文化等价值链高端转型。

（二）水上运动产业

水上运动产业是健身休闲产业的重要组成部分，主要涵盖帆船（板）、赛艇、皮划艇（激流）、摩托艇、滑水、潜水（蹼泳）、极限（冲浪、漂流）等项目。发展水上运动产业，能够有效带动健身、休闲、娱乐以及器材设施设备等相关产业和产业链的发展。2016 年国家体育总局出台的《水上运动产业发展规划》，预计 2020 年水上运动产业总规模将达到 3000 亿元。深圳拥有得天独厚、风景宜人的海岸线与海洋资源，为发展水上运动提供了优质的空间与环境。2017 年 5 月，国家海洋经济发展“十三五”规划明确深圳创建全球海洋中心城市，大力发展水上运动产业成为深圳海洋战略的重要内容。2017 年 8 月，深圳发布《关于促进体育产业发展的若干措施》，明确发展帆船运动，建设以滨海资源和运动设施为依托的水上赛事组织和休闲示范区，推动水上运动创新发展列为重点任务。

在水上运动赛事方面，近年来，深圳成功举办中国杯帆船赛、Hobie 帆船亚洲锦标赛、亚洲海岸赛艇锦标赛、中国摩托艇公开赛等高水平水上运动国际赛事。在水上运动休闲方面，深圳已经兴起集帆船环岛、游艇出海、桨板、浮艇、皮划艇等为一体的海岛休闲旅游项目。在水上运动相关产业链拓展方面，围绕游艇、帆船产业，深圳正推动形成集游艇研发、制造、展示、交易、比赛、租赁、培训等为一体的全产业链条。

但总体而言，深圳水上运动产业目前依然处于起步阶段，水上运动产业发展与深圳作为全球海洋中心城市的战略定位尚不匹配，存在水上运动基础设施配套不健全，水上运动市场主体数量不多，规模不大，水上运动尚未成为市民健身休闲生活的主要方式。但从深圳具备的资源和发展趋势来看，未来深圳水上运动相关产业具有巨大的成长空间与发展潜力。

（三）航空运动产业

航空运动产业主要包括运动飞机、热气球、滑翔、飞机跳伞、轻小型无人驾驶航空器、航空模型等航空运动项目相关产业。航空运动往往科技含量高、消费时尚，是体育与科技相关产业融合的代表。深圳目前已形成以无人机、航模为代表的航空运动产业雏形，成为深圳健身休闲产业的新兴热点领域，以深圳大疆创新科技有限公司为代表的无人机产业链初步形成。2016年“大疆”在全球消费级无人机市场份额超过70%，成为消费型无人机产业的全球引领者。在航空运动赛事方面，在无人机产业的带动下，深圳航空运动赛事及相关产业潜力巨大。2017 年，世界无人机锦标赛宣布落户深圳，引领无人机运动产业进一步向纵深发展。

（四）山地户外运动产业

山地户外运动主要是指以自然山地环境为载体的登山、徒步、露营、骑行、自然岩壁攀登等项目。深圳山海及绿道资源丰富，山地户外运动具有广泛的群众基础。2016 年，深圳全民健身情况调查统计显示，经常参与体育锻炼的人群中选择登山、骑行等山地户外运动占比达 23.6%，仅次于慢跑、健步走、羽毛球位列第四。[①] 2017 年，深圳大鹏新区依托优质山海资源，以户外运动作为体育旅游产业核心战略，获批国家旅游业改革创新先行区。

在山地户外基础设施方面，截至 2015 年底，深圳各类绿道总长度达 2400 公里，连接起全市各类山地、海岸线、公园等户外运动区域，健全的绿道设施为发展骑行、徒步走、登山等户外运动提供了基础保障。

在山地户外赛事活动方面，由深圳山地户外运动爱好者 2001 年发起的"磨房深圳百公里"徒步走活动，经过 17 年的发展，已经成为数万市民参与，具有全国影响力的户外嘉年华品牌。"磨房深圳百公里"实现了全民健身休闲赛事与自然生态保护、公益慈善、文明宣传等项目的创新融合，赋予徒步行走以多元的文化价值，成为深圳的城市名片。

在山地户外产业主体方面，深圳拥有以喜德盛为代表的山地自行车研究及制造龙头企业。2016 年，伴随着共享单车爆发性增长，深圳喜德盛自行车有限公司实现总产出 15 亿元。此外，深圳登山户外运动协会早在 2007 年建立了国内首个户外运动证书培训体系，先后在山地户外救援组织与培训、山地户外赛事运营与管理等领域形成领先优势。

（五）健身休闲活动

近年来，为公众提供可参与和选择的健身休闲服务迎来了爆发式增长。以健身休闲会所为代表的健身场馆及其服务发展迅速。深圳作为一座人口过千万的年轻移民城市，截至 2016 年底，深圳常住人口平均年龄仅为 32.5 岁，健身休闲消费呈现从实物型消费向参与型、服务型消费转变，参与体育健身休闲活动服务的需求增长潜力巨大。有资料显示，2016 年深圳成为中国健身房（健身房及工作室）数量最多的城市之一，深圳以每百万人拥有

① 资料来源：2016 年深圳市国民体质状况公报。

113 家健身房，位列北京、上海之后，居第三位。2016 年，深圳以市场化、消费型健身休闲会所、场馆为代表的各类健身休闲服务业发展迅猛。据统计，2016 年深圳市体育健身休闲活动从业单位数为 422 家，从业人员 28320 人，共实现总产出 80.41 亿元，创造增加值 42.93 亿元。[①] 代表性企业深圳中航健康时尚集团大力推动多品牌，连锁化经营，以多形态、跨区域发展的复合经营模式，已成为中国健身休闲行业的领军企业。

四 深圳建设休闲产业发展面临的主要问题

（一）健身休闲产业总体规模亟待提升

近年来，随着体育产业“十三五”规划的开展及一系列体育政策红利的爆发，深圳健身休闲产业发展保持快速稳健增长，但对标上海、广州等体育产业发达城市，深圳整体产业规模不大，在整个国民经济中，占比依然偏低。2016 年，深圳体育产业总产出 553.78 亿元，增加值 214.99 亿元，占当年全市 GDP 比重为 1.1%。同年，上海市体育产业总产出（总规模）为 1045.87 亿元，增加值为 421.27 亿元，占当年全市 GDP 比重已达 1.5%（见表 2）。而广州市 2015 年体育产业总产出高达 1646.8 亿元，增加值达 345.72 亿元，体育产业增加值占全市当年 GDP 达 1.91%。2016 年，广州市发布《加快发展体育产业促进体育消费实施意见》，明确广州体育产业总规模将在 2025 年达 2500 亿元，占全市 GDP 的比重达到 5% 左右，成为广州新兴支柱产业[②]。一般认为，一个国家或地区要达到体育产业发达国家水平，体育产业总产值一般要达到 GDP 比重 3% 左右。由此可见，深圳健身休闲相关产业的整体规模与其作为国内一线城市和现代化国际化创新型城市的目标定位尚不匹配。

---

① 资料来源：2016 年度深圳市体育产业统计调查报告。

② 资料来源：《广州市人民政府关于加快发展体育产业促进体育消费的实施意见》（穗府〔2016〕24 号），http：//zwgk. gd. gov. cn/007482532/201701/t20170112_ 689665. html。

表2　2016 年上海市体育产业总产出和增加值*

体育产业类别名称	总量(亿元)		结构(%)	
	总产出	增加值	占总产出比重	占增加值比重
上海市体育产业	1045.87	421.27	100.0	100.0
体育管理活动	31.37	18.02	3.0	4.3
体育竞赛表演活动	35.71	23.68	3.4	5.6
体育健身休闲活动	45.66	30.27	4.4	7.2
体育场馆服务	18.24	12.55	1.7	3.0
体育中介服务	8.82	1.87	0.8	0.4
体育培训与教育	17.26	12.58	1.7	3.0
体育传媒与信息服务	60.48	36.77	5.8	8.7
其他与体育相关服务	59.89	10.52	5.7	2.5
体育用品及相关产品制造	350.47	72.16	33.5	17.1
体育用品及相关产品销售、贸易代理与出租	397.93	197.84	38.0	47.0
体育场地设施建设	20.04	5.01	1.9	1.2

*资料来源：《上海市体育局　上海市统计局联合发布2016 年上海市体育产业规模及增加值数据的公告》，上海市体育局网站，http://www.shsports.gov.cn/General/InfoPublicFinancialDetail/2f35e951－8094－4441－ad7c－fdee43aebe4f。

（二）体育服务业规模较小，健身休闲产业结构失衡

目前，深圳健身休闲产业总体上呈现多层次、多样化的发展格局。但与上海、广州等国内健身休闲产业发达城市相比，深圳健身休闲产业中体育用品行业占比较大，尚处于健身休闲相关产业价值链的中低端水平，体育服务业等健身休闲产业核心本体产业占比有待提升。2016 年深圳体育用品及相关产品制造总产出合计占比达 59.6%，占比最大；体育服务业（除体育用品和相关产品制造业、体育场地设施建设外的其他 9 大类）占比 39.1%，体育中介服务、体育培训与教育以及体育传媒与信息服务等占比均不足 2%。[①] 健身休闲产业核心层具有较大提升空间。

① 资料来源：2016 年度深圳市体育产业统计调查报告。

健身休闲相关体育服务业往往是评价区域健身休闲产业发展水平的重要指标。欧美健身休闲产业发达国家，体育服务业在整个体育产业中占比极高。资料显示：2013 年，美国体育产业总规模约 4400 亿美元，约占当年 GDP 的 3%，其中体育服务业所占比重超过 80%。英国、法国、德国、澳大利亚、日本和韩国的体育服务业占体育产业总产值的比例也均超过 60%①。国内发达城市方面，2016 年上海体育服务业（除体育用品及相关产品制造业、体育场地设施建设外的其他 9 大类）总产出和增加值分别为 277.43 亿元和 344.10 亿元，占上海市体育产业总产出和增加值的比重分别达 64.6% 和 81.7%（见表 2），相关指标远超深圳。因此，未来深圳应进一步提升体育服务业在整体产业中所占比例，加快推进健身休闲产业结构转型升级。

（三）健身休闲基础设施配套不健全

全民健身事业及其相关公共体育设施是培育市民健身休闲的生活方式，是推动健身休闲产业发展的基础保障。深圳土地资源紧缺，人口密度大，长期以来深圳全民健身设施及服务体系建设配套，不仅落后国内同等发达城市，部分指标甚至低于全国平均水平。

1. 深圳健身休闲相关基础设施存在总量不足，经常性体育锻炼人口有待提升

据统计，截至 2016 年底，深圳共有体育场地面积 1638 万平方米，人均体育场地面积 1.37 平方米②。经常参加体育锻炼人数 344 万人，占全市常住人口约 30%。而同期，上海市共有体育场地面积达 4155.69 万平方米，人均体育场地面积达 1.83 平方米。经常参加体育锻炼的人数比例达到全市常住人口的 42.2%③，差距显著。

---

① 陈琳：《国际体育健身休闲产业发展现状与趋势研究》，《长三角体育产业发展报告（2016）》，社会科学文献出版社。

② 资料来源：2017 年创造深圳质量评价考核表。

③ 资料来源：上海市体育局《2016 年上海市全民健身发展报告》。

2. 公共体育场地场馆免费或优惠开放机制不健全

深圳土地资源紧缺，公共体育场馆总量存在先天不足，但在这种背景下，现有市、区、街道公共体育场馆依然存在过度市场化、商业化运营倾向，政府在探索公共体育场馆社会化运营的过程中，存在政府主导责任缺位，对场馆运营企业绩效考核和监管机制不健全，部分场馆热衷举办商业展会及竞演活动，收费健身休闲项目偏多，市民群众日常免费或低价参与健身休闲的基本权益难以有效保障。在如何实现各级公共体育场馆，特别是市、区大型体育中心，免费、低价提供基本性、普惠性、公益性体育健身服务方面依然面临挑战。

3. 原特区内外健身休闲资源配置不均衡

除龙岗、大鹏外原特区外区全民健身基础设施人均水平都低于全市平均水平。特别是原特区外龙华、光明两区 2016 年人均体育设施面积均分别为 0.72 平方米和 0.84 平方米[①]，低于全市平均水平达 50%，更是远远低于全国人均 1.57 平方米的水平。2016 年全市体育场馆服务统计显示，全市体育场馆服务单位 69 家，主要集中在原特区内福田、南山、罗湖，分别为 20 家、12 家、11 家，合计占比超过 60%。其中，光明、坪山、龙华、大鹏四区合计仅为 7 家[②]，差距显著。

（四）健身休闲相关产业融合不深

健身休闲产业本身具有发展潜力大、辐射范围广、关联度高、带动作用强等特征，加强健身休闲相关产业的融合是发挥健身休闲产业引领作用，推动体育产业向纵深发展的强劲引擎。目前深圳体育产业与其相关产业的融合主要体现在体育中介、体育传媒与信息、体育培训与教育、其他与体育相关的服务等产业，2016 年合计实现总产出仅为 43.42 亿元，合计占体育产业总产出比例为 7.8%。而同期上海相关产业实现总产出达

---

① 资料来源：2017 年创造深圳质量评价考核表。

② 资料来源：2016 年度深圳市体育产业统计调查报告。

146.45 亿元，合计占体育产业总产出比例为 14%，深圳产业融合程度有待进一步提升（见图 4）。

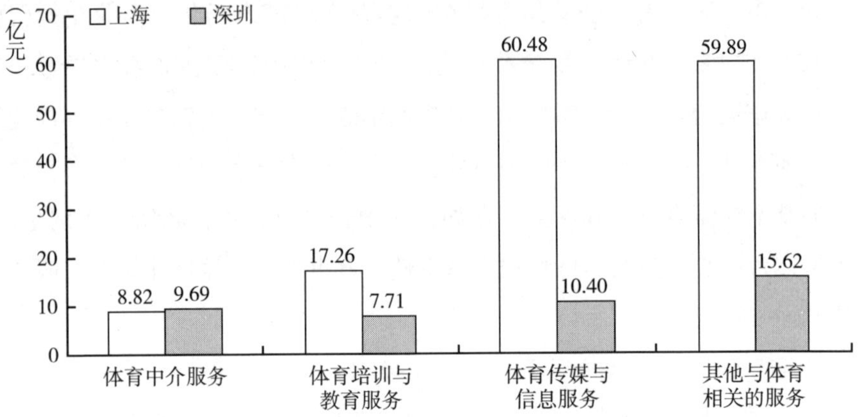

图 4　2016 年上海、深圳体育相关新兴产业总产出对比情况

特别在健身休闲旅游融合方面，深圳在水上运动、山地户外运动、航空运动等领域具有较大的资源优势和发展潜力，但目前整体发展水平不高。盐田、大鹏、坪山等资源聚集区域交通、住宿、安全救援等公共基础配套不足，游艇码头、户外露营地、滑翔跳伞基地等运动配套设施建设规划滞后，缺乏有常态化、有竞争力的高端健身旅游产品与服务。现有水上及户外运动赛事和体验活动尚未形成强大的品牌吸引力，游客引流能力十分有限。此外，健身休闲与高新技术、金融、文化创意、现代会展等深圳优势产业融合方面尚处在初级阶段，未来发展潜力巨大。相比而言，欧美等体育产业发达国家，健身休闲与科技、金融、旅游、通信、媒体、游戏网络等产业充分融合发展，创造了巨大的产业效益和社会效益。

（五）健身休闲产品服务开发运营能力不足

健身休闲产品服务的开发与供给是整个健身休闲产业链条的核心，它决定了健身休闲产品供给结构与品质情况，也反映了健身休闲产业产品、服务、管理、运营模式的创新能力与创新水平。深圳在健身休闲产品服务运营能力上与国际国内发达地区相比显著不足。

一是高端体育赛事运营及推广能力不足。近年来，深圳积极发展各种体育赛事，如 WTA 网球公开赛、ATP 网球公开赛、中国杯帆船赛、深圳国际马拉松、高尔夫深圳国际赛、CBA 联赛、NBA 季前赛、中国女子排球俱乐部联赛、深圳无人机大赛、腾讯电子竞技大赛等高水平国际国内赛事，但这些赛事的商业运营与开发能力尚需进一步提升，特别是围绕赛事的门票出售、冠名权转让、电视转播权出让、公众赛事推广、俱乐部文化衍生品等市场或产业链条需要进一步开发和整合，城市赛事文化氛围及文化 IP 开发营造能力不足。

二是缺乏有影响力的健身休闲产品服务品牌。主要表现在深圳体育产业有全国影响力的企业，如好家庭、大疆科技等主要集中体育用品制造领域，缺乏具有全国影响力，代表城市名片的品牌性体育项目、体育俱乐部、体育企业和体育名人，特别是在足球、篮球、排球、网球、羽毛球等普及性广、社会关注高的项目领域，品牌俱乐部的缺失往往不利于城市形成体育产业赖以生存的体育文化氛围与体育消费市场。

五　促进深圳健身休闲产业发展的主要对策

（一）完善公共体育服务体系，改善健身休闲消费环境

一是完善的公共体育服务体系是推动健身休闲产业的基础和前提。应进一步强化政府主导责任，保障市民参与基本体育健身的权利。推动全民健身设施、空间、活动与城市居住区规划设计相融合，特别是要在城市更新、旧城改造中统筹和强化公共健身休闲设施、项目的规划建设，扩大健身休闲设施空间的类型，科学规划健身休闲项目的空间布局，增加健身休闲设施用地供给和配套设施配建的比例，充分开发和赋予公园、绿地、空置场所、屋顶、地下室等区域作为健身空间的功能，大力建设社区健身休闲设施体系，形成城市 15 分钟健身圈。推动健身休闲设施与住宅、文化、商业、娱乐等

综合开发，打造健身休闲娱乐综合体。

二是整合现有体育场馆资源，推动公共体育场馆免费低价开放。强化政府主导责任，突出公共体育场馆社会效益，落实《深圳市公共体育场馆惠民开放指导意见》，实现全市公共体育场馆免费、低价面向市民群众开放，加大财政支持力度，强化绩效考核，细化和明确公共体育场馆开放的时间、内容与服务标准，提升公共体育场馆健身服务水平。推动有条件的学校体育场馆设施在课后和节假日对本校学生和公众有序开放。在保障基本公共健身休闲服务的基础上，探索公共体育场馆社会化运营机制，拓宽健身休闲服务项目与内容，满足多层次健身消费需求。

三是推动全民健身休闲运动普及，改善大众体育消费环境。政府与社会联动，推动足球、篮球、排球、网球、马拉松、帆船等社会关注度高、普及性广、影响力大的健身休闲运动的培育和推广，加大相关运动场地空间配套、人才培训引进、赛事组织运营等基础配套服务体系。顺应消费升级趋势，支持和推动健身休闲会所、健身休闲俱乐部等健身培训机构的转型升级与创新发展，推动政府公共体育服务与商业性健身休闲会所、俱乐部、社会健身培训机构的融合发展，探索通过购买服务、项目委托运营等形式，鼓励健身休闲企业参与全民健身服务，扩大和引导市民健身休闲消费行为。

（二）培育健身休闲城市品牌，优化健身休闲供给品质

一是培育健身休闲企业品牌，鼓励具有自主品牌、创新能力和竞争实力的健身休闲骨干企业做大做强，通过管理输出、连锁经营等方式，进一步提升核心竞争力，延伸产业链和利润链，支持具备条件的企业“走出去”，培育和引进一批具有国际竞争力和影响力的领军企业集团和体育俱乐部。支持企业实现垂直、细分、专业发展，鼓励各类中小微健身休闲企业、运动俱乐部向“专精特新”方向发展，强化特色经营、特色产品和特色服务。

二是完善以企业为主体的体育赛事市场化运作机制，创立、培育、引进一批具有国际影响力的高端体育赛事品牌。加快发展足球、篮球、排球、网球、乒乓球、羽毛球、帆船、马拉松等普及性广、关注度高、市场空间大的

运动项目，培育打造一批与深圳经济社会力量发展和城市定位相匹配的高水平职业体育俱乐部。

三是大力推动社会力量的全民体育赛事活动，支持和培育磨坊网、深圳山地户外运动协会等有竞争力的企业和社会组织参与各类型全民参与的体育活动及赛事的组织与承办，提升其参与省市级体育赛事、国际大赛等赛事的组织运作能力，大力发展有文化内涵、创新能力的特色体育赛事和活动，推动以体育赛事服务为核心的产业链发展，延伸体育赛事服务文化商业双重价值，促进体育中介服务产业的多层级、多方面健康发展。

（三）善用山海生态资源，发展健身休闲特色产业

整合深圳海洋、沙滩、山地、绿道、郊野公园等自然生态资源，制定专项发展规划，形成以水上运动、山地户外运动、航空运动为战略支撑的健身休闲特色产业链。推广登山、攀岩、徒步、露营、拓展等山地户外运动项目，推动山地户外运动场地设施体系建设。完善山地户外运动赛事活动组织体系，加强户外运动指导员队伍建设，完善山地户外运动安全和应急救援体系。推动公共船艇码头建设和水上运动俱乐部发展，积极发展帆船、赛艇、皮划艇、摩托艇、潜水、滑水、漂流等水上健身休闲项目，实施水上运动精品赛事提升计划，依托水域资源，推动大鹏、盐田等滨海区域形成水上运动产业集聚区。实现特色健身休闲产业与生态保护、健康养老、体育旅游等产业的融合发展，提升健身休闲产业的综合竞争力。依托深圳文博会、高交会等国家级展会平台和展会运营优势，整合国内外优质健身休闲产业相关市场主体，打造以水上运动、山地户外运动、航空运动为核心的具有国际影响力的装备、器材、服务展会。大力发展游艇、帆船、潜水、航模、民用飞行器、智能健身穿戴设备等健身休闲高端制造业和租赁服务业。

（四）依托科创产业优势，推动“互联网+健身休闲”

鼓励开发以移动互联网、大数据、云计算技术为支撑的健身休闲服务，推动传统健身休闲企业由销售导向向服务导向转变，提升场馆预定、健身指

导、运动分析、体质监测、交流互动、赛事参与等综合服务水平。积极推动健身休闲在线平台企业发展壮大，整合上下游企业资源，形成健身休闲产业新生态圈。一方面，推动健身休闲器材装备研发制造、智能穿戴设备等产业的发展。依托深圳互联网和高科技企业密集的优势，推动健身休闲产业的"互联网+"模式，推动健身休闲装备制造企业与大数据、云计算、人工智能、无人机等产业融合发展，实现健身装备产业的转型升级。另一方面，推动健身休闲相关体育新媒体服务。充分依托腾讯体育、腾讯电竞等体育新媒体，大力发展网络赛事转播、网络体育广告、电子竞技网络直播等服务，推进健身休闲产业与互联网视频直播、点播、短视频制作等互联网行业的融合。

（五）促进产业互动融合，推动健身休闲产业新业态发展

目前深圳体育产业和其他产业融合发展的深度有待进一步加强，一是加强与金融业、文化创意、教育培训、旅游、互联网等融合发展。鼓励体育产业大中型企业进行创新尝试，拓展新业态的成长空间；充分依托深圳文创产业、旅游产业的优势，促进体育文化、体育基金、体育旅游、体育传媒、体育会展等相关新业态的发展。二是促进"体育+互联网"的快速发展，"互联网+"体育的新模式解决了传统体育痛点，成为当前体育产业发展的趋势。互联网企业可以考虑通过引进赛事、自制比赛等吸引并汇聚用户构成用户群，或是引导用户通过O2O模式购买各种智能运动装备，构建"互联网+"体育产业的生态模式。三是推动与健康产业融合。推动"体医结合、体养结合"，加强科学健身指导，积极推广覆盖全生命周期的运动健康服务，依托深圳丰富的自然生态资源优势，探索发展以体育疗养、户外休闲为特色的健康养生小镇，推动传统中医理疗等相关产业与体育、旅游产业的融合发展。

B.12
大芬国际艺术产业综合区的打造

周　峰*

摘　要： 大芬油画村作为中国文化产业的先行者和国家级文化产业示范基地，正面临前所未有的发展机会，处在新时代转型升级的关键阶段，同时也存在发展瓶颈及危机。本报告讲述了大芬油画村的形成、发展轨迹及基本现状，对大芬美术产业未来发展做了SWOT分析，从而启示大芬应充分利用所在深圳的区位优势，抓住当前大众消费升级及粤港澳大湾区发展的有利形势，将大芬国际艺术产业转型成新时代所需的综合性国际艺术新园区。

关键词： 大芬油画村　国际艺术产业　产业园区　深圳

一　大芬油画村的形成、发展轨迹与基本现状

（一）大芬油画村的形成

1989年，香港画商黄江来到大芬，租用民房招募学生和画工进行油画创作、临摹和批量转销，由此将油画这一特殊产业带入了大芬村。随着越来越多的画家、画工、画商进驻大芬村，逐步形成以油画产销为主的完整产业链，大芬村因此成名，“大芬油画”由此成了国内外知名的文化品牌。

* 周峰，大芬美术产业协会会长。

大芬油画村的形成是必然中的偶然，是全球产业转移大潮中的一部分。油画产业源于15世纪欧洲，20世纪初在美国迅速发展，20世纪60年代转移至亚太，尤其是当时的中国台湾、中国香港和韩国等地都有油画产业聚集地。1978年12月十一届三中全会，中国开始实行对内改革、对外开放的政策，随着中国大陆改革开放，油画产业转移至大陆。深圳临近香港得地利之便，由此形成大芬油画村，中国台湾、中国香港和韩国聚集地已经不复存在。近年来，随着深圳生产和生活成本的逐渐增高，走同质化竞争、严重依附人力路线的产业已经转场到成本更低的地方，目前福建、浙江等一些地区已经承接大芬部分业务，在越南胡志明市也已形成油画产业聚集区，与15年前的大芬很相似。未来，随着越南的成本逐步攀升，这个产业还会转移至下一个地方，也许是印度、非洲，也许随着人工智能的发展而被机器替代，也许因为不再需要而彻底消失。

（二）大芬美术产业发展轨迹

1989～2004年是大芬油画产业自发生长阶段，当时从业人员分散在大芬村、木棉湾村、长龙社区等深圳龙岗布吉片区周边。2004年，深圳举办文博会，大芬作为唯一分会场出现，开始声名鹊起，在政府大力助推及市场强力需求下，产业高速发展，周边从业人员及商家迅速向大芬聚集，大芬发展进入第一轮高峰期。2004～2008年，大芬油画出口占全球油画贸易的半壁江山，当时全球油画70%来自中国，全国油画70%来自大芬。这个阶段为纯代工阶段（OEM），以油画复制为主，产品单一、同质化，以低价大量占领市场，客商主要通过到访大芬、广交会和外贸B2B平台与大芬商家合作，可称为大芬制造。

2008年，美国次贷危机及欧债危机导致欧美经济衰退，欧美市场购买力迅速下降，致使大芬外贸订单骤减，欧美是当时大芬油画的主要市场，大芬油画产业出现危机。同时期，国内酒店、会所、豪宅及公共空间等需求开始快速发展，2008～2012年，由于国内专业市场的强劲需求弥补了外销的缺失，大芬平稳转型。2012～2016年，国内专业市场稳步发展，大芬装饰画、壁画及艺术饰品已经成为全国酒店、会所等专业市场的主要供应地，占市场份额高达八成左右。这个阶段由于设计师的介入，他们的新点子、新要求和高标准促使大芬商家摸索综合材料、综合技法，不断提升产品艺术水准及质量，大芬产品开始向多元化、差异化发展。另外，2004 年文博会后，越来越多人从全国各地慕名而来，有美术专业院校背景或有市场敏锐眼光及经验的人士也加入大芬美术产业大军中，国内专业市场崛起，他们也开始发力，涌现一大批原创艺术家、创新创意人才和规模商家，从业人员开始走出去交流、学习、深造，主动根据市场信息创新创意创作或研发新品，拓展销售渠道，适应并赢得了专业市场的认可。这个阶段可称为代开发时代（ODM），大芬油画向大芬美术、大芬艺术扩展，也促使大芬制造向大芬创造转型。

随着人群的细分和生活质量的不断提高，市场需求也越来越个性化，要求也越来越高。对文化产品有需求的阶层更看重产品的风格和时尚。消费特点是重故事、重品质、重口碑，品牌意识逐步增强。国内的大众市场空间巨大且还在迅速扩大，大芬商家开始大举进入，并寻找产品特色，探索品牌路线，包括从业人员也在纷纷打造个人品牌，甚至有人正成为网红，大芬正步入品牌时代（OBM）。

（三）大芬美术产业发展现状

1. 产业集中、人才聚集、产业链完善

大芬油画村核心区域 0.4 平方公里，产业以大芬为核心辐射周边几公里范围。目前，村内有以油画为主的各类经营门店近 1200 家，居住在大芬及周边的画家、画师等绘画从业者近万人，相关从业人员 2 万余人。大芬产业以油画为主，附带有国画、书法、壁画、刺绣、工艺品、雕塑等产业，画框装裱、画材、物流等配套产业完善，形成完整的美术产业链。

2. 原创艺术力量成长迅速

大芬美术馆的建成及投入使用不仅大大提升大芬形象，更是对大芬原创艺术群体最大的支持。由中国美术家协会、中国美术馆、中共深圳市委宣传部、深圳市龙岗区委员会主办，广东省美术家协会、深圳市文学艺术界联合会、中共深圳市龙岗区委宣传部承办，中国美术家协会油画艺委会学术支持的全国（大芬）中青年油画展落户大芬，2018 年元月将举办第六届。由清华大学美术学院、解放军艺术学院、广州美术学院造型艺术学院和深圳市龙岗区政府联合主办的中国写实油画邀请展也在大芬举办了五届。大芬美术馆各种展览常年不断、精彩纷呈，这给大芬艺术家提供了学习、交流和展示的机会。目前，大芬有国家级美协会员 30 余人，省级美协会员 100 余人，地市级美协会员及自由原创艺术家 500 余人。在市场需求作用下，大芬原创画廊和艺术机构也成长起来，大芬原创画廊和艺术机构在龙岗区政府强力支持下连续六届参加深圳国际艺术博览会，艺术大芬专区已经成为深圳艺博会一大亮点。在刚刚结束的第六届深圳国际艺术博览会上，大芬专区 18 家商户参展，占整个艺博会展馆面积的 1/4 左右，艺博会艺术总监资深国际艺术策展人李锡田老师多次称赞“艺术大芬专区作品品质优、价格实，推荐藏家多收藏，大芬原创画廊给艺博会增光添彩”。目前，大芬经营原创艺术的画廊或艺术机构约 30 家，他们已经成为深圳原创艺术的重要力量。

3. 创新型企业已成规模

在国内外专业市场作用下，大芬涌现一批具备创新研发能力、市场开拓能力、管理相对正规的创新型企业。这些企业能紧扣市场脉搏，分析市场信息及趋势研发新品，所出品的综合材料装饰画、装置画、艺术饰品大受设计师和设计公司欢迎。他们常亮相于各大专业展会，如国内的广交会、广州国际家具博览会、深圳国际家具展及在上海举办的中国国际家具展览会等，国外的有美国高点家具展及拉斯维加斯家具展等。在国内展会，大芬商家已成为艺术装饰品门类的主体商家，常以大芬专区形象出现，成为各大展会的亮点，也成为其他展会争相邀约的对象。目前，大芬及周边散布创新型企业 50 家左右，每家年产值在 300 万～5000 万元，这些商家正引领行业发展，未来的龙头企业必在这些企业中产生。

4. 大芬电商崛起

随着国内专业市场快速发展，越来越多的普通家庭也开始青睐大芬产品，为满足全国不同地方需求，众多商户顺势使用互联网推广或销售。目前，很多大芬商户除建立了独立官网，还积极进驻第三方平台，大芬商户在天猫上有300多家店，在京东上有50多家店，几乎人人都使用淘宝和微信营销，大芬主要电商每家年销售额在100万~3000万元，成为大芬美术产业中一股重要力量。

5. 壁画艺术小分队繁荣

近年来壁画用途越来越广，商场、酒店、学校、工地、寺院、家庭等无处不在，大芬艺术家和画师们也受邀到全国甚至海外各地创作壁画。壁画业务一般是企业或个人牵头承接，再组团外出，完成一个项目再转场下一个项目，被称为大芬艺术小分队。目前，大芬至少有50个艺术小分队，每个小分队从几人到几十人不等，涉及从业人员近千人，足迹遍布世界。

6. 衍生产业发展快速

绘画作为一种融合广、实用性强的艺术门类具备广阔的衍生、延伸性。随着消费者品位逐步提升，个性化需求不断增多，将艺术作品衍生到各种生活用品上，如定制手绘服装、鞋子、丝巾、日用品等成为一种时尚。大芬画者群集，具备天然优势，促使该业务快速发展。此外，皮雕、木艺、佩戴饰品、创意礼品等也在大芬繁衍生息，在大芬可以淘到各类有趣、令人惊喜的产品。绘画表演、绘画体验等也正成为艺术互动体验的先行者并形成影响力。大芬艺术培训成为众多艺术爱好者首选之地，设计师、音乐人、诗人、作家、国学等人士扎堆聚集，促使该地以绘画为核心衍生、延伸出众多新业态、新形式。

7. 艺术旅游景点初步形成

大芬村作为艺术主体具有很强的吸引力，初步成为一个艺术旅游体验景点。大芬村的功能逐步转变，如果说第一阶段使命在于增加就业机会，补充深圳文化产业缺口，出口赚取外汇促进深圳经济发展，第二阶段使命在于满足国内专业市场需要，提升深圳文化产业发展水平及影响力，那么当前大芬村正承担本地区乃至全国大众艺术素养提升的使命，大芬产业正以全新方式迎接新时代、新需求，新的转型正悄然进行。

二　大芬美术产业未来发展 SWOT 分析

（一）大芬优势

1. 有历史，有影响

大芬油画村自 1989 年发展至今，已有 28 年历史，是国内最早和最有历史的文化产业聚集区，被行业誉为文化产业的小岗村。从 2004 年起，吴邦国、李长春、曾庆红、陈至立、李铁映、华建敏、李贵鲜等领导先后到大芬油画村视察。大芬油画村相继被国家文化部、中国美术家协会、文化部文化产业司、中国创意产业年度大奖评选活动组委会、广东省版权局、广东省旅游局、深圳市文化体制改革与文化立市工作领导小组和深圳市知识产权局、深圳市版权局等单位，命名授牌为国家"文化产业示范基地"、"文化（美术）产业示范基地"、"2006 中国最佳创意产业园区"、"广东省版权兴业示范基地"、"广东人文历史类最美（乡村）旅游示范点"、"深圳市文化产业示范基地"、"深圳市版权兴业示范基地"和"龙岗八景之一·大芬飘彩"。2007 年 10 月，第二届"创意中国·和谐世界"北京文化创意产业国际论坛组委会授予大芬油画村"新锐 2007·最具品牌价值园区"称号；国家文化部授予大芬油画村"优秀出口文化产品和服务项目"奖。2010 年作为城中村"再生"的典型案例代表深圳亮相上海世博会。2009 年，深圳获得参展上海世博会的"门票"，曾选送了 4 个案例（华侨城 LOFT、华强北改造、观澜版画村、大芬油画村）参展，最终上海世博会方面确定大芬村代表深圳参展。大芬村的入选价值，深圳市世博办主任何学文一言以蔽之：大芬再生。城中村是一个世界难题。大芬村的胜出，在于它也是城中村，在引入文化产业后，从最初的模仿，到现在的创新，实现城中村的再生。大芬村为城中村改造做了一个好榜样，值得全世界借鉴。大芬油画村，展示深圳的城市精神和成就。

2. 有规模，有人才

大芬村是全球最大的油画交易市场、美术产业集散地，高峰期油画出口占全球半壁江山。大芬油画、装饰画及艺术饰品占国内酒店会所专业市场八成左右。2016年，大芬油画村总产值达41亿元。大芬村聚集了近万名专业绘画从业者，国家级美协会员30余人，省级100余人，地市级及自由原创艺术家500余人，创新、创意型人才近千人。

3. 产品多元，产业链完善

油画、书画、壁画、刺绣、雕塑、综合材料、装置、艺术饰品等应有尽有，配套画材及配件也是国内最集中的地方，创意礼品、艺术衍生品等也成为受欢迎的特色产品。培训、研发、创作、展示、交易、生产加工、配送等各流程齐全，已形成完整的艺术（美术）产业链。国内大部分文化产业园区只能靠输血维持，大芬产业能根据市场需求的变化而变化，主要靠市场存活与发展，形成良性的市场发展生态链，成为国内少有的具备自我造血功能的文化产业园区。大芬吸引众多客商、市民、游客、政府考察团前来商务对接、参观、旅游及考察，每年接待省部级领导及大型商务团多达百个，这些领导和企业给予了大芬充分肯定，纷纷抛出希望和大芬合作发展的橄榄枝。十九大刚过，四川文化厅周思源厅长携四川文化企业到访大芬，并曾多次深入大芬企业内部考察，总结“外行看热闹，内行看门道，大芬是美术产业先行者和领军者”。称赞大芬美术产业链完善，有众多优势，并极力邀请大芬商户到成都和当地企业合作，共谋发展，协助四川孵化培育美术产业。

4. 文化艺术氛围浓厚

大芬美术馆展览不断，画廊、艺术空间也都争相呈上拿手菜，所到之处看到的是油画，闻到的是墨香，可以近距离亲近艺术家及文化人，大芬已经形成浓厚的文化艺术氛围。

（二）大芬劣势

1. 空间狭小

大芬村面积仅0.4平方公里，核心区域更小，只有0.12平方公里，空间狭小，大芬村内形成很多特殊景象，楼梯口、楼与楼之间的过道和墙面也变成经营场所，村内空间超饱和，新业态没有空间生长发展。

创新与原创是大芬未来发展的核心方向，由于空间受限，代表产业未来主力的创新原创企业和个人新势力只能以大芬村为中心向周边自发生长。新业态和创新原创分散发展面临诸多问题，比如空间不稳定是每个商家最头痛的问题，由于周边地区发展定位不同，大部分都欢迎见效快、产出高的基础产业或高新产业，分散在周边区域的大芬企业和个人随时面临被扫地出门的境遇。由于被迫远离产业链核心区域，导致产业配套不完善，产业配套政策也无法享受，到大芬的客人无法找到这些商家，市场开拓成本高。近年来，笔者参与组织大芬原创商家和优质商家以大芬油画村专区的形式参加各类艺术博览会和家居展，大芬专区已成为这些展会的亮点和重要力量，代表大芬创新势力及新面貌，可是，出去浩浩荡荡，回来无影无踪。展会结束这些商家却很难在村里被找到，原因在于大芬村内已没有空间给他们立足，这些商家大部分在大芬核心区没有工作或展示空间，都分散在周边工业园区或厂房内，平时在大芬村内看不到他们，只有展览时才出现，这些商家都渴望有一个集中专区给他们发展和壮大。缺乏发展空间及环境，致使众多适合大芬未来发展的文化艺术创新企业及所需复合型人才等优质资源无法进入大芬产业内。空间不足已变成行业发展的最严重瓶颈。

2. 成本高昂

大芬空间短缺、物业产权分散，无法整体调控，导致房租高、转让费高。目前，店面租金普遍在300～500元每平方米，好位置达近千元每平方米，商家经营苦不堪言，大部分苦力支撑勉强度日。文化产业具有特殊性，是建立在物质之上的产业，不像衣食住行等必需品或投资资产，没法实现快速盈利和短期高盈利，加之文化产业承担更多社会功能及社会责任，即使高成本也无法支撑其发展。高成本已经变成行业发展的重大问题。

3. 环境差，配套弱

由于产权分散，造成空间和环境无法统筹规划和管理，业态无序分布，环境脏乱差，大芬空间和经营环境仍处在十几年前水平。大芬的环境跟其名气严重不符，大芬的环境与其目前的发展需要极为不匹配。环境差也成为创新业态望而却步的重要因素。目前，大芬村人气超旺，停车难是常态，来大芬的人除了专业采购客商，大部分是深圳市民和一些外地游客，笔者常询问他们对大芬的感受，大部分人觉得大芬是个有魅力的地方，可以淘到自己心仪的装饰画，可以看到各类艺术作品，能亲近艺术家……但是，普遍又反映大芬整体环境脏乱差，配套服务设施不完善，上厕所难，找个公共休息的地方难，缺少品质餐饮等。

笔者通过展会认识的合作很久的一个美国客户，多年以邮件电话方式沟通，其很赞赏大芬的产品和服务，多次想来亲临感受，没想到这次参观大芬后大呼后悔，破坏他对艺术村的想象，觉得大芬的环境跟他想象的差距很大，与其名气极为不符。类似情况极为常见，设计公司客户和其他专业客户也经常发出类似声音，在认可大芬产品和服务的同时对大芬环境又大为吐槽。

4. 综合型人才缺乏，经营模式单一分散

大芬村商户多为个体户，大部分由本土画师、画家成长起来，缺乏系统的经营管理知识和发展理念，经营模式保守单一，经营分散。经营模式单一分散，难以吸引金融力量，致使行业缺乏大型企业、龙头企业，没有真正的龙头企业无疑很难让行业看清方向，也在制约行业发展及转型。

（三）大芬威胁

目前跟大芬较相似的产业聚集区国内已经有多处。福建有厦门乌石浦油画村、厦门海沧油画村和莆田油画产业区。其中，乌石浦油画村及周边有画店商近200家，共有画师、画工4000余人，从事油画产业配套工作，如经营画布、画笔、制作画框的人员约3000人，年产值近10亿元。厦门海沧油画村，总面积19.6万平方米，目前拥有店面418家，周边的画家和画师总共有5000多名，2014年全区油画产业产值突破12亿元。莆田油画产业区，拥有出口企业20多家、大型画室60多个，培养了近两万名画家、画师，油画业年产值高达15亿元以上。浙江义乌是中国工艺礼品工贸基地，年产值超过200亿元，其中出口额占160多亿元。义乌画业和框业发展更是势头迅猛，因其价格优势，量大价低的订单几乎被其全部承接，义乌框业几乎占据画框市场的一半以上。广州文德路、长沙、江西上犹、南昌等地也大力发展以油画为主的美术产业。除了国内同类产业竞争，越南油画产业也初具规模，笔者曾去胡志明市考察，当地已经形成油画产业一条街及相关产业链，很像15年前的大芬村。以上地区已承接大芬早期业务，是大芬的追兵，尤其是国内的几个同类聚集区，经常到大芬找新产品做样板回去复制，前来挖创新创意人才。

在原创艺术区方面，全国著名的有798艺术区、宋庄艺术区、成都蓝顶艺术区及上海莫干山等地方，这些地方聚集原创艺术家、高端画廊或艺术机构，主要面对中高端人群收藏市场，大芬一些艺术家由于自身发展需要或当地画廊邀请，有一部分已经到上述地方发展。深圳本地区文化艺术产业同类园区的发展，比如观澜、梧桐山、OCT等地也吸引大芬原创及优质资源向其转移。

大芬专业人才在不断流失，如果大芬自身没有与时俱进的发展，老的产业没有及时的转型，创新、创意、原创业态没有成长起来，有可能会像中国台湾、中国香港，韩国油画产业聚集地一样转场或消亡。

（四）大芬机会

1. 文化强国战略及国家政策支持

2011年10月，中国共产党第十七届中央委员会第六次全体会议审议通过的《中共中央关于深化文化体制改革、推动社会主义文化大发展大繁荣若干重大问题的决定》，其中最大的亮点就是提出建设“文化强国”长远战略。习近平总书记十九大报告提出“满足人民过上美好生活的新期待，必须提供丰富的精神食粮”。文化产业不仅关乎国家软实力，更关乎人民对美好生活的向往。

为了助推文化产业发展，国家密集出台相关政策支持。十八大以来，国家针对文化产业出台众多政策：文化部国家旅游局《关于促进文化与旅游结合发展的指导意见》（文市发〔2009〕34号），关于重新修订印发《文化产业发展专项资金管理暂行办法》（财文资〔2012〕4号）的通知，《国家艺术基金项目资助管理办法》(试行)、《国务院关于推进文化创意和设计服务与相关产业融合发展的若干意见》(国发〔2014〕10号)、《文化部财政部关于推动特色文化产业发展的指导意见》(文产发〔2014〕28号)等，各省市区也都出台相应政策鼓励支持文化产业发展，文化产业无疑是未来国家发展的重要方向。

2. 粤港澳大湾区重大战略部署

党的十九大报告指出，以粤港澳大湾区建设、粤港澳合作、泛珠三角区域合作为重点，全面推进内地同香港、澳门互利合作。李克强总理在今年《政府工作报告》中提出，今年将推进粤港澳大湾区规划的国家战略部署，粤港澳大湾区的建设与发展，是“一带一路”的重要支撑点，是提升港澳在国家经济发展和对外开放的地位与功能的重大举措，是新时期国家重大战略部署。深圳作为先行先试的经济特区，其定位与功能从来都是与国家战略紧紧联结在一起的。粤港澳大湾区是对标纽约湾区、旧金山湾区、东京湾区等世界级湾区的大框架设计，而在这个大框架中，真正占领经济制高点的则是深圳。

3. 深圳文化强市

作为中国改革开放的排头兵，以经济主导极速成长起来的深圳，凭着开拓、创新、拼搏的深圳精神，仅用了三十年即完成了西方一些发达城市百年时间才做到的事情，被世人惊叹为“年轻的世界级都市”，并成为湾区经济的典型代表城市。作为未来粤港澳大湾区的核心城市，深圳早已出台了《深圳市文化发展“十三五”规划》，并提出了一系列具体目标。从“文化立市”到建设文化强市，“文化强市”被列为十大战略路径，充分表明了市委、市政府在新时期推进深圳文化产业发展的坚强决心，也奠定了未来深圳文化产业建设的战略性地位。

4. 大众消费升级

目前中国已基本实现全面小康社会，部分家庭步入富裕阶段。2015年我国中产阶级家庭总数仅为1.64亿，而到2030年将翻倍至3.5亿，此外，我国人均GDP正在跨越5000美元的重要门槛值，根据国际经验，消费升级将在这一阶段全面触发，高端消费、文化产品消费及娱乐消费快速发展，艺术品、奢侈品、黄金珠宝等高端消费品将在这一阶段进入快速发展阶段，未来大众对艺术品及艺术饰品的需求将出现井喷式发展，规模上万亿。

2017年5月深圳文博会大芬分会场举办了《2017中国（大芬）国际美术与产业发展论坛》，北京大学肖怀德博士是国内文化产业资深专家，他作为此次论坛的统筹者，深入接触并了解大芬，评说大芬是作为中国奇迹、深圳奇迹的一个缩影，有着重要的研究价值和巨大的发展潜力。会后，他还定期来大芬调研，研究关于大芬发展的课题，将其作为国家文化产业发展的典型成功案例，对其他文化产业的发展起到借鉴意义和推动价值。

三　大芬产业未来发展对策建议

（一）注重创新和品质，打造品牌，是大芬未来发展核心

任何同质化竞争的业态都会被更低成本的地区打败，所以原创、创新、创意是行业发展的核心驱动力。产业化是大芬的优势，但以低价牺牲品质的现象急需转变，注重品质，重塑“工匠精神”应是每位从业人员的信条。大芬商家众多，没有真正的品牌，这也是轻易被替代的原因之一，找差异化打造品牌是商家的头等目标。

同样作为以手工技艺为核心的产业，在国际上值得参考的是意大利、法国等经验。如今，意大利的米兰、法国的巴黎每年都吸引全球目光，各类新品发布会成为引领世界时尚趋势的风向标，意大利和法国如今都是享誉世界著名的时尚之都，他们也都经历过手工艺作坊时代。以意大利为例，意大利的传统手工艺不但被保存得很好，而且依然拥有强大的生命力，俨然成为高端产品的代名词，受到名流的追捧，形成国家的支柱产业。1871年最终完成统一的时候，意大利的工商业已经极度衰落，工业化尚未起步，全国60%的人口还是农民，停留在依靠小规模手工业作坊、提供基本日常生活需要的阶段。此时的英国、德国等欧洲国家，却已经完成第一次工业革命。阴

差阳错，意大利手工作坊因为避开了这次工业化的冲击而大量被保存下来。劳动力成本比较高，所以产量从来都不是意大利制造业的长项，除了政策层面的因素，从文化创意产业的角度来看，把握价值链“微笑曲线”两端高价值环节是其发展重点，牢牢把控创意设计美学、制造工艺标准、品牌管理等，将低价值环节外包到低成本的地方，意大利产业发展经验非常值得我们借鉴学习。

（二）着力破解大芬艺术产业综合发展的难题

1. 土地空间和公共环境问题

文化产业肩负的功能是双重的：一方面，文化产业要服务于国家经济发展，为经济增长和就业做出贡献；另一方面，文化产业也要起到传播本国文化价值观的作用。所以，政府推动是文化产业，特别是公共文化产业发展的重要驱动力。政府应该放水养鱼，打造国际艺术产业综合区，尽快规划适宜大芬未来发展的新空间，打造适宜大芬未来发展的环境，解决从业人员安居问题、企业高成本问题，客商及游客的配套服务等问题。

2. 人才问题

留住专业人才，引进复合型、创新型人才。制订安居计划，解决人才的居住、工作环境、子女上学、业余生活配套等问题。针对产业发展制定一揽子配套政策，鼓励本土从业人员及企业转型升级，引进优秀的复合型人才，以配套大芬未来创新型企业及新业态的发展。

3. 市场开拓问题

文化产品以文化为基础，从崇洋媚外到中国文化觉醒，市场也随之变化，中国文化内涵的作品开始广受欢迎，用好产品讲好中国故事至关重要。越来越多的中国优秀文化被挖掘出来，结合时代感、用现代形式展现，被称为新中式风格，并逐渐成为主流。不仅如此，具有中国文化内涵的作品被国际市场接受和认可，越来越具有吸引力。

专业展会具有客流、信息流、资金流等高度集中的优势，不仅可以高效推广企业产品，提高知名度，还能为企业提供技术与服务对接机会。因此，企业更应扎实做好展会营销，让企业的生存和发展在展会经济这个平台上求得突破。

互联网和电子商务毫无疑问给企业带来新革命，为中小微企业提供了与大企业公平竞争的平台，提供了大量市场机会，也由此为企业带来了直接、间接和潜在的效益。企业应根据自身特点，选择适当方式参与电子商务，充分利用网络信息环境，以更低的成本创造更大的效益。

政府搭台，企业唱戏。充分利用好政府对文化产业发展支持的配套政策，降低市场拓展成本，市场运营的主体是企业，所以产业的提升才是市场开拓的关键。要积极挖掘中国优秀传统文化元素，创新创意用产品讲好中国故事。拥抱互联网和电子商务，建立并运用大数据，线上线下结合。积极参加国内外专业展览、展会对接专业市场。积极走出去学习和拓展，将好的文化内容、形式及人才引进来，跨界融合发展。

4. 投融资问题

一个新兴产业的快速发展，离不开消费需求和投资拉动，文化产业亦如此。大芬产业和其他文化产业现状相似，资产规模小，运营不规范，没有资产作为抵押，企业贷款难，缺乏规模效应，资本投资积极性不高，投资不足成行业发展瓶颈。

文化产业在我国才刚刚起步，政府引导和培育具有决定性作用。与近几年引导和促进高科技产业蓬勃发展的措施和效果相比，政府在引导和促进文化产业发展方面的投入多少有些不足。多方入手解决投融资难问题，政府投入、引导是突破文化产业融资瓶颈的基本保证，建立银行业对文化产业投资的信贷机制，是我国文化产业大步前进的必然要求，加大直接投资比例，使资本市场成为文化产业发展的助推器，创新方式解决文化企业融资难题。

5. 法律保护先行

文化产业发展离不开良好的法律法规和政策支持。例如在引入外资方面，外资准入的形式、范围、程度都需要相关法律和规章制度进行界定；目前，文化产业扶持政策明显偏向规模企业，真正需要扶持的小微企业较难享受到；此外，我国目前知识产权保护不利的现状，如维权烦琐、高成本等，也从根本上限制行业创新及发展。

（三）发挥行业中介组织的积极作用

在产业升级过程中，协会、社团的力量不容忽视，协会组织是纽带，具有链接、补充政府和企业功能空缺的功能，能将行业呼声传达给政府，也将政府支持转递给行业。协会还有引领和助推产业发展的作用，应积极传达行业发展动向，使商家和从业人员跟上形势积极转型升级，应积极对接行业所需资源并团结大家，形成合力发展，使行业尽快出现大企业、龙头企业，从而带动产业转型升级及产业辐射发展。

（四）引进国际资源打造文化产业综合体

从专业商品买卖到全方位提升全民文化艺术素养转变，大芬站在粤港澳大湾区的有利位置和得天独厚的产业基础，立足深圳，放眼全球，大芬油画村亟待升级为综合性的国际艺术产业区。

引进国际资源，以视觉艺术为主产业，结合设计、音乐、演艺等产业，完善吃、喝、玩、乐、购等配套产业，以互动体验为导向，打造宜业、宜商、宜居、宜游的文化产业综合体；将大芬村打造成为国际艺术产业总部基地，艺术产业交易中心，成为国际文化艺术产业高地；打造成为未来深圳文化艺术产业创新发展的发动机，成为深圳的艺术公园、艺术小镇，成为粤港澳大湾区艺术产业中心，成为粤港澳大湾区文化新名片。

结　语

文化产业与其他产业相比，具有市场规模巨大、投资回报丰厚的特点。目前，世界主要经济体文化产业的发展速度普遍高于经济发展的速度。文化产业的发展对其他产业的发展有较强的辐射和带动作用，文化产业是促进经济增长和扩大就业的重要产业，更是活化城市功能、提升城市形象、提升大众文化艺术素养和生活品质的重要载体。

大芬油画村目前正面临前所未有的机会和挑战。大芬应利用所在深圳的区位优势，抓住当前大众消费升级及粤港澳大湾区发展的有利形势，转型成为新时代所需的综合性国际艺术新园区。

深圳应顺势大力支持大芬强力转型，使大芬继续扮演本土文化产业的排头兵，使之从“世界油画－中国大芬”转为“世界艺术－中国大芬”，吸引具有国际影响力的艺术家和文化产业商家聚集到大芬国际艺术产业综合区，促使深圳本土艺术家和文化产业企业有机会成长为具有世界影响力的名家及品牌，实现深圳引领全国文化产业的大发展、大繁荣。

文化改革创新

Cultural Reform and Innovation

B.13

以改革补短板　以创新谋发展

——2017 年深圳文化体制改革综述

刘文斌*

摘　要： 2017 年是深圳文化体制改革继续向纵深推进、在重点领域取得新突破的一年。本报告论述了深化国有文艺院团改革方案推出实施，为补齐深圳文化发展短板、提升文艺精品创作和公共文化服务水平打下坚实基础；深化国有文化集团改革并取得积极进展，媒体融合加快推进，主流媒体创新发展能力得到增强；反映了深圳城市文化品牌体系建设成效显著，公共文化服务体系建设有序推进，文化行政管理和服务效能进一步提升。

关键词： 文化体制　国有文艺院团　国有文化集团

* 刘文斌，深圳市文化体制改革和发展工作小组办公室主任。

2017 年是深圳文化体制改革继续向纵深推进、在重点领域取得新突破的一年。根据市委全面深化改革领导小组的工作部署和《深圳市 2017 年改革计划》的有关要求，市宣传文化系统全面落实《深圳文化创新发展 2020（实施方案）》，采取一系列改革创新措施，对症下药、攻坚克难、补齐短板，各项改革发展任务有序推进。

一 国有文艺院团深化改革实现突破

2015 年下半年，深圳启动新一轮文艺院团改革调研，以市委常委、宣传部长李小甘为组长的调研组专程到北京、上海、杭州、广州、太原等地实地考察学习文艺院团改革方面的经验和做法，并多次到深圳交响乐团、深圳粤剧团、深圳大剧院、深圳音乐厅、深圳戏院等市属国有文艺院团和演出场馆现场调研，充分听取改革单位的意见和建议，经过两年时间深入细致反复论证，形成了《深圳市深化国有文艺院团体制改革实施方案》。2017 年 9 月下旬，《深圳市深化国有文艺院团体制改革实施方案》分别经市委常委会议、市委深改组会议、市政府常务会议审议通过。11 月 10 日，深圳召开全市深化国有文艺院团改革动员会，新一轮国有文艺院团改革正式实施。本次改革，既是适应新形势发展的新要求，也是深圳文艺事业发展的内在需要。通过深化改革，整合资源，优化机制，焕发活力，将为提升深圳文艺精品创作和公共文化服务水平，推动社会主义文化繁荣兴盛打下坚实基础。

（一）改革的背景和必要性

深圳自 2003 年起作为全国九个文化体制改革综合试点地区之一，就着手推进文艺院团改革，当时对深圳交响乐团、深圳歌舞团、深圳粤剧团三家国有文艺院团采取了不同改革措施，简单地说，就是保留一个、划转一个、转制一个，即深圳交响乐团保留事业单位体制，深圳歌舞团划转至华侨城集团，深圳粤剧团转制为企业。转换体制机制后的十年里，深圳交响乐团、粤剧团等院团和场馆克服种种困难，编演了一些经典剧目和创新力作，取得了较好反响。

经过十年发展，改革课题再一次摆到了深圳文艺院团的面前。一方面，是新时代的新要求，繁荣发展社会主义文艺要求必须深化改革。党的十八大以来，以习近平同志为核心的党中央高度重视文艺工作。2014 年 10 月，习近平总书记主持召开文艺工作座谈会并发表重要讲话，强调“要把文艺队伍建设摆在更加突出的重要位置，努力造就一批有影响的各领域文艺领军人物，建设一支宏大的文艺人才队伍”。近三年来，中央密集出台了一批繁荣文艺发展、促进文艺精品创作生产的政策措施，包括《中共中央关于繁荣社会主义文艺的意见》、国办印发《关于支持戏曲传承发展的若干政策》、中办国办出台《关于全国性文艺评奖制度改革的意见》等，明确要求加大对国有文艺院团改革发展的扶持，为文艺发展迈上新台阶指明了方向，提供了有力支撑。党的十九大报告在“坚定文化自信，推动社会主义文化繁荣兴盛”部分专门提出“繁荣发展社会主义文艺”，成为新时代中国特色社会主义思想的重要内容。文艺院团是繁荣社会主义文艺的支撑力量和基础，深化文艺院团改革，是深圳贯彻落实党的十九大精神和习近平总书记在文艺工作座谈会上的重要讲话精神，繁荣发展社会主义文艺的一项重要举措。

另一方面，是自身发展的强烈需要，解决好发展中的瓶颈问题要求必须深化改革。近年来，深圳文化建设取得了显著成绩，但文艺事业发展也存在一些突出的短板，总体上表现为缺队伍、缺人才、缺作品、缺影响。一是文艺创作力量薄弱。目前深圳市属文艺院团仅有交响乐团和粤剧团 2 个，原深圳歌舞团划转华侨城后，所有演职人员流失，实际上只是保留了一个名称。对比“北上广”，北京市现有市属专业文艺团体 13 个（不含国家直属文艺团体），上海市现有市属专业文艺团体 18 个，广州市现有市属文艺团体 7 个（不含省属文艺团体），同为副省级城市的厦门市现有市属文艺团体 7 个，山西省会太原市现有市属文艺团体 5 个，深圳的专业文艺团体太少，很难发挥骨干和领军作用，与建设现代化国际化创新型城市的定位不相匹配。二是管理体制不顺。除深圳交响乐团外，深圳国有文艺院团和演出场馆均已转制为企业，并全部划归市投控公司管理，虽然投控公司为文艺院团的发展和经营提供了多方面的支持，但总体而言，院团的文艺精品创作能力和公共文化服务功能相对弱化。比如深圳粤剧团作为专业文艺团体，不属宣传文化部门管理，在市场上谋求生存，举步维艰。三是资源配置不合理。文艺演出团体与文艺演出场馆一体化发展是国际惯常做法，但深圳文艺演出团体与文艺场馆由于体制机制问题，缺乏协调，难以有效统筹组织全市性重大创作和演出活动。比如，深圳交响乐团归市文体旅游局管理、深圳音乐厅归市投控公司管理，“两张皮”的现象比较突出，院团与场馆资源难以优势互补、合理利用。四是人才流失比较严重。近年来，深圳交响乐团有多位首席演奏员流失，深圳粤剧团离职或提前退休三级以上演员 30 人，二级以上主要演员 8 人，包括苏春梅、卓佩丽、黄伟坤等“台柱子”，对院团整体水平影响较大。这些问题，造成深圳文艺院团精品创演能力弱化，有影响的舞台艺术作品数量不多。2017 年，深圳在中宣部“五个一工程奖”上取得了好成绩，全国获奖作品共 67 部，广东省获奖 4 部，其中深圳就占了 3 部，但这些奖项主要集中在歌曲、广播剧等门类，国有文艺院团并没有拿出获奖作品。文艺院团要做到与深圳的城市地位和发展定位相匹配，就必须下大力气深化改革，向改革创新要作品、要影响、要效益。为此，《深圳文化创新发展 2020（实施方案）》提出“探索新机制新模式新办法，深化文艺院团改革，夯实文艺创作基础”，《深圳市 2017 年改革计划》将深化文艺院团改革列为年度重点改革项目，提出“做优深圳交响乐团，扶持深圳粤剧团，筹办深圳歌舞剧院”。从这个层面上看，深化文艺院团改革，是落实《深圳文化创新发展 2020（实施方案）》和改革计划、解决文艺事业发展所面临的困难和问题、全面深化文化体制改革的一项重点任务。

（二）改革的基本原则和目标

《深圳市深化国有文艺院团体制改革实施方案》（以下简称《方案》）明确，本轮文艺院团改革要做到“四个坚持”，即坚持正确导向，突出社会效益，弘扬社会主义核心价值观，始终坚持把社会效益放在首位；坚持分类指导，尊重艺术规律，根据文艺院团、演出场馆及新组建院团的不同性质和功能，分类指导，一团一策；坚持政府主导，强化市场驱动，对文艺院团所需基本运营经费实行财政予以专项资助，同时坚持面向市场，着力提升演艺产品营销能力；坚持改革创新，不走回头老路，以激发文艺院团自身活力为核心，不走回归原有体制的老路。

改革的主要目标，是要在3～5年内使国有文艺院团创新发展活力得到充分激发，文艺创作生产能力和公共文化服务能力显著增强，政府对文艺院团的管理机制日益完善，国有文艺院团和演出场馆融合发展实现双赢，社会效益和经济效益显著提升。根据《方案》，深圳交响乐团要在2～3年内成为国内一流、有一定国际影响力的知名交响乐团；在深圳大剧院基础上组建深圳歌舞剧院，打造成国内高水平的舞台艺术队伍，成为深圳城市文化名片；推动深圳粤剧团和深圳戏院融合发展，并成立深圳市粤剧艺术传承保护中心，打造粤剧艺术传承保护基地和华南地区地方戏曲重点院团；条件成熟时，还将筹建深圳市话剧团。

（三）改革的主要内容和特点

一是改机制不改身份。改革明确了“不走回头路”的原则，文艺院团的单位属性不变、员工身份不变，不沿用以前的事业单位老体制老办法，而是坚持政府指导与市场驱动相结合，走改革新路。在管理模式上，将市投控公司管理的大剧院、音乐厅（包括演出公司）、粤剧团、戏院，包括将要成立的深圳歌舞剧院，按照“统一并表监管、高度授权经营”的原则，委托市文体旅游局进行管理，理顺体制机制，实现“专业的事由专业的人来管，专业的队伍由专业部门指导”。同时，按照中央的要求，始终坚持把社会效益放在首位，实现社会效益和经济效益相统一，管人管事管资产管导向相统一。

二是以改革激发活力。通过建立新的体制机制和管理模式，成立新的院团，加大扶持力度，解除演职人员的后顾之忧，积聚力量，增强实力，调动文艺队伍的工作积极性和创作热情，提升文艺院团自我发展能力，改变目前深圳文艺院团力量薄弱、状况欠佳，以及文艺精品创作能力不足、公共文化服务功能不健全的状态，推动院团走上发展快车道，为深圳文艺繁荣打下较好基础。

三是财政投入只增不减。国有文艺院团作为文艺精品创作生产的主阵地和公共文化服务的骨干力量，其改革不能简单推向市场。因此，深圳本轮文艺院团改革，一个重要内容就是加大财政支持的力度。要在原有经费支持的基础上，进一步拓宽经费筹集渠道，主要是五个方面：（1）通过政府购买服务给予支持；（2）安排场馆水电物业等基本运营补贴；（3）对精品剧目创作和重大节庆演出给予资助；（4）院团自身开拓市场增加收入；（5）鼓励社会捐赠。设立深圳交响乐发展理事会和基金会，为交响乐事业长远发展调动社会资源，筹集社会资金，时机成熟时，在传统戏曲领域也要成立理事会和基金会。这五条渠道，前面三条都是财政的支持。经初步测算，本轮改革，除了深圳歌舞剧院开办和深圳交响乐基金会成立的一次性财政投入外，市财政每年为文艺院团改革新增经费大约5000万元。同时，市财政还将增加市宣传文化基金年度预算2000万～3000万元，专项用于加大对文艺院团精品创作生产的支持力度，这些都将实实在在惠及国有文艺院团改革发展。

四是整合资源融合发展。据了解，北京、上海、辽宁、江苏等10多个演艺市场发达的省市都组建了省级演艺集团公司，有的集团汇聚了10多家文艺院团，不少演艺集团注册资本超亿元，东方演艺集团、江苏演艺集团年收入超亿元，演出市场呈现出集团化、规模化的趋势。目前，深圳组建演艺集团的条件尚不具备，但整合资源、规模化发展是改革方向之一。因此，院团改革方案明确将文艺院团和演出场馆的融合发展作为一项重要内容和要求，包括推动深圳交响乐团和深圳音乐厅融合发展；在深圳大剧院的基础上组建深圳歌舞剧院及实现二者融合发展，并将原深圳歌舞团梅林基地提供给深圳歌舞剧院使用；将深圳粤剧团与深圳戏院进行整合，并将戏院划归粤剧团管理，二者均定位为国有公益类文化企业等。深圳国有文艺院团和场馆本来就不多，各个院团和场馆要通过统筹发展、融合发展、抱团发展，将各种资源有效整合、高效利用起来。

（四）改革的配套措施

一是加强人才引进。在《关于促进人才优先发展的若干措施》（深发〔2016〕9号）总体框架下，借鉴教育、卫生等领域人才引进办法，制定《深圳市文化人才引进办法》，对高端及特殊文艺人才引进提供专项经费支持，畅通文艺人才引进渠道。

二是加强人事管理。深化文艺院团内部人事和分配制度改革，建立符合文艺院团发展规律的薪酬标准体系。完善聘用制度、岗位管理制度和公开招聘制度，实施岗位基本薪酬与绩效激励相结合的工资制度。

三是加强绩效考核。完善绩效考评机制，对文艺院团艺术创作、公共服务及运营管理等进行监管和绩效考核，绩效考核指标权重社会效益占70%、经济效益占30%。

四是加强班子建设。文艺院团领导班子成员由市文体旅游局聘任和管理，主要负责人向市委宣传部报备。制定文艺院团负责人考核办法，相关负责人薪酬待遇、职务任免与社会效益、经营业绩和管理责任挂钩。

二　国有文化集团深化改革取得积极进展

深圳报业、广电、出版发行集团根据市委常委会、市政府常务会审议通过的深化改革总体方案，认真推进落实。报业集团制定和推进30项改革子方案，广电集团在公共、娱乐、财经、体育、少儿等5个频道推行干部带任务上岗，出发集团制定实施16项专项规划和6项实施方案。

（一）着力推进"瘦身"发展

深圳报业集团完成总部人事改革目标，集团员工总数较2016年底减少126人，减幅3%；集团传统采编人员向新媒体领域转岗分流11.5%；注销清理5家"僵尸企业"。深圳广电集团按照5年缩减员工规模15%的目标，比改革前整体减少员工384人，减幅4.5%；2017年停播6档效益不佳的电视栏目，关停清理3家经营不善的下属企业。深圳出版发行集团进一步对书业板块进行整合，成立了书业连锁公司，打通内部壁垒，实现采购、物流、销售一体化。

（二）加强人才队伍建设

“瘦身”的目的在于“健体”，通过改革人事管理制度一方面裁撤冗员，另一方面强化激励机制，加强人才队伍建设，调动工作积极性。深圳报业集团实施名记者、名编辑、名评论员“三名”工程，作为提升媒体内容质量的抓手，2017年推出首批25位“三名”人员，激发了采编人员干劲，提高了内容生产力。深圳广电集团推进公共频道和4个专业频道的“干部带任务上岗”改革，完善干部退出机制，优化员工晋升通道，提高了人才队伍的活力。

（三）增强资本运作能力

2017年6月26日，深圳报业集团旗下的深圳新闻网正式在新三板挂牌上市，成为广东省第一家依托传统报业集团、整合数字媒体业务登陆新三板的新媒体公司。报业集团一本投资公司成立一年多来，发挥集团资本运作平台作用，已成功投资4个项目，累计投资1.03亿元。深圳广电集团前海天和文化产业基金完成投资项目5个，累计投资额6375万元，并获得财政部5000万元出资支持。

（四）积极拓展新增长点

深圳报业集团与深圳地铁集团成功组建报业控股的地铁传媒合资公司，平面广告资源约占深圳轨道交通总线网的80%。深圳广电集团与深圳巴士集团合资组建公交电视网络传媒公司，推出“智慧大屏”公交电视服务，打造了未来较为稳定的经济增长点。深圳出版发行集团加快推进原特区外书城、异地书城、书吧建设，龙岗书城将于2018年正式开业，合肥、开封、萍乡、哈尔滨书城正积极推进，市内外已建成运营34家书吧，弘文公司在湛江、珠海、佛山、昆明、太原等地开设了连锁店，总体经营效益达到预期目标。

（五）加快推进媒体融合发展

媒体融合从相“加”迈向相“融”，国有文化集团向转型发展、融合发展、创新发展迈出新步伐。深圳报业集团围绕实施“数字优先、网络优先、移动优先”战略，按照“内容为王、掌控终端”的思路，初步构建起“一主报融媒体多平台”的发展新格局，形成了以深圳特区报、深圳新闻网、读特、读创领衔，“纸媒 + 网站 + 客户端 + 官微 + 自媒体 + 代运营”全覆盖的融媒体矩阵，用户量持续增长，影响力不断扩大。庆祝香港回归 20 周年期间，读特推出的独家视频《20 年前这位中国军人在香港一句话震撼世界》传播量超过 1.5 亿次，成为现象级融媒体精品，获评 2017 年广东省媒体融合传播优秀产品和全国党媒优秀原创视频十佳选题奖。深圳广电集团完成集团新媒体平台“壹深圳”客户端改版升级，深化与广播、电视的深度融合，增加在线听广播、直播等功能，发展“壹深圳号”，已累积深圳本地用户 210 多万户。积极推进“CUTV 广电云”、IPTV、OTT 等业务发展，已实现全国手机客户端用户超过 480 万户、深圳 IPTV 用户 82 万户。深圳出版发行集团开发的全民阅读 App 荣获 2017 年中国数字出版创新论坛数字出版创新奖。在媒体融合系统建设和采编播流程优化方面，深圳广电集团全媒体新闻指挥中心完成建设，启用“中央大厨房”生产模式，并推出“媒体融合考核管理”“新媒体发稿量化考核”等一系列配套规章制度，逐步构建起适应融媒体生产的采编播新流程。深圳报业集团组建融合新闻中心筹备小组，以建设统一的“中央大厨房”为目标，努力实现信息的“滚动采集、即时发布、多端呈现”。

深圳市委、市政府对国有文化集团的改革继续给予强有力的支持，2017 年，市财政安排深圳报业集团、广电集团各 1 亿元补助资金，用于支持集团传统媒体改革、舆论阵地建设、媒体融合发展和精兵简政、“瘦身”发展等重点改革项目。作为准公共文化设施，由市财政给予深圳出版发行集团中心书城维修改造工程总投资50%的资金补助，并由市、区给予公共服务型书吧建设运营补贴，进一步加大对“一区一书城、一街道一书吧”建设的支持力度。

此外，在国有文化资产监督管理体制改革方面，深圳探索早、成效好。2017年2月，《深圳市探索建立市属文化集团两个效益相统一的考核评价制度》作为广东省2个项目之一，入选中宣部《典型经验选编》。

三　其他改革项目进展情况

（一）城市文化品牌体系建设成效显著

2017年5月16日，深圳创新首发城市文化菜单，成为国内城市里第一份对标国际一流城市推出的文化菜单。建立“城市文化菜单”，是深圳文化建设史上一件大事，既是落实《深圳文化创新发展2020（实施方案）》的新举措，是丰富市民精神文化生活的重要途径，也是推动中华文化走出去，提升深圳城市竞争力、影响力的必然选择。这份具有“中国风格、深圳特色”和“世界色彩、国际风范”的文化菜单，共收录国际化、标志性的品牌文化活动28项，涵盖文化艺术、创意设计、科技创新、体育休闲等类别。其中大部分活动都由国家级或国际权威专业机构主办或授权，是可以代表深圳国际化城市形象的“文化大餐”，从1月到12月，好戏连台，精彩不断。比如，作为菜单中的标志性项目之一，首届深圳“一带一路”国际音乐季于2017年3月成功举办，来自近30个国家和地区的700多位国际知名艺术家在深圳谱写“一带一路”文化交流新篇，共谱中国人民与世界人民和谐共生、和睦共融的华章，引起海内外强烈反响。作为深圳最具影响力的文化品牌，5月份举办的第十三届文博会实际成交额2240.848亿元，逐步走上质量型内涵式发展道路，成为名副其实的“中国文化产业第一展”。2017年，深圳“城市文化菜单”的推出，让市民尽享“月月有主题，全年都精彩”的丰富文化生活，成为最受市民群众和中外访客欢迎的一项文化创意。

（二）公共文化服务体系建设取得新进展

加强“图书馆之城”建设，发布实施公共图书馆统一服务书目质量控制规范，深圳图书馆微信服务号和“图书馆之城”大数据应用平台投入使用，创建捐赠换书中心首家社区分中心，创新开展快递送书到家、新书直通车、地铁图书馆等便民服务，图书馆服务水平进一步提升。“图书馆之城”统一服务平台文献借阅量达1233万册次，全市中小学图书馆文献资源共享“常青藤”计划加盟学校达101所，流通图书达21万余册，阅读推广全城联动进一步加强。成立深圳市全民阅读指导委员会，发布《深圳全民阅读白皮书》，成功举办第十八届深圳读书月、“世界读书日”、“深圳未成年人读书日”等系列活动，全民阅读活动影响力不断提升。社区书吧连锁网点建设等9个项目入选国家新闻出版广电总局改革发展项目库，成功申办第二十八届全国图书博览会。完善文化馆联盟建设，推进全市文化馆（站）资源共享。加快数字文化馆建设，云平台、手机App、微信客户端、数字化电视平台、群众文化艺术资源数据库等一批数字化建设项目稳步推进。组建博物馆协会，成功举办中国博物馆创新论坛，博物馆事业加快发展。推进有线电视网络升级改造，置换84万台4K高清机顶盒，广播影视服务不断完善。推动公益电影固定放映点建设，深化公益电影市场化运作，数字公益电影院线运行良好，全年放映公益电影1.88万余场，观影475万人次。发布《深圳市公共文化服务工作考核标准》，开展文化服务质量考评，加强公共文化服务体系建设的统筹协调和督导。

（三）文化行政管理和服务效能进一步提升

制定实施重大行政执法决定法制审核制度，促进依法行政。加强规范性文件管理，积极推进简政放权，清理文化行政法规，废止规范性文件17件。推进文化行政审批和政务服务事项标准化，47项政务服务事项实现3项全流程网上办理，44项进驻市行政服务大厅、全部实现网上审批。推进一门式、一窗式政务服务改革，所有现场政务服务事项授权综合窗口“一窗式”

受理。制定文化市场综合执法改革方案，加强执法队伍建设，推动15个新设街道设立文化市场管理和“扫黄打非”机构。组织开展文化市场专项整治，扎实开展“护苗”“固边”等5个专项行动，形成“画像法”等办案机制，文化市场综合执法深入开展，“扫黄打非”工作持续加强。“深圳文化市场”微信公众号正式运营，文化执法信息化水平进一步提升。推动成立市互联网文化协会和文化市场行业协会，促进行业自律。

B.14

深圳文化领域供给侧结构性改革问题研究*

任　珺**

摘　要： 当前我们要认清时代特点和社会主要矛盾演变的发展规律，着力解决深圳文化领域“发展不平衡不充分问题”及“提升发展质量和效益问题”。以深化文化领域供给侧结构性改革为手段，努力走向更高质量、更有效率、更加公平、更可持续的文化发展道路。本文将从问题及其成因分析入手，试图在观念上把握新时期文化发展需处理的四大关系，探讨在实践中解决具体问题的方法和路径。

关键词： 公共文化服务　文化产业　文化供给　供给侧改革

一　文化领域供给侧存在的问题及其成因分析

自 2003 年深圳提出“文化立市”战略 15 年以来，深圳文化建设成就显著。2005 年启动，每 3 年评选一届的全国文明城市评选活动，深圳已连续五届入选，突出反映了深圳城市整体文明水平一直走在全国前列。尤其近些年，政府加大对文化领域基础设施方面的投入，资助各类公益性文化项目及活动，扶持文化产业创新发展。深圳不仅公共文化服务领跑全国，福田区成为第二批创建国家公共文化服务体系示范区；而且文化产业也保持着较快的增长态势，依托市场、

* 本文系国家社会科学基金项目“文化艺术资助机制及政策研究”（编号：15BH111）的阶段性成果。

** 任珺，深圳市社会科学院文化研究所研究员，中国社会科学院研究生院博士研究生。

产业和科技优势，深圳已成为我国文化输出的重要基地和主要口岸。

深圳文化领域供给侧结构性改革的目标是要走质量型内涵式文化发展新路，既要完善现代公共文化服务体系，丰富群众性文化活动；又要使文化产业在促进经济转型升级和结构优化调整中发挥重要作用。党的十九大报告提出："满足人民过上美好生活的新期待，必须提供丰富的精神食粮。"以何种方式提供，提供什么内容？当前文化领域供给侧出现了哪些影响文化发展质量的问题？本文将从问题及其成因分析入手，试图在观念上把握新时期文化发展需处理的四大关系，探讨在实践中解决具体问题的方法和路径。

首先是文化发展不平衡不充分的问题。深圳市存在原特区内外公共文化基础设施布局、设施机构、服务半径、活动总量质量的不均衡，以及特区外偏远厂区和工业区的外来务工者与一般市民获得的公共文化服务的不均衡问题；存在财政文化投入未能适应城市经济社会发展的问题。财政文化投入总体上仍显不足，分级财政体制导致文化投入多少不统一、投入方向不一致和投入结构不明确，市、区之间以及各区之间的公共文化服务未能均衡发展。

根据表1和图1可发现：全国地方财政对文化体育与传媒事业投入，总体上呈上升趋势；而深圳地方财政中"文化体育与传媒支出"总量及占财政总支出比重先降后升又降（见表1）。造成这一现象的最主要原因是：深圳财政支出增长较为迅速，而文化体育和传媒支出则不稳定，这就更加突出文化体育和传媒支出占比递减显著、波动较大。这也反映了当社会经济增长较快时，可能会造成一些发展不均衡的现象，长远看也可能会引发一些社会问题。坪山、光明、大鹏等新建区2016年度文体传媒公共支出分别为0.77亿元、0.92亿元、0.60亿元，占其一般公共支出比例分别为0.73%、0.93%、0.86%，均不足1%，与原特区外宝安、龙岗及特区内福田、南山、罗湖无论在总量还是在一般公共支出占比均有显著差距[①]（见图2）。因此，深圳应增加在文化领域的财政投入，与地方经济社会发展同步，加大力度注重建设与深圳经济发展相匹配的城市文化。

① 深圳市政协调研报告《加快提升原特区外公共文化服务质量》，2017，未刊稿。

表 1　2012～2016 年深圳市文化领域投入主要指标

年　份	2012	2013	2014	2015	2016
地方财政文化体育与传媒支出(万元)	328388	329433	565498	527260	547941
文化体育与传媒支出占总支出比例(%)	1.75	1.61	2.15	1.36	1.18
文化产业增加值(亿元)	726.23	813.97	965.91	1010.11	1463.01
文化产业占全市 GDP 比重(%)	5.61	5.61	6.0	5.77	7.51

资料来源：《深圳统计年鉴 2017》。

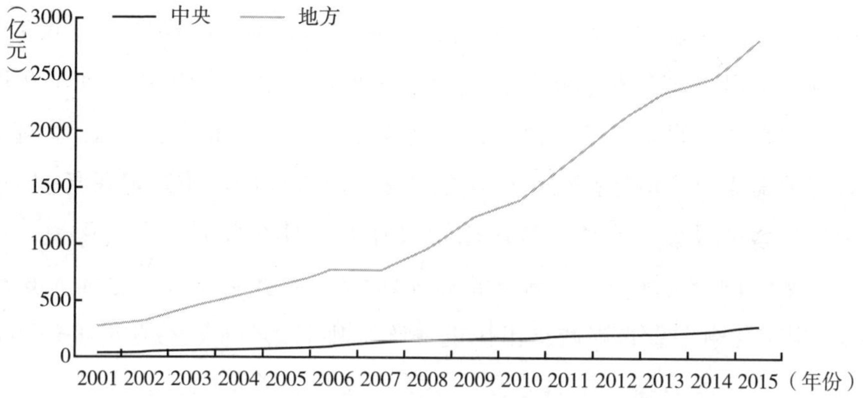

图 1　2001～2015 年中央和地方财政文化体育与传媒支出趋势

资料来源：中国统计局编《中国财政统计年鉴（2001～2015)》，中国统计出版社。

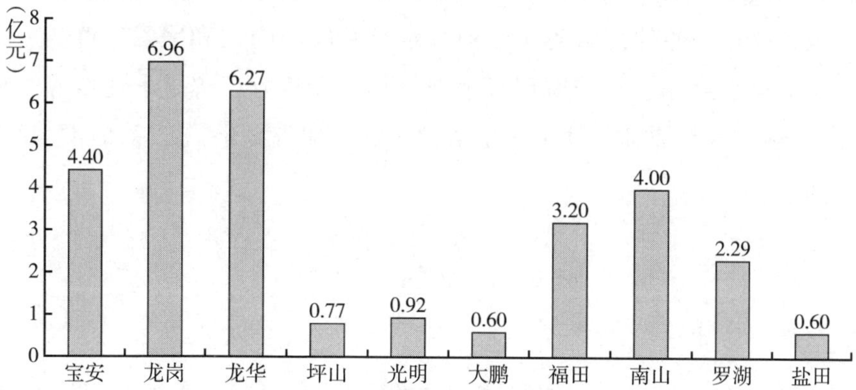

图 2　2016 年各区文体传媒支出

资料来源：深圳各区统计报表。

市场投入方面，文化产业增加值稳步增长，但文化产业发展模式主要依靠的是“要素推动”而非“需求拉动”，表现在文化消费增长速度较为缓慢，存在文化产品供给与需求结构性矛盾。国家统计局调查大队住户抽样调查结果显示：深圳居民文化消费水平仍然不高，虽然2014年文化娱乐支出占比开始超过教育支出占比，但整体上家庭教育文化娱乐消费占家庭消费性支出比例与发达国家和地区相比，还有一定差距，甚至近些年呈现递减态势（见表2）。从中国城市横向比较来看，据深圳大学《2017中国城市创意指数》（CCCI2017）研究报告显示：深圳人均可支配收入排名全国第12，但城镇居民教育文化娱乐支出排名第27，甚至在城镇居民教育文化娱乐支出占总支出的比例上，深圳只排名第47，说明深圳人有消费能力，但这些钱花在教育文化娱乐方面的比重还非常低。[①] 这与深圳是移民城市，流动人口占比较大有关，对许多流动人口来说，深圳是一座“淘金之城”“落脚城市”。深圳文化事业费总额（亿元）排名第6，但文化事业费占财政支出比重（%）排名第47[②]，说明深圳文化事业投入力度远远不够，深圳还要继续加大文化事业的投入。由此，可以初步判断深圳居民文化消费意愿不稳定；文化产品供给效率及质量还有待提高；大文化领域“文化体育与传媒”方面的财政投入还应加大力度；文化领域发展不仅要关注供给侧改革，还要在需求侧管理上发力。当然这里也还存在一些外部阻碍文化消费水平发展的问题和因素，譬如一线城市生活成本急剧上升影响居民消费结构（受医疗、养老、住房等支出挤压），城市人口素质，快节奏生活方式及“加班文化”严重压缩居民闲暇时间等。

---

① 孙颖：《2017中国城市创意指数发布　快看你所在城市排第几》，《南方日报》2017年12月10日。

② 孙颖：《2017中国城市创意指数发布　快看你所在城市排第几》，《南方日报》2017年12月10日。

表 2　2012～2016 年深圳市家庭教育文化娱乐支出主要指标

年　份	2012	2013	2014	2015	2016
教育文化娱乐总支出(元)	2960. 13	3015. 14	2559. 83	2678. 62	3092. 27
文化娱乐支出(元)	546. 78		1394. 09	1456. 79	1570. 45
教育支出(元)	1406. 47		1165. 74	1221. 83	1521. 82
家庭教育文化娱乐消费比例(%)	11. 08	10. 46	8. 87	8. 28	8. 48
家庭文化娱乐消费比例(%)	2. 05		4. 83	4. 50	4. 30

资料来源：《深圳统计年鉴 2017》，由于 2013 年启动住户调查一体化改革的时间较晚，故 2013 年部分详细分组数据暂无。

在提升文化发展质量和效益的问题上，一方面，从公共文化服务体系建设来看，公共文化服务机构的效能及活力不足，直接造成公共产品的供给不足和服务范围覆盖率不高。公共文化领域大部分资源仍处于政府主导下进行配置和运行，资源垄断、固化配置的公共文化产品供给模式，容易导致供非所需，供给效率低下。各类公共文化机构开放意识、分享意识不强，造成跨部门、跨领域、公私合作伙伴关系难以建立；对政府依存度较高，资金来源单一，社会参与机制尚不完善，社会参与文化建设的活力虽然比以往有很大提高，但文化参与主体能动性尚未有效激发。基层专业性文化人才严重短缺，影响专业服务质量提升。这方面的问题很多难以量化数据的形式显现，但与广大人民群众的文化获得感和认同感密切相关。另一方面，从文化产业发展来看，尽管整体上高于经济增长速度，但产业结构调整压力非常大。需要解决如何聚集内容、技术、资本、人才等要素，特别是解决内容支撑不足、文化创意人才结构性匮乏与城市创业居住成本上升，吸引力下降等突出问题。需要解决文化资源贫乏、非文化中心城市、居民文化消费能力未能有效释放等不利条件下促进文化产业创新发展的问题。“十二五”期间深圳重点发展的十大文化创意行业所创造的增加值中，除新媒体及文化信息服务业和创意设计业占比较高外，文化软件、动漫游戏、数字出版、影视演艺、非物质文化遗产开发等占比均低于 5%。可见，内容产业相对薄弱，支撑产业可持续发展的内容资源不足。深圳文化产业人才总量较大，但较多集中在附加值较低的产业链中低端，特别是制造环节，创意研发人才较为紧缺，中高技能人才占比不足三分之一。市内各区文化产业发展也存在不平衡、不协调矛盾。从整体上看，深圳作为中国一线城市及迈向国际化现代化创新型城市，其文化的影响力却相对滞后，缺少具有世界性的文化成果或文化产品。

二 推进文化领域供给侧结构性改革基本思路

化解“人民日益增长的美好生活需要”和“不平衡不充分的发展”之间的矛盾，提升深圳文化发展质量，需要我们正确处理好以下四大发展关系。

第一，尊重文化需要与引导文化需要并行发展的关系。近年来，我国城镇居民文化消费规模日益扩大，呈现出一些新的特点，即文化消费结构有所变化，文化服务消费超过文化产品消费；文化消费形态呈现多元化发展趋势，融合时尚、科技、体验等多种元素的新兴文化消费方式不断涌现。[①] 城镇居民文化消费开始呈现由消遣型、娱乐型向发展型、智能型方向发展，尤其深圳已经进入一个更加重视后物质主义的时代，由“物质文化生活”向“美好生活”迈进。有研究通过对城镇居民消费构成的分析，发现文化消费在消费支出中所占比重在提高，并已经进入更加注重品质的消费阶段[②]；另有研究也显示：收入水平、受教育程度和公共文化投资对文化消费均具有显著的正向作用，其中收入水平的驱动力最大[③]。这些新现象要求我们必须正确认识人民群众文化需要的变化，注重满足人民群众不同层次、多元化、个性化文化消费需求，不断充实文化消费的内容，丰富文化消费的形式，发展积极的文化消费热点及健康消费观念，以适应城镇居民文化消费结构的新要求。新时期我们的公共文化服务体系在保障基本文化需求的同时，也要注重

① 李蕊：《中国城镇居民文化消费：现状、趋势与政策建议》，《消费经济》2014 年第 6 期。

② 李蕊：《中国城镇居民文化消费：现状、趋势与政策建议》，《消费经济》2014 年第 6 期。

③ 扈瑞鹏、马玉琪、赵彦云：《中国城镇居民文化消费的空间分析——基于混合地理加权回归模型口》，《消费经济》2016 年第 6 期。

个人文化能力的成长及新的健康需求的培育，引导大众追求真善美，追求精神层面的满足和愉悦。

第二，文化领域治理模式共治与共享协同发展关系。牢牢把握“坚持发展为了人民、发展依靠人民、发展成果由人民共享，使全体人民在共建共享发展中有更多获得感”这一发展原则。当前文化领域的供给正从“生产者单一，生产者主权”向“生产者多元，消费者主权”逐步转化。这一发展趋势不仅要求文化产品及服务的供给方要像需求方那样思考，而且更为重要的是更多的主体成为生产者。这需要我们能够正确对待社会真实需求以及社群能动者的创造性和行动。当前在深圳，已经出现许多社会创新的力量，它们解决了很多传统公共文化服务供给模式不能解决的问题。引发了我们对城市快速发展中不断呈现的新问题的思考，改变我们以往处理问题的方法。强调“共治”就意味着我们要建立从“文化福利”走向“文化赋权”的发展策略。要真正实现广大人民群众积极参与文化生活，必须要破除民众文化实践方面的障碍，尤其要关注基层社区文化发展问题及弱势群体的基本文化权益问题。文化领域“共治”与“共享”协调发展的最终目的是加强对城市软资产的整合。

第三，公共文化服务与文化产业融合发展关系。文化产品及服务的公共性特征决定了文化承载诸种社会功能。因此，既要提高公共文化服务的质量，也要提高市场中文化产品的质量。公共文化服务与文化产业之间是相辅相成、共同促进的关系。无论是公共产品还是准公共产品都应坚持把社会效益放在首位，坚持以人民为中心，增强民众参与文化生产的意愿和积极性，这是激发全民族文化创新创造活力的根本。在强调大力发展文化产业时，应明确发展不只是自身的经济产量问题，还关涉更多的社会问题，需要采用不同于一般产业的公共政策去引导文化产业社会价值的实现，且又不违背文化产业自身发展规律。随着市场经济的深度发展，我们可以发现社会和经济领域往往融合在一起，难以截然分开，公共文化服务领域与文化产业领域的边界也在模糊。公共文化领域需要适度采用一定的市场机制作为手段去刺激其发展，提高资源配置的效率。深圳这些年的实践也证明，用市场的或者非市场的方式来激发人的创意、提高人的素质都是可行的，而营利企业和非营利组织也都是服务于创意的组织形式。这就需要我们必须重新设计制度安排，打破原有的僵化界限；同时，也要防止过度市场化所带来的公平正义价值的沦陷。如何处理好文化民主理念同效率法则之间的平衡关系？这一世界性的问题在中国同样也存在。能否处理好这一问题决定着我们是否能为世界提供中国的经验（深圳经验）。

第四，文化产品供给质量与双效统一并进发展关系。文化产品具有传播意识形态思想、价值理念和思想文化的功能。但当今世界，传统的长辈总结式教导手段在全球化市场及现代生活中很难发挥思想统治的作用。无论是作为公共福利性质的，还是作为商品流通的文化产品及服务，更多的是通过潜移默化地影响人们的日常生活方式，来发挥其意识形态功能的。因此，提高文化产品供给质量，并不是“头痛医头，脚痛医脚”的方法能够予以解决的。需要我们创新文化管理体制机制，改变意识形态管理方式，通过立法方式，依法规范意识形态领域的发展；通过立法调整市场主体的行为、调整市场主体之间的关系、调整市场的竞争秩序，等等。催化文化中介组织的成长，通过行业协会，加强行业自律管理，而不是行政管理。西方国家在经历放松管制的同时，也加强了意识形态领域的立法限制，而立法以外的政府随意干涉则会受到指责。例如，英国直接或间接管理出版的法律除了宪章性文件外，还有《版权法》《淫秽出版物法》《青少年有害出版物法》《官方机密法》《诽谤法》《图书贸易法》《图书贸易限制法》等相当完备的法律体系。[①] 我国当前文化领域大部分都是部门行政法规和规章性文件，立法层次较低，相互间又缺乏协调，导致政府管制缺乏有效的法律支撑。遇到问题时，依行政命令或长官意志加以解决，随意性太大，造成行业风险也很大，社会资本也不敢轻易涉入，限制了“生产者多元”的发展，也无法激活优质生产要素。我们要坚持政府引导和市场主体双向合力，既要保证文化领域

① 孟迎辉、邓泉国：《西方国家对意识形态的管制措施及启示》，《党政干部学刊》2009年第8期。

健康、有序发展，又要增强文化市场的生机和活力、繁荣文化生态，实现社会效益和经济效益相统一；既要打破公共文化服务领域“保基本”等同于“低质量”的理解误区，又要警惕文化市场中的文化安全问题。

三　推进文化领域供给侧结构性改革的政策建议

（一）创新利用市场机制，优化文化供给结构

目前公共文化产品供给效率不高与公共文化服务领域行政主导模式有关，固化的行政路径依赖严重影响了供给质量的提高。放松管制，通过降低市场进入壁垒发挥企业、第三部门等社会力量的效率优势，使文化领域多元供给结构能够更加灵活地应对民众文化需求的快速变化。现代公共文化服务体系所提供的产出供给，表现为一系列公众文化生活的形式与内容，它不以营利为导向，但又会与市场运营机制形成一些联结点和交集，需要公共财政对此给予必要的支持，并动态优化公共文化领域与市场机制的对接和互动。① 我们要明确利用市场机制（作为手段）的目的是优化供给结构，提高供给效率与质量，同时也要加强政府监管，防止市场“唯利是图”的倾向。

（二）优化公共文化服务，积极引导文化消费

居民文化消费动力不足，文化消费在整个消费结构中处于较低层次的状况，抑制了文化产品供给质量与效率的提高。其深层原因既与我国经济社会发展程度、国民收入水平有关，同时又与当前我国公共文化服务体系供给内容、供给方式密切相连。人们对音乐、戏剧、表演、绘画等艺术欣赏及其他审美文化消费的意愿，取决于人们对文化艺术所具备的知识与理解。而文化艺术趣味往往是通过公共教育与实践经验而获得的。政府对文化艺术的资助

① 贾康：《构建现代公共文化服务体系的财政支持保障政策》，《中国财经报》2014 年 8 月 19 日。

要转化为对公民素质的投资。公共文化产品的供给应主动通过思想精深、艺术精湛、制作精良的优秀公共文化产品来引导人们的价值观，改变其观念、触动并发生新的需求，推动民众产生新的生活习惯，激活巨大的文化消费潜力。[①] 加大公共文化投资，均衡各区公共文化供给；加强公共文化服务体系与各类公共文化机构之间的统筹与协调，不断提升公共文化服务效能和水平。推进并完善图书馆、文化馆市、区、街道、社区总分馆制及馆站联盟。建设全市公共图书馆统一服务平台；推行以市少儿图书馆为总馆、与全市中小学图书馆联通的总分馆制，推进文献及活动资源共享和流通。

（三）推动文化科技融合，培育新型文化业态

随着中国新媒体用户数量持续迅猛增长，日常生活中通过新媒体娱乐休闲、求知学习、社会交往，并获取线上线下活动信息，将十分普遍。网民中的每一个人都比以往更容易接触到丰富多彩的文化内容。这种易接近性使创作和传播从现实世界向虚拟世界持续转移。利用数字时代这一特征，开发技术并积极应用于公共文化服务及文化产品创设，将有助于文化服务、资产和产品供需的增加，促进市民体验式参与，同时也能扩大文化资源的共享范围。深圳在科技创新方面有显著优势，“十二五”期间重点发展的十大行业中，新媒体及文化信息服务业、创意设计业所创造的增加值占比较高，为深圳引领文化科技融合打下坚实的基础。当前网络文化消费已成为城市居民文化消费的主流，深圳应大力发展与网络密切相关的文化消费活动：网络音乐、网络游戏、网络演艺、网络文学等。将信息技术、数字技术、网络技术等现代科技和传播手段应用于公共文化服务，成为我国构建现代公共文化服务体系的必然要求和战略选择。深圳应加强公共数字文化建设，探索文化数字资源库建设，传承人类文化与文明，将更多优秀的文化内容、文化资源为“我”所用。

---

① 王为理、任珺：《农民工公共文化服务供给侧改革探析》，《特区实践与理论》2017 年第 2 期。

（四）强化跨界整合发展，突破文化发展困局

着力打破文化建设中的条块分割和机构障碍，解决跨部门、跨领域的难点问题。随着时代发展，公共文化机构功能与角色被赋予新的内涵，我们需要用一种开放且多元的视角处理公共文化机构与所服务社区的关系。需要我们把政府“有形之手”和市场“无形之手”结合起来，解决文化产品和服务供需矛盾问题。促进文化部门与教育部门的合作，将我市的各类博物馆、图书馆、书城、美术馆视为学校教育的“第二课堂”，引导全市幼儿园、中小学与博物馆、美术馆等文化机构与其建立长期合作互动机制。促进文化部门与城市公园管理部门的合作，将现有公园注入文化资源，提供更加丰富的公共文化服务。鼓励有条件的公园进行设施更新改造，在保留现有绿色植被的基础上强化文化服务功能。将书店、艺术品展示空间、电影院、小剧场、教育培训机构等与餐饮休闲、零售等商业设施有机结合，打造文化消费综合体，是近年来新出现的经营模式，它迎合了消费者一站式文化消费的需求。可考虑通过政策性引导，在“文化消费综合体”中设置社区公共图书馆，设置社会力量运营的小型美术馆、博物馆、书店、小剧场等文化机构，提高公众对公共文化活动的关注度和参与度。鼓励推动文化创意产业园区通过设立博物馆、陈列馆、公益创意活动、公益创意素养培训、体验工作坊等形式提供公共文化服务。鼓励文化服务与社会服务相结合发展社区经济。

B.15
深圳特区媒体融合发展报告

王建磊　吴　越*

摘　要： 2016年，深圳报业集团的“四报一网”齐头并进，微博公众号用户的爆发增长，“读特”“读创”系列App品牌的连续推出以及深圳新闻网挂牌新三板成为其融合发展的亮点。从经营发展数据来看，深圳报业集团有望成为全国首批“触底反弹”的纸媒；深圳广电集团步履铿锵，依托融合新闻中心的空间升级和先进技术支撑，做好做强“中央厨房”；同时聚焦移动产品和网台互动，打造完整的闭环生态，为用户提供更加舒适的场景化服务；与“罗辑思维”的合作则被外界看作是跨界合作的典范。报告分别对深圳报业集团和广电集团的融合发展概况进行分析，从而表达媒体融合战略依然是深圳特区媒体发展与突破的首要选择。

关键词： 深圳　报业集团　广电集团　媒体融合

一　深圳报业集团的融合发展概况

2016年，深圳报业集团将媒体融合发展作为“社长一号工程”来抓，高度重视，加大投入。这一年，深圳报业着重打造了“读特”“读创”的

* 王建磊，深圳大学传媒文化发展研究中心、深圳大学传播学院副教授、博士；吴越，深圳大学传播学院硕士研究生。

“读”系列移动客户端，在融合媒体的架构层面实现了完整布局，融合新闻生产力明显提升。全年全集团实现总收入19.7亿元，集团利润总额同比上一年增长17.81%。[①] 从经营发展数据来看，在文化产业持续向好趋势的带动下，深圳报业集团有望成为全国首批“触底反弹”的纸媒。

（一）移动端发力——“四报一网”的微博、App发展情况

深圳报业集团旗下的“四报一网”：《深圳特区报》、《深圳商报》、《深圳晚报》和《晶报》以及“深圳新闻网”（http：//www.sznews.com/）较早就开始了数字化战略，社交媒体账号的开辟也是其战略的重要组成。截至2017年12月1日，五家报业机构的官方微博综合粉丝规模突破3000万人，其用户数较之2016年不止翻番。其中，《晶报》官方微博的粉丝数最多，达896万人；《深圳商报》的增长率最高，比上年增长了216%。这一成绩的取得一方面与微博的回暖环境密切相关，另一方面说明报业集团始终把粉丝经营作为移动转型的重点在抓，从传统订户到微博粉丝，这种战略意识是互联网思维的生动体现（见表1）。

表1　深圳报业集团“四报一网”的微博粉丝规模

单位：万，%

名称	深圳特区报	深圳商报	深圳晚报	晶报	深圳新闻网
2015年7月15日官微粉丝数*	229	85	125	152	25
2016年9月份官微粉丝数	380	194	302	526	42
2017年12月份官微粉丝数	799	614	743	896	95
比上年增长率	110	216	146	70	126

注：除作说明外，上表数据均由笔者观测所得。

*2015年7月份的官微粉丝数据由深圳报业集团记者王新根提供。

深圳报业集团从2012年开始就布局了深圳特区报、深圳商报、深圳晚报和晶报的新闻客户端，但囿于传统媒体思维和体制束缚，各家的App并

① 韩文嘉：《打好改革攻坚之战建设新型传媒集团》，《晶报》2017年1月17日，第A6版。

未取得预期效果。不过深圳报业集团并未放弃面向移动互联网的服务，在2016年集中发力，接连亮出两大新动作：由《深圳特区报》重磅推出“读特”——该款新闻类App是国家财政部专项资金支持的重要项目，也是深圳市委宣传部制定的《深圳文化创新发展2020（实施方案)》确定的媒体融合重点项目。其产品的释意为：独家的，特好看。目前，“‘读特’的内容设置全部体现特区区域特色，设置有特闻、深圳、财道、港台、乐活、视听等频道。此外，‘读特’客户端还具有问政、晒图、音视频和评论等互动功能，是连接政府与市民的重要桥梁和纽带”①。

由《深圳商报》推出“读创”App——国内首个以科技、财经为主要特色的移动客户端，在产品打造思路方面，读创不仅紧跟时代潮流，主打视频呈现，更引领潮流，“是全国第一家支持VR（虚拟现实）技术和第一家实现将所有新闻内容自动按顺序朗读的移动新闻客户端；在内容建设上，读创追求‘不仅好看，而且有用’，致力锤炼成以‘精准推送、千人千面’为特色的资讯平台、现代城市的高端服务平台、内容生产的开放平台”②。

目前，可以清晰地看出，深圳报业集团在移动端集中发力，“读特”“读创”系列App品牌的连续推出无疑彰显了这一决心。不过，新品牌的打造既要注重质量，也要注重横向上的关联，以期形成矩阵效应。这一方面，可以参考上海报业集团的做法。近一两年，上海报业集团陆续推出的几款移动客户端分工、划分就比较合理：比如“上海观察”主要是党政、市委服务，立足上海；澎湃新闻，侧重于时政、独家、观点，面向全国；界面新闻，侧重于财经，为金融经济领域服务；还有新民晚报的客户端，立足上海社区，为本地市民服务。这种布局比较全面，各司其职，按此规划，未来纸报停刊了，上海媒体的四个移动端板块也可以接替原有的纸媒。由此看来，深圳报业集团仍需有条不紊地深入推进其移动战略。

---

① 参见《读特，我来了》，《深圳商报》数字版，http：//szsb. sznews. com/html/2016 -03/28/content_ 3489451. htm。

② 陈晓薇：《“读创”新闻客户端正式上线》，《深圳商报》2016年12月29日，第A3版。

（二）资本抓手——深圳新闻网挂牌新三板

深圳新闻网是以新闻为核心的综合信息服务运营商，是拥有独立编辑权的地方重点新闻网站。于2002年创立，成立10多年来，深圳新闻网立足于深圳，专注于互联网相关业务，以新闻资讯、广告服务、舆情服务、网站建设及运维服务和信息技术服务为主营业务，成为深圳市重要的网络传播阵地。2016年3月，深圳新闻网在城市网站传播力排名中蝉联第一①。

深圳新闻网基于网站特色和网络优势，不断在内容生产和舆论监督层面推陈出新，大胆尝试，如2015年5月，深圳新闻网推出了广东首个无人机新闻专栏——“鹏城眼”，栏目着眼于社会热点，以航拍报道的形式推出，题材涉及民生各个领域，引起了较大社会反响。2016年共推出57个航拍报道，保持了每周更新的频率；与此同时，深圳网络答政平台《民生二维码》项目则“充分利用微信，集市民参与、网络互动、媒体监督、部门答政于一体，邀请市主管民生的主要领导、各区区长、各职能部门负责人等走进民生工程现场及网络直播间，与市民、网友一起‘面对面、聊民生’，2016年共策划完成11期”②。

在过去三年营业收入和利润均以20%以上速度增长的前提下，2017年6月26日，深圳新闻网传媒股份有限公司（股票简称：深新传媒，股票代码：871325）成功挂牌新三板，“成为广东首家依托传统报业集团、整合数字媒体业务、以原有新闻网站为载体登陆资本市场的媒体公司”③。

（三）对外合作——借力外界资源实现融合发展

传统媒体一度被认为在技术开发和体制机制方面存在竞争劣势，尤其是与扁平化的互联网公司相比，其在执行效率、项目推进速度、内容创意锐度

---

① 笔者注：城市网站传播力排名由中央网信办《网络传播》杂志发布。

② 参见 http：//news. sznews. com/node_ 211549. htm。

③ 李荣华：《深圳新闻网成为广东首家依托报业集团上市的新闻网站》，《南方快报》，http：//kb. southcn. com/content/2017 -06/26/content_ 173266623. htm。

等层面处于下风。因而，积极打开传统媒体的大门，拥抱互联网，引入新动力成为媒体机构自我改革、奋力前行的重要途径。2017年6月，在腾讯“云+未来”峰会上，深圳报业集团与腾讯公司签订了战略合作框架协议，双方将合作共建深圳报业融合新闻中心、深圳报业集团媒体云及数据中心、探讨共建深圳大数据交易中心等多个项目，与腾讯的联手视为深圳报业集团近水楼台的独到优势，能够与中国最大的互联网公司在云计算、大数据、人工智能等方面展开合作或是借力，对于传统报业来说无疑打开了开辟媒体融合发展新路径的诸多可能。双方将携手建设多个“互联网+数字媒体”项目。这种层面的合作令许多地方媒体望尘莫及，当然，也很期待这种合作能真正落地，做出具备标杆意义的探索和成果。

此外，《晶报》的做法也值得称道。《晶报》充分利用自己的团队优势和人才的专业优势，锻炼出一支专业服务政府机构的政务新媒体队伍。这支队伍一方面经营自己的新媒体产品，另一方面承接许多政府机构的两微一端业务，目前，《晶报》已代营了“深圳交警、深圳教育局、深圳市卫计委、深圳市市监委、深圳市城管局、深圳市社保局、深圳市妇联、深圳市规土委等50余家政务微信、微博、网站，服务总粉丝数超过1105万”①。2016年度项目营收突破1000万元。

二 深圳广电集团的融合发展情况

在新兴媒体的巨大挑战和传媒行业的深刻变革背景下，深圳广电集团切实把加强媒体数字化建设及融合发展作为核心工作来稳步推进。集团在明确“打造与深圳现代化国际化创新型相匹配的新型传媒集团”的发展目标的基础之上，提出了“内容为本、平台为先、资本为要”的媒体融合发展思路。2017年，呈现出的一个清晰转向是：集团由过去的铺摊子、多管齐下、多

① 参见《深圳媒体融合发展步履铿锵》，《人民日报》（海外版）2016年10月20日，http：//news. ycwb. com/2016－10/20/content_ 23300026. htm。

头投入向整合资源、集中精力、重点突破转变，以融合新闻中心、CUTV 和“壹深圳”App 为抓手，有力促进集团采编平台的升级改造、内容产品的丰富以及技术水平的提升，用户规模进一步扩大，集团的传播力、引导力、影响力、公信力明显增强，进一步巩固和壮大了主流舆论阵地。以集团“全媒体新闻指挥中心”即将正式投入使用为标志，集团媒体融合发展工作取得了“里程碑式”的阶段性发展成果，也展现出更为广阔的发展空间。

表 2　深圳广播电影电视集团新媒体用户概况

单位：万

两微一端				网络视听	
各类栏目官方微信粉丝	CUTV 官方客户端用户	壹深圳客户端用户	深圳卫视官方微博粉丝	IPTV 用户	天威视讯高清互动用户
75	300	126	320	72	93.87

注：截至 2017 年 12 月 31 日，数据综合来源于网络观察、财报、人员访谈等。

（一）顶层突破——管理机制的重要改革

为有效推进集团媒体融合发展及相关重点改革项目，集团组建了核心台领导组队的、各部门负责人为小组成员的媒体融合项目领导小组。领导小组下设办公室，办公室下设项目攻关小组、外部顾问团队等，其中项目攻关小组为集团从各部门抽调的精英骨干，主要负责项目方案的起草、论证及跟进。媒体融合项目组的成立，极大提升了媒体融合战略在集团上下的战略地位，也为众多新媒体项目的实施提供了快速的反馈机制和保障。

同时，为了确保媒体融合工作的高效推进，集团还通过“宣传工作例会通报制度”“年终考评制度”“编委会、编前会工作管理制度”“突发事件应急处理制度”等有效制度建设为媒体融合既提供保障，又倒逼自身改革，促进集团上下思想观念的快速转变。通过制度体系的建立，集团不但在技术上、内容生产上率先突破，集团管理、考核等配套方面也实现了为推进媒体融合真正服务的目的，扎实推动媒体融合稳步前进。集团依托已经投入使用的“集团全媒体融合新闻中心”（一期），继续优化新闻生产基本流程，建成选题池、原料池、加工池和成品池，打造“中央大厨房”式的新闻采制中心，同时，逐步建立与集团媒体融合发展相匹配的人力组织、考核奖惩等一系列配套机制，打破原来各部门“各自为政、多头出击”的局面，高度集约、高效合作，合力打造一支一采多发、一专多能的“全媒体新闻采编队伍”，努力实现集团舆论宣传和传播模式的升级。

可以说，高层对于媒体融合战略的主张，自己各种配套机制的上马，都凸显了深圳广电集团将媒体融合战略进行到底的决心。在调研中，某领导表示，深圳广电集团已经确立了“以融合新闻中心建设为抓手、以全媒体指挥中心建设为突破口”，先“相加”再“相融”的清晰思路，将坚定扎实推进媒体深度融合战略，确立以广播、电视媒体与移动媒体优先发展为重点，突破节目制作采编播流程再造关键环节，抓好“中央厨房”建设龙头工程，强化全媒体人才培养重要支撑。相信上述理念的明确和坚持，将为深圳广电集团媒体融合指明清晰的前进方向。

（二）多点开花——媒体融合的相关实践与探索

1. 第一抓手——融合新闻中心

融合新闻中心建设项目是深圳广电集团推进媒体融合发展的重点抓手，根据规划，融合新闻中心分期进行建设。第一期主要完成物理空间和技术平台的建设，是“物理变化”；第二期则主要是通过配套系统和机制的建设，实现新闻采编流程的重构，实现新闻内容生产、传播模式的转型升级，是更为深入的“化学反应”。

2015 年 5 月，深圳广电集团完成了融合新闻中心一期工程。当下，深圳广电集团将广播媒体融合制播平台建设作为集团融合新闻中心的新任务，目标是实现广播与电视的融合生产、融合传播和融合运营。其核心任务包括以下 3 点。（1）广播融合制播网建设。建设一个统一的广播媒体内容生产管理平台和媒资中心，将视频、音频、图片、数据、网页、微信等应用信息高效整合在一起，为节目支持人和编辑提供完整的内容信息库，实现音频资源、图文信息的共享利用和融合发布。（2）直播互动平台建设。通过直播互动平台，进一步强化节目互动，将观众与节目紧密联系起来，结合广播节目内容开展用户运营，将观众转变成用户。（3）广播 App 等融合产品研发和运营。通过融合产品的开发，丰富广播节目呈现方式，使用户通过多种渠道收听到广播节目内容，并参与节目互动。

2. 独到眼光——媒体大数据发展规划

在大数据时代，广电媒体如何借力大数据，为传统受众进行全面升价的服务是当下十分重要却被严重忽视的命题。而深圳广电集团在这方面又一马当先，通过收购第三方数据分析公司，为集团自身的内容生产、广告客户以及为同行提供数据定制服务。其具体做法是：将集团旗下的各媒体平台的业务数据、用户数据、系统运行数据以及第三方的购买数据进行汇总，统一由专业数据团队进行整合、处理和分析，并为这些数据贴上标签，以精准区分这些数据的属性、类别，最终实现的是打通和共享相关数据，从逻辑关系上创造数据与数据之间的连接意义，建立真正具备商业应用价值的媒体大数据平台。

3. 移动发力——“壹深圳”客户端、“两微矩阵”统一管理平台建设

截至 2016 年 3 月，“壹深圳”客户端深圳本地用户已突破 70 万人，日均互动人数 3 万至 5 万人，上线以来实现现金广告收入 1000 万元，实物广告赞助逾 4000 万元的良好开局。目前，根据用户使用习惯及频道频率互动需求，各项功能设置和用户体验正在优化调整中。

除此之外，集团着力打造“两微矩阵”统一管理平台，实现集团各类官方微博、微信、公众号、订阅号以及应用服务等的统筹管理和资源整合。目前，包括“第一现场”“直播港澳台”“快乐 1062”“先锋 898”等 22 个具有较大影响及较多粉丝的微信公众号已在集团层面进行整合，技术部门会“根据不同需要提供更多伴随式开发服务”[①]，据统计，集团官方微信粉丝用户数已经超过 75 万人。

① 参见张春朗《地方广电集团媒体融合的实践及思考——以深圳广播电影电视集团为例》，《声屏世界》2016 年第 11 期。

4. 网台互动——城市联合网络电视台（CUTV）与天威视讯

作为中国最大的城市广电内容聚合和联播平台、常态及大型节目联播平台，CUTV 已初步形成了云平台服务、移动互联网、IPTV 以及互联网电视（OTT）等核心产品。CUTV 目前已拥有联合开办台、成员台和紧密合作媒体近 80 家，逐步形成了以“公共平台服务、频道合作运营、移动互联网及互联网电视业务”为核心的业务体系，打造了初具规模的 CUTV 网站集群，大大加快了城市台的媒体融合发展步伐。2016 年，CUTV 积极推进“十百千工程”，建设“CUTV 广电云”，加快 IPTV、OTT 等业务发展，实现全国手机客户端用户超过 300 万人。

天威公司作为上市的有线电视网络运营商，近两年来，持续为电视内容做好传输和落地服务的同时，也大力拓展自己的网络业务。一方面持续拓宽积累用户，现有用户总数超过 210 万人；另一方面，大力开展融媒体的集成、承载和呈现等相关业务，通过与网络视频服务商合作将互联网平台内容导入有线电视平台，用户在天威的平台上可以同时收看传统电视媒体和互联网新媒体的视频内容。目前公司与搜狐视频合作的“酷啦狐视”“酷啦云盘”等产品和服务已陆续上线。

天威推出的“威视 4K 智能机顶盒”作为“智慧家庭”的网关接入设备不断进行功能升级，深得深圳用户的支持与喜爱。根据《深圳市天威视讯股份有限公司 2016 年半年度报告》，“天威视讯的交互电视用户终端数为 93.87 万个（其中高清交互电视用户终端数为 92.7 万个），较 2015 年底增加了 3.01 万个（其中高清交互电视用户终端数增加 3.14 万个）；付费频道用户终端数为 14.85 万个，较去年底增加了 2 万个”①；其他增值服务，如无线 WIFI 网络的建设，已经实现在全市公共场所、社区等区域 WIFI 热点部署，将天威高清互动电视、宽带数据接入服务业务逐步延伸到移动网络上。

---

① 参见《深圳市天威视讯股份有限公司 2016 年半年度报告》，凤凰网财经频道，http：//app.finance.ifeng.com/data/stock/ggzw.php？id = 15967127&symbol = 002238。

5. 他山之石——与其他新兴媒体的融合战略

2016 年 6 月 2 日，《势能创造 2016 公开课》上海开讲，标志着深圳广电集团与“罗辑思维”[①] 的合作正式启动。本次合作双方以《时间的朋友》2016 跨年演讲为圆心，进行资源与势能接轨，打造“媒体融合”的创新模式，获得了广泛的行业关注与商业合作。随后，在 12 月 31 日，双方继续携手共同推出《时间的朋友》2016 跨年演讲，打破传统跨年晚会的做法，而这种尝试取得了惊人的收视效果和不俗的社会效益，同时实现了节目类型化转变的积极尝试。在这样的合作中，“罗辑思维”作为新兴媒体的优秀代表，大胆在传统媒体上做出内容形态和风向的创新探索，而深圳广电则通过《势能创造》训练营、季播节目及地推活动等形式进行密集宣传。这次合作被相关媒体评价为“深圳广电集团首次以传统媒体向融媒体转型升级的姿态与愿景，与先锋互联网知识社群进行的一次诚恳而有力的握手”[②]，也成为深圳广电集团媒体融合中的一个最大亮点。2017 年，双方的合作仍在持续而富有活力地开展。

（三）做中反思——对自身不足的清醒认知

面对新兴媒体的巨大冲击，传统广电行业面临社会影响力和经济效益双重下滑的压力，全力推进与新媒体的融合成为共识，为了积极应对挑战，深圳广电集团屡屡“敢为人先”，办网站、做产品、全力建设“融合新闻中心”，这些创举在业界形成了良好的口碑，成为地方广电争相考察、学习的对象。当然，我们近距离地观察深广电的探索与实践时，也发现存在一些正在面临的问题、难题。

一是缺乏一炮打响的拳头产品，缺乏现象级节目。深圳广电集团这几年

---

① 笔者注：“罗辑思维”是自媒体玩转商业的成功典范，是目前中国最大的互联网社群之一，在消费力强的中青年受众中有较强影响力。同名脱口秀视频优酷累计播放量 3.72 亿、微信公众号 720 万用户、B 轮估值 13.2 亿元人民币。

② 搜狐科技：《“罗辑思维”与深圳广电联手　剑起融媒体创新风云》，http：//www.sohu.com/a/80782485_ 355780，http：//www.sohu.com/a/80782485_ 355780。

在新媒体领域的探索有目共睹，其敢于试错、勇于创新的精神在业界颇具口碑，但遗憾的是，从网站到移动端产品，从渠道拓展到内容适配，频频举动带动业界节奏的深广电往往是起步早，但开花结果的时间总是姗姗来迟。一方面，所有的新媒体产品影响力较弱，未能有效探索如同“澎湃”“梨视频”“芒果TV”等出自传统媒体的新媒体知名品牌，相应的运维成本却在不断增加；另一方面，在传统的视听节目生产和制作上，没有类似于湖南广电、上海电视台那般有杰出团队或者现象级节目的出现，很大程度上使深圳卫视的品牌价值难以得到真正提升。

二是集团内部的割裂现象依然如故。媒体融合的本质是“人”的融合，起码表现为团队层面的互通互融以及内容制播上的分工合作。但是，根据调研发现，由于独立制片人制度的实施，各频道各时段的原创节目水平参差不齐，因而在节目收视率和经济效益上呈现结构性落差。那么经济效益好的团队在一定程度上就不愿意“被融合”，他们担心自己的效率和分配机制被打破；经济效益和节目制播水平差的团队很希望融合，希望借力那些优质资源，或者赶上融合的快车，实现全面发展。这两种不同的心态决定了在团队合作上始终是“貌合神离”，比如“两微一端”的发展要求各节目部门拿出最优质的资源进行再度整合，但有的频道根本拿不出资源，又想享有新媒体的发展成果，进而进入恶性循环状态，也在一定程度上打击了优秀团队经营新媒体的积极性。

三　小结

尽管是老生常谈，但不得不谈的是，传统媒体的核心优势就是内容，影响力、话语权乃至生存发展的根本也在内容。新媒体渠道越发增多，内容的重要性和根本性则越发凸显。作为担负重要职责和使命的国有传媒集团，一定要注重内容，做精神航灯、公平正义的守望者，发挥无可替代的专业价值。

深圳报业集团的媒体融合发展路径似乎越走越明，无论在精神斗志上，还是战术战略上，思路开放、敢作敢为！尽管目前“读创”和“读特”在上升期，但是其打造标杆产品和媒体爆款的意图十分明确。爆款对于传统媒体的士气提升、利益增长来说意义不言而喻，“澎湃”的成功、“界面”的崛起都是如此，“读”系列产品也正着力在此；此外，与腾讯的合作也好，与各层政府职能部门合作也好，体现了深圳报业非常开放、灵活的发展思维，也是其正视自身的优势与劣势，试图通过战略合作、技术引入等方式来弥补不足的正确作为。在过去一年发生的诸多变化里，这些积极的现象无不给人鼓舞！

不过，从整个报业行业来看，在世界范围内，还没有哪家报纸真正完成了转型，尽管纽约日报数字版的订阅收入已超过纸报广告及发行收入，但仍不能说转型成功。深圳报业集团集中发力移动端，连续推出多元化的新品牌产品，但是目前尚未实现盈利，均处培育期。所以集团虽然在 2016 年取得了傲人的营收，但这一收入构成中，新端口、新渠道、可持续性的收入显然并不是主流，从这一角度而言，社报业集团离转型成功仍有待时日。

于深圳广电集团而言，融合发展的形势可谓有喜有忧，喜的是，在 2016 年，深圳广电集团精心制作了《极速前进 3》《年代秀 2016》《闪亮的爸爸》《疯狂的丛林》《宅人食堂》《探秘时刻》等一系列收视较高和具有影响力的节目，并充分结合城市特色，日渐崛起一系列“双创”节目和“知识 IP”带。如创投节目《为梦想加速》《合伙中国人》《一块投吧》《有志赢在中国》等受到了国家新闻出版广电总局和广东省局的多次表扬，为深圳卫视的品牌独特性注入了标志性的内涵。可以说深圳已经在新闻、综艺、民生等重要领域积累了一系列具有较好市场开发潜力的内容 IP 资源。而忧的是，横向对比业内同行，深圳广电集团在内容的创新和积累上仍然非常薄弱，在未来的发展中，应持续加强内容的辐射力，积极依托深圳卫视这一全国平台打造新闻、综艺品牌节目带；积极依托地面频道频率打造民生新闻和城市综合服务品牌节目；与此同时，还需进一步加强版权经营、加强线上线下联动，实现节目内容营销的转型升级。

路径清晰，但步履维艰。传统媒体无论是局部突破还是整体转型，都亟待走出一条新路。一种是借助“+互联网”而渐进式地累积互联网思维，通过量变而突破；另一种是经由“互联网+”原生性地获得互联网基因，通过落地而生根。[①] 无论哪一种抉择，在当下广告市场规模逐渐缩小，年轻用户流失的宏观语境下，传统媒体不能再靠一己之力，媒体融合战略依然是其发展与突破的首要选择。

① 喻国明：《序一》，载梅宁华、支庭荣主编《中国媒体融合发展报告（2016）》，社会科学文献出版社，2017。

B.16

深圳网络社会组织建设情况及发展对策研究

林倩雯*

摘　要： 互联网领域发展迅速，网络社会组织也日渐发展壮大。随着国家政策的鼓励推动，网络社会组织逐渐成为网络社会治理的一支重要力量。深圳市互联网产业发达，企业活力强，网民渗透率高，较早孕育出一批网络社会组织，多方面积极参与网络社会治理，基本形成了党委政府和民间力量共建共享共治“为民、文明、法治”的网络空间的格局。但其要继续蓬勃壮大、持续发挥重要作用，也面临着来自内部外部的种种制约，需要多方共同努力推动解决。报告论述了深圳网络社会组织发展的情况和发挥的作用及不足，从而提出深圳建设网络社会组织的对策。

关键词： 深圳　网络社会组织　网络社会治理

网络社会组织（又称网信领域社会组织），是指在网信领域开展工作并在民政部门登记注册的社会团体、基金会和社会服务机构。网络社会组织是政府和企业之外的“第三部门”，是政府行使行政职能的重要补充，也是民间力量参与网络社会治理的重要途径。

---

* 林倩雯，中共深圳市委宣传部互联网管理处副处长。

作为党和政府联系互联网行业及网民的重要纽带，网络社会组织是推进网络安全和信息化工作的重要力量，是互联网条件下创新社会治理的重要依托。中央高度重视网络社会组织建设，把加强网络社会组织建设、发挥网络社会组织作用视为网信事业发展的迫切需要和网络强国建设的必然要求。习近平总书记在2016年4月19日主持召开网络安全和信息化工作座谈会时强调，要凝聚共识、网上网下形成同心圆，并明确提出要“加快网络社会组织建设”。据国家互联网信息办公室公布的数据显示，全国已有超过540家网络社会组织，包括国家、省、市、区县各级的基金会、民办非企业单位及各种协会、学会、促进会等社会团体。

深圳市互联网产业发达，利用市场经济发育早、社会组织发展快等优势，孕育出了一批网络社会组织，形成了网络社会政府、社会共建共享共治的格局。

一　深圳市网络社会组织发展情况

深圳市的互联网发展走在全国前列。互联网高新技术产业是深圳市六大战略性新兴产业之一，2009年市政府就发布了《深圳互联网产业振兴发展规划（2009－2015）》《深圳互联网产业振兴发展政策》及配套政策，设立深圳市互联网产业发展专项资金扶持互联网产业发展。目前深圳市拥有超过1000家互联网企业，互联网企业从业人员达到80万人。拥有南山蛇口网谷、华南城电子商务产业园、罗湖区互联网产业园等14个互联网产业园区，产业规模位居全国大中城市前列。截至2017年底，共有33万余家网站，网民渗透率超过87%，远高于全国（超过54%），被誉为“中国最互联网的城市”。

与此同时，深圳一直探索创新互联网治理方式，重视属地网络社会组织建设工作，注重挖掘利用社会力量参与。深圳在国内较早成立网络文化建设办公室，2006年在副省级城市里最先设立深圳市网络媒体协会，截至2017年底，已成立50多家网络社会组织，在市民政局登记备案的有30余家，部分网络社会组织的会员单位超过了 800 家。

经过多年的发展，深圳的网络社会组织作为党委政府与属地网站之间的桥梁、网络社会管理的参与者、推动者，在培育践行社会主义核心价值观、形成强大网上正能量、共建共享共治“为民、文明、法治”的网络空间等方面发挥了积极的作用。

二　深圳市网络社会组织积极发挥作用

（一）挖掘传播正能量，凝聚广大网民共识

经过长期的培育发展，深圳的网络社会组织业务覆盖面广、活动能力强且形式灵活多样，同时在各自领域内具有较强的专业素养和广泛的行业资源。属地重点网站等主要会员单位充分发挥引领和带动作用，深圳新闻网、深圳之窗、深圳政府在线、CUTV 等网站成为传播社会主义核心价值观、正能量的主阵地。近几年，市网信办精心策划组织，陆续开展了“微博发布厅民生服务日”“微赞深圳自媒体大赛”“微美瞬间 · 大爱深圳”“我想和这个城市谈谈”“民生二维码”等活动，挖掘、传播正能量，凝聚城市网民共识。这些活动经由各网络社会组织、各成员单位和传统媒体、社会自媒体、本市“两微一端”等的推送，在全国范围内引起了巨大的反响。其中，“民生二维码”活动策划团队获得广东新闻战线“走转改”活动“先进集体”称号。

（二）参与网络建设，构建良好精神家园

从 2006 年成立，深圳市网络媒体协会就在全国率先设立了“深圳市网络文化奖”。针对网民发帖内容和网站编辑水平，每年评比出最佳公共服务、社区服务、网络评论等 30 多个奖项，引导网站扩大优秀网络作品供给和传播，倡导健康向上的网络表达互动，至今已经完成十一届评比工作。此外，市网协每月对深圳主要网站进行阅评，编印《深圳市文明办网

阅评报告》，以规范网络传播秩序、推进行业自律，提高网络媒体舆论引导能力。

（三）深化行业自律，推动企业履行责任

近年来，党委政府对行业组织越来越注重从原来的监管为主，转变为引导、服务和治理相结合，加强属地网络社会组织自律。市网协会员单位全部签订了《深圳市网络媒体协会自律公约》，在2012年抵制谣言的行动中共同签署了抵制谣言倡议书，倡导“当好网络安全的‘守门员’，做好扫除网络谣言的‘清道夫’”等理念，得到上级主管部门高度肯定。2012年9月，国家互联网信息办公室在深圳召开现场会推广经验。深圳市媒体研究会、深圳媒体经济发展研究会等发挥各自的特点，在深圳市组织的“圳能量　真精彩”“纪念中国接入互联网30周年”“网传正能量　共铸中国梦”“瞬间”第一届微视作品征集等活动中，发挥了网络社会组织和新媒体从业人员共同参与打造清朗网络空间、维护特区形象的积极作用。2016年下半年，网上出现“炒房资金被套，深圳老板跳楼3个，两死一伤”的炒作楼市不实信息，深圳市主要网络社会组织、房地产类自媒体账号负责人齐聚一堂，学习“七条底线”协议规定、《即时通信工具公众信息服务发展管理暂行规定》等，宣布不造谣、不传谣、自觉维护网络传播秩序的决心。

（四）增进合作交流，促进行业发展进步

2008年起，深圳市网络媒体协会每年联合专业公司开展深圳市互联网发展状况调查，出版《深圳市互联网发展状况研究报告》，为互联网发展政策制订、企业规划、学者研究等提供权威准确信息；每年组织举办深圳市网络媒体外出采风和外地网络媒体来深采风活动，与全国各大省市的网络社会组织建立合作关系。深圳市网络与信息安全行业协会每年承办深圳市网络安全宣传周活动，编写《深圳信息安全技术与产业发展研究报告》，组织网络与信息安全技术主题沙龙。深圳市电子商务协会连续多年在高交会期间举办中国电子商务建设与发展高峰论坛。深圳市互联网技术应用协会积极举办中

国互联网交易投资博览会、中国跨境电子商务高峰论坛等。这些协会根据自身特点，从行业的不同角度、迎合不同需求策划组织活动，推动业界交流和城市交流，为深圳市网信事业发展起到了积极作用。

（五）强化社会动员，共筑网络安全防线

2007 年起，深圳市网络媒体协会就通过公开招募的方式，广泛发动网民，组建了一支网上义务监督队，积聚民间志愿力量，开展网上发现、网上监督、网上评说、网上调解、网上救助、网上咨询、网络培训等工作，10 余年来共上报各类信息万余条。这些信息通过不同渠道上报主管部门，并通报相关网站督促处理，用民间“软手段”配合政府“硬管理”，有效促进了全市文明办网、文明上网。2016 年，深圳市网络媒体协会成立了由首批 200 名队员组成的“网络义工队”，积极开展具有深圳特色的网络活动、关爱活动等，进行爱心救助、公益普法、倡导文明，传播弘扬正能量。同时积极发现举报网上有害信息，参与共建共享共治清朗的网络空间。

2014 年起，中央网信办联合多部门，每年在全国举办网络安全宣传周。深圳市网络社会组织积极参与，如深圳市网络与信息安全协会作为连续四年的承办单位，通过广告宣传、现场活动、公益讲座、行业研讨、技能比赛等一系列形式多样的主题活动，吸引了大量专业人士和普通百姓参与其中，广泛宣传了网络安全技术知识，提升了网络安全防范意识，凝聚了网络安全工作共识，在全社会营造出网络安全人人有责、人人参与的良好氛围。

（六）延伸治理范围，规范引导自媒体

近年新媒体发展迅猛，单向式、广播式传播逐渐变成全民交互式、裂变式传播，舆论传播的主体、方式、渠道和影响都发生了根本性变革。在市网信办顺应时势的团结引导下，深圳网络社会组织的发展也从联系传统网站为主转移到吸引联系全行业移动新媒体为主。2016 年 8 月，深圳市自媒体联盟组建，依托深圳市网络媒体协会，组织招募“深圳公安”“深圳发布”“深政观察”“余治国观察”等 84 家传播力和影响力较大的政务、机构和个

人自媒体作为成员。2017 年底，深圳市自媒体联盟建设成为深圳市自媒体协会，成为引导自媒体积极承担社会责任、促进自媒体行业健康有序发展、共建共享共治网络空间的重要力量。在围绕市委市政府中心工作的重点信息推送、解读重要民生政策、网络作品创作等工作及活动中，全市“政务新媒体”“新闻机构新媒体”两个新媒体矩阵以及主流新闻客户端、知名微信公号、微博大号同时发声，与传统的网站、论坛一起，形成合力。

三　深圳市网络社会组织发展的不足

（一）自身建设的“内源性”先天不足

一是身份合法性问题。网络社会组织是互联网发展到一定程度的产物。中国接入国际互联网已有 20 多年，技术层面的发展领先于法律、法规、政策的配备，导致许多新事物新现象一开始都处于“野蛮生长”的状态。深圳的网络社会组织多数已在民政部门登记注册，但仍有部分组织，由于种种原因未持有正式“牌照”，存在组织身份瑕疵问题。这部分组织往往因为没有身份、没有户头和账户，在开展活动和申请项目时面临多重限制，缺少后续发展空间。

二是经费来源不足。2015 年中办、国办印发《行业协会商会与行政机关脱钩总体方案》要求，行业协会商会要坚持非营利原则。对网络行业组织的要求与此相似。从特点和功能来说，网络社会组织的公益性及其分布的广泛性，对政府部门转变职能来说是有益的补充，是管理部门和企业及用户之间的重要纽带及桥梁，有利于政府部门引入民间力量、发挥民间智慧、调动一切可以调动的积极性，进行多方位的齐抓共治，促进互联网时代社会管理创新。目前深圳的网络社会组织在这方面已经发挥了相当的作用，甚至在全国也走在比较前的位置。但由于政策限制，网络社会组织的经费来源基本只能来自政府项目承接，以及微弱的会费（很多组织实际上并未收取会费），收入不足，运转能力有限，运营服务过程中不可避免地受到政府项目本身的目标、方式、范围和既有规程所限，未能完全发挥社会力量应有的独立自主作用，市场敏锐性和创新创造性一定程度上受到影响。由于资金缺乏而产生的活动场所、办公设备不足和人才短缺问题，也制约了网络社会组织进一步发展壮大。

三是内部管理运营力量不足。民政部《社会团体登记管理条例》（国务院令第666号）第十条规定，成立社会团体要“有与其业务活动相适应的专职工作人员”。但实际上，大多数网络社会组织采用挂靠的方式，从管理层领导到普通工作人员，基本为兼职工作，未能做到职业化、专门化。这就产生了种种问题：一些网络社会组织的运作依赖组织创建者的个人声望和能力，其他组织成员普遍缺乏参与组织管理的机会和动力；一旦创建者或领头者不再担任相关职务，该组织的凝聚力和组织力可能发生极大变化；工作人员身兼数职、分身乏术、缺乏专业知识、人员变动快等，使组织根基不稳，工作的持续性长期性受到影响，等等。

（二）服务的针对性实用性不强

深圳的几十家网络社会组织，聚合了全市数百上千家互联网企业、机构。这些企业分布广泛、各有所长，覆盖了互联网领域的各个环节、各个方面。囿于行政体制的约束，也由于网络社会组织自身的建设发展原因，目前网络社会组织的工作总体趋于常规化、程式化，服务行业的深度、广度挖掘拓展还不够，充当政府与企业桥梁的角色扮演还不够。比如，党的十八届五中全会将“网络强国”提升至国家发展战略地位，并实施“互联网+”行动计划，发展分享经济，实施国家大数据战略。这是对我国互联网未来发展及互联网助力国家发展提出的明确目标和新的要求。随着近些年互联网发展的突飞猛进以及互联网对社会各领域的影响和作用日益凸显，网络安全领域的斗争和舆论话语主导权的争夺也日趋白热化。对于互联网业界来说，这是挑战更是机遇。企业出于市场竞争需要，争分夺秒苦练内功、寻找风口，想要抢占先机或弯道超车。仅就网络安全领域来说，关键信息基础设施的网络安全保护是重中之重，企业投入了大量的人力财力来研发新产品、新手段，政府也投入大量的行政资源来预防、维护、查漏，以做到万无一失、确保安全。在这两者之间，往往存在信息不对称、资源错配的现象。在市场的驱动下，很多技术手段和产品已经被创造出来，企业拿在手里，苦苦等待、寻觅着可以大展身手、一朝成名的机会，政府却很可能“蒙在鼓里”，从头开始扶持一支力量去调查、研发、试验、修正，最后是耗费了大量的时间和资源，只换来小规模、小视角、不成熟的投产使用。如果网络社会组织的桥梁作用能够得到充分发挥，供、需的诉求能够充分被了解，并借由社会组织的牵线搭桥实现时间最短、匹配度最高的配对，资源配置的效用将会得到极大的提升。

（三）资源调度能力有限

深圳市互联网产业高度发达，拥有大量知名互联网企业和全国最高的网民渗透率。相比腾讯、迅雷这些在全国乃至全世界都响当当的互联网企业，深圳网络社会组织在业内的号召力、在全国的影响力远远没有跟上。尽管不少互联网企业在网络社会组织中挑起了大梁，比如中兴通讯是深圳市网络与信息安全协会的会长单位，腾讯是深圳市互联网文化市场协会的会长单位，但在具体运作中，中兴通讯、腾讯以自身名义举办的论坛、活动，其规模、专业程度和社会影响都远远超过他们所牵头的网络社会组织。对于网络社会组织来说，其对成员单位缺乏强有力的约束力，这是社会组织最大的特点和天生的弱势。加上政府部门与行业组织脱钩，行业组织不再拥有以往所挂靠部门的行政资源倾斜和直接帮扶，仅靠软性的章程约束以及组织创建者、发起者的个人资源和魄力来号召，行业资源调度力量往往不足。至少从目前来看，网络社会组织还未能做到全面、迅速、有效地组织、调配、利用行业资源，在充分勾兑共享资源、创造“1+1=N”的倍数价值方面，还有很长的路要走。

（四）“走出去”的影响力不够

互联网最大的特色是开放共享。互联网无国界，在同一种语言、同一种文化语境下更不应有任何地域性的区隔。目前，除了地方性很强的服务类和资讯类网站，一般的互联网业务均着眼于全国乃至全球范围内的用户，不管是开办分支机构，还是开设分栏目、子网站，都在努力打消地域概念，力求争取尽可能广阔的业务场，打造更大的影响。但除了少数一批龙头型企业，一般的中小互联网企业并没有足够的资源、影响力，或者说人力和物力，来实施“走出去”战略，开展对外交流合作。网络社会组织更是多数把着眼点放在本地，在本区域内开展小范围的、专业窄化的活动。目前深圳的网络社会组织在创造正能量作品、传播好深圳乃至中国声音、阐释好中国精神、展现好中国风貌等方面做出了一定的成绩，但在联结互联网企业开展对外交流合作、塑造国家形象、维护国家发展方面还有很大的发展空间。

四　网络社会组织发展的对策建议

网络社会组织以其独立性和灵活性，正在成为网络社会管理中不可或缺的新生力量。它是党和政府推进网络安全和信息化工作的重要手臂，应该为我国互联网发展和信息化建设发挥更加重要的作用。

在大力促进网络社会组织规范发展的工作中，建设是基础，管理是根本，发挥作用是关键，还有一条贯穿其中的主线是加强扶持保障。中央网信办领导指出，网络社会组织工作总的工作原则和方针就是要坚持“建管用扶”相结合。近年来，国家陆续出台了数个政策文件，对社会组织以及网络社会组织的建管用扶做出日益清晰明确的规定。2015 年，中办、国办印发《行业协会商会与行政机关脱钩总体方案》，要求加快形成政社分开、权责明确、依法自治的现代社会组织体制，厘清政府、市场、社会关系，积极稳妥推进行业协会商会与行政机关脱钩，促进行业协会商会成为依法设立、自主办会、服务为本、治理规范、行为自律的社会组织。2016 年，中办、国办印发《关于改革社会组织管理制度促进社会组织健康有序发展的意见》，要求一手抓积极引导发展，一手抓严格依法管理，充分发挥社会组织服务国家、服务社会、服务群众、服务行业的作用。强调坚持党的领导，加强社会组织党的建设；坚持改革创新，正确处理政府、市场、社会三者关系；坚持放管并重；坚持积极稳妥推进等。同年中央网信办、民政部联合发布《关于加强网信领域社会组织建设的通知》，要求加快网信领域骨干社会组织的建设、加强网信领域社会组织的登记审查和监督管理、支持其充分发挥作用、完善推动其发展的扶持政策、加强其自身建设、加强和改进其党建工作等，强调要自觉运用互联网思维和技术推进社会组织治理，把大力加强网信领域社会组织建设作为促进网信事业发展和社会组织管理创新的一项重要工作来抓。2017 年，中央网信办向各地网信部门印发《网络社会组织“同心圆”工程实施方案》，要求进一步加强网络社会组织建设，激发网络社会组织活力，积极构建网上网下“同心圆”，即紧紧围绕网络强国建设中心任务，将与网信事业相关的各个领域、各个类型、各个地方的网络社会组织团结起来、发展起来、行动起来，通过“团结一批、凝聚一批、建设一批、影响一批”，团结凝聚一大批互联网从业人员、专家学者、志愿者和广大网民，形成共建网络强国强大合力。

以上可以说是网络社会组织建设的指南针。就当前来说，重点可以从以下方面加强力度。

（一）提升部门合力，着力推动“建”

按照“建管用扶”的要求，要发挥网络社会组织的作用，首先要推动“建”。就政府部门来说，民政、网信、组织、工委、统战等部门应紧密配合，及时沟通，相互协调，优化服务，提高审核办理效能，在法律法规允许的范围内简化登记程序，积极推动成立一批覆盖网络传播、网络安全、信息化发展、网络文化、网络评论、网信经济、依法治网、网络公益、青少年网上权益保护等网信主要领域，且结构合理、功能完善的骨干社会组织。

（二）明确各方职责，分类实施“管”

一是政府部门加强登记审查和监督管理。《关于加强网信领域社会组织建设的通知》里，规定“民政部门在审核社会组织直接登记申请时，凡涉及网络安全和信息化领域的，应征求同级网信部门意见，加强名称审核、业务范围界定”，并明确了网信部门审查把关的范围、内容，及其与民政部门共同“通过信息公开、抽查审计、等级评估、信用监管、执法检查等方式，加强对网信领域社会组织负责人、资金、活动的监管”的方式。这是国家第一次就网信领域的社会组织建设制定如此详细的指引性文件，既指导了网信、民政等部门如何开展相应工作，也为网络社会组织的筹建、运营和管理提供了规范。

二是要加强网络社会组织自身建设。这其中，又包括加强网络社会组织的日常活动监管、人才队伍建设、党建工作三个方面。政府对网络社会组织日常活动的监管，主要是要指导其完善法人治理结构和运行机制，加强诚信自律建设，严格落实社会组织政社分开有关要求；强化社会组织发起人责任，加强对社会组织负责人的管理等。加强网络社会组织人才队伍建设，主要是要支持各类社会组织加强网络业务培训和线上线下互动，提升运用互联网开展工作的能力，引导其注重加强网络安全保障等。加强和改进网络社会组织党建工作，主要是要指导推动网络社会组织把党的建设写入章程，按照“应建尽建”的原则，采取单独建立或联合建立的方式，实现党的组织和工作全覆盖，普遍建立党组织参与社会组织重大问题决策制度，加强党风廉政建设等。

三是网络社会组织加强自觉自律。习近平总书记在主持中共中央政治局第三十六次集体学习时，谈到落实网络安全的社会责任时特别强调，要“组织动员政府、企业、社会组织、广大网民共同参与，共筑网络安全防线。这样才能真正营造‘网络安全为人民，网络安全靠人民’的氛围”。网络社会组织应充分认识自身社会责任，按照社会形势发展和管理规范要求，明确工作职责，自觉全面加强自身建设和管理。

（三）发挥专业优势，大力促进“用”

用好网络社会组织，就是充分发挥其在各自专业范畴内的作用。每个网络社会组织都有其独特的行业代表性优势和基层群众性优势。对于政府部门来说，让网络社会组织当好党和政府与网民、互联网从业人员的桥梁纽带，最重要的就是支持、鼓励与放权，让其活起来、动起来。目前经济社会发展的多元化和流动性特征日渐明显，政府包揽一切已不现实，也无必要。尤其是网络社会，“去中心化”特征明显，新事物新手段新现象层出不穷，在加快制定完善相关法律法规、强化硬性管理的同时，利用社会力量进行软性约束规范将是社会综合治理的一个重要方式。政府部门应改变惯性思维，从日益繁重的网络社会管理任务中适当解放出来，加大政府职能转移力度，把社会组织能够接得住、管得好的事，逐步移交出去，与社会组织各归其位、各尽其能。让网络社会组织合法地、稳妥地释放优势活力，在网络舆论引导、网络生态治理、网络文化建设、网络公益事业、信息化产业发展、网信经济发展、互联网行业自律、维护网络安全、开展对外交流等方面积极开展工作。比如，信息化类网络社会组织可以将促进信息化发展、培养信息化人才等作为主要业务；金融类网络社会组织可以着眼于快速发展的互联网金融、电子商务、移动互联网等领域，倡导网络诚信、加强行业自律、开展行业监督；新媒体类网络社会组织可以发挥新媒体在凝聚共识中的积极作用，大力推进新旧媒体融合发展；与青少年有关的网络社会媒体可以着眼推进青少年网法网德教育，激发培育他们的创新创业能力以及投身公益、传播正能量的青春热情；文化类网络社会组织数量最多、分布最广，可以通过举办文化活动、生产文化产品、倡导网络公益等形式在网上传递正能量等。

需要注意的是，网络社会组织并不天然地具备完善的承接社会管理职能的能力，这需要党委政府持续的引导和帮助。《关于加强网信领域社会组织建设的通知》提出，“鼓励条件成熟的地区由网信部门牵头成立网络社会组织联合会，提升网信领域社会组织自律水平”。就深圳的互联网和网络社会组织发展现状来说，完全有能力、有必要成立由网信部门牵头的网络社会组织联合会，为地区内运作型网络社会组织发展提供各种服务、平台以及资金、信息、人力等多方面的建议和帮助。这将有利于充分调动社会组织资源，在政府力有不逮、可交、应交给民间和市场的方面，分类施策，让社会组织发挥自身优势，从不同的角度参与网络建设、服务网民需求。

（四）找准薄弱环节，党政加强“扶”

利用行政资源优势，党委政府部门可以为网络社会组织的发展、壮大提供政策或经费支持，必要的时候，可以通过立法、出台相应的行业发展规划、明确扶持政策措施等，予以扶持。比如，着力培育网信领域社区服务类社会组织，符合条件的可直接向民政部门依法申请登记。支持在社区开展便民服务、养老照护、公益慈善、文体娱乐等活动的社会组织建设网上工作平台。逐步扩大政府向网络社会组织购买服务的范围和规模，为网络社会组织提供必要的资金支持。落实符合条件的网络社会组织享受国家各项税收优惠政策。网信、民政等部门同心协力，有计划地扶持一批品牌网络社会组织，通过放权、合作、评优等方式，激发其活力与创造性，示范带动网信领域各类社会组织共同进步等。

此外，针对中小型互联网企业和分散的网络社会组织无力开展有效的对外交流合作的问题，需要强有力的或联结型的网络社会组织牵头，充分沟通政府、企业各方的优势和需求，组织调动资源，利用互补和抱团优势，带领成员企业和小型、专业细分型网络社会组织走出去，把墙内开花结果的香气带出去、推广出去，不仅在本地、本国传播正能量，更在国际舞台上发出中国声音、讲好中国故事，提升中国互联网的国际话语权和影响力。

粤港澳大湾区与城市文化

Guangdong – Hong Kong – Macao Greater Bay Area and Urban Culture

B.17

文化共同体视野下的粤港澳大湾区文化合作研究*

黄玉蓉　曾　超**

摘　要： 报告从文化共同体构建的视角，在文化合作不仅具有经济价值，而且具有政治、文化与社会价值的基础上结合世界三大湾区的文化合作经验：文化政策推动、第三部门协调、文化资源共享，粤港澳大湾区文化合作的目标定位为实现文化繁荣和社会稳定；通过文化同源、资源共享、需求互补这一合作基础，探讨粤港澳大湾区文化合作的路径：共建基础设施、发展第三部门、共享稀缺资源、整合平台优势、培育多元文

* 此报告源于2017年深圳市哲学社会科学十三五规划课题“粤港澳大湾区文化合作与制度创新研究”（项目编号：135B006）。

** 黄玉蓉，深圳大学文化产业研究院特聘研究员；曾超，深圳市宝安区文体旅游局工作人员。

化，为粤港澳大湾区规划的实施提供文化价值支撑，助力湾区尽早建成经济相连、民心相通的命运共同体。

关键词： 文化共同体　区域性亚文化共同体　粤港澳大湾区　世界三大湾区　文化合作

粤港澳大湾区指由广州、深圳、珠海、佛山、惠州、东莞、中山、江门、肇庆九市和香港、澳门两个特别行政区形成的城市群。它既是一个地域概念，又是一个经济概念，还是一个文化概念和一种社会整体发展观。因此，它既可以形成经济共同体，又可以形成文化共同体。稳健发展的湾区需要稳定的文化共同体，以文化人，移风易俗，创造美好的社会形态。粤港澳大湾区作为区域性亚文化共同体一方面从逻辑层面、历史层面、地理层面丰富了中华民族文化共同体的内涵，另一方面在自身发展过程中不断吸收区域日常生产与生活的实践经验，发挥独有的文化凝聚和文化认同作用。

粤港澳大湾区的 11 座城市分属三个不同的独立关税区，有不同的法律和行政体系，将它们作为一个“文化共同体”来进行统筹建设，意味着将要在“一国两制”平台上加强文化合作，进行全新的“制度创新”尝试。本文将在文化共同体理论视野下观照粤港澳大湾区文化合作基本内涵，在借鉴世界三大湾区文化合作经验的基础上，探讨粤港澳大湾区文化合作路径，为粤港澳大湾区规划的实施提供文化价值支撑，助力湾区尽早建成经济相连、民心相通的命运共同体。

一　概念界定及理论依据

德国著名社会学家斐迪南·滕尼斯（Ferdinand Tönnies，1855 - 1936）认为共同体是自然发展起来的对内外同时发生作用的有机联合体，是建立在共同记忆之上、由各种相互关系组合而成的综合体。文化共同体更像是具有相同或相似文化价值观的社会成员组织的松散联合体。[①] 英国著名文化社会学家雷蒙德·威廉斯（Raymond Williams，1921－1988）认为文化“包括物质、智性、精神等各个层面的整体生活方式”[②]，“应该成立文化共同体以进行文化传播，文化只有通过共享，才能形成更好的文化共同体，由此才能建构更美好的社会”。[③] 美国著名民族主义理论家本尼迪克特·安德森（Benedict Anderson，1936－）认为：“民族是一种被想象出来的政治意义上的共同体”，[④] “共同体（民族）的产生依赖于一种想象，而这种想象的产生源于文化的同源性”[⑤]。

文化共同体作为国家共同体的核心价值体现着文化内核的同质性，同时也涵括文化形态的异质性，形态各异的区域文化可看作其庞大家族的不同成员，即区域性亚文化共同体。就粤港澳大湾区区域性亚文化共同体而言，从逻辑层面来看，它是中华民族文化共同体的构成要素，具有个体利益的相关性和发展方向的一致性；从空间层面来看，它的文化基因源于湾区社群或族群共同的生活经历和文化记忆，同时由于文化的流动性不断接受其他文化范式尤其是优势文化势能的影响，因而既呈现为一种状态，又呈现为一种过程；从历史层面来看，湾区各城市在发展过程中相互之间不断进行整合与优化所形成的区域共同体，经历了诸多因素的不断调和，才形成了和谐共存的文化生态。

粤港澳大湾区文化合作可看作港澳与珠三角城市文化合作的升级版。湾区内地方政府、企业和公民个体等不同主体为实现自身利益最大化，在湾区

① 傅才武、严星柔：《论建设21世纪中华民族文化共同体》，《华中师范大学学报》（人文社会科学版）2016年第5期，第66~67页。

② 雷蒙德·威廉斯著：《文化与社会（1780~1950）》，高晓玲译，吉林出版集团有限责任公司，2011，第4页。

③ 王小芳：《文化共同体的想象——雷蒙德·威廉斯的传播观》，《英语广场（学术研究）》2014年第4期，第140~141页。

④ 〔美〕本尼迪克特·安德森著：《想象的共同体：民族主义的起源与散布》（增订版），吴叡人译，上海人民出版社，2016，第2页。

⑤ 〔美〕本尼迪克特·安德森著：《想象的共同体：民族主义的起源与散布》（增订版），吴叡人译，上海人民出版社，2016，第9页。

各相关城市之间进行身份认同建构、文化产品与文化服务及文化要素的价值开发。区域一体化背景下，粤港澳大湾区的经济一体化进程明显领先于文化一体化进程。其在经贸、技术、金融等领域的深度合作交流，将推动文化合作进入全面的深层次合作阶段。推动合作从经济层面向文化层面深化，是湾区从经济合作走向公共治理、全面繁荣的必然诉求，既应了区域经济一体化发展的诉求，又促进了区域性亚文化共同体的构建。

二 世界三大湾区文化合作经验

通过考察纽约湾区、旧金山湾区和东京湾区世界三大湾区的文化合作历程，我们发现其文化合作经验主要有：文化政策推动、第三部门协调、文化资源共享、文化多元共生等。政府以强有力的政策杠杆，为湾区文化合作提供制度保障，巩固文化合作成果；公共文化和交通设施的建设有效地减少了区域内公共交通和文化基建成本，使湾区文化交流活动更为便捷和频繁，不断满足湾区居民日益增长的精神文化需求，提升湾区居民的文化素养，同时打造了湾区的文化标识，强化了湾区共同的文化记忆和认同感；文化资源共享扩大了湾区内优秀文化资源的传播广度和开发力度，丰富了湾区居民的文化生活，为湾区文化建设提供了内在能量。

（一）文化政策推动

文化政策对湾区文化合作至关重要，政府如何进行干预、干预程度大小、以何种方式干预都非常重要。文化规划从文化视角考量湾区发展路径，同时整合湾区文化资源，制定相关文化政策，提高湾区文化创新能力。其主要内容为：通过文化规划挖掘城市之间的优势，发展湾区文化产业，打造湾区文化标识，形成具有国际竞争力的文化资源。

东京湾在建设之初，政府就进行了有序规划，避免了发展中的资源浪费与耗损，文化政策也规范、高效地助力东京湾文化合作。以东京迪士尼乐园为例，其所在地并不在东京市内，而是位于东京湾千叶县浦安市舞滨。早期浦安居民以渔业为生，随着东京湾的发展，沿海海域遭到频繁往来运输船只的污染，渔业日渐萧条。借助毗邻东京的地理优势，千叶县成为东京迪士尼的落户点，为建造迪士尼而填海造地，创造了享誉世界的旅游园区。[①] 东京湾以东京文化影响力为基点，以强辐射态势驱动千叶县的发展，打造文化资本标杆，强化文化竞争力，成为东京湾文化合作的重要战略。日本的国土交通省针对东京文化制定文化发展战略，从文化合作与创新角度，结合东京湾区实际，以东京为基轴放眼国际舞台，助推文化发展，使东京的文化艺术力量发挥出湾区核心引领作用。[②]

（二）第三部门协调

第三部门和志愿者是湾区文化合作的重要力量。无论是旧金山湾区还是纽约湾区、东京湾区，都由民间自发成立了许多跨境合作组织（partner organization），这些组织集聚了大批志愿者，活跃在城市规划、艺术教育、图书馆、博物馆服务等领域，在湾区文化合作事务中发挥了重要作用。如：旧金山湾地区规划和城市研究协会（the San Francisco Bay Area Planning and Urban Research Association）、纽约区域规划协会（Regional Plan Association）、东京湾的公益财团法人东京都历史文化财团、财团法人东京都体育文化事业财团等。

纽约区域规划协会（Regional Plan Association）作为推动湾区交通规划的中坚力量，致力于为纽约—新泽西—康涅狄格区域完善基础设施建设、保障区域的可持续发展、助力区域繁荣及提高生活质量。[③] 报告显示，“湾区的学校与非湾区学校相比，更多地在使用志愿者为孩子们提供艺术教育”。[④] 在湾区城市 Marin，有 52% 的学校从合作伙伴处得到了

---

① 王进：《东京迪士尼与区域经济发展研究》，《上海文化》2014 年第 4 期。

② 日本国土交通省（ministry of land, infrastructure and transport）；文化と東京の未来；http://www.mlit.go.jp。

③ Regional Plan Association, *Who We Are*, http://www.rpa.org/about.

④ Woodworth, K. R., and Park, J. (2007). *An Unfinished Canvas. Arts Education in the San Francisco Bay Area: A Supplementary Status Report.* Menlo Park, CA: SRI International. P9.

专业艺术师资，而非湾区城市 *Solano* 则只有 18% 的学校得到了此类支持。①

（三）文化资源共享

纽约湾区的公共文化资源主要聚集在纽约，其以博物馆为代表的公共文化服务水平具有全球领先性。闻名遐迩的大都会艺术博物馆（The Metropolitan Museum of Art）、百老汇（Broadway）、纽约公共图书馆（The New York Public Library）等公共文化服务场所和机构都不仅仅服务于纽约居民及游客，也服务于周边城市居民。与美国大多数地区情况迥异的是，纽约湾区完善的公共交通保证了湾区居民高质量的文化生活，让新泽西州、康涅狄格州的居民得以便捷参与纽约的文化艺术活动，享受纽约的公共文化服务和丰厚的文化资源。如：许多新泽西的居民会经过哈德逊河去曼哈顿看百老汇演出、参加纽约公共图书馆举办的免费英语培训课程、观察各大博物馆展览；也有康涅狄格州居民驾车去往中央公园观赏莎士比亚戏剧表演或参加其他文化活动，待结束后再驾车或坐地铁返回康涅狄格州。纽约公共图书馆为方便更多居民使用其文化资源，不断拓展资源的数字化进程，为所需要的读者提供网络服务。② 其运营主要依靠公共财政资助和社会捐赠，许多在湾区生活的居民也会向图书馆捐赠。由纽约公共图书馆《2015 年度报告》（*2015 Annual Report*）③ 中显示的新泽西社区基金会（The Community Foundation of New Jersey）对其所做的捐赠记录来看，新泽西居民出于对纽约公共图书馆服务的回馈也会解囊捐赠。随着湾区概念深入人心，旧金山、东京湾区各相关城市之间共享文化资源、文化设施、文化服务已成为常态。文化资源的共享，一方面，让湾区居民获得深厚文化滋养，满足其精神文化需求，另一方面，常态化的文化交流与合作机制，

---

① Woodworth, K. R., and Park, J. (2007). *An Unfinished Canvas. Arts Education in the San Francisco Bay Area: A Supplementary Status Report*. Menlo Park, CA: SRI International. p. 17.

② 纽约公共图书馆：https://www.nypl.org/help/about-nypl。

③ 纽约公共图书馆年度报告：https://www.nypl.org/help/about-nypl/annual-report。

促进了湾区物理和心理距离的连通和整合，成为湾区文化、制度深度融合和经济社会全面发展的基础。

三　粤港澳大湾区文化合作基本内涵

同一区域内生活的人们具有强烈的区域文化认同意识，这无论对于区域内的资源整合还是区域外的经济拓展都大有裨益。经济指标是湾区发展水平的显性指标，而文化竞争力是其可持续发展潜能的内核。科学有效的文化合作不仅能在一定程度上带动粤港澳大湾区物理和空间上的连通和整合，促进人才、技术和资本等要素的聚集，而且能带动粤港澳大湾区文化、制度上的深度融合和经济社会的全面发展，助推国家实现建设世界级城市群的战略目标。

（一）合作意义及目标

在经济全球化带动经济文化全球化的时代背景下，文化合作成为发达地区创新区块发展的重要战略选择。粤港澳大湾区地缘相近、人缘相亲、文化同源，11 座城市之间的文化交流与合作由来已久，自 20 世纪末港澳回归以来高层互动、经贸往来频繁，文化合作也由零散、自发、个别的项目合作转向全方位、多领域、跨行业的深度合作。文化合作是“民心相通”的主要路径和关键内容，不仅能减少经贸合作中的摩擦，具有较强的经济价值，而且具有较强的政治、文化与社会价值。互惠互利的文化合作有利于促进湾区居民形成一致的文化观念和行为规范，促进粤港澳全面一体化，加强社会深度融合；有利于创造良好的政治、社会环境和健康的经济、商业环境；有利于促进中华文化产品集结优势向海外市场进军，强势推动中华文化“走出去”。

以湾区社会群体的共同利益和文化记忆为基础，形成共同的文化观念和精神追求；促进湾区文化资源的功效最大化，形成三地文化优势互补、资源有效配置、经济社会同步发展的跨区域发展新格局，实现文化繁荣和社会稳定的理想图景，是湾区文化合作的重要目标。

（二）合作基础

1. 文化同源

与长三角、京津冀、雄安等后发的、因产业、地缘或政治因素兴起的区域不同，粤港澳大湾区自古以来就政治、经济、文化而言都是一个整体，在历史、人口、语言和文化方面都具有高度的同一性。它们同属珠江三角洲文化圈，其历史文化从古越族先民文化发源而来，承袭着作为中华文化支系的岭南文化、广府文化，大部分历史时期处于统一的文化体系之中，“经历了同样的起源、变异、融合与演替过程，表现出相似的文化特征”。[①] 直至19世纪，香港、澳门相继被英国和葡萄牙侵占，粤港澳大湾区才形成三地分治的格局，走上不同的文化发展道路。在西方殖民背景下，香港、澳门的文化特质具有典型的中西杂糅的特色，由于不同的政治经济制度、文化差异和社会发展水平，加之多年来乏于与粤地交流，彼此间的文化隔阂加深。1997年之后，随着港澳的回归，粤港澳三地间的交流才日渐频繁，以往隔阂日益消除。文化的同根同源为湾区相关城市之间的文化合作奠定了基础，而因后期发展道路殊异呈现的文化差异则为文化合作提供了可能性。

2. 资源共享

粤港澳大湾区城市群成员拥有互补性的文化资源，文化产业发展战略也各有特色。深圳作为改革开放的先行城市，以其独有的创新文化与移民文化独树一帜；广州作为广东省的省会城市和政治、经济、文化中心，以其底蕴深厚的广府文化广为人知；香港作为中西文化交流枢纽，以其国际化大都市的形象名扬全球；肇庆是大湾区内唯一与大西南地区接壤的城市，具有深厚的文化底蕴、独特的区位优势、明显的成本优势和优越的生态优势；江门是粤港澳大湾区的西江出海口，江海联动优势突出，是国际文化市场拓展大西南腹地的重要门户；佛山正形成高雅文化与大众文化、现代产业文化与传统文化相结合的多元文化格局；中山拥有战略性的区域交通走廊位置，随着与

---

① 李燕：《港澳与珠三角文化透析》，中央编译出版社，2003，第86页。

澳门的游艇自由行正式开通、横琴自贸区效益的不断溢出、港珠澳大桥和深中通道建成通车，将迎来更多机会；珠海拥有丰富的滨海文化和生态旅游资源，可以与广州、深圳、佛山形成差异化互补，整体提升沿线旅游资源的吸引力；东莞作为珠三角东岸二线强市，拥有健全的公共文化服务网络，公共文化设施配置较高；作为沿海城市，惠州依托辖区海岸线长、海域面积宽等优势，建设创新平台，力求先吸纳深圳的文化创新资源进行融合发展，然后再传递、辐射到周边的汕尾、河源甚至潮州、汕头等粤东城市。

3. 需求互补

近年来随着粤地经济、政治和文化的快速发展，港澳相对于大陆经济发展势头从绝对优势地位下降为相对弱势地位①，香港的经济、人口、社会环境各方压力加剧，香港开始重新审视自己的战略定位，不再居高临下地看待周边城市；澳门经济受众多不利因素影响，外部需求疲弱，持续出现负增长，拓展内地市场的需求迫切，同时中央对澳门的优渥政策让澳门经济文化与内地呈快速融合趋势。随着粤港澳三地在政府主导下积极开展演艺合作、文化资讯、文博、公共图书馆、非物质文化遗产保护、文化创意产业等方面的紧密合作，三地的互补性需求得到一定程度的满足，而由中央政府强力推动合作环境的进一步优化更是为三地文化合作开辟了广阔空间。目前，内地的演艺、娱乐、艺术品、互联网文化经营等文化市场准入已全面向港澳地区投资者开放，内地庞大的文化市场、旺盛的文化需求、强劲的文化消费、蓬勃发展的文化新业态、加速向文化产业集聚的社会资本极大地承接了港澳的文化存量。而港澳地区在知识产权保护、文化治理机制、文化基础设施建设、文化市场拓展等方面积累的经验较好地满足了珠江三角洲九城市的制度创新需求，推动了区域文化生产、传播和消费方式创新。

---

① 以2017年12月31日的汇率（1港元=0.839元人民币）计算，香港2017年GDP约为2.1万亿元，明显落后于深圳2017年的GDP（约为2.2万亿元），且从2016~2017年GDP名义增速来看，深圳为12.87%，而香港仅为2.35%；澳门2017年GDP约为3102亿元，在粤港澳湾区11个城市中仅排名第八，2014~2016年澳门GDP均为负增长：2014年为-1.2%、2015年为-21.59%、2016年为-2.1%。数据来源：深圳市人民政府发展研究中心、《香港商报》、澳门特别行政区政府统计暨普查局。

（三）合作主体

粤港澳大湾区文化合作将主要依靠政府、社会组织、企业和个人的力量推进。其一，在“一国两制”背景下发展粤港澳大湾区，必须要借助政府部门尤其是中央政府的力量。政府一般通过文化政策、文化规划、文化资助等宏观调控手段促进湾区文化合作。因为文化合作需要制度性的互约和规范，而只有政府才有签署条约、协定的法定资格与权力，因此政府的作用至关重要。目前由政府牵头、定期举行的粤港合作联席会议、粤澳合作联席会议、港深合作会议等有效沟通机制正在湾区合作事宜中发挥重要作用。但正如香港前特首梁振英在调研粤港澳大湾区后所说：香港与大湾区城市的合作要真正发挥作用，就不可以由政府主导一切，一定要社会各界一起参与。[①]在公共治理大背景下，由于文化的特殊属性，社会组织和企业将成为湾区文化合作的重要运作主体。社会组织主要包括非政府（NGO）和非营利（NPO）等公益性组织，它们将自发、有序地为湾区文化合作提供援助。香港社会组织发育得比较成熟，也孵化和带动了深圳、广州等地社会组织的活跃。据澳门特别行政区印务局网站信息，截止到2018年3月，澳门共有29家基金会，[②] 1602家艺术文化社团[③]，超过社会服务、工商服务、教育及青年等社团数而位居榜首，占当年所有社团的18.9%。[④] 这些社会组织和聚集在其周围的个人将在粤港澳大湾区文化合作与制度创新过程中发挥卓有成效的作用。而企业间的文化合作既能为湾区居民提供必需的文化服务，又能连接湾区优秀文化企业合作打造具有国际竞争力的文化创意产业。

（四）合作内容

湾区文化合作内容主要体现在身份认同、公共文化服务、文化创意产业

① 钟侠：《梁振英访大湾区缘何如此频密?》，《香港商报》2017年5月5日。

② http：//www. io. gov. mo/cn/entities/priv/cat/foundations，澳门特别行政区印务局网站。

③ http：//www. io. gov. mo/cn/entities/priv/cat/art，澳门特别行政区印务局网站。

④ 黎熙元、姚书恒编著《港澳非营利组织发展比较研究》，中国社会科学出版社，2013，第162页。

和文化交流等方面。粤港澳三地因自近代以来处于不同的政治制度环境下，形成了不同的社会结构和文化形态，呈现出多样化的社会思潮和价值观念，① 因此强化身份认同成为湾区文化合作必须因应的社会问题。随着湾区社会共同体和优质生活圈的逐步形成，满足湾区社会成员文化生活需要成为湾区公共文化服务的重要任务。公共文化服务以建设和完善湾区公共文化服务体系为主，整合各相关城市之间的文化资源优势，丰富湾区居民的文化生活，营造湾区人文氛围；文化创意产业合作联通了湾区城市群之间产业、文化和地域优势，发展视野立足湾区，辐射全球；文化交流是湾区融汇区域智慧、打造文化高地的重要举措，其包含的内容较为广泛：共享学术资源、共同培养人才、合作举办会议、搭建交流平台等。

四 粤港澳大湾区文化合作路径

由于社会制度、经济发展水平、产业基础、竞争格局等多方面的非均衡性限制，粤港澳大湾区相关各城市的文化制度设计存在诸多政策缝隙和制度障碍、非通约性甚至竞争性冲突，阻碍了湾区文化合作向深度迈进。这一现状要求制度设计者在建设世界级城市群的战略目标指引下，确立契约化原则，从而使得现行制度工具能最大限度地获得有效的功能匹配。另外，建设粤港澳大湾区的战略目标要求各相关城市整体性地获取满足其文化合作诉求的系列政策创新工具和创新路径，以切实起到支撑、助推和激活的政策保障作用。其具体路径如下。

（一）共建基础设施

在湾区地域空间组织系统中，湾区公共设施尤其是公共交通设施一体化既是湾区文化合作的物质基础，也是文化传播的主要载体。目前，粤港澳大

① 傅才武、严星柔：《论建设21世纪中华民族文化共同体》，《华中师范大学学报》（人文社会科学版）2016年第5期，第70页。

湾区跨城交通正在逐步优化，港人赴深置业、创业、就业早已不再新鲜，深圳人赴港购物、休闲、学习亦成常态。如今在两地过关手续进一步简化之后，深圳市的罗宝线和龙华线与关口的无缝对接，让罗湖区、福田区靠近口岸的片区亦有许多在香港工作、在深圳生活的“双城生活”族。除了深港两地的公共交通设施一体化态势逐步形成以外，广深两地的高铁也大大地提高了两地的通勤效率，在深圳龙华或是福田乘坐高铁，最快只需二十几分钟便可抵达广州境内；港珠澳大桥串联起了珠江口东西岸城市的路面交通；正在建设中的深惠城轨、深中通道推进了深圳与惠州、中山在经济和文化上的进一步融合。但粤港澳大湾区在公共交通上亦存在明显短板，比如肇庆、江门这些不靠近珠江口的城市与湾区东岸城市的互联互通基础设施建设较差。湾区时代，粤港澳三地政府应抓住中央政府持续出台利好政策的时代机遇，协调其他社会资源，共同完善粤港澳大湾区的基础设施，促进湾区东西两岸之间的文化交流，这也是带动湾区两岸人才互动、文化交流、文化合作、文化产业发展的前置条件之一。

（二）发展第三部门

第三部门和志愿者是湾区文化合作的重要力量，也是湾区文化共同体建设的利益主体和内在动力。粤港澳大湾区文化合作不能忽视第三部门和集聚在他们周围的个人力量。应培育一批专业、权威和高水平的第三方组织，尤其应“在政府与社会中间设立整合型文化非营利组织，使政府与社会之间具有清晰的层次结构，有利于保持政治与文化之间的张力，使文化的发展更符合内在规律；整合型文化非营利组织能够更好地发挥桥梁纽带作用，使政府意志落实有载体，社会需求传达有渠道，形成良性互动格局”。[①] 世界三大湾区第三部门的运作基本保持独立，运营资金多来自各界资助，并且形成了良好的运作机制，借助于组织内部优异的专业型人才，机动灵活

① 潘娜：《促进非营利组织参与公共文化服务的对策建议》，载首都师范大学文化研究院编《文化决策参考》（2015），社会科学文献出版社，2016，第36页。

地推进湾区发展。目前，与粤港澳大湾区建设相关的第三部门存在许多问题，除了在数量上和专业领域严重不足以外，最为典型的是强烈依附于政府部门或企业，缺少组织自身的独立性。加速权威、专业和高水平的第三部门组建与运营，建立完善的监督机制，是助推粤港澳大湾区文化合作的当务之急。

（三）共享稀缺资源

无论是与同步推进的其他地缘城市区块如京津冀、长江经济带、“一带一路”相比，还是与世界三大湾区相比，粤港澳大湾区文化稀缺资源不足都是不可否认的事实，而且已有的稀缺资源还极不均衡地分布于不同城市内，湾区东岸城市群的文化资源和发展现状都优于西岸，因而具有更高的文化势能、更强的凝聚力和传播扩散能力。承认和重视各相关城市之间的资源差异是共享稀缺资源的前提。资源的共享一方面有利于加快湾区区域性亚文化共同体的建设步伐，使其得以用开放的公共文化设施服务于更多的受众，提高湾区居民在邻城参与文化服务和文化活动的概率；另一方面，对于联动湾区文化企业，对接城市产业优势也具有较强的促进作用。

（四）整合平台优势

粤港澳大湾区各相关城市都拥有各具特色的文化创新平台，但这些平台体量有别、层级不同，又处于不同的产业链分工位置，因此具有不同的竞争力和互补可能性。在粤港澳区域合作从早期的互补性结构向替代性结构过渡阶段，这些平台曾因利益博弈和城市本位主义等原因放慢合作速度，加剧竞争态势。但在湾区时代，在“竞合”关系中注重“合作共赢”成为湾区各相关城市业已达成的默契。

目前政府机关、文化企业和行业协会等平台在推进粤港澳大湾区的文化合作方面发挥了积极的作用。一方面，这些平台举办了诸多粤港澳大湾区的学术会议、文化活动。如腾讯公司于2017年6月20日在香港召开的“首届粤港澳大湾区论坛”探讨湾区文化如何“走出去”与“引进来”;[①] 又如中国产学研投融资联盟等第三部门于2017年8月16日在深圳举办“首届粤港澳大湾区文创产业发展论坛”，以“跨联·共生·共创”为主题，对大湾区文化创意产业的合作与发展进行了探讨。[②] 诸如此类，粤港澳大湾区的文化合作正通过政府、企业、第三部门等多方合作搭建的平台，以理论引领、经验交流、资源整合等多种形式稳步推进。另一方面，面向粤港澳大湾区的研究平台也不断产生，这些专注于研究粤港澳大湾区的学术机构、智库作为创新智力支持平台，大力推进了大湾区的文化合作建设。如粤港澳大湾区研究院、粤港澳发展研究院、粤港澳法制研究中心等，这些随湾区应运而生的研究机构凭借学术实力、科研专长、地缘优势为粤港澳大湾区文化合作提供了智力支持。但需要警惕的是，随着粤港澳大湾区概念的火热，诸多以“粤港澳大湾区”命名的创新平台和活动层出不穷，其质量、影响力和规模也参差不齐。如何甄选优秀平台，整合优势平台资源，“建立一套行之有效的合作机制、互补机制、叠加机制，形成基于创新能力区块整合的协同冲击力，在协同创新的更高平台上确立粤港澳大湾区在全球市场的竞争性创新优势”[③] 至关重要。

（五）培育多元文化

国际湾区大都是多元文化荟萃之地，在互动共生的文化缝隙中不断创造着新的文化生机。粤港澳大湾区既有丰富的民间文化资源，又有鲜活的国际文化元素；既有成熟的制度文化，又有多样化的非制度文化，呈现出多元共生的文化面貌和精彩纷呈的文化形态。从纵向的历史轴来看，有农耕文化、商业文化、海洋文化、侨乡文化；从横向的地缘轴来看，有岭南文化、客家文化、中原文化、广府文化等；物质性的文化资源有岭南祠堂、庙宇、厅堂、馆所等；非物质性的文化资源有语言、音乐、舞蹈、习俗、节庆等；政

① 《大众日报》，http：//paper. dzwww. com/dzrb/content/20170629/Articel26002MT. htm。

② 《金羊网》，http：//news. ycwb. com/2017 －08/16/content_ 25383096. htm。

③ 王列生、车达：《新机遇下大湾区文化创意产业的腾飞》，《中国社会科学报》2017年10月19日，第6版。

治、文化名人资源有孙中山、康有为、梁启超、李小龙、叶问、黄飞鸿等；此外，港片和粤语流行歌曲也曾经红遍大江南北。总之，传统文化与现代文化、本土文化与外来文化、海洋文化与大陆文化、精英文化与商业文化、契约文化与诚信文化在粤港澳大湾区蓬勃生长，交融共生。

建构粤港澳大湾区区域性亚文化共同体，设计湾区文化合作制度，并不是谋求这些城市的文化同质化，而应让每个城市自身的文化特色不断被放大，促使其在建设湾区的历史潮流中最大限度地发挥文化特色，获得更多的发展向度，实现“各美其美，美美与共”的合作范式。粤港澳大湾区文化共同体的建构和文化发展潜能、区域文化影响力都取决于湾区城市群之间的配合程度，即城市之间的文化资源“有机互动，互补共生”的态势。在粤港澳大湾区文化共同体建构的宏观视野下，我们应找准粤港澳大湾区的文化功能定位，努力建构相关城市群的文化身份识别符号，发挥各城市群成员的文化优势，摒弃狭隘的地方利益和本位主义，本着竞合原则对其进行功能定位和分工布局。

正如英国文化社会学家雷蒙·威廉斯所言，文化共同体是“一种非常复杂的组织形态，这种组织将需要持续不断地加以调整和重新规划”。[①] 区域性亚文化共同体的粤港澳大湾区文化共同体将以开放的胸怀、包容的气度“拥海抱湾，合群通陆”[②]，引领粤港澳大湾区城市群经济社会整体发展和制度创新进入社会主义新时代。

① 〔英〕雷蒙·威廉斯著《文化与社会（1780～1950）》，高晓玲译，吉林出版集团有限责任公司，2011，第343页。

② 申勇：《湾区经济的形成机理与粤港澳大湾区定位探究》，《特区实践与理论》2017年第5期，第43～45页。

B.18

具有全球竞争力的粤港澳大湾区文化空间规划融合研究

赵书波*

摘　要：　粤港澳大湾区文化一体化是资本、人才、产权要素顺畅流动的基础。21世纪，文化不再被完全视为空间中被动的构成，而被视为一种凝聚资本、权力和民心的空间生产方式，是推动各种空间演化与发展的重要力量。文化空间生产在粤港澳大湾区建设中具有全局意义。多年来由市场和民间自发推进的要素合作潜能已经释放，未来需要粤港澳三地十一市政府共同规划大湾区文化发展。粤港澳大湾区各市文化空间规划具有较好的合作基础，也充满较多的合作潜力。解决粤港澳大湾区文化空间规划融合瓶颈问题，需要调动资本、政府、民间专业力量共同参与。报告在充分肯定粤港澳大湾区文化空间规划融合的潜力基础上，分析其融合的瓶颈，从而提出相关建议，强调制定相关规划，形成指导标准；用好深圳文化产权交易平台，设立大湾区文化合作发展基金；建立文化规划专项协商小组，做好民间专业团体交流等，将粤港澳大湾区打造成为世界领先的顶尖级湾区。

关键词：　粤港澳大湾区　文化空间　融合

* 赵书波，香港大学现代语言与文化学院副研究员。

前　言

全球化时代，建设粤港澳大湾区，文化如何破题？粤港澳大湾区要建成国际一流湾区和世界级城市群，离不开文化的内在支撑，特色文化成为区域参与国际竞争的核心。大湾区之所以凝聚在一起，除了地理上的一体化，经济上的一体化，更重要的是文化上的一体化。文化一体化是资本、人才、产权要素顺畅流动的基础。相比政治、经济、外事方面，粤港澳大湾区文化是三地差别较少的，也是最容易跨越制度差异进行协调发展的领域。在文化方面，多年来由市场和民间自发推进的要素合作潜能已经释放，未来深化合作，需要政府层面发力，在一个更好的合作机制下，共同规划大湾区文化发展，引领未来发展方向，拆除阻碍文化深化合作的有形及无形藩篱，便利文化资源的更好配置。

全球化时期，站在顶层的全球城市香港希望维持和加强自身的优势；新兴现代化的深圳希望提升国际竞争力；而在“去工业化”浪潮中面临挑战的东莞等城市则急于改变形象，以新的身份融入全球经济。2017 年 7 月，粤港澳三地签署《深化粤港澳合作推进大湾区建设框架协议》，协议提出完善创新合作机制，促进互利共赢合作关系。无论大湾区未来作为世界经济增长重要引擎、国际科技产业创新中心、全球最具活力经济区，还是世界著名优质生活圈、世界文明交流互鉴高地，粤港澳大湾区必须形成自己具有全球竞争力的文化。各大城市的发展是在一定空间中进行的，而文化与空间的关系也日益密切，文化不再被完全视为空间中被动的构成，而被视为一种凝聚资本、权力和民心的空间生产方式，也是推动各种空间（政治空间、经济空间、文化空间、社会空间、自然生态空间）演化与发展的重要力量。在日趋激烈的国际城市竞争中，粤港澳大湾区文化空间生产（如西九龙文化区）正成为提升城市国际形象与竞争力、凝聚当地居民向心力、吸引国际资本与人才的重要引擎。在文化空间生产过程中，城市政府、企业、社区居民、文化艺术工作者、相关社会组织与机构等主动或被动、直接或间接地卷入文化空间生产。文化空间生产成为粤港澳大湾区所有城市必须解决的问题。

粤港澳三地虽然有了“同声同气同命运”共同文化情怀，但要真正做到携手建设，一定要找到合适的切入点和可持续的规划安排。围绕粤港澳大湾区文化空间打造，融合协调大湾区各城市的文化发展规划，是增强大湾区全球竞争力的关键。

作为改革开放的先锋，粤港澳地区兴起的经济特区、各种开发区、高新区、试验区、自贸区、新城新区等备受外界关注。到了21世纪，公共文化中心成为城市地标、文化创意产业园区的遍地开花、文化地产小区和特色小镇兴起。上述文化空间是物质和精神双重产品，这种多由各城市政府主导、承担城市文化功能和发展模式创新功能、对城市产业升级和供给侧结构性改革具有战略意义的空间，凝聚了大量政府和商业资本，凝聚了城市精神，增强了居民幸福感。在粤港澳大湾区协同合作背景下，文化空间生产具有全局战略意义。推动文化空间协同发展，就是在推动资本、政府和民众的协同合作，就是在增强粤港澳大湾区城市群的全球竞争力，推动粤港澳大湾区人的全面发展与社会全面进步。

一　充满潜力的粤港澳大湾区各市文化空间规划

粤港澳三地合作规划在不断探索完善。2008年国家发布《珠江三角洲地区改革发展规划纲要（2008－2020年）》以来，粤港澳三地围绕打造“世界级城市群”，展开了积极探索。2009年，粤港澳三地编制《大珠江三角洲城镇群协调发展规划研究》，提出粤港澳应合力建设具有全球竞争力的世界级城镇群。2011年，粤澳两地签署《粤澳合作框架协议》，提出“携手建设亚太地区最具活力和国际竞争力的城市群，共同打造世界级新经济区域，促进区域经济一体化发展”。粤港澳三地政府合作开展《共建优质生活圈专项规划》《环珠江口宜居湾区建设重点行动计划》等将追求优质生活和宜居区域确立为区域发展的新目标，通过提升生活质量和营商环境，吸引全球人才和资金，从而在国际竞争格局中保持优势。① 2015 年，大湾区首次写入国家文件，国家发布《推动共建丝绸之路经济带和 21 世纪海上丝绸之路的愿景与行动》，正式在“一带一路”建设中提出“打造粤港澳大湾区”。同年，澳门特别行政区政府与深圳市人民政府共同签署《关于深化深澳合作共同参与粤港澳大湾区建设备忘录》。2016 年，国家发布《关于深化泛珠三角区域合作的指导意见》，提出“携手港澳共同打造粤港澳大湾区，建设世界级城市群”。同年，国家“十三五”规划纲要提出，“支持港澳在泛珠三角区域合作中发挥重要作用，推动粤港澳大湾区和跨省区重大合作平台建设”。可以说，大陆充分重视与港澳地区的合作，在政策上给予了充分关注。

在文化规划制定方面，粤港澳大湾区 11 市基本维持在自说自话的状态，但不难发现，其中充满了粤港澳合作的潜力。

香港特区政府的长远策略规划，都是以香港自身发展为主，很少触及跨境规划。但近两年中，香港特区政府已有所调整，计划在深水埗建立设计及时装基地，培育本港新晋设计人才和时装设计师，并打造成区内以至于全港设计和时装焦点，带动该区旅游发展，为地区经济带来新动力。在文化的管理、扶持机制上，香港特区政府主要管理和资助文化的公益事业部门，文化的经济产业方面由市场决定，政府部门只负责外部环境。其管理体制在文化方面表现为文化行政的决策、执行和监督机构是分别设置的，由香港文化委员会、艺术发展局、民政事务局下属康乐及文化事务署各行其职。并设立不同层次的专家决策咨询机构或委员会，从而使得决策更加民主、科学。《香港2030+：跨越 2030 年的规划远景与策略》提出，文化与遗产是不可分割的部分，要发展文化设施（如西九龙文娱艺术区）及推广活动（包括街头表演等），还提出许多文创行业类型，不同用途的办公设施及基础支援对需求异常不同。另外，艺术和设计制作室分散于不同的土地用途，如商业/住宅区或工业区。因而，需小心了解不同用者的

① 罗勇：《粤港澳区域合作与合作规划的耦合演进分析》，《城市与区域规划》2014 年第 6 期。

独特需要并就他们的办公设施及基建需求作出相应的规划。此外，“香港2030 +”还特别提到了文化景点建设，提出西九龙文娱艺术区将提供世界级的艺术和文化设施，迎合本地居民及游客的需要。具有指导性的香港《文化设施需求及制订规划标准与准则的研究》[①] 提出，所有文化设施的可行性研究应考虑给予私营机构参与的机会，以商业/文化混合或综合发展区的模式来发展。

《澳门特别行政区五年发展规划（2016 - 2020 年）》明确了澳门未来打造文化城市的愿景。澳门以中华优秀文化为主流，拥有中西文化交融的优势。澳门应大力发展文化产业，努力打造具有核心竞争力的文化产品和文化品牌，弘扬爱国爱澳的核心价值，提高文化创新能力和传播能力，促进中葡文化交流，建立中国与葡语国家的文化交流平台，塑造“文化澳门”的城市新形象。不断优化及增添文化艺术场馆、图书馆、博物馆等设施，持续加强文化素养教育，提高保护文物及世界遗产的意识。

广东九市城市文化规划涵盖文化空间生产的内容较多（见附表）[②]，明确与港澳合作的文化空间合作条目也较为丰富。如《深圳市文化发展“十三五”规划》提出，推动深圳与港澳在表演艺术互派交流、文艺作品联合制作以及艺术人员培训等方面深化合作。深化文化产业合作，推动深港澳在创意设计、动漫游戏、影视传媒等产业的分工协作和优势互补。加强图书馆、博物馆领域交流合作，推进青少年人文交流，提升深港合作水平，拓展合作领域。鼓励和支持民间文化交流，促进深港文化融合。继续办好深圳与港澳台地区的品牌文化交流项目，促进文化交流与合作。如《广州市文化广电新闻出版事业发展第十三个五年规划（2016 - 2020 年）》提出，全面深化穗港澳台及世界各地华人华侨文化交流合作，将广州打造成为我国重要的

---

① 《文化设施需求及制订规划标准与准则的研究》于 1998 ~ 1999 年间展开。这项研究的整体目标是：评估直至 2011 年文化设施的需求，使规划能更有效地配合社会需要，并根据研究所得，拟备文化设施发展大纲及制订规划标准与准则，以作为规划及提供此类设施的指引。

② Ⅰ类（广州、深圳）、Ⅱ类（珠海、东莞）、Ⅲ类（江门、惠州等五市）城市文化空间规划内容见附表。

对外文化交流中心和华人华侨文化交流中心。全力打造南沙粤港澳文化创新人才合作示范区，使其成为深圳市国际高端文化人才引进与合作的重点平台。如《东莞市建设文化名城规划纲要（2011－2020年）》（讨论稿）提出，推动粤港澳文化创意产业的深度合作，建设粤港澳文化创意产业实验园区。而江门主打“中国侨都”，《江门市文化发展“十三五”规划》提到与港澳合作是比较全面的：利用主流和新兴媒体，及时、全面、准确、客观宣传介绍侨乡文化及华侨文物展览。邀请和接洽港澳台文艺演出团（队）、美术、摄影作品来江门展演。鼓励组织社会艺术团队参加国际性文化活动。充分利用毗邻港澳地区的优势，依托粤港澳文化交流合作平台，开展公共数字文化建设、演艺信息交流、文化科研交流、文博图书资讯交流、文化遗产保护利用、文化产业项目洽谈等。积极发挥市华博馆粤港澳文化交流合作示范基地作用，加强与港澳地区文博单位合作，组织开展双（多）边文博、文化遗产交流合作项目，联合举办“国际博物馆日”“文化遗产日”等活动。惠州则重视拓展与港澳台的文化交流合作广度深度，特别重视艺术节庆、影视拍摄和健康休闲方面的交流和市场。《惠州市文化发展“十三五”规划》提出，要组织队伍参加港澳台艺术节庆活动，认真策划和组织粤港澳台微影视作品文化交流周，不断提升惠州在粤港澳台地区文化交流中的文化互动水平和策划能力。

二　粤港澳大湾区文化空间规划融合的瓶颈分析

国际影响力弱是制约中国城市成为世界城市的短板。目前我国粤港澳大湾区城市正在从区域合作出发，寻求国际影响力的提升，以下几方面是粤港澳大湾区文化空间融合的关键问题。

（一）粤港澳大湾区文化空间总体定位和各城市特色

粤港澳大湾区多中心城市群文化的协同发展，一是需要粤港澳大湾区整体定位，二是各城市要形成互补互动的文化产业链条和特色，强化区域内文化空间之间的联系。大湾区各城市政府功能强弱上的落差、规划内涵及执行力的不同、行政程序的繁复差异等，都会影响到大湾区文化空间项目合作进展。如深圳新版城市规划比较开放，此版规划将以全球化和区域化为主线，以创新、生态和文化为引领，实现区域、生态、创新、空间、治理五方面转型。其中在区域方面，将从功能外溢转向协同共建，强化与香港的合作也是实现区域共建的重要部分。并提出公共服务设施要按照适用的标准去配置，达到区域高度协同、粤港澳大湾区共同繁荣发展。[①]

（二）价值观导致的资本、权力与民众关系逻辑差异

资本、权力与民众逻辑构成城市文化空间生产的动力，其中资本将文化空间生产视为资本增值的工具，权力将文化空间生产视为城市经营的途径，民众强调文化空间生产应保障其基本权益。[②] 权力和资本主导着文化空间的生产，在公众区域形成公共文化型、商业型、文化艺术型、文化产业型和主题旅游型等并存局面。形成具有全球竞争力的文化空间，必须协调好权力、资本和民众之间的关系。广东、香港、澳门由于制度差异，对于资本、权力与民众三者逻辑存在较大差异，香港、澳门更多的是发挥资本在文化空间建构中的作用，且公众力量强大，大陆地区文化空间的生产更多的是政府主导的结果。

（三）硬件设施和软件服务不充分、不协调

粤港澳大湾区具有丰富的文化沉淀，如风景优美的村庄、历史悠久的建筑，很多文化遗产（如开平碉楼与村落、肇庆庆云寺等）每年都吸引着数以百万计的游客，但江门、肇庆等市政府经常苦恼于缺乏现代化的文化设施。在广州、深圳，工业遗存被改造为文化中心或创意产业园。它们中的一些（如深圳华侨城创意园、广州红砖厂）成为潮流消费、娱乐空间和

---

① 李望贤：《深新版城市规划对接〈香港 2030 +〉》，《香港文汇报》2017 年 11 月 1 日，第 A16 版。

② 刘润：《资本权力与地方》，2015 年兰州大学博士学位论文。

时尚策源地，还有一些蜕变为城区中的商业创意街区，并将文化空间从这里延伸到高端小区，使该小区因文化而一房难求。东莞、珠海等拥有现代的博物馆、音乐厅或歌剧院等，很多场馆是不惜花费重金邀请世界级的建筑大师设计建造文化地标。不过这些城市也意识到，这些刻意建造起来的文化设施，更多地反映了西方的文化趣味，而非中国的文化特色。并且，城市文化生活的发展，基于当地的文化消费喜好，虽然每年可以邀请国外的歌剧、戏剧、芭蕾舞剧、著名的交响乐团或流行乐队，但限于经费，也为活跃群众文化生活，提升年轻一代对文化的兴趣，大部分活动必须有当地创作。这就出现了硬件设施和软件服务不充分、不协调之间的矛盾，硬件一流，软件服务和营运跟不上需求。反观香港、澳门文化发展，因土地和经费紧张，特别是各种社会群体利益协调比较困难，一些较好的文化团体和文化活动受到较大局限。正如香港最高法院律师、艺术博物馆顾问小组主席罗康瑞荣生所说，“香港是一个高租金和高房价的地方，这些会限制城市相关行业的发展，特别是创意产业的发展。以创意产业中的初创企业为例，它们对于香港未来至关重要，但高成本却阻碍它们的发展。在这种情形下，培养文化活动的行业也会难以发展”。① 同样出现了硬件设施和软件服务不充分、不协调的状况，但港澳主要是硬件设施跟不上软件服务的要求。

（四）落实 CEPA 与文化相关的条款不到位

CEPA（*Closer Economic Partnership Arrangement*），即《关于建立更紧密经贸关系的安排》的英文简称，包括中央政府与香港特区政府签署的《内地与香港关于建立更紧密经贸关系的安排》、中央政府与澳门特区政府签署的《内地与澳门关于建立更紧密经贸关系的安排》。2003 年 CEPA 的签订及其在广东的“先行先试”，每年更新，促进了粤港澳合作从“非

① 春蕾：《〈2015 世界城市文化报告〉指出：独特性与消费力是文化创新动力》，http：//www.cbbr.com.cn/article/90870.html，2018 年 1 月 10 日访问。

制度性”向“制度性”合作转变，里面涵盖诸多文化产业合作内容。文化空间生产与文化创意产业发展密切相关。如在香港，按 CEPA 分类的领域差不多可以直接与文化及创意产业[①]的组成界别相配。例如，CEPA 的广告领域等同于文化及创意产业的广告界别；CEPA 的图书馆、博物馆等文化服务领域，以及教育服务领域，则与文化及创意产业的文化教育及图书馆、档案保存和博物馆服务界别大致相同。同样地，CEPA 的视听服务领域亦可与文化及创意产业的电影及录像和音乐界别，以及电视及电台界别匹配。文化及创意产业的软件、电脑游戏及互动媒体界别，则涵盖了 CEPA 的计算机及其相关服务领域，以及文娱服务（如互联网文化经营单位）领域。特别要注意的是，CEPA 的文娱服务领域亦涉及演艺经纪公司和演出场所，这方面与文化及创意产业的表演艺术对等。不过，文化及创意产业的建筑界别则是 CEPA 建筑及相关工程服务领域下的一环。[②] CEPA 文化创意产业内容直接关系到文化空间生产的可能性和可持续性。

（五）缺乏有效的粤港澳三地文化空间协作治理机制

在粤港澳文化合作方面，三地在 2002 年就举办了第一次粤港澳文化合作会议，同意成立工作小组及定期召开会议。此会上，三地就珠三角的文化设施、艺文发展和交流等交换资料和意见。会后粤港澳三方签署《粤港澳艺文合作高峰会会议纪要》，确立珠三角今后的艺文合作方向。此后，每年召开一次，及至 2017 年，已经举办了 18 次会议，取得了一系列成果，其中，也对粤港澳地区文化空间合作事宜进行了讨论，如 2014 年三地在“粤港澳文化合作第十五次会议”上签订了《粤港澳文化交流合作发展规划

① 文化及创意产业包括以下 11 个组成界别：艺术品、古董及工艺品，文化教育及图书馆、档案保存和博物馆服务，表演艺术，电影及录像和音乐，电视及电台，出版，软件、电脑游戏及互动媒体，设计；建筑，广告，娱乐服务。

② 何达权：《CEPA 补充协议十与香港文化及创意产业》，http：//hkmb. hktdc. com，2018 年 2 月 2 日访问。

2014~2018》，提出发挥文化产业各类平台作用，加快广州南沙、深圳前海、珠海横琴等重点地区的粤港澳文化产业园区建设。但在地市层面，目前除广州、深圳、珠海及中山等城市外，珠三角其他城市与香港、澳门在官方层面上直接交流的机会较少。而实际上，粤港澳的协调大多需落实到深圳和珠海两市，目前粤港（粤澳）合作协议和联席会议框架下的各地级市与港澳的合作基本局限在日常性工作层面，遇到重大问题和决策性议题需经省甚至中央层面的讨论才能定夺。①

三　粤港澳大湾区文化空间规划融合的建议

（一）制定大湾区文化发展相关规划，形成大湾区文化空间建设指导标准

落实《建设粤港澳大湾区框架协议》，制定粤港澳大湾区文化基础设施投资规划与中长期文化财政投入规划。在规划目标指导下，通过专项协商，采取广泛咨询，落实公众参与决策的制度，为达到既定目标做情景分析并勾画大湾区文化发展的路线图，为达成既定文化发展目标创造有利文化空间基础和文化保护与发展制度环境，从而实施有利于大湾区文化跨境合作的体制和机制，为地区文化资源的永续保护、可持续发展和公平利用定下规则。按照中央、粤港澳的事权，制定任务分工和分头实施机制，协同推进规划的落地实施。建立大湾区的文化空间信息数据库，协商制定大湾区文化空间建设指导标准。

（二）用好深圳文化产权交易所平台，设立大湾区文化合作发展基金

强化文化产权保护，用社会资金推动文化空间融合创新。深圳文化产权

① 参见李建平《粤港澳大湾区协作治理机制的演进与展望》，《规划师》2017 年第 11 期。

交易所是一个很好的产权交易平台，但一直没有很好的盘活其应有功能。首先，文化产权不仅是知识产权、艺术品实物交易，还应包括基于文化空间的各种权利而进行的各种交易，包括所有权、用益物权和担保物权等权利的交易。通过对粤港澳大湾区文化空间产权资源的展示交易，深圳文交所应该成为粤港澳大湾区未来发展的一个重要引擎。建议广东九市率先在区域层面进行文化用地开发权和旧厂房空间改造权交易。

建议成立大湾区文化合作发展基金，支持国家开发银行、丝路基金、亚洲基础投资银行等国家金融机构在深圳设立文化分支机构。参照三峡开发模式，由中央和粤港澳三地提供引导资金，广泛吸收社会资本、国际资本参与，按 PPP 模式组建股份制的大湾区文化保护开发集团公司，推进重大文化基础设施（如国际会展中心）建设和创新发展。

（三）建立粤港澳各市文化规划专项协商小组，做好民间专业团体交流

在粤港澳文化合作会议机制的基础上，深化大湾区 11 市文化部门之间的直接对话交流，在各市成立文化规划专项协商小组，商定文化各项规划和合作方案，并予以贯彻落实。做好民间专业团体交流，充分发挥专业人士作用，特别是香港、广州、深圳的大学资源优势，吸纳文化发展专家、规划专家和产业专家等人才，共同服务大湾区文化空间打造。深圳市在新一版城市规划中的做法值得粤港澳大湾区文化发展规划借鉴。新版深圳城市规划将拓展深港合作领域，与香港共同深度参与国家“一带一路”沿线港口产业园区和新城建设，空间格局方面与“香港 2030 +”规划的空间战略进行对接。①

结　语

粤港澳大湾区最重要使命是成为世界领先的顶尖级湾区，11 城市文

① 李望贤：《深新版城市规划对接〈香港 2030 +〉》，《香港文汇报》2017 年 11 月 1 日，第 A16 版。

脉相通，但各具特点，也有各自应扮演的角色。粤港澳湾区文化的打造，不在于大，而在于强；不在于规模，而在于质量；不在于单体文化空间，而在于文化空间群和文化产业圈的集聚和扩散能力。粤港澳大湾区就是要构建开放型文化新体制，以文化空间“互联互通”的理念建立规划合作机制，以文化的“通”，推动粤港澳大湾区资本、政府和民间合作走向深化。

文化的融合发展、协作发展是粤港澳大湾区发展的重要组成部分。在加强基础设施互联互通时，更应重视文化心路的互联互通；在打造全球创新高地时，更应重视具有全球竞争力的文化高原打造；在推动贸易自由化时，更应重视文化的共享共治；在培育利益共享的产业价值链和共建大湾区优质生活圈时，更应重视文化创意产业在全球价值链中的竞争力。

附表：珠三角城市相关文化规划及文化空间生产重点方向

类型	文化专项规划	文化空间生产重点方向
I类城市	《深圳市文化发展“十三五”规划》	有效整合和完善各类文化空间，逐步形成2～3处现代化国际化的城市文化核心区，打造一批特色文化街区和特色文化小镇。推动各区规划，建设一批骨干文化设施，打造较高水准的公共文化服务平台。按照“一区一大项目、一街道一园区”的原则，市、区联动推进潮人码头、国际艺展、大芬油画产业基地、华强文化创意园、华谊兄弟文化城、前海国家级文化创意产业园等重大项目规划建设，着力发展文化产业总部经济
I类城市	《广州市文化广电新闻出版事业发展第十三个五年规划（2016－2020年）》	结合旧城改造、新城建设，在“十三五”期间精心设计建造一批有城市文化内涵、岭南特色风尚的代表性人文景观，彰显城市文化魅力。建设一批重要的标志性文化设施。加快推进广州美术馆、广州文化馆、广州博物馆、南汉二陵博物馆、广州海事博物馆、东山电影院、广州粤剧院等一批重点建设项目。推进许鸿飞雕塑艺术园建设。 建设文化创意产业集聚园，支持广州报业文化中心、国家音乐产业基地（广州园区）、国家（广州）网游动漫产业基地、广东动漫城、南沙粤港澳文化创意产业园等重点产业发展平台建设

续表

类型	文化专项规划	文化空间生产重点方向
Ⅱ类城市	《珠海市公共文化设施规划》	在市级层面，要建设 1 ~ 2 个标志性文化设施群，打造国际化、高端化、特色化的文化服务核心区；区级层面则要以“三馆一中心（图书馆、博物馆、文化馆、青少年活动中心）”的文化设施配置，形成富有地方特色的区域性综合文化中心；而镇街、社区（村）基层文化设施覆盖率均要达 100%
Ⅱ类城市	《东莞市建设文化名城规划纲要（2011 ~ 2020 年）》（讨论稿）	推进重大公共文化设施项目建设，重点建设好市民艺术中心、市博物馆新馆、非物质文化遗产传习展览所、东莞广播电视中心等一批新的重大文化设施，着力提升东莞图书馆、玉兰大剧院、东莞展览馆、岭南画院、东莞文学艺术院等现有重大文化设施的管理运作水平。积极推进松山湖国际文化创意产业基地、东莞市创意产业中心园区、“东八区”音乐创意园等重点园区的建设，打造文化科技创新的孵化器和文化企业快速成长的助推器。推动粤港澳文化创意产业的深度合作，建设粤港澳文化创意产业实验园区。在城市改造升级中，积极利用旧城镇、旧厂房、旧村居改造建设文化创意产业园，通过“腾笼换鸟”实现产业升级和市容改观
Ⅲ类城市	《江门市文化发展“十三五”规划》	将“江门五邑华侨华人博物馆”打造成国家一级博物馆，以五邑华侨华人博物馆、市文化馆、市美术馆、星光公园等为核心文化载体，努力创建为 4A 级旅游景区，以弘扬侨乡文化精神，打造华侨文化品牌，擦亮江门城市名片。完善五邑大学广东侨乡文化研究中心建设，打造广东侨乡武术文化研究传承中心。建设大型侨文化主题公园以及完成一批具有标志性的城市雕塑。重点规划建设好“一圈三区”，即珠江口西岸区域文化创意产业圈、国家级华侨文化体验区、广东省文化旅游示范区、广东省文化及相关产品制造业集聚区
Ⅲ类城市	《惠州市文化发展“十三五”规划》	进一步传承与弘扬东坡寓惠文化、罗浮山道教文化、葛洪中医药文化，全力推进惠州苏东坡祠修复一期工程、宾兴馆抢救修缮工程完工，葛洪博物馆、博罗县银岗古窑场遗址公园、龙门县三寨谷造纸作坊遗址等重点文化文物工程建设。文化产业发展重点工程有惠州报业传媒集团全媒体产业基地二期项目、惠州新华文化广场建设工程、仲恺高新区潼湖国际智慧园创意村项目和惠州广电“惠万家”O2O 综合购物城

B.19

儒家文化与深圳文化创新发展研究报告*

方映灵**

摘　要：　本报告提炼了儒家文化的特质，并以此为观照，对深圳十大观念、深圳“四型”文化理念和“深圳文化创新发展2020”三个深圳文化阶段与载体逐一进行对照分析，探究了儒家文化与深圳文化创新发展的密切关系。报告还就儒家文化对经济发展的作用问题进行了探讨。

关键词：　儒家文化　深圳文化　传统文化

儒家文化是中国传统文化的主干和核心，它以刚健进取、博学优雅、人文追求等文化精神特质和谨严的社会人伦秩序，千百年来形塑着中国人的精神世界和社会风貌，成为中华文化屹立于世界文化之林的最核心特质。

深圳是一个主流传统文化薄弱的创新之城。创新作为“深圳的根、深圳的魂”，一直贯穿于深圳城市的文化发展之中。从“深圳十大观念”中的“改革创新是深圳的根、深圳的魂”“鼓励创新，宽容失败”，到提倡“创新型、智慧型、力量型、包容型”的“四型”文化发展理念，都把创新摆在首要位置。近年来颁布力行的《深圳文化创新发展2020（实施方案）》，除了更明确地提出“把创新摆在文化发展的核心位置”，还更广泛深入地将创新贯彻落实于城市文化的方方面面，努力把创新因子根植于城市文化发展之

* 本报告是笔者主持的深圳市哲学社会科学“十三五”规划课题项目“深圳文化创新与中华优秀传统文化传承发展研究（135B003）”的阶段性成果。

** 方映灵，深圳市社会科学院中国思想文化研究中心主任、研究员。

中，为铸造创新之城奠定扎实雄厚的文化基础。

习近平总书记说：“善于继承才能创新。”作为先锋城市且传统文化底子薄弱的深圳，我们必须继承弘扬并充分汲取中华优秀传统文化的养分和智慧，才能站在坚实的基础上，继续开拓创新，再创辉煌。

一 儒家文化的特质

在中国传统文化中，相对于道家、佛家、墨家、法家等其他类型传统文化，儒家文化具有刚健进取、责任担当、理性淑世、仁爱优雅等形象特质。①

1. 刚健进取、自强不息

不同于道家倡导自然无为，儒家倡导的是积极有为、刚毅正气自强不息的社会人生态度：“天行健，君子以自强不息”（《周易·象传》）、“富贵不能淫，贫贱不能移，威武不能屈”（《孟子·滕文公下》）、“养吾浩然之气”（《孟子·公孙丑上》）。

2. 家国情怀、责任担当

不同于佛家的出世解脱，儒家是积极入世、致力于救心救世的。它对国家和社会深怀责任感，始终具有一种饱满深厚的家国情怀。它提倡“修身、齐家、治国、平天下”，并以此作为人生的价值意义和追求。认为“国家兴亡，匹夫有责”（顾炎武），“先天下之忧而忧，后天下之乐而乐”（范仲淹），“为天地立心，为生民立命”（张载），体现出一种对家国社会和天下苍生的责任与担当。

3. 理性优雅、博学有礼

不同于道家倡导“绝圣弃智”“绝仁弃义”（《老子》第十九章），儒家对社会人生所持的是一种理性主义和淑世主义的态度，尊崇的是“仁且智”（《孟子·公孙丑上》）和“博学于文，约之以礼”（《论语·颜渊》）。透过

① 方映灵：《儒家文化的特质》，《深圳特区报》2015 年 5 月 10 日。

这种理性主义姿态，儒家所展现给我们的是一种博学睿智、优雅有礼、坦荡仁爱的君子风范。

4. 温文尔雅、贵族气质

与墨家为了纯粹节俭而反对“繁饰礼乐”（《墨子·非儒下》）、提倡“节用”“非乐”不同，儒家非常重视礼乐的教化作用，特别是孔子与春秋时代的早期儒家，把诗、书、礼、乐作为成就“君子”“士”的必要方式。习“六艺”（礼、乐、射、御、书、数）是早期儒士的必备功课。《礼记·王制》中说，“诗、书、礼、乐以造士”。孔子认为“不学诗，无以言。……不学礼，无以立”（《论语·季氏》），崇尚“兴于诗，立于礼，成于乐”（《论语·泰伯》），认为“诗亡离志，乐亡离情，文亡离言”（《孔子诗论》），诗是言志的，乐是娱情的，诗、礼、乐是一个有尊严的人立于世和陶冶情志的基本方式。“人而不仁，如礼何？人而不仁，如乐何？”（《论语·八佾》）对于礼乐，最重要的是能发自仁心而不是讲究奢靡的繁文缛节：“礼，与其奢也，宁俭”（《论语·八佾》），礼作为一种外在形式，它宁可固陋也不可骄奢“繁饰”，如此才能显得谦逊有礼。但最重要的是要有仁爱内涵，从而由里及外透出礼乐教养带来的温暖、愉悦与优雅，而不是外在奢靡的形式。由以上我们看到，儒家所心仪和追求的理想君子风貌，是温文尔雅和彬彬有礼的，是能够“仁、义、礼、智”内外兼修的，是“腹有诗书气自华”，是具有良好人文教养和气质风采的。

5. 博爱仁厚、人文追求

不同于法家把社会一切诉诸律法的冷漠性与强制性，儒家以“仁”为核心，是“仁”学，对己讲“为仁由己”（《论语·颜渊》），肯定人人本性都具有一颗向善的、仁爱的心，后天只需自我自觉地发扬光大这一仁心即可，“求其放心而已矣”（《孟子·告子上》），做好自己，没有外在强制性的压力和不悦。对他人对社会则讲“己所不欲，勿施于人”（《论语·颜渊》）。由此，除了显示出博大仁厚、温情关爱而不冷漠，还显得彬彬有礼、温文尔雅有教养。

儒家提倡“内圣外王”，虽然与法家相比，这种“礼治”模式过于充满温情、理想而缺乏实操性，从而往往流于空想，但是，正是儒家的这种人文道德理想凸显了人世间的博爱温暖与文明优雅，给予人成仁向善的轻松自在感和高度信任感。而它重视“乐”，讲“知者乐水，仁者乐山”（《论语·雍也》），期望“咏而归”的“曾点气象”，从而把人的生命情调、精神人文境界作为人生的理想追求。

法是平等划一和理性冷峻的。它不但无法统摄人的生命情感、建立人的道德理想、显示人的精神价值，更无法涵盖人对精神境界的追求。而儒家所重视、高扬和追求的正恰恰是这种人文理想，换句话说，儒家的重要价值就在于它的人文价值和精神境界追求，正是儒家这种人文价值和精神境界追求，一方面体现了人作为万物之灵的尊贵性，另一方面也拓展了人们生活的宽度和高度。在这个意义上，我们完全可以说，儒家文化将具有永恒的价值。

二　儒家文化与深圳文化发展

改革开放40年，深圳已形成独特的城市文化。深圳文化的特质集中体现在“深圳十大观念”、深圳“四型”（“创新型、智慧型、力量型、包容型”）文化理念和“深圳文化创新发展2020”上。

（一）儒家文化与深圳十大观念

儒家文化具有积极进取、重视人文教化、博爱仁厚等特质。由此出发来观照深圳十大观念①，我们可以看到，深圳文化具有显著的儒学特质。

从深圳十大观念我们可以看到儒家那种积极进取的使命感、期望有所作

① 深圳十大观念分别是：1.“时间就是金钱，效率就是生命”；2.“空谈误国，实干兴邦”；3.“敢为天下先”；4.“改革创新是深圳的根、深圳的魂”；5.“让城市因热爱读书而受人尊重”；6.“鼓励创新，宽容失败”；7.“实现市民文化权利”；8.“送人玫瑰，手有余香”；9.“深圳，与世界没有距离”；10.“来了就是深圳人”。王京生：《观念的力量》，人民出版社，2012，第2页。

为时不我待的时间紧迫感，可以看到一种对家国社会的责任担当和力戒空谈的实用理性，可以看到儒家相反于道家的勇于进取、刚健争先的姿态，可以看到儒家文化崇尚人文教化、提倡有教无类、追求人的价值尊严，还可以看到儒家文化博爱仁厚、温情宽容以及坚忍不拔。

从以上我们看到，儒家文化讲仁爱担当、刚毅进取，重视人文教化这些核心特质，在深圳十大观念中都得到了充分体现。

（二）儒家文化与深圳“四型”文化理念

深圳十大观念应该说是深圳改革开放40年的文化精神结晶，而深圳“四型”文化则可说是深圳明确提出的城市文化发展理念。

深圳“四型”文化是指“创新型、智慧型、力量型、包容型”文化。[①] 无疑，深圳“四型”文化充分体现了深圳这座新兴城市的文化自觉与文化自信。它不仅秉承了深圳十大观念那种开拓进取、自强不息、崇尚人文的精神特质，还进一步提升和高度浓缩了深圳十大观念。相对于深圳十大观念，“四型”文化更加强调了“智慧”、“力量”和“包容”。

1. “智慧”

智慧需要以知识作基础，智慧离不开知识。孟子说“学不厌，智也”（《孟子·公孙丑》）。深圳读书月、深圳市民文化大讲堂等文化品牌活动，充分表明了深圳城市对知识的追求与尊崇。崇尚知识使深圳的“智慧型”文化理念得到了落实。

但是，知识不等同于智慧，智慧是超越于知识、融会贯通了各式各样的知识之后，对世界一切事物能够如“庖丁解牛”般应对自如、得心应手的一种“大道”。一个有智慧的人，能够非常清楚万事万物的根本道理和自己

① “深圳的创新型文化，……是在扬弃传统文化和西方文化的利弊选择和大胆开拓中，再造城市文化的新内涵、新表达。创新型文化的实质是价值创新。”“智慧型文化是弘扬大道的文化，是崇尚知识和技术的文化，是重视人才、培育人才的文化。”而“力量型”文化则“强调的是文化发展应具有自强不息的血性或进取性”，以此区别于“高度娱乐、休闲化的自我消弭性文化”。王京生：《文化主权论》，红旗出版社，2013，第356~360页。

的位置使命，面对一切事物，能够胸有成竹，内心笃定镇静，没有任何困惑，没有任何畏惧和慌乱。一个智者面对万事万物能做到像水一样千变万化，灵动不拘，通达自如。正如孔子所说，“知者不惧”“知者不惑”“知者动”“知者乐水”。而正像孟子所说，一个具备了仁爱和智慧的人，也就是圣人了：“仁且智，圣也”（《孟子·公孙丑》）。无疑，倡导“智慧型”文化，追求“弘扬大道”，这充分显示了深圳的文化追求是志存高远的。

智慧除了需要以知识为基础，也需要理性。而理性是与感性相对应的。智慧不仅能够摆脱自然感性的羁绊，更能够驾驭和统摄自然感性。一个智者，一方面不仅能够克制自身的自然感性，遵守社会秩序和道德规范，理性地顾及他人，和谐与他人的关系，显得彬彬有礼有教养；另一方面，智者更能够理性地掌控自然、利用自然，以一种“民胞物与”的人文情怀，善待自然，和谐自然，实现“天人合一”。

崇尚知识理性、倡导人文情怀，这正是儒家的文化特质与理想追求。深圳倡导“智慧型”文化，与儒家“己欲立而立人，己欲达而达人”的人本主义文化特质，是一脉相承和完全契合的。[①]

2. “力量”

在改革开放的40年中，深圳一直以开拓创新、拼搏进取的特区精神勇立潮头，创造了举世闻名的“深圳速度”和“一夜城”神话。很显然，这种开拓进取的精神是“力量型”文化的很好诠释，它是“具有自强不息的血性或进取性”的。随着深圳城市社会经济实力的增强和地位的提升，近年来，深圳“是全球发展最快、中国经济最活跃的城市之一”[②]，城市综合竞争力和人均GDP均位居内地城市前列。在这种城市繁荣之下，深圳提倡“力量型”文化，意味着将继续保持这种开拓创新、拼搏进取的精神与锐气。

深圳的“力量型”文化是“具有自强不息的血性或进取性”的文化，

① 方映灵：《深圳文化与儒家文化关系论析》，《特区实践与理论》2015年第3期。

② 引自“深圳政府在线”，www. szgov. com. cn。

也是“充满朝气、昂扬锐气、浩然正气，高扬对人生、社会、国家的意义追求”[①] 的文化。显然，这与儒家文化自强不息、积极进取、浩然正气、家国情怀、责任担当、人文价值追求等核心特质是高度契合的，“自强不息”“浩然正气”本身就是儒家思想核心用词。

3. “包容”

虽然深圳的十大观念中“宽容失败”“来了就是深圳人”“深圳，与世界没有距离”，都已体现了深圳对外地人、对世界的包容姿态和精神，但是，“包容型文化的关键词包括：开放、宽容、多样性和对话，这四种要素在包容型文化的形成中具有重要作用”。[②] 一句话，包容型文化应该是以人类良知和公理为基本依据、以社会主义核心价值观为主流价值的文化。

既开放包容、海纳百川，又坚持以社会主义核心价值观作为主流价值文化。很显然，这与儒家文化博大仁厚的特质以及对文明富强的追求是高度一致的。

（三）儒家文化与“深圳文化创新发展2020”

2016 年，深圳出台《深圳文化创新发展 2020（实施方案）》，从而吹响了深圳文化创新、全面提升城市文化综合实力的号角。方案作为深圳未来五年的文化发展行动指南，将与其他领域的理论创新、制度创新和科技创新一起，成为构筑深圳创新之城的强大支撑和重要引擎。

作为一个实施方案，“深圳文化创新发展 2020” 首先突出了“创新”，重点创新构建了城市文化五大体系。通过这“五大体系”，努力把深圳打造

---

① 王京生：《文化的魅力》，人民出版社，2014，第 73 页。

② 王京生：《我们需要什么样的文化繁荣》，社会科学文献出版社，2014，第 117 页。但同时包容并不是无限度的：“第一，包容并不是简单地和平共处，一切都好。包容是有限度的，必须以人类的良知和公理为基本依据。第二，即使是在包容之中，我们也要注意到社会文化体系的构成中是有主流和非主流之分的。……作为政府、学界，应该强调主流价值观，而不能完全平均地对待。……今天我们强调的主流就是社会主义核心价值观。” 王京生：《我们需要什么样的文化繁荣》，第 123 页。

成为国际文化创意先锋城市。[①]

“深圳文化创新发展2020”最突出的特点还在于它的实践性，它既是“设计图”，也是“施工表”，以具体的时间安排、具体的实施路径和对策，以及切实可行的工作举措，努力将文化创新发展落到实处。

可以说，“深圳文化创新发展2020”方案不仅传承了深圳以往的文化精神，突出了创新这个“深圳的根、深圳的魂”，延续了“空谈误国，实干兴邦”的实干传统，而且也体现了儒家文化开拓进取的精神特质、力戒空谈的实用理性。

由以上我们看到，从“深圳十大观念”到深圳“四型”文化，再到“深圳文化创新发展2020”，深圳文化开拓创新、拼搏进取的精神特质，意气风发、敢闯敢干的城市风貌，勇当排头兵、敢为天下先的社会担当，力戒空谈、崇尚实干的实用理性等，都与儒家文化的核心特质一脉相承。

习近平总书记说：“善于继承才能创新”，2017年10月党的十九大通过的《中国共产党章程》中也明确指出，要“推动中华优秀传统文化创造性转化、创新性发展”。从深圳文化的发展历程来看，我们可以说，深圳这座创新之城就是在能够“善于继承”以儒家文化为核心的中华优秀传统文化、并在“推动中华优秀传统文化创造性转化、创新性发展”中“敢为人先”，才得以创造出今天的辉煌成就。在这个意义上，深圳文化“被认为是中国现代城市文化建设的样本”[②] 是当之无愧的。

三　儒家文化与深圳经济发展

文化与经济有着密切关系，文化对社会经济的发展有着十分重要的影

① 城市文化五大体系为：1. 创新思想理论载体，构建以社会主义核心价值观为引领的城市精神体系；2. 创新城市形象标识，构建以国际先进城市为标杆的文化品牌体系；3. 创新媒体运行机制，构建以媒体融合发展为标志的现代文化传播体系；4. 创新文化服务方式，构建以市民精神文化需求为导向的公共文化服务体系；5. 创新产业发展模式，构建以质量型内涵式发展为特征的现代文化产业体系，见《深圳文化创新发展2020（实施方案）》。

② 王京生：《观念的力量》，人民出版社，2012，第5页。

响，具有促进和制约的两面作用。深圳作为一个以经济特区起步的创新之城，它的城市发展和社会经济建设的傲人成就，与它倡导深具儒学特质的改革创新、拼搏进取等特区文化密切相关。这里，有必要探讨儒家文化对经济发展的作用问题。

对于儒家思想对经济发展的影响，学界历来大致有两种对立的观点。

第一，韦伯的消极说。20 世纪德国思想家马克斯·韦伯认为，儒家伦理阻碍了中国资本主义的发展。因为儒家的理想人——君子，缺乏西方清教徒那种有利于资本主义经济发展的“强烈的激情”和“天职思想”：清教的理性伦理是“为上帝及其正义而奋斗”，清教徒出于禁欲主义和资本主义精神，“将其所得作为资本重新积极地投入到理性的资本主义经营中”。而儒家则未能“从禁欲角度突破对待财富的态度”，除了“享受有钱本身的荣誉与快乐”外，财富是“高尚地”“合乎尊严地生活”的重要手段，“君子是美学价值”，与资本主义经济的产生和发展“了无缘分”[①]。

第二，余英时、杜维明的积极说。第三代现代新儒家代表人物余英时、杜维明等，在 20 世纪六七十年代亚洲“四小龙”经济腾飞的大背景下，对韦伯的观点进行反驳。

余英时在《士与中国文化》中正面回应了韦伯的问题，并进行了系统地批驳。他认为：首先，“没有充足的证据相信资本主义是中国历史上一个必经的阶段”；其次，韦伯没能考察儒学的重要阶段——宋明新儒学，以及此后士商阶层的融合渗透，从而对儒家做出了全面的误读，犯了“全面判断的基本错误”。他以一个史学家的翔实史料和严谨考证后得出结论，认为儒家伦理除了基于现世的内在超越与清教徒外在超越的宗教取向不同外，两者并无二致，儒家的敬业勤俭、社会责任感、诚信不欺等伦理对明清时期商人的经营管理、为人处世等有着深刻影响，是商业伦理即“贾道”的重要来源[②]。

① 〔德〕马克斯·韦伯：《儒教与道教》，王容芬译，商务印书馆，1997，第 295 ~ 300 页。
② 余英时：《士与中国文化》，上海人民出版社，1987，第 441 ~ 579 页。

杜维明则在《新加坡的挑战——新儒家伦理与企业精神》一书中回应了韦伯的问题，并全面深入地探讨了儒家思想与经济的关系。他区别了政治化儒家和儒家伦理，认为政治化儒家作为一种“形式的儒学”和政治意识形态，“必须加以彻底批判，才能释放一个国家的活力”；而儒家伦理“注重自我约束，超越自我中心，积极参与集体的福利、教育、个人的进步、工作伦理和共同努力”，“对于新加坡的成功是至关重要的”①。也就是说，儒家伦理对新加坡经济腾飞有积极作用。

应该说，余英时、杜维明从各自的学术角度，深刻地阐明了儒家文化与经济发展的关系。

作为一种博大精深、源远流长的学统和文化，儒家思想当然有其利国利民的重大价值，这就是余、杜两位先生所说的，具有敬业勤俭、社会责任感与诚信等“注重自我约束，超越自我中心”的儒家个人伦理。正是这种独特的伦理形塑着东方人的生活方式，并对中国历代商贾的成功及新加坡等亚洲“四小龙”的经济发展起着“至关重要”的作用，儒商成为对既具备儒家个人伦理特质又经商成功的商人的理想典型和最高赞誉。

因此，在探讨深圳文化创新发展以及“创新性发展”儒家文化之时，应注意区别杜先生所说的“政治化儒家和儒家伦理”，并“彻底批判”政治化儒家“形式的儒学”，打破官僚主义对经济发展、人才成长的束缚，铲除腐败现象，最大限度地释放经济活力和人才的创造力。

习近平总书记曾在2014年中央政治局第十三次集体学习会议上指出：“博大精深的中华优秀传统文化是我们在世界文化激荡中站稳脚跟的根基。”在深圳文化创新发展上，应该全面充分地汲取中华优秀传统文化的养分和智慧，进一步培植和拓展有益于社会发展以及个人聪明才智、生命力和创造力发挥的氛围空间，从而使深圳在更丰富、更高层次的城市文化基础上，继续开拓创新，再创辉煌。

① 杜维明：《新加坡的挑战——新儒家伦理与企业精神》，三联书店，2013，第125～126页。

B.20

深圳文化价值观念创新发展报告

陈少雷*

摘 要： 对一座城市来说，文化价值观念是吸引人、凝聚人、塑造人的发展理念，是培育人、鼓舞人、激励人的核心价值，是能够体现城市发展的潜力、合力、动力和活力的重要标识。深圳发展至今取得的辉煌成就，离不开文化价值观念的引领、浸润和滋养。深圳未来的发展，仍需要以文化价值观念创新为着力点，充分发挥文化价值观念的引领、凝聚、塑造作用。报告阐发了文化价值观念创新的意义、机理与路径，体现文化价值观念的创新是进一步推动深圳文化创新发展、率先建设社会主义现代化先行区。

关键词： 深圳 文化价值观念 内在机理

改革开放以来，深圳从一个边陲小镇发展成为一座令人瞩目的现代化城市，创造了世界工业化、现代化和城市化发展史上的奇迹。深圳改革开放以来所取得的辉煌成就，离不开文化价值观念的引领、浸润和滋养。深圳未来的发展，仍需要以文化价值观念创新为着力点，充分发挥文化价值观念的引领、凝聚、塑造作用。进入新时代，进一步明确和阐发文化价值观念创新的意义、内涵与路径，是实现深圳文化价值观念创新的前提和基础，更是进一

* 陈少雷，中共深圳市委党校习近平新时代中国特色社会主义思想研究中心副主任、副教授、博士。

步推动深圳文化创新发展、率先建设社会主义现代化先行区的题中应有之义。

一　深圳文化价值观念创新的重要意义

对一座城市来说，文化价值观念是吸引人、凝聚人、塑造人的发展理念，是培育人、鼓舞人、激励人的核心价值，是能够体现这座城市文化发展的潜力、合力、动力和活力的重要标识。

改革开放以来，作为“窗口”“试验田”“排头兵”“示范区”，深圳以“杀出一条血路”的气魄和“敢为天下先”的精神，先行先试，积极探索，勇当中国特色社会主义探路先锋，为全国的改革开放探索积累了丰富实践经验，提供了生动典范和鲜活范本。

深圳文化价值观念的不断创新始终与深圳的改革发展实践同频共振、互促共进。深圳的改革发展实践，离不开党中央“理念先行”的明确定位，离不开深圳人敢闯敢拼、勇立潮头的勇气和智慧，离不开以“深圳十大观念”① 为代表的文化价值观念的引领、凝聚和塑造。这里的“文化价值观念创新”指的是对城市发展有深远影响和重大意义的价值观念创新，是能够反映集体共识、体现时代精神的新理念、新思想、新目标、新论断、新愿景、新口号，等等。文化价值观念创新对于推动深圳发展的影响是全方位、深层次、根本性的，既体现在理念、思想层面，也体现在实践、行动层面。总体而言，实现深圳文化价值观念创新，有助于进一步明确发展方向、树立价值导向、凝聚各方力量、践行城市精神。

① 2010 年 8 月，深圳经济特区建立 30 周年之际，深圳举办了“深圳最有影响力十大观念”评选活动，引起了全社会的广泛关注。经过文化界、媒体代表和广大网民等共同组成的评委会的认真评选，最终选出了“时间就是金钱，效率就是生命”；“空谈误国，实干兴邦”；“敢为天下先”；“改革创新是深圳的根，深圳的魂”；“让城市因热爱读书而受人尊重”；“鼓励创新，宽容失败”；“实现市民文化权利”；“送人玫瑰，手有余香”；“深圳，与世界没有距离”；“来了，就是深圳人”十条最具影响力观念。

1. 新观念是明确发展方向、形成发展共识的重要基础

城市是人类社会发展到一定阶段的产物。从人类历史的演进历程来看，城市的形成，与早期人类的居住方式、生存方式、交往能力、风俗习惯等多方面因素相关。随着人类居住地点和生存方式的逐渐稳定，以及“人”作为“类存在”的不断延续，城市——一种群体性聚居形态逐渐形成。城市的出现，进一步加速了人与人之间的分工和协作，极大促进了人类社会的发展。在这个意义上，城市的发展与人类社会的发展是双向互动的。一方面，城市作为载体，为人们提供了相互交往、分工协作的场所，以及文化交流、观念碰撞的平台；另一方面，人的不断发展——包括主体意识的觉醒，以及对外部世界认识和改造不断深化等，进一步推动了城市的不断发展和演进。

与人类社会的历史进程一样，城市的发展演进也呈现出变化越来越大、速度越来越快、程度越来越深等显著趋势。在前现代社会，特别是在科技水平不高、交往交流受阻等条件的限制下，土地、气候、水源、交通等自然因素是影响一座城市发展的关键因素。而在现代社会，随着人类文明程度、科技水平、交往能力的不断提升，特别是人的主体意识的觉醒、一系列深刻影响城市发展的价值观念，逐渐成为影响一座城市发展的核心因素。

新观念对一座城市的影响是全方位、深层次、根本性的。一座城市的发展方向，是包括发展理念、发展动力、发展路径在内的一整套思想体系。明确发展方向、形成发展共识，本质上是城市治理者和创建者对于发展理念、发展动力、发展路径的集体自觉和共识。因此，只有明确发展方向、形成发展共识，才能在不断发展变化的时代进程中保持自身的发展方向、形成推动城市发展的合力。

从深圳的发展实践来看，文化价值观念在深圳的历史进程中始终起着决定性作用。“成立时间短、发展变化快、取得成就大”，是深圳的鲜明城市标签。这一系列特有标签，是在一系列“新理念”“新观念”的引领和塑造下实现的。在国家战略层面，深圳经济特区的成立，本身就是“理念先行”的产物。“窗口”“试验田”“排头兵”……，深圳经济特区正是在党中央的一系列战略决策下应运而生，并始终牢记使命快速发展。在深圳实践层

面，深圳作为全国改革开放的“探路先锋”，为全国贡献最大的不仅仅是经济数据，更为重要的，是一系列文化价值观念层面的探索和突破。“时间就是金钱，效率就是生命”“空谈误国，实干兴邦”，这些最早立在蛇口工业区的标语，被当时的人们看作是“冲破思想禁锢的一声春雷”“划过长空的第一道闪电”，这些标语不仅对深圳的发展影响深远，对全国的改革开放来说，同样影响深远，为最大程度明确改革方向、形成发展共识提供了重要的实践基础。

2. 新观念是树立价值导向、确立评价标准的理论前提

对一座城市来说，价值观念是这座城市的绝大部分社会成员共同认同的价值观的“最大公约数”，包括人们对于城市发展愿景、发展路径的集体认知和价值共识，以及对于是非、善恶、美丑、利弊等各个方面的评价标准。一座城市的价值观念，内在地决定着这座城市的发展潜力和发展活力，往往直接表现为对城市发展的“原则”“目标”的提炼概括，对城市发展的“愿景”“路径”的深刻揭示。宏观层面，这些“价值观念”是推动各项事业发展的价值导向。微观层面，这些“价值观念”是衡量每个人一言一行的评价标准。

在深圳的发展进程中，推动深圳发展的一系列新观念中，体现鲜明价值导向和评价标准的文化价值观念起到了关键作用。以“时间就是金钱，效率就是生命”为例。这一观念最早由深圳经济特区蛇口工业区在1981年提出，最早是立在蛇口的标语，1984年10月1日出现在庆祝中华人民共和国成立35周年盛大庆典的游行队伍中，从此在全国广泛传播。这句标语深刻揭示了“发展是硬道理”和“效率优先”这两个核心理念。正是这两个核心理念，为深圳的发展提供了思想引领和价值支撑，为改革开放的先行先试、快速发展提供了明确的价值导向和评价标准。

3. 新观念是凝聚各方力量、形成发展合力的思想保证

一座城市的发展，离不开所有城市创建者的力量汇聚。在一座城市的发展进程中，如何凝聚起同心筑梦的磅礴力量，营造出干事创业的浓厚氛围，是推动城市不断前向发展的关键。在这个过程中，文化价值观念的影响是重

大而深远的。能够代表和反映全社会“最大公约数”的新理念、新观念，往往是最广大市民的集体意志和集体目标，往往是能够吸引人、塑造人、引领人的集体共识和价值诉求。在这个意义上，新观念逐渐深入人心，并不断获得普遍接受和认同的过程，也即是新观念不断凝聚各方力量、形成发展合力的过程。

正如古希腊哲学家亚里士多德所言：“人们为了活着而聚集到城市，为了生活得更美好而居留于城市。”对移民城市来说，能够吸引四面八方的人不断汇聚、共谋发展的因素，既有地理位置、气候环境等自然方面的指标，更有风俗生活习惯、丰富氛围等人文层面的指标，在现代社会，随着人类实践活动的展开和深入，特别是科技水平的飞速发展，自然方面的影响逐渐不再成为阻碍、限制人的生存、交往、发展的关键因素，而文化层面的影响却越来越大。对一座移民城市来说，如果有足够的发展活力和发展潜力，如果足够包容开放，如果能给更多的人提供生存发展的机会，那么，就会有越来越多的人选择在这座城市工作和生活。

从深圳的发展实践来看，深圳改革开放40年来取得的辉煌成就，一系列“新观念”对凝聚各方力量、形成发展合力来说至关重要。深圳经济特区正是以“敢为天下先”的气魄、“来了，就是深圳人”的包容，吸引了一大批有梦想、有追求的创业者，留住了一大批有抱负、有作为的逐梦人，为深圳的发展提供了源源不断的强大动力。

4. 新观念是践行城市精神、彰显气质品格的直接体现

一座城市的精神、气质、品格是全社会绝大部分成员共同认同并展现出来的人文氛围和整体风貌，是影响这座城市发展的深层要素。一座城市的精神、气质、品格，既体现在城市外观、整体规划、公共设施等“硬件”方面，更体现在核心理念、价值观念、评价标准、行为方式等“软件”方面，后者作为城市“文化软实力”的重要组成部分，也在一定程度上影响和决定着前者。衡量一座城市的发展潜力有多个指标，其中，文化价值观念作为彰显城市精神和气质品格的直接体现，是其中最直观、最重要的指标。

作为改革开放的“窗口”和“试验田”，深圳为全国改革开放贡献是最

大的，是思想理念层面的新概括、新突破。正是在以“深圳十大观念”为代表的一系列价值观念的引领、塑造下，深圳人以特有的“闯劲”和“拼劲”，以“敢为天下先”的勇气和智慧，成功开辟出了中国特色社会主义的深圳样板，成功探索出了中国改革开放的深圳模式，为全国的改革开放先行探路。从“开拓、创新、团结、奉献”，到“开拓创新、诚信守法、务实高效、团结奉献”，再到“深圳十大观念”，这些文化价值观念逐渐内化为深圳人干事创业的传承基因，并逐渐内化为城市建设的各个方面以及各项工作的稳步推进之中，铸就了深圳特有的城市精神和气质品格。

二　深圳文化价值观念创新的内在机理

回顾深圳改革开放走过的历程，新观念始终是深圳引领时代发展方向、破解时代课题、彰显时代精神的鲜明标签。作为国家立场的深圳表达，引领时代发展的一系列新观念为深圳的发展注入了强大的生机和活力。以历史视野总结深圳过去经验，把握发展规律，阐释深圳文化价值观念创新的内在机理，进一步推动深圳文化价值观念创新，不仅是实现深圳文化繁荣发展的基础和前提，更是率先建设社会主义现代化先行区、为全国做出更大贡献的题中应有之义。

1. 政策引领：国家层面的顶层设计

深圳是观念引领、理念先行的产物。深圳经济特区成立之初，其“窗口”“试验田”等战略定位就已被中央明确，其为改革开放先行探路的历史使命也被明确。正是在中央的决策部署、战略安排和大力支持下，深圳担负起了中央的重托，出色完成了为改革开放先行探路的历史使命，创造了世界工业化、现代化和城市化发展史上的奇迹。

1979 年 4 月，中央工作会议召开，广东省委负责同志建议中央下放若干权力，允许在深圳、珠海、汕头开办出口加工区。邓小平支持这一建议，并表示“还是叫特区好，陕甘宁开始就叫特区嘛!”“中央没有钱，可以给些政策，你们自己去搞，杀出一条血路来!”1980 年 8 月 26 日，中央正式批准包括深圳在内的四个城市建立经济特区，由此，拉开了深圳经济特区不断改革创新、高速发展的序幕。

深圳经济特区建立后，在中央的顶层设计和政策引领下，深圳以“敢为天下先”的勇气和姿态，牢记使命、积极探索，在全国率先推出了多项尝试。比如企业经营自主权、税收、土地使用、外汇管理、产品销售、出入境管理等，通过来料加工，补偿贸易，合资经营，合作经营，独资经营和租赁的形式，吸引了大量外资，加速了经济特区的发展步伐。

改革开放是决定当代中国命运的关键一招，也是决定实现“两个一百年”奋斗目标、实现中华民族伟大复兴的关键一招。从深圳近四十年的实践来看，作为改革开放的“窗口”“试验田”“排头兵”，每到重要历史关头，中央层面的决策部署、战略安排和大力支持都为深圳的创新发展提供了坚强保障。正是在中央的决策部署、积极鼓励和大力支持下，深圳围绕改革发展提出了一系列新思想、新观念，做出了一系列新尝试、新探索，为深圳的跨越式发展注入了强大的精神力量。

2. 地域优势：开放包容的城市品格

深圳作为中国改革开放的窗口，已发展为有一定影响力的国际化城市，创造了举世瞩目的“深圳速度”，同时享有“设计之都”“钢琴之城”“创客之城”等美誉。从地缘的视角来看，深圳市地处广东省南部沿海地区，东临大鹏湾，西连珠江口，南与香港新界接壤，北靠东莞、惠州两市。独特的地缘优势，孕育了其开放包容的城市品格。

如果说，经济特区的金字招牌为深圳的发展提供了政策和制度优势，那么，毗邻香港的地理位置则为深圳的发展提供了区位优势，特别是不同的文化理念、体制机制带来的发展机遇。临近香港，使深圳具有了得天独厚的条件。香港是自由贸易和金融中心，人流量大。深圳早期的发展很大程度上是依托香港，凭借毗邻香港的区位优势，深圳充分发挥了“窗口”“试验田”“排头兵”的作用，迅速发展起了物流、电子、金融、服装等行业。同时，从气候条件来看，深圳气候宜人，常年温度在20～30℃之间，交通非常便利，而且地理位置好。再加上国家政策的大力支持，以及深圳人的敢闯敢拼、务实进取、开拓创新，使得深圳在短短30多年的时间，从一个边陲小镇发展成为今天这样一个现代化国际化大都市，创造了人类工业化、现代化、城市化发展史上的奇迹。

3. 人才支撑：移民城市的文化流动

什么是深圳经济特区的核心竞争力？这个问题，在不同时代也许会有不同的答案。但是无论在哪个时代，都有一个至关重要的决定性因素，那就是人才。深圳之所以有今天这样的变化和成就，离不开一代又一代的“拓荒牛”，离不开一批又一批的来深创业者和筑梦人。深圳是一座年轻的城市，从年龄的角度来看，深圳还处于旺盛的“人口红利”期。深圳，正吸引着四面八方的年轻人来这里工作和生活，来这里发展。正是一批又一批年轻人的涌入，为这座年轻城市的改革创新不断增砖添瓦，汇聚力量。

“来了，就是深圳人”。这句响亮的口号，既是这座城市向全世界和全国各地的创业者和逐梦人的郑重宣言，也是每一个来深工作和生活的市民的切身感受。这句话体现了广大市民的共同心声，也标志着深圳独有的城市价值符号。这里的“深圳人”并不是简单的户籍概念，而是指每一个来到这里的人，都可以迅速融入这座城市中来，成为这里的一员。这里的一切都是新的，这里没有“排外”和“陌生”，这里有的是“包容”和“互助”。“来了，就是深圳人”体现了深圳人的集体认知、归属意识和价值共识，也正是这句话，吸引越来越多的人来深圳打拼、寻梦。①

4. 制度保障：先行先试的探索实践

制度保障是激发发展活力并保持政策的稳定性和连续性的关键要素。新观念的提出，需要站在历史、时代和全局的高度，准确把握时代发展大势、科学研判所处方位、提出目标原则任务，新观念的落地，则需要制度层面的有效支撑和持续保障。

改革创新是深圳的根，深圳的魂。近四十年来，深圳不忘初心、牢记使命、积极探索、勇于尝试，以“敢为人先”“杀出一条血路”的勇气和魄

① 陈少雷：《文化流动视域下的城市价值观念创新》，《特区实践与理论》2015年第2期。

力，大胆突破传统计划经济体制的束缚在全国开创了多项“第一”：新中国土地使用权拍卖的第一槌在这里落下；新中国的第一只股票在这里发行；以建立“大部制”为突破口的行政体制改革在这里奠基，到 2009 年深圳共进行了 8 次机构改革和 4 轮行政审批制度改革，成功探索公务员分类管理和聘任制；为全国行政管理体制改革开辟了道路；率先进行文化体制改革，创办“文博会”，探索了“文化 + 科技”“文化 + 金融”“文化 + 旅游”的产业发展模式……

深圳制度创新的生动实践，不仅为深圳的改革发展提供了制度保障，同时也为国家修改宪法和土地管理法、废除粮油票证供应制度、实行建筑工程招投标制度、发展资本市场、建立公务员制度等提供了现实依据。这一系列新探索、新制度为新观念的落地生根、开花结果提供了有效支撑和持续保障。

近年来，深圳先后出台《关于促进科技创新的若干措施》《关于支持企业提升竞争力的若干措施》《关于促进人才优先发展的若干措施》等多项举措。这些举措在制度政策上率先做出了前瞻性安排，以制度创新释放制度红利、形成制度动力，将为深圳继续勇当“四个全面”排头兵，在全面建成小康社会决胜阶段加速“领跑”提供坚实保障和强劲动能，为进一步激发创新活力、推动观念创新保驾护航。

B.21

异质空间的想象体：深圳鳌湖艺术村的乡村建设探讨

潘佳玲　于晓峰*

摘　要：　中国乡村建设一直备受关注，尤其是进入21世纪以来，从政府到民间发起了几轮乡村建设的热潮，其中艺术家们通过艺术实践主动参与乡村建设的现象独树一帜。深圳鳌湖艺术村即是艺术介入乡村建设的一个异质空间的想象体。报告通过对鳌湖艺术村的意义和价值进行分析，结合空间理论探讨鳌湖艺术村异托邦的空间构成。艺术介入和空间生产成为鳌湖老村向鳌湖艺术村蜕变的关键。

关键词：　鳌湖艺术村　艺术介入　乡村建设　空间生产

我国国家治理一直有关注乡村建设和乡村问题。“乡村建设问题是中国近百年的历史中最为重要的议题之一，它曾数度沉浮，但每次浮现，都是对不同政治力量和知识力量在社会改造能力方面的检视。”① 知识精英对乡村建设的探索，最早可追溯至1902年米鉴三和米迪刚主持的河北定县“村治”，父子二人在定县开展识字运动、公民教育和地方自治。“村治”思想后来被原定县县长孙发绪传播到山西。之后，以地方自治、平民教育和农村

---

* 潘佳玲，深圳大学新闻传播学2016级硕士研究生；于晓峰，深圳大学传媒与文化发展研究中心研究员。

① 欧宁：《理想与现实——中国知识分子的乡村建设》，《广西城镇建设》2013年第9期。

建设为实践的乡村建设在全国大规模开展。截止到1934年，乡村建设运动遍布中国，实验点就达1000多处，实验团体超600多个，有关乡村的刊物及报道也大量出版[①]。其中较为典型的有：梁漱溟先生以儒家思想为主导，在山东省邹平县创办乡村建设研究院；晏阳初在河北省定县开展中华平民教育促进会等。日本侵华时，乡村建设被迫中止。

新中国成立后，国内的土地革命、农村改造紧跟而来。人民公社运动给农村带来了深远的影响，20世纪80年代开展的“家庭联产承包责任制”则给农村生产力注入了新的活力。邓小平南方讲话后，中国经济有了新的突破，第二、三产业快速发展。但新的问题也相继出现，工业化与城市化过度依赖粮食和资源进口，忽视了农村的发展，农村发展因被排除在主流之外而相对滞后，加之农业收入微薄，导致农民生产积极性下降。同时，工业和服务业的崛起吸引了大批劳动力由农村转移到城市，大量土地弃耕，房屋空置，给农业与农村的建设带来了恶性循环[②]。农村问题重新得到关注。2003年，“三农”问题被提上日程，党的十六届中央委员会第五次全体会议做出了加快新农村建设的决定。

“三农”问题研究者温铁军先生一直致力于农村发展建设问题研究。2003年，他来到较早进行过乡村建设的河北省定县，成立晏阳初乡村建设学院。2004年，温铁军担任中国人民大学农业与农村发展学院院长，并指导成立梁漱溟乡村建设中心。2005年，他又成立了中国人民大学乡村建设中心。在他的影响下，乡村建设的活动得到了各界知识分子的响应，各地政府也积极推进社会主义新农村建设的重大历史任务。早期的乡村建设运动精神在中国得到了“新的传承”。

在当代乡村建设浪潮中，不少艺术家敏锐地发现了城市化道路中的乡村问题，意识到乡村寻根或乡村重建的重要性，因此主动介入乡村建设。这种

① 尚莹莹：《从“碧山计划”窥探我国艺术介入乡村建设现状》，《美与时代城市》2015年第8期。

② 三农：百度百科，http：//baike. baidu. com/item/%E4%B8%89%E5%86%9C/15989，访问日期：2017年6月30日。

介入，是一种艺术与思想的介入，它“不是简单地对应于社会，或简单地图解或描述社会，而是将艺术家的自由与独特的思考加入到所针对的社会现象，社会环境，社会问题，社会体制中”①。他们从文化与艺术的角度，通过到乡村居住或工作来实现艺术介入乡村建设的实践。

一　鳌湖艺术村的意义和价值

在报告中，我们将以深圳鳌湖艺术村为研究对象，并从中发掘艺术介入乡村的新模式及新思路。从学术价值上看，目前关于乡村建设的研究大多是偏重于政策执行下的乡村建设，基于城市化背景下的艺术介入乡村建设的研究颇少。从历史和文化价值来看，鳌湖是一个具有自身文化烙印的客家村落，有着本土的建筑特色及文化传统。20 世纪 80 年代开启的改革开放及深圳城市化工业化给鳌湖村落带来了巨大的改变。如今，当代艺术家群体的主动介入及不同租客群体的存在，使不同文化元素在鳌湖村里共存共生。可以说，鳌湖艺术村是深圳不同时期文化背景和传统的见证，对鳌湖艺术村的研究是对我国改革开放、城市化运动和乡村建设等课题研究的推进和细化。它将有利于考察传统乡村面对多元文化冲击的发展走向，也是分析和挖掘当下乡村建设的价值观念和价值取向的较好案例。从艺术价值来看，艺术家群体主动介入乡村创作、民居艺术改造及乡村聚落空间再生产，不仅为乡村建设带来艺术元素和色彩，也为乡村建设发展带来了艺术启迪和选择。

论文研究主要是采取实地调研的方法，对鳌湖艺术村乡村建设进行实地的观察，收集现场的第一手资料；采用深度访谈的研究方法，与当地的村民、艺术家群体进行深入交流，探寻鳌湖艺术村建设的历程及他们的看法，记录为文章及影像。收集整理有关报道，视频及相关历史记录、研究文献等作为二手材料。

① 王春辰：《艺术介入社会：新敏感与再肯定》，《美术研究》2012 年第 4 期。

二　空间理论的发展

鳌湖艺术村从传统走向现代，从封闭走向开放，其中有各种文化的变化和意义的产生。作为一个村落空间，其空间构成了一种有意味的形式，从而导致鳌湖村从细微的异质到巨量的质变。为方便考察这一过程，本文认为从空间视角切入研究和阐释是非常必要的。

（一）福柯的“异质空间”理论

两次世界大战之后，世界格局发生了重大的变化。平面、无言、断裂、混乱是人们对这个后现代生存空间最直接的感触。法国哲学家米歇尔·福柯（Michel Foucault）走到了时空批判的前沿，将空间放在重要的位置进行探讨，颠覆了人们的时空观念。

福柯以“异托邦”（Heterotopies）为核心概念，此概念与理想世界“乌托邦”（Utopie）概念相对。他首先论述了空间历史的三个发展时期。第一个时期是中世纪的被分成等级的地点集合的空间形态，宗教的观念使得大家对空间划分森严，空间被划上等级区别，等级的确定使得空间固化和封闭，福柯称之为“定位的空间”。“这种定位的空间是基于一些确定的点而形成的关系，以对比的方式体现出空间的等级形态。”第二个时期是伽利略推翻地心说，指出地球是围绕太阳运转的真理，这使得空间被无限开放，这种新的空间观念冲击了中世纪等级森严的地域空间和人们对空间静止、运动的理解。第三个时期是20世纪中期空间的“场所性”（emplacement），[①]“空间是一般性的，场所才是实实在在的具体的；空间是无限的和中性的，而场所是有限的，有边界的和有所属的。因此场所直接同个人资本和利益关联，直接关系到个人的生死存亡，直接关系到个人的权力状况，也直接关系到个人

① 施庆利：《福柯“空间理论”渊源与影响研究》，2010年山东大学博士学位论文。

的社会地位”[①]。

在梳理完空间的发展史之后，福柯提出了“异质空间”（Des espaces autres）概念。所谓异质空间，可以理解为不同的场所，这种场所具有政治、文化特征，诸场所之间的关系是其中关键的因素，场所的位置是被确定，被反映和被思考的，因此空间内部的要素是相互关系或冲突的。“乌托邦”源于空想社会主义，意指虚幻的、理想的、但不可实现的地方，与真实空间是相反的。而“异托邦”则是“所有能够在文化内部被找到的其他真正的场所是被表现出来的，有争议的，同时又是被颠倒的。这些场所在所有场所以外，即是实际上有可能指出它的位置。因为这些场所与他们所反映的，所谈论的所有场所完全不同”。福柯说明了异托邦涵盖了乌托邦的虚幻却是现实存在的场所，异托邦是可以实现的，并需要借助想象与经验去理解。福柯基于“镜像体验”，阐释如“真实空间 + 镜子 + 镜像空间”就是异托邦的表现。异托邦正是一种在真实的场所中被有效实现了的乌托邦。相比前者哲学家们关注的“感知的空间”，福柯称之为“内部空间”，福柯的异托邦关注的是“外部的空间”。[②]

福柯还谈到“异托邦”的六个重要特征[③]。第一，多元文化的并存就是“异托邦”，福柯阐述的文化格局是多元的，包含主流形态文化与非主流形态文化。第二，不同社会在历史演变中所形成的文化差异就是“异托邦”，如同西方人眼中的东方人，与东方人眼中的西方人，他们处在同一个时代，但是社会发生的作用形式不一样，所以虽然处在一个地球上，但是社会的运转不相同，形成了各自的空间。第三，“异托邦”能在一个独立真实的空间中并置呈现诸多互不相容的场所或事物。异托邦具有包容性与异质性，可以将诸多互不相容的场所或植物并置于一个真实的场所，互不相容的景观可以以一种隐喻的方式共时性地存在于一个真实的场所，并互相指涉，从而生成新的价值与意义。第四，“异托邦”可以容纳诸种相异的时间或历史片段。

---

① 〔法〕福柯：《异质空间》，王喆译，《世界哲学》2006 年第 6 期。
② 〔法〕福柯：《异质空间》，王喆译，《世界哲学》2006 年第 6 期。
③ 施庆利：《福柯“空间理论”渊源与影响研究》，2010 年山东大学博士学位论文。

它可以体现为对时间和历史的无限呈现。“异托邦”可以无限地积累实践，如博物馆。另外一种就是瞬时的、即逝的“异托时—异托邦”，如节日。人们通过节日享受过去流传下来的传统仪式，在狂欢中体验“时空压缩”的快感。第五，“异托邦”是一个既封闭又开放的系统，他与人既相互间隔又相互渗透。这里福柯想强调的是人与人之间的互动关系，个体之间经由社会准则或文化仪式而建立的一些特殊的关联，同时也在另一角度说明了福柯“权力－空间”理论[①]。第六，福柯认为“异托邦”作为一种“异域”，具有鲜明的真实性和虚幻性。首先，它可以创造出一个“幻觉性”的“异托邦”，这个虚幻的空间直接揭示出它相对的真实空间，与我们的空间一样完美和细致。其次，它可以作为一种“补偿性”的“异托邦”，人们可能更加相信那补偿性的空间，而觉得自己的空间虚幻、不真实。

总之，“异托邦”的提出，为时空问题的探索开辟了一条全新的道路，它形象地体现了人们当前的生存空间，在一个断裂、混乱的“异域”中使人对生存境遇的问题做出深刻的反思。

（二）列斐伏尔的“社会空间”理论

1974 年，法国哲学家亨利·列斐伏尔（Henri Lefebvre）在《空间的生产》[②] 一书中提出“社会空间”的概念。首先，他认为社会空间与社会生产辩证统一，空间是社会过程的结果，是历史发展过程中由不同的社会生产模式所产生的不同的，并与之匹配的生产空间。同时，空间也是社会活动发生的场所，在社会再生产中起到决定性作用。列斐伏尔探讨了不同空间类型的演变，认为绝对空间是以宗教和政治为特征，以血缘、土地、语言联结，并从中发展出相对应的历史空间。历史空间粉碎了空间的自然性，以绝对空间作为再现的空间基础。抽象空间取代了历史的空间，使得差异被迫进入一种自身的、抽象的艺术象征模式。“简而言之，前资本主义社会对应的是绝对

① 尚杰：《空间的哲学：福柯的“异托邦”概念》，《同济大学学报》2005 年第 3 期。

② Henri. *Lefebvre*: *The Production of Space*, Translated by Donald Nicholson – Smith Blackwell Ltd, 1991.

空间，资本主义社会对应的是抽象空间，空间的扩张是社会的再生产，从而挽救了资本主义体制。由此空间不仅是被生产出来的结果，不仅是地理学的想象，它也是再生产者，是资本主义延续的工具。"[①] 首先，在现代资本主义社会的生产模式中，空间是构成交换网络与原料能源的生产资料。其次，由生产空间到空间的消费，空间被作为消费的对象。再次，空间还是政治的工具，是国家严格把关控制的区隔和部分。最后，"空间作为阶级斗争的介入蔓延全球，抹除所有的空间性差异"。[②]

列斐伏尔从对空间事物的关注转向对空间生产的关注，提出了"空间－社会－历史的空间三元辩证法"，其核心是将空间区分为空间实践，空间的表象和表象的空间三个环节。物质性的空间实践是指在空间中的物质的流动，传输与相互作用。用列斐伏尔的话就是"它包含生产和再生产，以及每一种社会形态的特殊场所和空间特性。在社会空间和社会与空间的每一种关系中，这种结合的连续性和程度在空间的实践中得到了加强"。[③] 列斐伏尔关于空间开创性的理论思考深刻启发了后世的空间理论研究。

三　鳌湖艺术村——异托邦的空间构成

福柯所指的异托邦是指"所有能够在文化内部被找到的其他真正的场所是被表现出来的，有争议的，同时又是被颠倒的。这些场所在所有场所以外，即使实际上有可能指出它的位置。因为这些场所与他们所反映的，所谈论的所有场所完全不同"。而与异托邦所区别的是被大家所熟知的"乌托邦"，意指为虚幻的、理想的，但不可实现的地方，与真实空间是相反的。[④]

---

① 黄继刚：《爱德华·索雅的空间文化理论研究》，2009 年山东大学博士学位论文。

② 列斐伏尔：《空间社会产物与使用价值》，载《现代性与空间的生产》，上海教育出版社，2003，第 49～51 页。

③ Henri. *Lefebvre*：*The Production of Space*，Translated by Donald Nicholson－Smith Blackwell Ltd，1991.

④ 〔法〕福柯：《异质空间》，王喆译，《世界哲学》2006 年第 6 期。

（一）真实的空间：客家文化村落的演变

“同治六年后，兴宁、梅州的客民因经营农工商业和服务业，逐渐向广州、深圳、汕头、香港等地移居，部分甚至移居至海外”①，这是有关客家人第五次迁徙的记载，深圳鳌湖客家村落也是在此次迁徙中形成的。

如今的鳌湖村也就是当年清末时期的牛湖村。村子位于深圳东北部，坐落于求水岭山脚下，村内造一湖月池于围屋前，围屋中间为各大姓氏的宗祠，村内还有大户人家的私塾，十分符合客家村落背山面水布局。村内建筑主要以灰瓦与白色的雉堞墙构成的围屋为主，房屋的顶延呈锥角向上为雉堞墙所致，四面没有窗，仅留小口作对外监视与射击之用。除了建围屋，村子的角落还建有碉楼。碉楼一般都是全封闭的非常坚固的长方体建筑，四面都有枪眼兼瞭望孔，既为防御作用而计，又是主人财富地位的象征。后来随着西方风格渗入，顶部开始有了造型。独立式碉楼，就是一座碉楼，没有附属建筑。组合式碉楼也叫拖屋式碉楼，分一拖一、一拖二。一拖一又分小型、中型和大型三种类型。部分房子还设有西式阳台，屋檐画有精美的古式彩壁画②。

鳌湖老村距今约有300多年的历史了，村子一直保存着传统的客家文化，逢年过节，村民都会进行祭祀和庆典活动。改革开放以后，大量本地村民外出务工，传统的客家祖房多数空置。后来，鳌湖老村受深圳城市的工业化冲击，村子附近开办了不少的企业和工厂，部分祖房变成出租房出让给外来务工者居住。同时，为了获利，还有些祖房被出租作为废品收购站及三无小作坊。正如许许多多的城中村一样，原住村民移出了老村，在附近盖起了多层的新式房子用于出租。新建的房子与传统客家房子已经大相径庭了，不但不具有传统风格，一座多层，每层都是便于出租的几个居室，从外表看都

① 陈亮：《深圳客家建筑及其文化研究——以鹤湖新居为例》，2011年东南大学硕士学位论文。

② 深圳碉楼：百度百科，http://baike.baidu.com/item/%E6%B7%B1%E5%9C%B3%E7%A2%89%E6%A5%BC，访问日期：2017年6月30日。

是密密麻麻的防盗窗，充满工业快餐的味道。

村子以新旧建筑划分为两个区域，旧区域主要是传统客家围屋及碉楼建筑为主，新区域主要是新式多层的房子为主，居住者多为原住居民与外来务工者。由于原住村民不重视，传统客家建筑被空置失修，沦为“鬼屋”，加上外来务工者常年居住且缺乏保护意识，出租的祖屋也遭到了一定程度的损毁。村子里的废品收购站与三无作坊更是让村子环境不堪入目，“刚回到村里生活的时候，鳌湖老村（老建筑群）还满载着这个城市真正最底层的人群，杂乱无章的、各种危险的气息凝结着巨大的瘴气。最糟糕的是，很多黑加工厂生存在其中，各种不知名的有毒害的气体、液体在老村中横流，盗窃案频发，我和太太都感到了巨大的不适应，对于我来说，更强烈的感觉是心痛及落寞”①。这是在鳌湖老村成长又外出求学的当代艺术家邓春儒先生在返乡时对故乡失望的感叹。原本的客家村落让从小在此地生长的故乡人感到面目全非了。

（二）镜像空间的呈现：鳌湖艺术村的诞生

被污染和损毁的村落就像是福柯所指的镜子，为实现邓春儒的艺术介入及改造提供了物质条件。“一是想改变脏乱差的现状，二是出于保护古围屋的目的，在我的启蒙恩师梁宇老师的启发下，我想到了用艺术改变现实的思路。”② 出于对故乡的热爱以及对往日淳朴自然故乡的怀念，邓春儒先生萌生了用艺术的方式介入鳌湖老村的现代化改造中。

2006 年，艺术家邓春儒将村子里废弃的启明学校租了下来，改成了自己的工作室，成为住进老村的第一个艺术家。此后，他还买下了原来作为居委会的一座废弃的厂房，作为鳌湖的美术馆。2014 年，一场名为《新起点——鳌湖·发现》的大型艺术展在此开幕，美术馆自此承办各种艺术展

---

① 《空间论丨鳌湖美术馆：身处广东农村——就像所有的农村一样》，http://mp.weixin.qq.com/s/q8-ao2liF4rGV3nbLYiIqg，访问日期：2017 年 6 月 30 日。

② 《世外桃源古村落：70 多位艺术家聚集鳌湖艺术村》，http://www.sznews.com/mb/content/201702/21/content_15472100_2.htm，访问日期：2017 年 6 月 30 日。

览和艺术活动。“我开始以参观客家老建筑的名义频繁约艺术界的同仁好友来村里做客和探访，‘推销’有大院子的老宅给他们做工作室。‘受益’于深圳高昂的房价及租金，我的‘推销’很见成效，因为当时鳌湖老村的老宅租金十分低廉，艺术家们可以用几百块的月租换来三间大瓦房以及一个可以实现很多用途的院子。随着迁入的艺术家逐渐增多，置换掉了绝大部分的黑加工厂，艺术家们有着很棒的想法和动手能力让破败不堪的老房子焕新”[①]。在邓春儒的引荐下，目前已有70多位艺术家来到观澜鳌湖老村落脚，一间间破旧空置的客家祖屋化为艺术家的工作室与创作场所。艺术村落就此粗具雏形。

“邓春儒夫妇正在实施村商计划——用艺术项目来模糊艺术与非艺术的界限，让艺术家与村民互动，把艺术元素注入最小级别的商业个体，用自己的方式帮助它们免于被城市化吞噬。”[②] 邓春儒将艺术带到小商铺、照相馆，将盈利的空间变为一个艺术展现的平台。另外，他还将碉楼改造为“剧场”，承办各种戏剧演出，并吸引爱好者聚集于“碉楼小剧场”，享受艺术的盛宴。更值得一提的是，邓春儒还将月池旁的一户客家老房子改造成“艺术+食堂”，供艺术家到此创作，也为前来看展的观众提供了就餐的场所。另外，村子里还设有艺术家俱乐部，提供给艺术家们进行聚会交流娱乐。可见，邓春儒不但是想吸引艺术家前来创作改造被污染的村子，他更是想构建一个艺术家集聚的生态。

“我想以艺术之名、以跨越行业和语境的能力，让一个客家古村、一个混居社区的生命力更加持久吧，并且希望能够建立起一个艺术家们能在这里安心创作，同时也为村落做出艺术的改造。在这里人人都能够平等，他们互相感染，交流，共处，这是我对鳌湖艺术村的一个乌托邦构想。”邓春儒将追求的理念、想法在鳌湖老村予以实践，并诞生出具有他个人乌托邦思想的

① 《世外桃源古村落：70多位艺术家聚集鳌湖艺术村》，http：//www. sznews. com/mb/content/201702/21/content_ 15472100_ 2. htm，访问日期：2017年6月30日。

② 《世外桃源古村落：70多位艺术家聚集鳌湖艺术村》，http：//www. sznews. com/mb/content/201702/21/content_ 15472100_ 2. htm，访问日期：2017年6月30日。

鳌湖艺术村。村子依然保留着原来客家建筑群特色，还有工业化所带来的出租屋面貌，这些都是实实在在被历史所演变的真实的鳌湖空间。但在邓春儒的乌托邦思想指导及艺术介入建设下，村子面目得到改善并充满着艺术的气息。目前的鳌湖艺术村就像一面镜子，既是经过乌托邦思想改造区别于原来的真实空间，也是作为真实存在物，它体现了邓春儒先生以艺术之名建设的乌托邦思想。

四　艺术介入是对传统空间权力结构的解构

对于列斐伏尔来说，空间不是通常的几何学与传统地理学的概念，不是社会关系演变的静止容器或者平台，也不是一个同质性的抽象逻辑结构和既定的、先验的、资本的统治秩序。空间应该是社会关系的产物，是一个社会关系的重组与社会秩序的建构过程，是一个动态的、矛盾的异质性实践过程[①]。“生产的社会关系是一种社会存在，以至于是一种空间存在。它们将自身投射到空间里，在其中留下烙印，与此同时又生产着空间。如果做不到这一点，社会关系将只能存在于纯抽象领域。”[②] 也就是说，空间和空间的组织形式表现了各种社会关系，但是又反过来作用于这些关系。

福柯在《规训与惩罚》中，从权力与空间关系入手，以学校、军营、医院为例，阐述权力是如何从空间上来划分等级，贯彻纪律，控制对象自由。他还列举圆形监狱是如何体现它的权力空间原则的，意在说明空间是任何权力运作的基础和容器。[③] 权力的空间化阐释在一定程度揭示了权力作为一个生产实践背后隐匿的一整套策略和逻辑的地理学。因此，地理及空间的分布实质反映权力的操控。

对于清朝就进入鳌湖这一场所，并形成客家村落空间的鳌湖村有其原本

① 黄继刚：《爱德华·索雅的空间文化理论研究》，2009 年山东大学博士学位论文。

② Henri. *Lefebvre*：*The Production of Space*，Translated by Donald Nicholson - Smith Blackwell Ltd，1991.

③ 〔法〕福柯：《规训与惩罚》，刘北成译，三联书店，1999，第 232 页。

固有的社会关系秩序。客家人重视宗族发展，宗氏凝聚力较强，通常形成同宗氏聚落群，每宗氏建有宗祠于村落前排中心位置。传统拜祭活动在宗祠举办，以祈求宗族强大。宗氏之间强大的族份称为大家族，设有私塾，仅供同姓氏子弟就读。宗族之间会在区域上作区分，家族大的常居于村子中心一侧。客家文化讲究较强的防御性，房屋建筑常分布集中，建筑具有较强的防御功能，四面没有窗，正面除了门，开一小口用作观察与射击，碉楼常作为军事应急防御的空间，也是主人财富地位的象征。

艺术介入鳌湖老村，村落虽然还保留着原有的物理空间及客家村落这一身份属性的建筑，但这些空间内原有的客家文化秩序已被打破。艺术有其发生的场所，它甚至延伸至鳌湖村落每个独立的建筑空间和公共空间，对传统客家村落的文化空间及社会空间进行了解构。艺术可以是私人的，艺术家结合自己的艺术创作对祖房空间进行改造，既是对老房子的修缮和保护，又是他们展露才华的地方。他们在房子的围墙上画上自己喜欢的画，种上青藤、凤尾竹，院里放着各种盆栽，有的还有凉亭、桌椅等，使空间充满艺术气息及当代感。由此，每一栋出租的祖房已不再是原来的文化空间，而是被艺术改造的属于艺术家个人的独特的艺术空间。

艺术还发生在鳌湖美术馆、街上和碉楼外。鳌湖美术馆是由“原来废弃的牛湖老村村委办公大楼改建而成。……另外，我们也不只是美术馆的空间才可以进行作品的呈现，事实上从鳌湖老村的牌坊开始算起，就已经是我们的‘空间’了，整个村都可以是实践和呈现的空间，这是跟其他空间非常不同的地方，感觉是进可攻退可守，可接纳度非常高”。街道墙壁有时候会开画展，原本象征主人财富地位的碉楼已经成为村民与艺术家所熟知的“表演剧”的舞台了，是戏剧上映的公共空间。村子里的宗祠还保留着，但已经能看出空置很久了。

以家族为中心的空间被艺术转化为平等的具有艺术创造力的生产空间，每栋祖房没有形式的分布，都是平等的。发挥着其他艺术功能的空间如街道、碉楼等都一改其原本的空间意义，空间都在为艺术创作、展示，为艺术的发生而产生关系。

列斐伏尔认为："空间是一种包容了物理空间和精神空间的社会空间，空间的生产与人的社会生活内在融合，随社会生产的发展而变动，成为一个包含各种社会矛盾同时又蕴含无限可能的流动性的过程。"[①] 与其说是艺术的介入使得鳌湖艺术村的空间文化内涵发生改变，原来的空间被解构，社会关系发生了改变，不如说是艺术的生产抵消了原来停滞的被遗弃的文化空间。这种公共空间的开放性丰富和拓展了农村、工人与艺术之间的关系。没有艺术介入的旧村改造简单而仓促，从公共设施、生活区功能到整体视觉形象都无美感，艺术家们对乡村空间的改造不仅是对农村物质财富和文化财富的保护，而且可以将现代城市理念带入农村，唤醒人们处于景观中的体验。

五　地方意义流变中的鳌湖

文化的力量时刻影响着地方意义的建构。地方在提供人类生活场景的同时，也赋予人类特定的身份认同，而人类又不断通过实践将文化记录在地方中。经年累积的文化使得地方成为"有意义的区位"（a meaningful location）。[②]

各个历史时期的发展及艺术的介入使得鳌湖的地方意义不断在发生改变。在过去，牛湖老村在深圳地图上只是一个普通的城际边缘村，大家对它的定位和认同仅限于客家人的村庄。改革开放以后，工厂的引进改变了安稳祥静的客家村落的社会空间，原有的客家文化失去了主导地位。村落一度被视为外来务工者"入侵"的一个寄居地，它与工厂同生息，渐渐沦为工业化的一个附属品和牺牲品。尽管鳌湖老村依旧是深圳一个默默无闻的居住场所，但鳌湖经过邓春儒及艺术家群体的空间想象，赋予了原本沉睡的客家村落以新的意义。艺术介入鳌湖的乡村建设，使其景观保留客家村落的建筑特色，艺术的元素又相继在空间中被生产和蔓延。鳌湖再也不是原来的那个简

① 刘先颖：《列斐伏尔〈空间的生产〉理论评述》，2012 年黑龙江大学硕士学位论文。
② 梁增贤、保继刚：《文化转型对地方意义流变的影响——以深圳华侨城空间文化生产为例》，《地理科学》2015 年 5 月。

单而默默无闻、被工业化消耗的场所，空间的艺术生产与再生产使鳌湖变成了艺术的发声地，大家都将它视为一个新的艺术空间。

另外，随着观澜文化产业发展及文化遗产保护推进，同时受附近中国原创版画基地的辐射，基于鳌湖艺术村的艺术发展获得了艺术界的认可与支持，并得到政府政策扶持。鳌湖艺术村目前已经不仅仅是一个小村落，还成为深圳颇有影响力的文化艺术空间。诗人谢湘南对鳌湖艺术村评价："观澜鳌湖是一个有趣的场所，来的次数越多，就愈加喜爱。在这里，艺术与生活产生了更多的连接。艺术家在这里聚居，也让有着百年历史的古村，变成了一个艺术创作与生发的现场，让鳌湖成为一个发生的媒介，一个散射着艺术斑点的能量场。"①

由最初的客家村落的身份，到后来的工业化寄居空间，再到后来成为具有影响力的艺术空间，鳌湖老村经历了三个时期的地方意义演变，最后成为鳌湖艺术村。"地方意义的流变并不是地方意义和物质性彻底的历史割裂，而是在某一时期以某种文化时尚为主流，其他文化共同参与。"② 鳌湖艺术村目前依然保留着客家村落的身份，大家到鳌湖艺术村也依然能看到客家村落的原本面目，但深深被吸引的可能是这里的艺术气息。

六　思考与总结

"艺术对于乡村的转型与介入，是中国农村城市化进程中一道独特又不乏复杂性的风景。也许是因为前卫的艺术家在生活空间上大都对老旧和传统有着无法释怀的情感，对社会性问题，对'变废为宝'的改造本身有着莫名的热衷。总之，艺术在介入乡村建设中，对城市化进程中的乡村转型发挥

① 谢湘南：《在鳌湖，触摸看得见的未来》，《鳌湖 · 最近将来时》2017 年 5 月 14 日。

② 尚杰：《空间的哲学：福柯的"异托邦"概念》，《同济大学学报》（社会科学版）2005 年 6 月。

了并继续发挥着作用”，张新英如是说①。

从某种意义上看，鳌湖艺术村是自下而上艺术力量与自上而下政府力量共同作用的产物。鳌湖建设最初是以邓春儒先生带领一批艺术家主动介入为开端的，在发展过程中政府介入无疑也发挥了重要作用，尤其是政府对观澜版画基地的规划辐射到鳌湖艺术村，鳌湖的发展也得到了政府的指导和扶持。邓春儒先生不仅是艺术家，而且也是龙华新区的人大代表，在当地有一定的影响力和号召力，能与牛湖工作站人员密切沟通，了解政府相应的扶持政策，这些都为鳌湖的改造建设提供了切实的帮助。在他的带领下，鳌湖不断吸引艺术爱好者前来参观。可以说，鳌湖村的艺术介入乡村建设所取得的实绩让邓春儒的艺术乌托邦走得更远，而国内另一个以独立艺术介入乡村建设的碧山共同体建设却举步维艰。② 他们遇到的问题是复杂的，我们不能对他们中的任何一个加以简单评判。我们需要思考艺术介入与乡村建设的关系：艺术介入是为了艺术而艺术或者是为了艺术家个人的艺术理想吗？艺术介入的目的是改造村民的精神文化空间还是物理空间？艺术介入会不会沦为商业化的工具，使其丧失应有的活力和改造的使命？

鳌湖的当下是让人瞩目的。艺术的介入似乎来得高调又平静，它使鳌湖成为艺术空间的想象体，但又与凌乱、破败的打工居民生活共存。其实我们都疑惑鳌湖的未来，在鳌湖，艺术介入是温和的，从来不主动去改造村落村民，他们以和平共处的方式存在于同一场所。艺术群体、工人群体、原住村民似乎能够互相影响，但又似乎不愿意一起走向同一个发展方向。“十年后，你们的空间会是怎样的？”邓春儒先生回答说：“预测不了”③。

---

① 张新英：《过去将来时——古村文化生态的艺术探究》，《鳌湖·最近将来时》2017 年 5 月 14 日。

② 欧宁：《碧山共同体：乌托邦实践的可能》，《现代中国》2015 年第 1 期。

③ 《空间论丨鳌湖美术馆：身处广东农村——就像所有的农村一样》，http://mp.weixin.qq.com/s/q8-ao2liF4rGV3nbLYiIqg，访问日期：2017 年 6 月 30 日。

案例与借鉴

Case Studies

B.22
探索大剧院运营管理新模式 创新企业化专业监管机制

——重庆大剧院的经验与启示

任 明*

摘 要： 近年来在经济发展与文化需求的双重推动下，各地方政府掀起了剧院建设的热潮——尤其是作为地方文化地标的“大剧院”。为提供老百姓真正感兴趣的表演艺术产品，也为了充分发挥市场调配资源的能力，招标委托企业运营+派驻监管团队，成为目前各地大剧院运营管理的主要模式。重庆大剧院在加盟保利剧院院线的基础上，创新企业化专业监管机制，为剧院作为我国公共文化设施的运营管理提供了探索经验。

关键词： 大剧院 重庆 文化地标 剧院监管

* 任明，上海社会科学院文学所副研究员。

一　我国大剧院经营与管理的现状与问题

近年来随着我国经济发展所取得的巨大成就，人民对文化生活的需求也日益提升。在经济发展与文化需求的双重推动下，各地方政府兴起了建设剧院的热潮——尤其是作为地方文化地标的“大剧院”。据报道，目前我国不仅各直辖市及省会城市都已基本建成了大剧院，像东莞、惠州、烟台、常州、泰州、温州、绍兴、马鞍山这样的地级市也都拥有了自己大剧院，在长三角、珠三角等经济发达地区，大剧院已经延伸到县级市。[①] 文化部公布的2016年“文化发展统计公报”数据显示，截至2016年年底，我国共有艺术表演场馆2285个，观众座席数168.93万个，全年艺术演出19.09万场次；其中各级文化部门所属艺术表演场馆1265个，全年共举行艺术演出6.81万场次。[②] “各级文化部门所属艺术表演场馆”，即指各级地方政府在不同历史时期兴建的、归地方文化部门主管的表演场所。可以看出，尽管数量占整个表演艺术场馆一半以上，这些在政府管辖下的场馆演出场次只占整体演出场次的三分之一。这一数字对比显示出在政府管理体制下运营的表演艺术场馆演出经营能力的薄弱。

这是我国当前公共文化设施建设及文化场所运营管理所需要面对及解决的重大问题。为提供老百姓真正感兴趣的表演艺术产品，也为了充分发挥市场调配资源的能力，这些事实上归“全民所有”的表演场所，在经营上实行面向市场的企业化经营，同时为保证国有资产不遭损坏与流失，各地方政府在以“招标”形式确立经营单位以后，通常会向演出场所派出监管团队，以确保经营方的经营符合当地政府对大剧院的战略规划与定位，并确保政府的补贴及对公益项目的采购达到了社会效益的最大化。也有少数地方文化部门，在自身体制内组成管理团队，直接对该场所进行运营管理。鉴于表演艺

① 陈原：《大剧院，建成之后谁来管》，人民网，2010年8月6日。

② 《中华人民共和国文化部2016年文化发展统计公报》（2017年5月15日）。

术场所运营管理的复杂性及表演艺术产业自身所具有的规模效应，后一种模式并不多见，也不容易取得成功——目前全国仅有国家大剧院和上海大剧院取得了一定意义上的成功。招标委托企业运营+派驻监管团队，作为目前各地大剧院运营管理的主要模式，值得我们从体制机制上加以研究与分析。本文以2009年11月开始试运营、2010年元月开始正式运营的重庆大剧院作为案例研究的对象，描述分析其在创新企业化专业监管机制上所进行的探索，以供业内专家及相关部门进行思考与讨论。

二　重庆大剧院的经营管理与机制创新

（一）重庆大剧院概况

重庆大剧院位于重庆市江北嘴中央商务区，2003年8月被重庆市委、市政府确定为重庆市“十大社会文化设施重点建设项目”之一，并将地址选在当时刚刚开始进行旧城改造的江北。2005年6月18日，重庆大剧院正式动工，总设计师是德国著名建筑师冯·格康；建成以后的大剧院以浅绿色的有机玻璃做外立面，矗立在长江、嘉陵江两江交汇处，三面环水，酷似一艘“时空之船”。2009年9月6日，重庆市政府投资15.5亿元人民币的重庆大剧院正式投入使用，整个剧院分地上七层和地下两层，建设高度64米，总建筑面积为10.3万平方米，占地面积6.5万平方米，是同时期内重庆单项投资最大、建造技术最复杂、功能要求最多、与国际大剧院接轨的一个项目，当时其规模仅次于国家大剧院——目前重庆大剧院的规模体量在全国排名第五。重庆大剧院内设一个1836座（含乐池88座）的大剧场，主要供大型歌剧、舞剧、芭蕾舞、交响乐演出，兼顾大型综合文艺演出；另设一个930座（含乐池65座）的中剧场，主要用于小型歌舞、戏剧、话剧等。以“公开招标，委托管理”的方式，2009年6月16日，北京保利剧院管理有限公司正式签署《重庆大剧院委托经营管理合同》，2009年11月1日，重庆大剧院正式开始试营业，选定世界经典音乐剧《猫》作为首演剧目，以此奠定重庆大剧院“经典”与“国际化”的基调。

重庆大剧院所处的江北嘴中央商务区（CBD）是我国中西部地区唯一的国家级战略金融中心。江北嘴作为曾经的航运与物流中心，新中国成立后因为陆路交通的发达而逐渐衰落，成为被城市繁华包围的落寞一角。重庆市政府于2002年开始启动该地区的旧城改造计划，在国家级战略金融中心的发展规划下，现在这里高楼林立，成为两江新区的门户。矗立在江边、像领航的“时空之船”的重庆大剧院，成为推动这一中央商务区文化发展的引擎，也是引领重庆市高雅文化发展的地标与平台。见证了大剧院从最初的启动到今天的发展的重庆市大剧院管理有限公司原总经理傅南寝，认为重庆大剧院与江北嘴这一新兴的CBD相得益彰：重庆大剧院作为江北嘴区域的文化平台，利用演出项目整合社会资源，推动江北嘴及整个重庆的经济发展，进而带动文化演出产业的发展，更好地满足和提升人们的精神文化需求；而重庆大剧院的良好管理与运作，也将为江北嘴乃至整个重庆的文化形象，增添色彩，提升水准。

自2010年元月正式营业以来，重庆大剧院迄今已演出国内外优秀舞台艺术作品逾1700场，观众人次近300万，平均每年演出场次超过200场（不包括公益性质社会演出），2016年演出突破350场；年均售票观众人次40万左右（不含政府指令性演出），上座率72%左右；A类演出（一般是国际知名艺术团体、国内国家级艺术团体）占70%，B类（一般是省级艺术团体）占30%，其中外国团体演出占48.2%；年均艺术大师讲座不少于30场。重庆大剧院自营演出平均票价在250元左右，合作举办、租场商演票价平均为450元左右，年营业额在6500万元到8500万元。在全国50多家保利院线剧院中，其综合考核（演出业绩、服务质量、观众体验满意度、安全管理等）年度成绩始终名列前茅。

（二）运营管理机制创新

重庆大剧院落成以后面临着如何管、由谁来管的问题。2008年4月，重庆市政府决定以“管办分离、市场化运作”的方式引进先进管理方式，来管理运营重庆大剧院。北京保利剧院管理有限公司中标后，业主方花了14个月的时间与其谈判管理细节，从演出剧目的场次到演出艺术团体水平A、B、C的分类标准，从上座率到低价票的约定，从安全、消防的责任、标准到物业管理的质量水平，从固定资产的管理审核到消耗品的管理审核……这一涉及数十类近千个项目的测算谈判，合同反复修改了27稿才得以通过。当时作为业务技术代表与保利进行谈判的傅南寝认为，谈判的过程实际上是双方以市场化的目光审视、预估、预判未来发展的一个过程，也使双方对市场化、专业化管理过程中的问题、困难及应对办法，有了充分的准备。

保利剧院管理有限公司作为直属央企的剧院院线，自2003年10月成立以来，截至2017年，公司业务涉及全国18个省、自治区及直辖市的46座城市，以“直营式”管理的方式经营管理着国内一流剧院56家。院线成员单位统一财务核算，统一管理模式，统一质量标准，统一演出剧目计划安排，统一管理人员、技术人员交流调配，统一培训方式和标准，整个院线以ISO9000标准进行统一管理评价。该模式的特点是：高效率、高标准，在节目的引进、推广与销售上具有规模效应，与节目方谈判时具有规模经济的优势。在保利院线的演出资源的保障下，重庆大剧院自开业以来，迎来了李云迪与华沙爱乐乐团音乐会、朗朗音乐会、柏林交响乐团音乐会、中央民族乐团的“又见国乐”音乐会、帕尔曼小提琴音乐会、马友友与凯瑟琳·斯托特音乐会、神秘园、维塔斯世界巡回演唱会中国重庆站、美国林肯中心爵士乐团音乐会、伦敦爱乐乐团、中国爱乐乐团新年音乐会等享誉世界的乐团登台演出，中央芭蕾舞团、爱尔兰大河之舞舞蹈团、俄罗斯古典模范芭蕾舞团、俄罗斯国立莫伊谢耶夫模范民族舞蹈团、中国总政文工团、杨丽萍文化传播股份有限公司等著名舞蹈团体，也在重庆大剧院表演了《红色娘子军》《大河之舞》《天鹅湖》《世界的舞蹈》《铁道游击队》《孔雀》《云南映像》等精彩纷呈的舞蹈作品，话剧作品有《四世同堂》《白鹿原》《暗恋桃花源》《知己》《夏洛特烦恼》等，音乐剧有《猫》《保镖》《巴黎圣母院》《人鬼情未了》《歌舞青春》《窈窕淑女》《音乐之声》等，还有儿童剧《马达加斯加》《马兰花》《游戏时光》《斯拉法的下雪秀》等，兼具古典与现代、满足不同年龄观众的需求。在大剧院的平台推动下，一些演出团体在当地收获了众多粉丝，几年内数次登陆大剧院的舞台。

具有首创意义的是重庆大剧院的监管模式。从招标管理工作一开始，当地政府主管部门就成立了由剧院管理专家、演艺运营资深人才、工程设备技术人员等专业人员组成的、企业性质的驻场监管公司——重庆大剧院管理有限公司，与经营方同时进入。事先巨细无遗的与经营方的谈判与测算，为政府提供了精确的剧院运营数据，为之后的顺利运营提供了保障，由此正式确立了重庆大剧院“委托管理、招标经营，专业运营、监管专业”的运行管理机制。

该机制的基本模式：重庆大剧院业主方——重庆文投集团——拥有产权，并派出企业性质的驻场监管公司；中标经营管理单位作为市场主体，取得剧场经营权；监管公司受业主及管理单位委托，对经营项目依照双方合同及合同约定的考核办法实施监管权。由于经营方与监管方都是公司性质的企业，双方处于同一话语体系之中。作为由政府委托的、自负盈亏的管理单位，重庆大剧院管理有限公司拥有对大剧院整体结构及附属设施的经营监督权及演出场地以外的场地经营权。

这种监管机制，与工程项目建设与监理在具体内容与方式方法上有所不同，但在规律与本质上接近。在目前体制下，对大剧院等公共文化设施进行监管的必要性，体现在以下几点：（1）大剧院的各项设施、设备是国有资产，要保护国有资产的运转效率及良好维护，需要进行定期检查与监管；（2）大剧院通常肩负着地方文化发展的愿景及公共文化服务的使命，在实际运作中往往需要政府财政予以补贴，对补贴资金的效益进行精准评估，关系到大剧院的成本管理水平及社会效益的发挥，也关系到大剧院的可持续发展问题。重庆大剧院管理有限公司采取由监管公司的营销、物业、舞台机械、灯光、音响等专业人员与营运公司的相关岗位工作人员同岗上班、一道工作、寓监管于日常工作之中的模式，在双方既互相配合，又互相制约的工作机制中保证了重庆大剧院的管理水平与质量。

专业化监管对大剧院成功运营的重要性，从下列事实中可见一斑：重庆大剧院仅舞台上演出专用灯就有1700个，低则价值数千元，高则价值数万元；一台专业钢琴价值100多万元，专业钢琴房昼夜的运行温度、湿度均有严格要求；舞台机械、舞台音响的投入都是以数千万元计，总价值更是以亿元计；仅各项图纸，重庆大剧院就有6大类21项、718卷58362页之多；经授权才能使用密码卡打开的电子锁门达168道之多……这些作为国有资产，如果没有专业内行的监管，很容易因为经营单位的疏忽大意而造成国有资产的损坏与流失。从大剧院作为城市公共文化设施的作用发挥来看，剧院演出质量判定、上座率、低价票率、设备完好率、观众培养、艺术普及、演出季的执行情况、政府补贴的考核、物业管理的落实等，也必须有专业而内行的监理机构来执行。为实施有效监管，重庆大剧院管理有限公司制订了一整套规范的管理制度，以及上百项监管考核标准及操作办法，确保运营与监管的规范化。由于我国剧院建设中普遍存在的建设与运营“脱节”的情况，保利剧院管理公司进入重庆大剧院的第一年，在运行中陆续提出管理、设备、设施、工程、技术等各方面需要整改的问题207项，监管公司逐一对这些问题进行了研究并联络建设方提供整改建议，在业主、经营、监管三方良性互动的基础上，80%以上的问题得到了迅速解决。截至2017年8月，经营方保利剧院共提出430多个需要整改或解决的问题，在监管方的积极核查与推动下，85%以上获得了解决。此外，监管方还需要在市级重大活动安排与演出季的冲突上妥善做出协调。2017年，经过7年多运营的重庆大剧院开始了设施设备的中修工程，整个中修工程财政拨款上千万元，包括72个中修工程项目，因不能影响演出，施工难度很大。通过采取由监管公司对施工方进行公开比选采购、由运营方负责项目实际实施、配以严格的程序规范，使得整个中修工程顺利进行，资金的使用效益大幅度提升。在重庆大学的科研力量指导下，重庆大剧院管理公司还开发了重庆大剧院建设工程和设备图纸资料数字化查阅系统，研发出全国大型剧院首个“运营监管数字系统”（PMMIS系统），以现代科技提升监管质量与效率。

2014年，重庆大剧院“企业化专业监管”模式入选中宣部全国文化体制改革先进经验；2015 年，被中宣部确定为全国文改经典案例进行推广，是剧院行业唯一的文改先进典型，并作为中央宣传干部学院教材案例，成为全国各大剧院学习的目标。

据傅南寝介绍，就监管机制来说，我国其他大剧院大多是成立事业单位性质的监管办公室，不做成本核算，由财政或国企经费供养。事业单位监管企业，在他看来，很容易变成“又多了一个婆婆”——因为对应的体系不一样，一个是市场体系，另一个是政府管理体系；话语体系的不一致，很容易导致摩擦。

因为大剧院监管模式的成功，重庆市十大文化公益设施项目之一、2013 年完工投入使用的重庆国泰艺术中心，也被市政府交给重庆大剧院管理公司进行监管。国泰艺术中心由国泰大戏院和重庆美术馆两部分组成，拥有一个 800 个座位的中型剧场和两个 350 个座位的小型剧场，重庆大剧院管理公司为其确立了“小、特、精、专”的演出特色，与大剧院开展差异化经营。

（三）目标与愿景：全产业链文化平台，CBD 文化引擎

2015 年 5 月 10 日，位于重庆南岸区南滨路文化产业带烟雨路上的施光南大剧院隆重开业，委托保利剧院管理有限公司以“政府补贴，业主监管和目标考核，自主管理”的方式进行经营。作为区级大剧院，施光南大剧院与重庆大剧院实行错位经营，主打音乐剧和小型演出。

重庆大剧院虽然地处江北嘴 CBD 中心区，但因为紧邻江边，周围没有大的商业综合体，造成人气与人流的不足。为解决这一问题，更为实现打造江北区文化引擎的目标，重庆大剧院开始着力于“重庆大剧院”品牌带动下的全产业链文化平台的建设。在任时开始推动这一目标的傅南寝认为，演艺产业的平台，应该要有多种文化业态。重庆主城有 1020 万人，大剧院如果只服务一小部分人，会造成社会资源的巨大浪费，可以以大剧院为平台，扩大功能为具有不同文化追求的人服务，让观众得到最好的体验。为实现这一目标，重庆大剧院管理有限公司的做法是做好业态规划，确定标准管理程序，面向市场选择最优配置，逐步完善自身的各项配套设施。2016 年 5 月，

全国第一个专业儿童微剧场在重庆大剧院成立，剧场拥有300个座位，获得重庆市家长与儿童的热烈欢迎，开业一年以来演出总场次超过340场。重庆大剧院展览厅，作为连接大、中两个剧场中间的空间，整个展厅呈“工字形”分布，分别由一个800平方米的下沉式主展厅和两个1000平方米的侧展厅，以及一个230平方米的会议厅组合而成，展览厅由“重庆三峡银行”冠名，已承接大型展览数十场。位于大剧院整体建筑室外、紧挨江边的重庆（国际）时尚发布中心，原先交给重庆文化集团另外一家经营公司运营，但经营效果不佳，连续三年亏损，难以为继。为与大剧院的发展、定位形成合力，自2015年11月起，时尚发布中心开始交给大剧院管理公司直接运营。秉承统筹规划与协同运作的原则，大剧院管理公司整合选择国际国内知名时尚机构、行业协会、时尚品牌及媒体集团等资源，重新搭建起重庆（国际）时尚发布中心专业发布平台，当年就实现利润100万元。大剧院咖啡厅，拥有600平方米室内空间和约300平方米室外活动区域，紧邻咖啡厅的原品艺术空间是独立的艺术展览厅和时尚发布厅。此外，还有重庆翰林当代艺术馆、“时光里”艺术书吧等文化机构及“四海一家”自助餐厅，为大剧院提供配套服务。位于大剧院一楼大厅的“时光里”艺术书吧，经常举办摄影沙龙、地域特色文化图书推广、行者沙龙、艺术沙龙、艺术大师讲座等文化活动，为白天的大剧院增添了活力。

因为自身所拥有的艺术团队信息及艺术教育资源，除了日常面向大众开展艺术教育与艺术普及活动之外，重庆大剧院还力争成为高水平的艺术教育艺术中心。中国交响乐合唱团和重庆大剧院管理公司主办的中国交响乐附属（重庆）少年爱乐合唱团成立于2013年，在专家的指导下，参加合唱团的孩子不光提高了演唱水平，还积极参与到演出实践中去，并和美国著名亚利桑那图森男童合唱团等十余个世界著名童声合唱团进行了交流活动。

“从80年代初观众在剧院看演出时的旁若无人，到现在的文明有序，这说明了什么？这体现了文化对观众的潜移默化。”在重庆当地拥有30多年文化场所管理经验的傅南寝表示，大剧院作为城市的文化地标，是城市、社会经济发展到一定阶段的产物，对城市的文化建设具有重要功能与意义。重庆大剧院管理有限公司现任总经理袁涛表示，大剧院除了向人们传递高雅的审美体验，还需要侧重于自身软实力的打造，即关注剧院作为文化中心、文化平台作用的发挥，关注自身服务为观众提供的体验，这是大剧院实现自身价值和发挥自身功能的重要因素。正是出于功能整合的考虑，该公司正在朝着从剧院的演出管理过渡到演艺文化平台管理，由剧院终端的经营发展到全产业链经营这个目标迈进。

三 问题、经验与启示

大剧院作为地方文化地标，承担着政府与市民打造美好文化生活的渴望。大剧院是高雅艺术殿堂，更是市民满足精神与文化生活、享受高雅文化氛围、感受创意与活力的城市公共文化空间。地方政府对大剧院的投入，代表着地方政府对当地精神文化生活与艺术发展的长期投入。大剧院的建设投资与日常运营费用都是巨大的，在我国当前公共文化建设体系及文化消费水平下，地方政府对大剧院的建设运营只有投入、没有利润，在这种情况下，只有管理规范化，才能保障大剧院的经营水平符合政府与市民的期待，才能保障政府为大剧院的公益演出、普及演出、低价票及日常维护所进行的补贴，能够产生相应的社会效益。就此来说，重庆大剧院所探索的企业化、专业化运营与监管道路，为我国大剧院行业开了一个好头。然而，从建成至今，重庆大剧院也经历了我国剧院建设与运营中通常会出现的一些问题，譬如建设与管理的脱节、巨大体量所承担的巨大期望及所需要解决的管理与内容问题、作为公共文化设施的运营与监管机制亟须理顺等问题，现将其发展过程中所呈现的问题、经验与启示总结如下。

（一）存在的问题

1. 剧院的建设施工与管理运营脱节

重庆大剧院从2009年落成至今，8年间出现了430多个需要解决的问题，其中有300多个问题是发生在头三年的设计、建筑、装修阶段，是由项目的施工建设不能符合实际运营的需要造成的。施工完成以后再进行整改造成了较大的财政资金浪费。我国各地方政府对大剧院建设普遍存在“先建设、再考虑运营与管理”的问题，在此重庆大剧院绝非是特殊个案。建设施工与管理运营脱节所产生的弊端亟待引起各地政府及相关部门的重视。

2. 大剧院的投资大、规模大，身上所承担的市民对城市文化发展与消费的期望值高，但在与国际快速接轨的文化环境下，中国大多数城市往往缺少有品质的演出资源及专业的剧场运营管理团队

以重庆大剧院为例，靠实施“公开招标、委托管理”的方法，加盟保利院线，才部分地解决了这一问题。但在我国文化市场潜力巨大也存在巨大的地区差异的情况下，仅有一个保利剧院院线——及2009年12月组建的“中演院线”——显然是不够的，需要鼓励更多演出经营单位加入竞争的行列中来。

3. 各地政府对剧院管理体制建设的重要性缺乏认识

从重庆大剧院的案例来看，“监管”应该是政府进行剧院建设及运营管理成本中的一部分，应该走专业化、市场化的道路，而不是像全国各地大多数剧院那样，基本是由事业单位性质的团队在承担监管工作。重庆市人民政府虽然对重庆大剧院的监管模式与效果表示满意，但还没有形成有效的机制对其进行推广。目前受市政府委托，重庆大剧院管理有限公司免费承担了重庆市另一演出场所——国泰艺术中心——的监管工作。如果要对企业化、专业化的监管模式进行推广，需要打造合适的市场机制，并且要意识到人才队伍短缺在短期内也是个问题。

（二）经验与启示

1. “公开招标，委托管理”的运营机制释放了市场活力，通过这一机制将大剧院确立为市场化的经营主体

由政府投资、建设的大型文化设施是公共文化机构，其产权归全民所

有，但在经营过程中应该实行产权、管理权与经营权相分离，以便更好地在市场经济体制下实现文化资源的有效配置，将满足人们丰富多彩的文化艺术消费与普及型的公共文化服务结合起来，使大剧院的建设与发展成为市民文化生活的殿堂、城市文化发展的地标。

2. 专业化、企业化的监管方式理顺了大剧院作为市场化经营主体的体制机制，推动剧院的经营管理朝规范化的方向发展

由于运营方与监管方处于“市场”（监管部门的市场化水平仍有待发展）及企业机制同一平台，双方拥有共同的话语体系并且责任分明，承担着为业主方（政府相关产权单位）负责的不同责任。重庆大剧院的管理经验显示，为保证大剧院等大型公共文化设施的文化目标实现及顺利运营，应将对固定资产及社会效益的监管作为剧院运营管理成本的一部分，“监管”要形成市场机制，才能更好地发挥专业化、规范化、优胜劣汰的人才队伍建设及企业竞争的优势。

3. 大剧院的运营需要人流及人气，选址应在交通方便、信息传播快速的城市中心区，才能起到提升城市文化消费水平及整合演出消费业态的作用

目前我国很多大剧院的选址设在新区，试图以大剧院带动地区发展，但交通不便、缺乏配套设施等弊端导致很多大剧院建成后无人问津，造成资源与空间的巨大浪费。

近年来，剧院建设在中国“遍地开花”，很多地方政府在规划时喊着“把剧院打造成地标性建筑”的口号，但在后续运营时，存在使用率低、“建得起、养不起”的现象。为积极调动民营资本加入剧院建设行列，为大家提供更加丰富的文化演出产品及经营模式，我国亟须加强对剧院监管模式的研究与推动，以便在规范运营、规范监管的基础上，实现剧院的各种文化潜力。国家大剧院院长陈平指出，在我国剧院经营管理普遍落后的情况下，要想促进剧院健康发展，必须深化体制机制改革，变硬件经营为软件经营，探索剧院发展的科学模式。当前我国约 90% 的剧场都在靠出租维持生计，这从商业发展的角度来说，是非常落后的。如果国内剧院能够深化改革、明确定位、提升业态，探索出适合自身发展的运营管理模式，那么将会大幅度

拉升全国剧院产业的规模。[①] 目前我国剧院行业的监管，其最根本的任务是保证国有资产不流失、不被任意损坏，保证剧院的发展目标与定位得到贯彻实施，保证政府补贴及购买服务获得合适的资源并取得社会效益的最大化。在此基础上，如果能秉承公共利益与市场机制相结合的原则，对剧院资产的整体经营管理进行符合城市文化发展需要的打造与定位，以政府委托及购买服务的方式，推动企业化、专业化的运营管理机制得到发展，将大大有利于释放我国剧院行业及相关企业的活力。

① 国家大剧院院长陈平在 2016 年 10 月 11 日在国家大剧院举办的“新常态下剧院建设引领城市文化发展”论坛上的发言。

B.23

以华侨城甘坑新镇为龙头打造“文化东进”先行区

吉华街道党工委宣传部课题组*

摘　要： 华侨城甘坑新镇项目在“文化东进”中占有重要地位。在华侨城甘坑新镇的建设中，需要我们正确认识特色小镇的性质和规律，明确政府在甘坑新镇项目中的功能定位，建立联席会议制度，完善顶层设计，创新体制机制，创新公共服务体系。在产业特色上突出“特而强”，力求“聚而合”；在文化特色上深度挖掘客家文化，创建“东部文体高地”。

关键词： 文化东进　华侨城甘坑新镇　特色小镇　文化创意产业

2018 年 1 月召开的中共深圳市委六届九次全会提出，到 2020 年，深圳将基本建成现代化国际化创新型城市，高质量全面建成小康社会；到 2035 年，建成可持续发展的全球创新之都，实现社会主义现代化；到 21 世纪中叶，建成代表社会主义现代化强国的国家经济特区，成为竞争力、影响力卓著的创新引领型全球城市。实现这一目标需要全市各区域均衡发展，加快特区一体化进程，实施“东进、西协、南联、北拓、中优”战略。

深圳正在大力实施“东进战略”，这一战略是包括经济、社会、文化和

* 课题组成员：凌海英、刘帆、刘佳明、周笑冰、陈少雷、党凯；执笔人：周笑冰，中共深圳市委党校哲学与文史教研部副主任、教授；陈少雷，中共深圳市委党校习近平新时代中国特色社会主义思想研究中心副主任、副教授；党凯，中共深圳市委党校科研处副处长。

城市建设等在内的全方位、多层面、宽领域的东进，关系到现代化国际化创新型城市的建设，关系到全面小康社会的建成，也关系到深圳能否打造成为竞争力影响力卓著的创新引领型全球城市的目标。“东进战略”是一项系统工程，“文化东进”是东进战略的重要组成部分。目前在深圳文化发展的全局中，东部相对而言是短板，亟待补齐。华侨城甘坑新镇项目将会为东进战略注入文化、科技、旅游等优质资源，实现文化与经济、社会、生态文明等各大板块的深度融合、协调发展，建成与“深圳发展第三极”相匹配的文化东部。

一 华侨城甘坑新镇的基本情况

350 多年前，迁徙的客家人在甘坑村定居。随着时间变换，甘坑村逐渐没落，成为深圳为数不多的扶贫点之一。2010 年，为了防止安全事故发生，在政府相关部门的支持和引导下，村股份公司决定把老村所有的老房子，按照当时的价格，统租下来。2011 年政府选定开发商，并组建了“深圳市甘坑生态文化发展有限公司”，以市场和企业为主体全面推动甘坑的改造。

2012 年由北京大学研究院开始总体规划并立项，决定在原来古村落的基础上开发成旅游景点。小镇总面积 311.2 公顷，是深圳市 2013 年和 2014 年重大项目。2007 甘坑客家小镇入选深圳市第一批市级非物质文化遗产代表作名录。

如今的甘坑已经初步形成了一个以客家文化为主题的特色小镇。2015 年，甘坑小镇被认定为中国（深圳）国际文化产业博览交易会分会场；2016 年在甘坑小镇举办了“中华文化人物颁授典礼”，这一活动今后永久落户深圳；2016 年 5 月 10 日，龙岗区、华侨城股份公司和深圳市甘坑生态文化发展有限公司三方签署合作协议，共同开发建设“甘坑新镇”项目。华侨城甘坑新镇项目在原甘坑小镇基础上扩大数倍，范围为深圳布吉清平高速与机荷高速交汇处，北起甘坑村、凉帽村，南至三联村，拟规划面积约 12

平方公里。华侨城文化集团投资500亿元，采取与政府、村民和村股份公司合作的方式，以创意、管理和资本介入，通过IP文创、VR内容产业、古镇生态旅游和旧城改造实现产城游一体化，预计5~8年建成年接待游客过500万人次，年GDP达上千亿的城市级新镇。

2017年11月华侨城文化集团参加“2017腾讯全球合作伙伴大会”，以“IP+VR+AI”创意产业为核心，导入故事实验与孵化、产业开发与智造、市场开拓与运营，打造了一个具有科技感的现代化展示空间——小凉帽魔法之家。其中包括小凉帽飞翔影院展映《小凉帽之白鹭归来》电影，此电影是首部中国文化IP+VR原创电影，在第74届威尼斯国际电影节，一举斩获亚太电影艺术单元最佳沉浸影片、最佳未来影像金狮奖两项大奖。小凉帽健康管理机器人，以AI技术和量子医疗技术为全家健康保驾护航；仿生物大脑视觉皮层神经网络识别技术实现实现交互的小凉帽飞行机器人；AR全息教育互动产品小凉帽魔幻光盒以及Live AR技术动作捕捉实时互动的小凉帽互动电视等。华侨城文化集团一直致力于为人类创造美好生活，在本次展会中提出的AI计划，展现新一代智能娱乐、智能教育、智能大健康系列产品，以文化科技创新内容为内涵，展示未来现代新城镇的生活形式。

目前，文化集团以“中国城市文化运营商”的战略定位，依托客家文化，特别是以客家凉帽为核心元素打造的IP形象小凉帽，在科技产品、教育产品、文创产品、绘本开发等方面进行延展，打造全数字创意产业链，真正做到了产品关联市场，科技引领未来。

二　华侨城甘坑新镇项目的重要意义

（一）华侨城甘坑新镇项目的时代背景

特色小镇是推进供给侧改革的重要平台，是深入推进新型城镇化的重要抓手。特色小镇有利于推动我国经济转型升级和发展动能转换，有利于促进大中小城市和小城镇协调发展，有利于充分发挥城镇化对新农村建设的辐射带动作用。

2017年是中国特色小镇[1]建设“元年”，从中央到地方，特色小镇建设正在轰轰烈烈进行中。华侨城甘坑新镇以建设“新型城镇化的国家级标杆”为目标，创建文化、生态、科技、旅游四位一体，致力打造六张国家级名片，即国家级生态保护与建设示范区、国家级文化产业示范园区、国家5A级旅游景区、国家级新兴产业示范区、中国历史文化名镇、全国重点特色小镇，成为蜚声国内外的“中国文创第一镇”。

华侨城甘坑新镇不同于传统行政建制镇和一般产业园区，是聚集了国家战略性新兴产业——VR产业的创新创业平台，是传承客家历史文化的文旅小镇，还是将二者结合的“中国文创第一镇”。

广东省提出目标“到2017年建成30~50个独具岭南魅力、环境优美、形态多样的省级特色小镇。到2020年建成100个左右省级特色小镇，产业发展、创新发展、吸纳就业和辐射带动能力显著提高，成为广东省新的经济增长点”。深圳各区也在谋篇布局，特色小镇建设正在进行。

（二）华侨城甘坑新镇的重要意义

华侨城甘坑新镇的出台可谓恰逢其时，项目规划非常吻合国家要求特色小镇要立足产业“特而强”、功能“聚而合”、形态“小而美”、机制“新而活”，应具有特色鲜明、产业发展、绿色生态、美丽宜居的特征，是相对独立于市区，具有明确产业定位、文化内涵、绿色宜居、旅游和一定社区功能特征的发展空间平台。

“文化+旅游+新型城镇化”的战略定位将推动我国文化创意产业转型升级，探索一条文化旅游、文化科技创新以及“产、城、人、文”四位一体的新型城镇化道路。

① 特色小镇，指城乡地域中地理位置重要、资源优势独特、经济规模较大、产业相对集中、建筑特色明显、地域特征突出、历史文化保存相对完整的乡镇。它介于城乡之间，地位特殊、特色鲜明，以镇区常住人口5万以上的特大外地人、镇区常住人口3万以上的专业特色镇为重点，兼顾多类型多形态的特色小镇，因地制宜建设美丽特色小（城）镇。

此外，华侨城甘坑新镇的建设还将具有以下现实意义。

第一，甘坑新镇的建设能够很大程度上改善甘坑社区及周边环境，提高生活品质。在高标准规划，高起点打造的基础上，甘坑新镇从现代化、人性化角度着手建设，这必将大大改善甘坑社区现有环境，为未来甘坑几十万人住居民提供高品位生活。

第二，甘坑新镇的建设可以提升龙岗区经济实力。甘坑新镇不仅能创造更多的就业机会，改善吉华街道群众生活水平，更重要的是大大增强了吉华街道乃至龙岗区的发展后劲，进而提升龙岗区整体经济实力。

第三，甘坑新镇的建设有助于打造龙岗区乃至深圳市的文化旅游新品牌，繁荣现代服务业。甘坑新镇将深度挖掘我国客家文化底蕴，形成小镇的客家风貌、客家人文风情，将小镇打造成承载千百年客家文化特色与文化精神的风情小镇，在“文化 + 科技 + 城镇化”的大规划下，提升文化旅游业的内涵，带动现代服务业的全面发展。

第四，甘坑新镇的建设可以增强商贸活力。甘坑新镇目标是打造“中国文创第一镇”，景区内进行“特色”经营，加上旅游业的带动，必然培育出活跃的商贸业，除 VR 产业外，凉帽及特色农副产品也将培育成一大支柱产业。

第五，甘坑新镇的建设可以丰富经济发展的内涵。建设绿色生态、美丽宜居的环境是特色小镇应有的发展内涵，更是我国下一个发展阶段的重要使命。甘坑新镇不但要进行绿色产业体系建设，还要建立绿色消费模式以及倡导低碳生活方式。小镇不仅要发展特色产业，更要打造一种“生态文化”。

三　华侨城甘坑新镇面临的问题和挑战

（一）华侨城甘坑新镇的主要特点分析

1. 地理位置优越

地理位置方面，深圳甘坑小镇位于龙岗区吉华街道，连接东莞、广州、香港，区域内有华为为龙头的坂雪岗电子信息业和华南城商贸、李朗珠宝产业基地，周边创新产业环境活跃。

地貌方面，甘坑区域内有河道、山地、水库、湿地、古村落、城市绿道、农耕菜地等多样化的地理文脉，具有塑造文化旅游产业和文化科技产业的优质基础。

交通方面，甘坑小镇距离罗湖约18.6公里，车程约30分钟；距离华侨城、盐田港、龙岗中心城、东部华侨城20～30公里，车程30～40分钟；距离蛇口港、宝安国际机场35～40公里，车程40～50分钟。作为有客家特色古村落的特色文创小镇来说，交通较为便利。

2. 客家文化突出

甘坑村原是一个有着悠久历史的古老村庄，与观澜版画村、鹤湖新居、麻勘古村、大万世居等一同被誉为深圳十大客家古村落之一。甘坑村里，客家民居，众多古建，依山傍水，房连巷通，错落有致，犹如画卷。更有炮楼、碉楼、骑楼、吊脚楼等风情建筑融于山水之中，与几百年的客家老屋形成一种独特的客家文化载体。

客家凉帽，一种辨识度非常高的特色民俗文化，被列为广东省第五批非物质文化遗产。如今新一代凉帽宝宝，以亲切、萌态的形象代言甘坑，通过动漫产业和旅游产业相结合，成为甘坑客家文化的重要名片。

3. 产业集群明显

从华侨城甘坑新镇的规划来看，甘坑新镇共分六大板块：文化休闲区、特色产业区、农耕体验区、湿地科普区、农业观光区、山地运动区。目前甘坑新镇的产业聚群效应主要体现在以下三个方面。

（1）打造中国第一个客家文化IP小镇，通过挖掘和开发“凉帽”本土IP主题，推动文化创意产业，打造凉帽街主题街区和相关主题衍生产业。

（2）打造中国第一个客家IP艺术农场，通过对“花生”产品研发、文化衍生品的研发等，打造集科普教育、文化体验、休闲娱乐等为一体的“花生农场”。

（3）建成中国最具影响力的VR产业园区，计划导入“文化+科技”新兴产业，包括VR企业孵化基地、VR主题公园和VR医疗中心等。

4. 发展潜力巨大

甘坑新镇项目大力发展新型文化创意产业，尤其是导入和培育具有高科技含量和高艺术水准的原创文化内容产业，形成高端文化创意产业园区，带动“文化+”相关的科技、旅游、商业、生态、农业、教育、家居等现代新型城镇化产业的转型升级和快速发展，以“文化+旅游+城镇化”发展模式驱动，目标是通过三至五年初步建成中国内容文化创意产业的示范基地，实现年产值突破百亿，向千亿产值迈进的领军型文化产业聚集的新城镇。

通过对客家凉帽非物质文化遗产的挖掘和提炼，结合文化活动和生活场景的应用，实现了AR明信片、绘本、微信、动画、AR唐诗卡片、手绘模型、主题农场和酒店、VR电影、VR乐园、传统手绘到高科技产业大约超过三百种产品的实验和开发。2017年，华侨城文化集团还将对小凉帽IP进行全产业链开发，预计将在未来三至五年形成超百亿的产业规模。

特别是2017年7月15日，以“文旅融合与特色小镇”为主题的2017中国文化旅游高峰论坛华侨城甘坑客家小镇荣膺2017中国文化旅游融合先导区（基地）试点。这是华侨城旗下文旅小镇项目获得的首个国家级荣誉，也是华侨城甘坑新镇致力打造的6张国家级名片的发轫之作。

（二）华侨城甘坑新镇面临的问题分析

甘坑新镇的远景目标是建设一座融文化、科技、生态、旅游于一体的大型文化创意产业新镇，是一个长期性、持续性的系统工程，需要引进大量企业、各种人才，从甘坑新镇的目前发展状况来看，其在产业结构、空间布局、道路交通、市政设施、公共配套、休闲娱乐等方面还远不能满足项目发展的需要。

1. 空间资源有限

一是生态控制线的束缚。受生态控制线影响，甘坑新镇项目难于统筹规划，使整个项目的未来发展受限。二是拆迁难度大，甘李路有十几栋楼无法拆迁，导致项目进度缓慢。三是甘坑河道整治及雨污分流工程建设问题。

2. 配套设施不足

从总体上看，甘坑新镇公共配套设施还不够完善，主要表现在公共配套设施的规模偏小、层次过低、服务范围也较小；在设施配套的建设级别上，居住小区级的配套设施设置建设相对齐全，居住区以上级别的配套设施建设较为缺乏；公共设施建设水平参差不齐，数量和规模也难以满足小镇迅速发展的规模和游客不断增长的需求。具体表现为：一是饮食住宿条件不够完善，二是休闲娱乐相关配套还不够完善，三是开放管理难度较大，四是甘坑新镇周围环境较差，五是车位明显不足。

3. 道路交通受阻

总体上看，甘坑新镇虽然地理位置优越，距离罗湖、福田、南山、盐田、宝安的距离都在20~40公里，车程为30~50分钟，但甘坑新镇周边的交通状况并不理想，有很大改进完善的空间。

4. 精品项目不多

一是经营结构需要调整。甘坑新镇的未来发展亟须改善经营结构，进行整体策划。一方面要扩大它的面积，增加接待游客量；另一方面要增加周一到周五的内容，把它做成一个文化会展经济体，实现产城游一体化。

二是文化精品种类不多。目前，除了客家凉帽、花生农场等项目已经开始运营，其他项目还在规划探索阶段，“文创”的要素还未体现出来。同时，为了进一步扩大影响力、知名度，要增加体验式、互动性、娱乐性强的项目。

三是有影响力的文化活动不多。针对此类问题，应该出台引进文化创意产业的优惠政策，重点扶持正在建设的项目，大力引进创客文化创意项目。

5. 人才聚集不够

未来的甘坑新镇，致力于打造“中国文创第一镇”，这就需要更多的文创人才汇集于此。从目前的情况来看，相关文创人才，尤其是VR产业相关人才在甘坑新镇的聚集程度不足，现有的文化业态主要聚焦在餐饮、手工业、服务业等方面，在“文化+科技”“VR+产业”等方面，受人才政策、周边环境、居住条件、配套设施、创业氛围等综合因素影响，人才聚集程度明显不足，这将限制甘坑新镇未来的发展。

（三）华侨城甘坑新镇竞争力 SWOT 分析

1. 发展优势分析

区位优势：紧邻特区、接近港澳，区位优势比较突出。龙岗区作为深圳市文创大区，作为全国首批文化产业示范基地诞生地，已经汇聚了 20 多个文创园区，连续七年文博会分会场居全市第一。吉华街道地理职位毗邻港澳，物流及信息流都比较发达，对市场的变化反应敏感，远比其他地区具有更多的贸易发展机会。

要素优势：挖掘客家文化元素，开发以客家文化 IP 为主导的旅游和文创产业是华侨城文化新镇有别于其他城镇的模式。

模式优势：甘坑新镇的项目是通过政府与社会资本以 PPP 模式合作开发，大力推进新型文化创意产业发展，尤其是引导和培育具有高科技含量和艺术水准的各类型原创文化产业内容，形成了高端的文化创意产业园区。

资源优势：华侨城集团作为以旅游业务为主导的大型央企，是亚洲第一、全球第四的旅游景区集团，具有强大的产业、文化资源聚集能力，投资建设甘坑新镇项目，将为龙岗落实东进战略、打造东部文体旅游高地注入强大助力。

人才优势：随着龙岗区国际大学园内国际名校逐步落成，东部人才高地正在崛起，对文创产业的人才、智力和项目支撑作用将逐步显现。

后发优势：区域内有华为为龙头的坂雪岗电子信息业，同时，国内很多特色小镇在发展过程中的正反两方面经验，都可以作为甘坑新镇的参照。

2. 发展劣势分析

起步较晚：近年来，国内许多省市开始逐渐看好特色小镇带来的综合发展效应，纷纷利用本地各种资源优势，突出特色，借助国家城镇化建设的利好政策，先后启动发展特色小镇工程。从发展的速度、规模和效应等方面考量，甘坑新镇的起步相对较晚。

配套不足：甘坑新镇虽然地理位置较为优越，但周边环境较为复杂，特别是一些建筑与小镇“古色古香”的风格很不协调。此外，在交通、公共设施、便利场所等方面的综合配套还不完善，难以满足实际发展需求。

文化业态单一：目前，甘坑新镇的文化业态主要聚焦在客家凉帽、客家餐饮和 VR 产业。从甘坑新镇的未来发展来看，无论是文化还是科技都已经进入互动的阶段，纯观赏性的小镇游必然被互动性的文化活动和生活体验性的小镇模式所取代。

相关业态竞争激烈：从深圳层面来看，各种文化要素的特色小镇项目未来一段时间将遍地开花。

知名度和影响力有待进一步加强：从目前的发展状况来看，甘坑新镇已经连续几年成为深圳文博会分会场，但甘坑新镇的知名度和影响力还有待进一步加强。

3. 面临的机遇

城镇化与特色小镇建设机遇：国家提出“要在 2020 年前培育 1000 个左右各具特色、富有活力的休闲旅游、商贸物流、现代制造、教育科技、传统文化、美丽宜居等特色小镇”。在深入推进新型城镇化建设的大背景下，当前特色小镇建设面临发展新机遇。政策机遇：国家层面，2014 ~ 2016 年，国家从不同层面出台政策措施，规划发展特色小镇的建设。

深圳层面，按照深圳“十三五”规划纲要，在统筹全市各区域发展基础上，重点实施东进战略，目的在打通连接东部、辐射粤东的战略通道，拓展城市发展空间，推动、促进东部地区形成新的城市发展中心，打造新的区域增长极市场需求机遇：近几年来，国内民众的文化旅游需求逐年上升，游览文化历史、参与文化活动、体验文化创意越来越受到广大市民和游客的喜爱。特色小镇建设正成为加快产业转型升级的新载体，正成为推进各类项目建设、有效拉动各种投资的新动力，也是推进供给侧结构性改革的新的探索实践。

4. 存在的挑战

相关产业竞争带来的挑战：近年来，特色小镇建设已成为各地创新发展的“大战略”“新名片”。与特色小镇相关的农产小镇、制造小镇、金融小镇、互联网小镇、电商小镇、健康小镇、文旅小镇、生态小镇等层出不穷，竞争激烈。

互联网等新技术带来的挑战：随着智能化、物联网的时代的到来，未来各种特色小镇的发展，要建立在智能型信息基础设施之上。未来的甘坑新镇，必须充分利用互联网技术和平台，按照自身特色打造适合自身发展的产业模式，有机融入区域和全球市场以及产业分工，在更大范围内统筹配置创新资源，让甘坑新镇的专业更专、特色更特、精品更精。

消费习惯变化引发的挑战：特色小镇的出现，打破了第一产、二产、三产之间的界别，用一个消费场景的关键词把它们黏合在一起，让一个片区成为一个有活力的生态圈，成为非行政区域的生产动力单元。特色小镇最大的意义在于，它彻底改变了以前单靠产品去打市场的竞争机制，而是用融合的方式赋予各个产业更多的价值。

5. SWOT 矩阵分析

表 1　华侨城甘坑新镇竞争力 SWOT 矩阵分析

因素 \ 战略 \ 环境		机遇	挑战
		城镇化与特色小镇建设机遇期； 政策机遇； 市场需求机遇	相关产业竞争带来的挑战； 互联网等新技术带来的挑战； 消费习惯变化带来的挑战
优势	区位优势； 要素优势； 模式优势； 资源优势； 人才优势； 后发优势	优势－机遇战略 抓住政策红利期，依托客家文化资源和华侨城企业资源，利用人才优势、后发优势，形成规模效应和带动效应，打造多产业融合的文创小镇	优势－挑战战略 进一步结合甘坑新镇自身特点，拓展客家文化的内涵，丰富客家文化的活动形式，特别是借助以 VR 产业为代表的互联网等新技术的东风，整合相关资源，提供能够满足游客需求的全方位的产品和服务
劣势	起步较晚； 配套落后； 文化业态单一； 相关业态竞争激烈； 知名度和影响力有待加强	劣势－机遇战略 把握发展时机，进一步改善交通、公共设施等硬件设施，进一步丰富和扩展客家文化的内涵，将 VR 产业与甘坑的文化内涵紧密契合，通过文化产品、文化活动和文化服务进一步提升知名度和影响力	劣势－挑战战略 规划先行，综合考量，补齐短板，分步实施。积极吸取其他地区相关特色小镇的经验做法，大胆尝试、勇于创新，突出自身特色，进一步增加文化产品、文化活动和文化服务的参与性、互动性、体验性

四 以甘坑新镇为龙头，打造“深圳东部中心”

华侨城甘坑新镇目前是深圳市投资最大的一个特色小镇建设项目，也是龙岗区当前最重要的三个重大项目之一，更是龙岗区建区以来投资规模、涉及范围和影响力最大的文化创意产业项目。该项目涵盖了文化、科技、旅游、新型城镇化等方面，涉及面广，建设时间长，需要政府、企业、资本三位一体，协同发展，将甘坑新镇打造成为“中国文创第一镇”，成为龙岗区打造“文化东进”先行区的桥头堡，为建设东部文体高地贡献力量。

（一）正确认识特色小镇的性质与规律

1. 特色鲜明的产业形态

特色产业是特色小镇的生命力。特色小镇建设应当在创新驱动下，摆脱传统产业布局的“大而全”造成的“产业雷同”现象，以“特而强”的布局思路取胜。特色小镇还应成为“双创”的有效平台和载体。通过发展各种特色产业，充分提升特色小镇和小城镇的发展活力、持续吸引力和综合竞争力，实现人口的集聚效应、群众安居乐业，实现可持续发展。

2. 和谐宜居的美丽环境

要牢固树立习总书记提出的“绿水青山就是金山银山”的发展理念，要有机协调城镇内外河湖、绿地、耕地、林地等的建设布局，充分保护城镇具有历史文化特色的景观资源，构建生态网络，推动生态保护与旅游发展互促共融、新型城镇化与旅游业有机结合，打造宜居宜业宜游的优美环境。

3. 彰显特色的传统文化

文化积淀与历史传承是特色小镇产业发展过程中的基础条件，小镇的产业发展和社区建设，必须体现出历史和文化特色。以文化旅游为主要发展方向的特色，必须要保证历史文化的积淀与传承和文化旅游产业的完美结合与有机统一。

4. 便捷完善的设施配套

国家发改委提出，要按照适度超前、综合配套、集约利用的原则，加强城镇道路、供水、供电、通信、污水垃圾处理、物流等基础设施建设，完善和提升特色小镇和小城镇的功能和承载能力。

5. 充满活力的体制机制

创造充满活力的特色小镇建设发展的体制机制，就必须要充分挖掘特色小镇自身的内生动力、积极开发和释放特色小镇的发展活力。同时，要进一步营造良好的特色小镇发展软环境、积极降低特色小镇的发展成本、激发建设者的创新意识和创业热情。要按照“小政府、大服务”的模式，降低行政成本，提高行政效率。小镇最核心的要素是“人”，特色小镇的建设要“以人为本”。政府作为特色小镇建设的主要责任主体①，必须充分了解特色小镇发展的规律，既不能以计划经济的方式来推动，也不能以行政化的方式来实施，需要建立科学、可行、权责明确的特色小镇治理体系。

（二）明确政府在甘坑新镇项目中的功能定位

特色小镇建设中应坚持政府引导、企业主体、市场化运作的原则。甘坑新镇能否成为引领龙岗区可持续发展的“增长极”，能否成为吉华街道打造“产业吉华、平安吉华、幸福吉华”的关键着力点，取决于政府、企业、市场三者关系的理顺。

特色小镇的建设对于政府和企业而言都是一个完全不同于传统产业的全新领域。在甘坑新镇建设中，应突出华侨城集团作为企业的主体地位，充分发挥市场在资源配置中的决定性作用。加强龙岗区政府的产业引导、产业定位和服务保障，在规划编制、基础设施配套、资源要素保障、文化内涵挖掘传承、生态环境保护等方面更好地发挥作用。甘坑新镇建成后将是一个新业态的文化创意产业区，其中人才资源最为重要，政府首先需要为其提供便利

---

① 2016 年 7 月，住房城乡建设部、国家发展改革委、财政部联合下发《关于开展特色小镇培育工作的通知》，明确特色小镇建设的责任主体是县级政府，镇政府负责实施工作。

的生活、教育、医疗、商务、休闲、娱乐等条件。

此外，VR产业和文创产业需要的人才大多属于创意阶层①，这一阶层最大的特点就是除注重商业环境外，更加注重人文环境、生态环境。政府要确保甘坑新镇未来的就业人口及其家庭成员能够随时拥抱城市生活方式和城市公共服务设施，又能够享有较好的郊区生态环境。

（三）建立项目联席会议制度

目前龙岗区政府已经成立了以区长为组长的工作领导小组，但甘坑新镇项目涉及经济、文化、政治、生态、民生等大问题，需要很多相关部门的配合。

为了项目能够顺利进行，最快速度解决项目进展过程中产生的各方面问题，建议建立推进甘坑新镇项目联席会议制度。主要工作职责如下。(1) 统筹协调推进甘坑新镇项目的相关工作，研究并协调项目实施过程中遇到的重大问题，加强对项目实施工作的指导、监督和评估。(2) 加强深圳市、龙岗区、吉华街道等各级政府及部门与华侨城集团之间在推进甘坑新镇项目中的信息沟通和相互协作。(3) 联席会议由龙岗区发展和改革局、经济促进局、科技创新局、文体旅游局、住房和建设局、文产办、人力资源局、环境保护和水务局、城市管理局（城市管理行政执法局）、城市更新局、安全生产监督管理局等部门和单位组成。

（四）注重规划先行，完善顶层设计

甘坑新镇项目的建设，政府和企业都需要规划先行。在了解特色小镇的内涵及发展规律的基础上，各级政府应发挥自身优势推动特色小镇发展。

---

① 美国学者理查德·佛罗里达在《创意阶层的崛起》一书中谈到，21世纪是创意阶层的世纪。创意阶层的核心成员包括科技、建筑和设计、教育、艺术、音乐以及娱乐等领域的工作者，他们的经济职能是创造新理念、新技术和（或）新的创意内容。围绕这个核心，创意阶层还包括一个更为广阔的“创造性专业人员”群体，分布在商业和金融、法律、卫生保健等相关领域。这些人员主要负责解决复杂问题，需要做大量的独立判断，所以要求具备较高的教育背景或者人力资本。

深圳市政府应站在全市的高度来制定深圳市特色小镇建设的指导意见和支持政策。对各区进行统筹规划，防止特色小镇盲目无序发展。龙岗区政府是责任主体，负责制定支持政策，落实资金，组织推进实施。应以战略性、前瞻性思维谋划、规划甘坑新镇的建设，根据产业、地域、文化特色，探索差异化建设模式。吉华街道既负责项目实施工作的落实，也应在甘坑新镇的建设过程中结合街道自身发展“产城融合”的发展战略，结合城市更新改造，发挥高新科技和文创“两大产业”的“双引擎”作用，重新定位街道的产业结构、创新发展、普惠民生，积极拓宽街道发展路径，构筑“三大功能片区”，打造“产业吉华、平安吉华、幸福吉华”。

需要注意的是，政府和企业在做规划时不能一步到位，必须给未来市场变化预留空间。此外，规划中要注重旅游、生态、文化功能与产业的融合。

（五）创新体制机制，完善治理结构

特色小镇建设是一项复杂的系统工程，政府既要负责公共设施的建设与管理、政策措施的保障与扶持、小镇运营的管理与监督，还要营造良好的生活与生态，达到“产、城、人、文”融合发展。因此，需要政府创新体制机制。积极进行户籍制度改革，全面放开小城镇落户限制，全面落实居住证制度，不断拓展公共服务范围。推动用地制度改革，积极盘活存量土地，建立低效用地再开发激励机制。投融资机制创新，大力推进政府和社会资本合作，鼓励利用财政资金撬动社会资金。实现特色小镇建设的投资主体多元化，建立以政府引导、社会资本广泛参与的 PPP 融资模式，是化解特色小镇融资瓶颈的一个好办法。

甘坑新镇运作机制要做到“活而新”。一是建设机制活。市场化机制是深圳的特色，也是甘坑新镇发展的活力因子。用创建制代替审批制，实施动态调整制；建设上采用政府引导、企业主体，市场化运作的机制。二是制度供给新。政府对于甘坑新镇的扶持政策要有奖有罚，赏罚分明，可运用期权激励制和追惩制双管齐下的办法，有奖有罚，引导并监督特色小镇的正常运营，持续发展，避免成为新的圈地运动。

因此，政府既要鼓励和支持企业参与，也要在宏观层面上做好合理指导与规划监督。应实行年度评估和3年建设期满考核制度。每年根据国家关于特色小镇评定标准及地方特色小镇建设标准进行考核，评出优良中差等次。评估优秀的小镇，给予奖励；评估不合格的小镇，要求整改；连续两年评估不合格，实行退出机制；对弄虚作假、环境污染、重大安全事故等问题的小镇，核实后摘牌。

（六）以需求为导向，创新公共服务体系

在当前推进供给侧改革的语境下，深圳市各级政府作为甘坑新镇项目最重要的公共产品和服务供给者，存在创新公共产品供给的改革要求。这就要求各级政府适应新常态，由以往“缺啥补啥”模式，转变为按照中央提出的五大发展理念，创造新的发展模式。

从硬件设施来看，国家在特色小镇认定标准中规定，政府要提供便捷完善的设施服务。从发展理念上来看，政府在甘坑新镇公共服务配套方面一定要具有超前眼光。吉华街道在提供公共服务时，可以汲取美国圣何塞市政府的做法，针对高科技人才及创意产业人才的特点来提供高品质、人性化、更具超前性的公共服务，为甘坑新镇及吉华街道未来发展奠定良好的基础。

（七）突出“特而强”，力求“聚而合”

甘坑新镇最大的产业特色是打造中国首个数字创意产业中心，将大力发展数字创意产业①，在现有数字创意产业发展的基础上，以VR+文创产业作为新的利润增长点和制高点，并形成集创意、集成、应用、体验、展示、交易、分发等于一体的完整的产业链条，建成后具有明显的带动作用和辐射作用。数字创意产业属于国家战略性新兴产业之一，这样的产业定位初步具备“特而强”的优势，有助于龙岗区打造“东部产业集聚中心”。

---

① 数字创意产业是以创意为核心、数字技术引领的战略性新兴产业，主要包含VR、网络文学、动漫、影视、游戏、创意设计、在线教育七个细分领域。

甘坑新镇未来最大的优势是将形成一个企业集群。华侨城集团要打造全球规模最大、产业链最长的 VR 体验和应用聚集中心，这里将汇集 VR 产业的全产业链，集聚众多具有分工合作关系的不同规模等级的企业与其发展有关的各种机构，形成龙岗区高新技术产业集群。这些企业之间高度细密的分工与合作形成了自组织体系，造成了集群，集群反过来又会造就甘坑新镇的自组织特性。对于 VR 企业相对集中的深圳来讲，甘坑新镇将会为其提供产业快速成长的重要平台，实现产业的“聚而合”。

（八）深度挖掘客家文化，创建“东部文体高地”

从目前规划看，甘坑新镇对文化传承做得还不够，而这正是《国家特色小镇认定标准》中非常重要的内容。政府在彰显特色的传统文化方面还应加以强引导，避免文化资源的浪费。特色小镇除了产业有特色外，小镇的灵魂是文化，尤其是文旅小镇。国家要求特色小镇要彰显特色的传统文化，进行文化的传承与传播。

客家文化是甘坑新镇的人文脉络，政府和企业应深度梳理其历史故事、人物、遗址、风俗、物产、自然环境等，寻找这一文化基因与现代社会诉求的契合点，加以融合，成为甘坑新镇独特的文化风骨。在传统的客家文化精神与深圳创新文化精神的结合的基础上提炼出独特的“小镇精神”，这是甘坑新镇的文化软实力，也应成为龙岗区和深圳市的具有“特色”的精神地标。

甘坑新镇在下一个阶段，可着力在挖掘客家传统文化周日、传统饮食文化、传统体育项目等方面演绎客家民俗，通过营造活动的仪式感，吸引全球客家人寻根，吸引游客参与互动体验通，激发传承人的积极性和主动性。在此基础上完善升级“客家文化博物馆”，全面收藏客家的历史与文化。提升龙岗区的文化品位、打造国际文化创意中心、提高文化竞争力，更可促进客家文化认同感和凝聚力。

同时，不断提升“甘坑”文化品牌的国际影响力。在已有各类展会的基础上，结合甘坑新镇产业特色举办“全球 VR 设计大赛”“全球 VR 游戏大赛”“VR 电影节”等，通过吸引、凝聚专业兴趣圈子的人，让人才在这里以兴趣相聚，从而培育出这个小镇的国际声望。

政府在重视产业发展的同时，要高度重视小镇发展的文化积淀与历史传承，融历史文化于产业发展、社区建设之中。在世界各地，很多有名的特色小镇，那里的当地居民往往并不以门票为收入来源，而是在一个相对宽松的空间里，让旅行、旅居、旅游者“慢生活”，体验本地“吃、住、行、游、购、娱”以及包括学（学习体验当地文化）、秀（拍摄记录当地文化并与他人分享）在内的参与式活动。而住在小镇内的居民，也不需要为了外来者而刻意装扮迎合，仍然维持着本地生活的自然状态。在这里，本土居民和外来游客可以实现和谐相处、互相尊重的平衡，达到一种处处有风景，见物也见人的状态，流露出高品质服务、高品质生活和由内而外的自信和美的细节，这些理念都可以作为甘坑新镇发展的重要参考。

B.24

深圳工业设计行业协会之中芬设计园调研报告

刘红娟*

摘　要： 作为我国第一个获得联合国教科文组织“设计之都”称号的城市，深圳市的工业设计一直走在全国前列。本文对深圳工业设计发展的概况及深圳市工业设计行业协会一一做了介绍，并重点对深圳市工业设计行业协会中的一个重要的展示平台——深圳市中芬设计园及园区内的企业进行了详细的调查和研究，从而对深圳市工业设计行业本身及其从业人员的发展，提出了自己思考和建议。

关键词： 工业设计　工业设计行业协会　中芬设计园　园区企业

随着工业和市场的发展以及科技的发展和现代化技术的应用，工业设计已成为以现代工业化为基础的新兴实用学科。工业设计并不像其名字给外行人的印象那样，是对各种工业（像机械工业、电子工业、汽车工业等）的设计，也不是工业建筑或工业流程的设计，而是专注产品之有用性与美学以及整体环境方面的设计活动。完整的工业设计应该包含产品外部和内部设计的整个过程，一个成功的工业设计可以对产品的外观、性能、生产技术的提升以及厂家的品牌建设产生立竿见影的效果。工业设计作为连接技术与市场

---

* 刘红娟，深圳市社会科学院国际化城市副所长、副研究员。

的桥梁，迅速扩展到商业领域的各个方面。

工业设计，最早从英国工业革命开始，之后，在德国、美国、日本和韩国的各个不同发展阶段的推动下，工业设计产业得以成长壮大。到了20世纪80年代，工业设计开始传入我国，经过三十多年的发展。成绩斐然。尤其是十多年来在深圳工业协会的大力推动下，深圳工业设计行业在全国进入领先行列。

本文将对深圳工业设计发展的概况及深圳市工业设计行业协会做一介绍；重点对深圳市工业设计行业协会中的一个重要的展示平台——中芬设计园，进行详细的介绍。

一 深圳工业设计发展概况

作为我国第一个获得联合国教科文组织“设计之都”称号的城市，深圳的工业设计一直走在全国前列，行业规模及人才集聚占全国60%。目前，深圳拥有各类工业设计机构逾6000家（包括各类工业设计专业公司、设计工作室、方案公司、设计策划机构和生产制造企业内设设计部门等），其中工业设计专业公司500多家，各类设计工作室、方案公司和设计策划机构近1500家；在各产业领域企业设计部门近4000个；工业设计师及从业人员约15万人。截至2016年12月31日，已认定了5家国家级工业设计中心、4家省级工业设计中心、56家市级工业设计中心。2016年，深圳工业设计斩获国际IF设计大奖63项、红点奖77项，两大顶尖设计奖获奖总数连续六年位居全国之首。2017年，深圳工业设计又斩获国际IF设计大奖142项，同比增长125%。2016年深圳工业设计产值约69亿元（仅含专业工业设计机构产值），同比增长15%，创造经济价值逾千亿元。

深圳工业设计聚焦设计创新领域的新模式和新业态，为工业4.0和中国制造2025探路。深圳工业设计发展模式呈现三个+，即“国际+”“平台+”“品牌+”。

1. 国际+，让深圳设计发出国际化强音

依托深圳市工业设计行业协会专业组织，大力实施“走出去引进来”，先后“与香港、台湾、丹麦、以色列、新加坡、赫尔辛基、斯德哥尔摩、佛罗伦萨、波士顿、慕尼黑、柏林等地一流的设计机构签署合作协议”。[①]中芬设计园是深圳市与芬兰赫尔辛基市正式结为国际友好城市的一个合作载体，聚焦全球设计创新领域的新模式和新业态，采用“中外合作+政府支持+企业投资+专业运营”的商业模式，以设计为驱动，构建国际化的创新、创客“双创”生态链，吸引了美国工业设计巨星凯瑞姆·瑞席、意大利天才设计师斯蒂凡诺·乔凡诺尼等10余位国际设计大师在中芬设计园设立工作室，以及具有设计界“奥斯卡”之誉的IF国际设计大奖的落户，还引进麻省理工MIT的FABLAB提供从0到1的创客创新加速服务实验室，中芬设计园也是首个海峡两岸青年创业基地，并首创“以大带小”的创业加速模式，打造面向未来的设计&双创国际化创新生态链。中芬设计园目前吸引入驻机构41家，2016年设计产值超过二十亿元。

2. 平台+，营造国际化设计氛围

深圳工业设计凭借其制造优势、产业链配套资源，在全国处于行业领先地位。深圳已建成1个深圳创新设计研究院，4个国家级工业设计中心，56家市级工业设计中心，10个各具特色的工业设计集聚区。如今，这些园区已经成为创客和科技创业公司青睐的支撑平台。深圳设计“互联网+平台”也即将开启，届时将全球设计师、创客、制造业、电商等机构有效链接，实现资源共享和价值分享，开创分享经济的深圳设计模式。

3. 品牌+，打造深圳标准，提升深圳质量

深圳组团参加多个国际知名设计展及活动，开启了中国参展设计界最高规格的伦敦百分百设计展零的突破，并从“深圳馆”升级为国家级别展馆的“中国馆”；成功引进德国IF设计大奖作品展并落户深圳，成为iF设计大奖的首个国际展厅，彰显深圳设计获得国际关注与认可；由市政府主办、

① 苏妮：《好设计如何为深圳“智造”贴金?》，《南方日报》2016年1月8日。

工信部支持的深圳国际工业设计大展，已经打造成为全球工业设计第一展。[①] 未来，“高标准”“高质量”将成为这座城市价值创新的必然选择，深圳发展已经迈入“质量时代”。

二　深圳工业设计行业协会介绍

深圳市工业行业协会（简称SIDA）成立于2008年，是国内首个加入ICSID（国际工业设计联合会）的行业组织，已成为全球三大知名赛事德国红点奖、IF奖、G-MARK奖的授权合作机构；目前拥有会员单位超过800家，协会会员包括设计公司、产品制造商、工艺及材料商、品牌策划销售机构、设计院校、科研院所等为工业设计产业链提供服务，或与之相关的所有机构，如今，它已成为国内最大规模和最具有国际影响力的专业行业组织。

协会成立了市级工业设计公共服务平台，下设四个中心（深港设计中心、中瑞设计中心、中芬设计中心、宝安创意设计中心），四个专业委员会（体验设计专业委员会、品牌专业委员会、家居设计专业委员会、创客专业委员会），一个深圳创新设计研究院，一个中芬设计园，一个深圳开放创新实验室，一个海峡两岸青年创业基地。秘书处专职工作人员50人。

协会以深港创新圈为契机，大力推动深港设计全面战略合作，抓紧工业设计与产业对接，成功举办了每年一届的中国（深圳）国际工业设计节、深港文化创意论坛、深港设计双年展；带领深圳设计“走出去、引进来”，2011年，带领深圳设计首次闯进了世界最高规格、有着“设计奥斯卡”之称的伦敦百分百设计展，开启中国设计参展零的突破；2012年，受特邀率领参加美国工业设计师年会；2013年，成功承办深圳国际工业设计大展，如今已被誉为全球工业设计第一展；协会先后与中国香港、台湾，新加坡，芬兰，瑞典，丹麦，德国，意大利，美国等设计发达城市或国家签署了设计战略合作协议，为深圳设计提升水平和走出国门搭建了高端国际化平台。

① 苏妮：《好设计如何为深圳“智造”贴金?》，《南方日报》2016年1月8日。

2014年，中芬设计园创立。2015年，承办深圳国际创客周。推动深圳与MIT紧密合作，创建FABLAB SHENZHEN，推动FABLAB2.0，引进国际微观转配实验室年会FAB12首次在中国举办。2016年，承办全国“大众创业万众创新”活动周深圳主会场，获得国务院总理李克强高度赞誉：“超乎预期，难以想象。”

协会致力于推动深圳工业设计行业“对接产业·接轨国际”，促进行业创新交流合作，提升传统制造业自主创新能力，推动新兴产业的高端国际化发展。以设计促进转型，构建开放式、外向型发展的工业设计新体系、新格局。

协会的下一步的工作是：在继续推动深圳原有工业设计优势领域发展外，我们还将着力在航天航空、军工民用、智能可穿戴等高端领域发力，以不断创新的与时俱进理念，使设计行业持续保持领先地位。继续实施设计“引进来，走出去”国际化发展战略。

深圳设计品牌化建设，离不开深圳设计风格的营造，我们将掀起“设计振兴品牌”热潮，继续办好深圳国际工业设计大展，使其成为全球设计的风向标。打造好中芬设计园“从集聚到裂变”创新模式，辐射全国。积极推动深圳设计行业标准化和品牌化发展，推动深圳率先在产品上标识Design By Shenzhen，推广深圳标准，打造深圳质量、塑造国际品牌，成为深圳国际化城市建设的新载体和新名片。

（1）打造“精益设计”国际对标中心。引入精益设计之父、美国Munro首席执行官Sandy Munro的精益设计平台和创新理念，服务航天航空和军民融合产业及未来产业。

（2）推动绿色设计和人因设计标准，顺应“深圳质量提升年”战略部署，提升深圳质量，打造深圳标准。

（3）打造深圳未来材料馆。联合德国西门子设计中心designaffairs、深圳创新设计研究院共同打造全国首个面向未来的新型材料研究及应用平台。

（4）推动设计与创新融合发展。依托深圳开放创新实验室（Fablab Shenzhen），以全球2000多个Fablab为载体，聚集Fablab最新创新产品和研发趋势，搭建Fablab全球网络项目成果转化平台。

三　中芬设计园介绍

中芬设计园，是在深圳市政府和芬兰的赫尔辛基市政府的共同推动下成立的，由深圳市工业设计行业协会和中芬创意产业园投资有限发展公司共同运营，采用“中外合作、政府支持、市场化运作、专业化运营”的商业模式。

1. 中芬设计园基本情况

——园区坐落在深圳市福田保税区市花路福年广场；

——建筑面积 15000 平方米；

——入驻中外企业、机构 41 家；

——设计师人数约为 1500 人；

——2016 年，园区产值 20 亿元人民币；同比增长 25%。

2. 中芬设计园组织架构图（见图1）

3. 园区的发展及现状

园区聚焦全球设计创新领域的新模式和新业态，采用“中外合作 + 政府支持 + 企业投资 + 专业运营”的商业模式，提出了国际化的“新技术·新设计·新市场”理念，探索了以工业设计撬动新需求、催生新市场、发展新经济的供给侧路径，开创了“实验室（MIT FabLab）+孵化器 + 加速器”的“点线面”立体式创新模式，以“苗圃—孵化—加速”创新创业三部曲，构建了从创新个体（Makers）到创业团队（Startups）再到创新企业（Enterprises）递进式创新服务体系。园区依托深圳开放创新实验室（MIT FabLab）作为苗圃实现“从 0 到 1”，海峡两岸青年创业基地的“1 到 N”完成创业孵化，深圳市工业设计行业协会作为加速器实现“从 N 到品牌”。园区颠覆了传统依靠租金差价为生的“二房东”模式，开创了“创新共同体”的独特增值运营模式。搭建了以开放创新实验室（众创）、工业设计（众包）、Indiegogo（国际众筹）、工业设计行业协会（众扶）“四众”综合创新生态平台。以政府引导社会投资，以设计驱动，新经济引领，实现了从“集聚”到“裂变”。

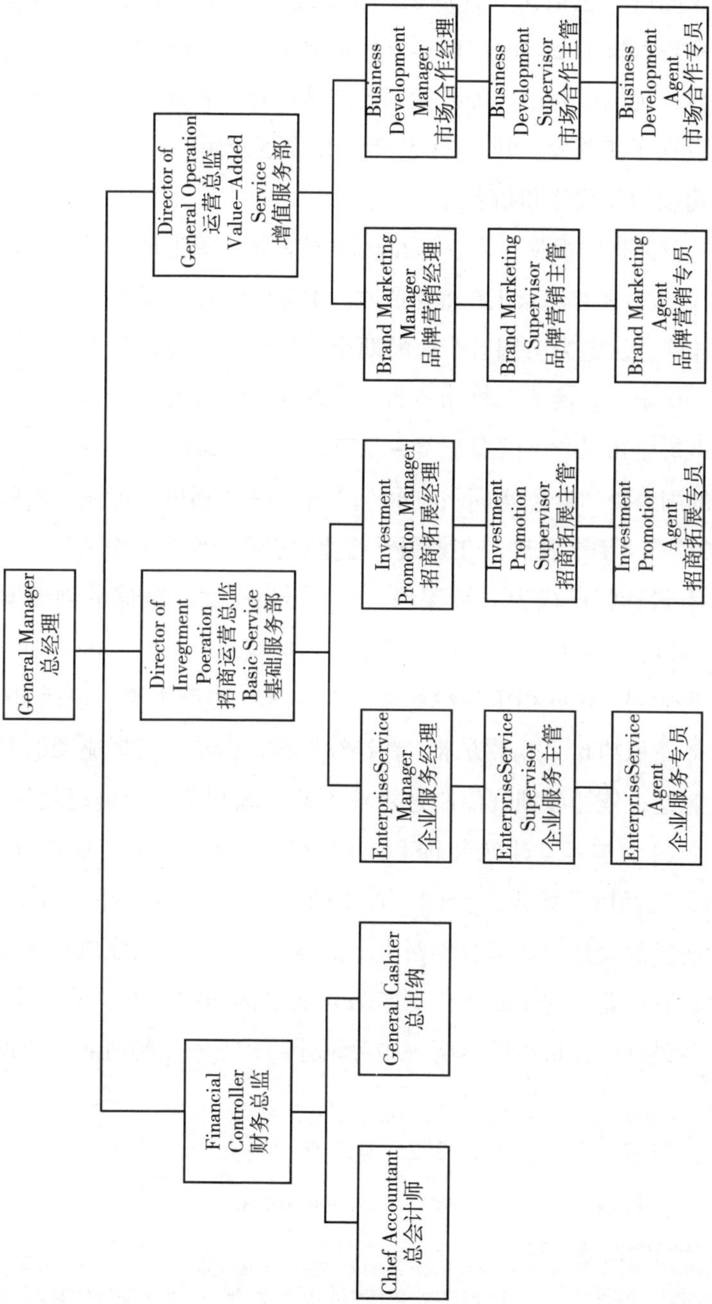

图 1 Sino-Finnish Design Park Organjzation Structure 中芬设计园组织架构

中芬设计园成立以来，招商引入了众多国际顶尖设计机构和业内领先的设计创新企业及品牌，包括深圳开放创新实验室、深圳市工业设计行业协会、智能产品众筹首发平台、海峡两岸青年创业基地、国际众创空间、时尚设计等众多平台，美国工业设计师凯瑞姆·瑞席和意大利设计师斯蒂凡诺·乔凡诺尼在此设立了工作室，IF 国际设计大奖也落户园区。园区已成为深圳国际化城市建设的新载体和新名片。

园区企业“丝路数字视觉”，已成为园区孵化的第一家上市公司，于 2016 年 11 月挂牌创业板，还有两家正在筹备股改。中芬设计园 2015 年经国台办和中央台办亲自挂牌，认定为全国首个海峡两岸青年创业基地；并先后获福田区文化创意园区认定；获授牌深圳市投资推广署国际化重点示范园区；2016 年，获得深圳市首届知识产权梧桐金奖－示范园区奖；2016 年 9 月，挂牌国家科技部认定的国家级“众创空间”；同年 12 月挂牌“福田区创业带动就业孵化基地”。2017 年 4 月，挂牌“工业设计行业知识产权保护工作站”。

2016 年中芬设计园已成为立足深圳、辐射全国、面向全球的创新服务平台。在深圳本地，中芬设计园从国际化设计迈向智造，推出园区二期——中天元·中芬智造园，地处福田保税区桃花路中天元物流大厦，包括 B、C 两栋物业，总体面积约 6.7 万平方米。在持续以设计为核心发展驱动的基础上，聚焦智能制造，依托深圳智能制造产业不断升级和全产业链蓬勃发展，打通创客创新、科学技术、建筑装饰和工业设计及制造的全产业链互动。2016 年，中芬园区品牌开始走向全国，输出园区运营模式及国际设计资源共同构筑产学研资的设计产业综合创新生态链体系。目前，已完成正式签约的品牌输出项目有：龙岗的丰收·中芬智谷；武汉的华中智谷·中芬智谷；绍兴的袍江中芬设计园；长沙的金鹰·中芬设计园；石家庄的河北工业设计创新中心等。

中芬设计园以双创和中国制造 2025 为产业发展方向，借助园区的国际设计和创客资源，打造面向未来的设计 & 双创国际生态平台。

4. 中芬设计园的增值服务

（1）品牌推广服务：a. 通过园区官方网站、双微等线上媒体进行企业品牌推广及宣传；b. 高端多功能展示厅可供企业推广产品及品牌。

（2）产品孵化服务：对接设计创新及智能制造产业链资源，提供工业设计、PCB、打样、供应链管理、量产等对接服务。

（3）渠道对接服务：国内外电商及众筹平台：京东、淘宝、天猫、英伦中国品牌中心 KICKSTARTER，INDIEGOGO 及国内外线下实体店等，多渠道为产品服务。

（4）融资对接服务：企业价值评估、投资结构设计、对接对口投资人、项目路演等股权融资相关服务。

（5）活动组织服务：a. 组织参加园区企业互动活、设计专业互动论坛、沙龙等，提供活动策划咨询及对接服务；b. 有机会参与到合作机构、协会员单位或全国各地合作园区进行行业考察参观；c. 获取国内外展览展会最新资讯，提供策展布展对接一条龙服务。

（6）奖项申请咨询：国内外知名大奖参赛申请咨询服务。如：红点、iF、IDEA、G-MARK MARK、省长杯。

（7）政策申请咨询：相关行业专项扶持资金的政策解读、对接服务。

（8）空间租赁：a. 多功能会议室（可容纳 100 人）租赁；b. 园区联合办公空间 – 办公卡座租赁；c. 园区办公室租赁。

5. 中芬设计园2016年下半年及2017年举办的重大活动（见表1）。

表 1　2016 年下半年及 2017 年中芬设计园举办的重大活动

日期	名称	地点
2016 年下半年		
12 月	第九届中国（深圳）国际工业设计节	深圳
2017 年		
5 月	第十三届文博会中芬设计园分会场	深圳
6 月	第三届深圳国际创客周	深圳
10 月	2017 全国大众创业万众创新活动周	深圳
11 月	第五届深圳国际工业设计大展	深圳
12 月	第十届中国（深圳）国际工业设计节	深圳

6. 中芬设计园部分企业介绍

（1）丝路数字视觉，2000年成立公司。作为全国性的专业数字视觉综合服务供应商，专注于CG应用领域，以创意为核心、市场需求为导向，主要利用计算机进行视觉设计和创作。主营展览展示综合解决方案总包、建筑设计可视化、影视动画制作、数字舞美、CG游戏、CG教育培训六大事业板块。产品和获奖情况：年产量1500余部、总时长超过7500分钟、70%地产营销影片及展厅的市场份额、每年多部作品获美国AUTODESK大奖、多部作品在法国戛纳电视节、昂西动画节展播；设计代表作包括：梦露大厦、鸟巢灯光方案、三亚凤凰岛、平台看CBD。

（2）朗图集团，成立于1999年，是中国领先的品牌系统服务商，现已发展成为业务遍及全国各地的传播集团，在全国拥有200余位优秀的海内外专业人员。

设计代表作包括：里外餐厅打包盒外观设计、拾间、杂志《里外》。

（3）深圳开放创新实验室是由上海创客大爆炸（由英特尔投资）和深圳市工业设计行业协会联合建设的国际创客开放平台和众创空间，也是深圳第一家经美国MIT授权认证的Fablab国际微观装配实验室，以及美国麻省理工学院Fablab 2.0合作研发伙伴。2015年深圳国际创客周期间，中芬设计园与美国麻省理工学院正式签署《国际微观装配实验室（全球旗舰）授权书》及《Fablab2.0联合研发协议书》。深圳开放创新实验室主要包括开放创新中心、创业加速器和Fablab2.0研发制造三个功能板块，致力于发展、挖掘全球创客项目及产品，研发解决方案来连接大规模生产生态系统和服务于小型硬件创业者。

实验室目前孵化的项目包括：Robor智能儿童伴侣Robor Intelligent Children's Partner、Xpider。

（4）神采光电（深圳）有限公司成立于2013年，由台湾光电产业及学术研究人士给你共同组合的一家全方位高精密光学产品设计开发公司，从光学设计成型技术完全自有开发，并结合光学、机构、电子（光机电）工程来完成光学系统组件。

神采光电，秉承着为客户提供高质量的光学组件开发及完整产品的解决方案，拥有专业的光学、机构、电子的设计团队及精密的仪器设备，依据不同客户的需求所开立的规格，从组件的开放设计，原材料的筛检到产品的组装测试，每个环节皆严格把关，在最短速的时间内完成制作，提供给客户零缺点的微显示器光学产品和售后服务是神采光电的最终目标。

产品简介：依据不同客户的需求所开立的规格，从元件的开发设计，原材料的筛检到产品的组装测试，每个环节皆严格把关，在最短的时间内完成制作，提供给客户零缺点的微显示器光学产品和售后服务是神采光电的最终目的。

（5）晟邦设计专家群，是由中国设计业十大杰出青年、产品战略专家骆欢领衔组建，并汇聚了一批策划、设计和营销的实战派专家，形成了品牌顶层设计系统理论体系——钉锤理论，为企业品牌力和产品力二大系统提供一站式解决方案，让晟邦客户的产品获得了持续性的商业成功。

设计代表作包括：咕噜儿童牙刷、“爱挑”生鲜电商（品牌设计）、倍加洁。

（6）inDar，致力于品牌的设计经营及产品设计策略，探讨更贴合新时代的设计模式。

inDare 于 2015 年 10 月深圳成立，落户中芬设计园，至今分别获得德国红点奖、红点设计至尊奖、德国 IF 设计奖、日本 G－mark、美国 IDEA、意大利 A design、比利时 pentaward、中国台湾金点设计奖最佳设计奖等国内外知名设计奖项超过 30 余项，成为国内最短时间获奖最多的设计团队。

inDare 目前拥有 50 多个项目开发经验。成为深圳最具有发展潜力的新型设计服务机构之一。

设计代表作包括：支付宝手表、智能 USB 充电适配器、ET. BABY 移动电源。

（7）太火鸟科技 Taihuoniao. com 是中国最火爆的智能硬件孵化平台。

设计代表作包括：云马 C1 电动自行车。

四 几点思考

1. 在中国掀起的创新创业“双创”活动中，设计师将起到重要的推动作用

而同时，“80”，“90”后新的消费群体正在成为消费的主体，对市场消费的产品有着更为时髦的需求，消费力也在飞速提升。因此，作为设计师要把握时代的脉搏，找准市场的需求，并针对日益个性化的追求，发展多元化的产业和产品，成为产业升级和结构调整的行业引领者。

2. 多年来政府对工业设计的重要性认识不断深化，出台了一系列的扶持和促进政策，企业发展工业设计的积极性也不断提高

在产业发展格局中，工业设计的地位正不断提高，对制造业的撬动作用正日益显现。但通过对国内外工业设计现状分析发现，现在的工业设计专业在国内还是一个非常年轻、刚刚起步的专业，还未能引起足够的重视；目前，在“多人才少岗位”的情形下，就业前景较为紧张，竞争较为激烈。随着人们对生活品质的追求不断提高，以及个性化需求的急遽增长，对设计师的需求也会越来越大。

3. 深圳创新创业的发展仍存在不可忽视的问题

主要表现为以下几方面：一是高等教育和创新人才培养相对薄弱，开放共享的创新教育课程较少，创新人才培养尚未成体系，需引进国际知名设计学院来补短板；二是深圳区域创新体系并非已经成熟，核心技术创新能力也尚未成形，缺乏前沿材料研究与应用公共服务平台，制约了工业设计迈向高端；三是对知识产权保护不足，由于企业规模较小，抗风险能力较低，从而抑制了设计团队创新的积极性。但是我们认为，这只是一个时间的问题，从深圳的发展及深圳工业设计的发展历程和发展速度来看，随着时间的推移，这些问题会很快地得到逐步地改善和解决。

4. 一件事情做好，需要有一个好的团队，尤其是其领军人物，至关重要

深圳工业设计行业协会的发展就是一个很好的例证，其执行副会长兼秘书长封昌红女士就是这样的一个领军人物。

5. 一件事情的开始往往需要一个契机，中芬设计园就是当时深圳与赫尔辛基结为国际友好城市后由两地政府共同倡议建立起来的

其实目前中芬设计园中并没有多少芬兰的公司和机构，但它的起源是从中芬设计领域合作开始的，之后利用设计领域的合作而促成了两个城市之间的合作，而中芬设计园是利用了这个契机。

B.25

文化发展指数的指标建构与思考

宋　阳*

摘　要： 文化发展指数是衡量文化发展状况的定量描述和分析比较工具，能较客观、准确的概括城市公共文化服务和文化产业发展水平和发展能力。报告论述了文化发展指数的概况及构建的基础，分析了如何筛选文化发展指数的指标，可为政府管理部门提供对文化发展状况评估的标准和参考。

关键词： 文化发展　指数　观测指标

指数作为一种统计分析方法，在宏观经济、政府管理和社会生活等领域发挥重要作用。尤其在大数据与信息化时代，指数是国家和民众评价社会、经济和文化等发展状况的主要工具。发展指数，是衡量某一领域发展程度的一种数据标准。文化发展指数，是衡量文化发展状况的定量描述和分析比较工具，能较客观、准确的概括城市公共文化服务和文化产业发展水平和发展能力。

党的十九大报告指出，中国特色社会主义新时代的主要矛盾是人民日益增长的美好生活需要和不平衡不充分的发展之间的矛盾。文化建设的核心就是满足人的精神需求。在中国特色社会主义新时代，文化建设的地位更加重要，作用更加凸显。文化发展指数的构建有利于明确现阶段城市文化发展现状，了解市民当前的文化需求和政府提供公共文化服务的质量高低，是推进国家文化治理和提高城市文化竞争力的需要。

---

* 宋阳，深圳市特区文化研究中心副研究员。

一　文化发展指数研究综述

国外文化发展指数研究中，主要有三种类型的成果。第一是针对某一特定领域提出的文化指数研究，例如幸福指数、文化产业指数、创意指数；第二是各省市制定的文化发展战略和文化发展指数研究；第三是联合国或欧盟主导的、具有普适性价值的评价指数系统。

1. 幸福指数

中国学者有关文化类指数的研究始于2004年，刘伟、蔡志洲在2004年发表的“GDP增长与幸福指数”中提到，幸福指数是反映人们对社会和经济发展的满意程度，目前国际上最具权威的幸福指数是由美国密歇根大学教授罗纳德·英格哈特负责的世界价值研究机构公布。这一指数是通过对调查被访问者的幸福感受，统计结果进行处理后得出，被访问者需要在非常幸福、十分幸福、不很幸福还是不幸福几个选项中做出选择，得出各个国家的幸福指数。统计结果发现，经济不太发达的拉美国家波多黎各和墨西哥幸福感高居榜首，丹麦名列第3，美国只排到了第15名，日本、中国和韩国的幸福指数排名分别为第42、第48、第49名，居中等水平。

中国，中欧国际工商学院行为科学研究中心主任奚恺元与《瞭望东方周刊》合作，2004年也对中国6大城市进行了一次幸福指数测试和排名，人均GDP最高的上海仅排到了第5位，而杭州和成都人均GDP虽不如上海、北京，但杭州的人文传统、成都的茶楼文化反映了当地人知足常乐的生活理念，因此幸福指数反而排名第一、第二。

2. 香港创意指数

香港大学文化政策研究中心于2004年设计出香港创意指数框架，用以测评香港创意产业的发展规模与现状，最大亮点是形成了独特的“5C”架构，即创意的成果、结构及制度资本、人力资本、社会资本和文化资本。香港创意指数不仅衡量创意的经济产出，也衡量创意活动的价值及其决定性因素。但是香港的创意指数和创意产业只是文化发展的一部分，我们只能将其作为文化发展指数中的有益参考。

3. 城市文化竞争力指标

2006 年，赵德兴在《城市文化竞争力指标体系研究》中总结，建立一套能测度城市文化竞争力的评价指标体系对于提高城市文化竞争力有着重要意义。但是城市文化竞争力评价是非常复杂的工作，包括了城市文化资源、文化事业、文化产业，甚至经济与环境等诸多方面，因而不能仅看一两个指标，而需要用若干个指标来综合衡量。指标的选取包括：一是各城市的经济实力；二是反映本城市经济纳入世界经济体系与对外经济交往能力的指标；三是城市之间文化资源占有的情况；四是城市文化产业发展规模和水平；五是城市文化事业发展规模和水平；六是区位竞争力的影响；七是城市环境质量的高低；八是城市居民的生活质量高低与社会和谐与否。

4. 文化和谐指数

2008 年张铮、熊澄宇在《“文化和谐指数”的理论基础与基本构成》中提到文化的“和谐”是“和谐社会”的重要标志，应当建立“文化和谐指数”作为监测和评估“文化和谐程度”的总体指标。将“文化和谐指数”可分为文化产业、公共文化服务、公民的个体文化和谐、文化先进性、文化传统与创新、文化安全等六个不同的维度，用 25 个观测指标作为“文化和谐指数”的基本构成，为“和谐文化”的建设提供理论参照和评估体系。

5. 幸福广东指标体系

2011 年 10 月，广东省政府在全国率先出台幸福广东指标体系。幸福广东指标体系分为客观指标和主观指标两部分。客观指标即是“建设幸福广东评价指标体系”，将全省 21 个市按珠三角和粤东西北分为两类地区，分别设置类别指标和差别权重。主观指标体系即是“广东群众幸福感测评指标体系”，主要是反映群众对幸福广东建设实现程度的感受，具体设置总指标“对个人幸福程度总体评价”，一级指标设为个人发展、生活质量、精神生活、社会环境、社会公平、政府服务、生态环境等 7 个方面，下设二级指标 35 个。

6. 中国各省市文化发展指数

中国各省市文化发展指数的建立最早兴起于上海。上海师范大学都市文化研究中心2011年对上海17个区县公共文化建设指数展开了全方位、多角度的研究。报告按照公共文化建设的本质要求，围绕着“公共文化机构”“公共文化活动”“公共文化享受”三大维度，“公共图书馆机构数”等23个评价指标进行了分析排序，从不同方面反映了上海17个区县公共文化建设发展的整体态势。该报告从2011年开始，每年对中国各省市的文化发展情况进行一次评分和排序。

7. 中国文化产业发展指数

上海交通大学以胡惠林教授为首席专家的课题组于2012年开始研究中国文化产业发展指数，在2012年、2013年、2014年相继发布了三次中国文化产业发展指数研究报告。这是我国第一部基于全国各省市文化产业统计数据形成的国家性文化产业评价指标体系。通过理解文化发展特征，考察世界主要组织和国家的文化（艺术）发展指数的指标体系构建，从我国文化发展基本国情出发，2014年上海交大又与中华文化促进会首次提出“中国文化发展指数”这一概念，共同编制《中国文化发展指数报告》，针对全国、省级（自治区、直辖市）和农村三个层次构建了各自的文化发展指数体系。这三类指数共同包括7个一级指标，分别是文化财政支持、文化基础设施、文化人才资源、社会文化参与、文化保护传承、文化创新能力和文化经济流量①。

8. 联合国教科文组织的文化统计指标体系

国际上对文化指数的权威性研究主要有：联合国教科文组织对文化统计指标体系框架的设计。一是在1986年形成的文化统计框架，把文化部门定义为以艺术创造表达形式、遗产古迹为基础的各种活动和产出，具体包括文化遗产、出版印刷业和著作文献、音乐、表演艺术、视觉艺术、音频媒体、

① 王永章、胡惠林：《中国文化发展指数报告》，上海人民出版社，2016。

视听媒体、社会文化活动、体育和游戏、环境和自然等十大类①。文化统计包括文化产品、文化服务和文化活动的核心指标和外围指标等。21 世纪后，数字技术的发展和文化贸易的频繁，引发了文化领域从创造、生产、分配到消费各领域的变化。2009 年，联合国教科文组织对文化统计框架做出了新的调整，把文化领域划分为关键领域和扩展领域。关键领域包括文化与自然遗产、艺术表演与节目、可视艺术和工艺品、设计和创造性、书籍出版、视听与互动媒体，扩展领域包括体育与休闲、旅游。框架衡量指标主要包括就业和教育、价值量和实物量指标等。每一部门纵向划分为资源投入、活动过程、产出等环节，包含以创作和生产、传播和发布、接受和消费以及各项活动规模和参与为内容的文化统计指标，横向按教育和培训、传统知识与非物质文化遗产、档案与维护等方面，纵横交叉形成了文化统计框架。框架衡量指标主要包括就业和教育、价值量和实物量指标等②。

9. 欧盟的文化统计指标

为构建和完善可连续描述和比较欧洲国家文化环境的统计信息系统，欧盟于 1997 年 3 月成立文化统计领导小组，2000 年递交了《文化统计在欧洲》，把文化领域限定为横跨文化艺术领域的 8 个文化部门：艺术和古迹遗产、档案、图书馆、图书及出版、视觉艺术、建筑艺术、表演艺术、视听及多媒体艺术，从文化的创作、生产、传播、贸易、保存和培训来选取了 60 多项统计指标，涉及文化就业、文化经费支出、文化参与等多种情况③。

二　文化发展指数的构建基础

（一）构建文化发展指数的重要意义

构建文化发展指数，可以更直观地了解政府所提供的公共文化服务是否

① “International Measurement of the Economic and Social importance of Culture”.

② The 2009 UNESCO Framework For Cultural Statistics （FCS）. 2009.

③ Culture Statistics in the EU：Final Report of the LEG. 2000.

满足市民的基本文化需求和权利，有利于改善文化发展的环境和机制、完善文化市场、提高文化建设和文化治理水平、提高政府科学决策能力。可以为中央和地方政府制定文化发展规划、制定文化发展战略提供决策依据，为我国进一步参与国际文化竞争，抢占文化战略制高点和建立话语权奠定基础。

构建文化发展指数的最终目标是实现市民文化权利，满足市民日益增长的文化需求，提高市民的文化满意度和城市文化发展的认可度，同时也成为日后政府管理部门、有关专家学者分析和评估城市的公共文化服务和文化产业发展状况的一项重要参数。

（二）文化发展指数的构建原则

结合文化发展的自身特点，文化发展指数的构建中应遵循以下几个原则。

一是科学性，指标的选择和设计必须科学合理，既能反映城市公共文化服务和文化产业的整体发展水平，又要能较好地反映公共文化服务和文化产业发展的提升能力。

二是可操作性，指数的选择要方便统计和收集，能从现有政府和相关部门统计中直接或间接获取数据，数据来源准确才能保证量化的评价和监测。

三是可比较性，在设立指数时要注意指数名称和含义的可比性，纵向能看出城市文化发展历年情况的变化和发展，横向能适应全国或其他城市之间相对应的文化发展指数之间的比较和借鉴。

四是可调整性，在科学研究和充分借鉴国内外关于文化发展指数构建的基础上，总结出符合自己城市特点的指标，并根据市民文化需求的改变，适时进行动态的调整和修改。

（三）文化发展指数观测指标的选择范围

文化发展指公共文化服务和文化产业的发展水平和发展能力的具体情况。一是指公共部门或准公共部门共同生产或提供的，以满足社会成员的基本文化需要为目的，着眼于提高全体公众的文化素质和文化生活水平，既给公众提供基本的精神文化享受，也维持社会生存与发展所必需的文化环境与条件的公共文化产品和服务的总称①。二是指文化市场上文化产业的发展能力、发展水平和发展质量，由于文化产业本质上是文化内容产业，任何文化产品的载体，离开了内容表达就没有意义，也难以存在，因此文化产业的内涵发展最终影响并决定文化产业的质量水平和发展能力。

公共文化服务和文化产业的内涵决定了文化发展指数观测指标的选择。我们首先要明确政府提供文化服务指的是"基本文化服务"。所谓"基本文化服务"，首先不是满足公民所有的文化需求。在现阶段，国家界定的基本文化服务范围主要包括看电视、听广播、读书看报、进行公共文化鉴赏、参与公共文化活动等方面。而公民多样化、多层次的文化需求则主要由市场来满足②。其次，"基本文化服务"满足的不是个别人或少数人的需求，是社会的公共文化需求，是社会普遍受益的，覆盖面要全面广泛。最后，"基本文化服务"的服务内容、服务标准、覆盖面和优先事项安排是随着经济社会和文化发展水平的提高而动态发展的，因此评价文化服务的发展能力也很重要。

政府提供的公共文化服务出发点和价值基础是保障公民基本文化权利。政府具体提供的公共文化服务包括公共图书馆服务、博物馆服务、文化馆服务、美术馆服务、社区文化站服务、各类公共文化信息平台建设等。因此在评价文化服务的质量水平时应考虑这些文化服务的覆盖面是否广泛和全面，是否建立起普惠型的基本公共文化服务标准体系。

文化产业的发展指数是指推动一个地区文化产业发展的关键因素，用来度量各地区文化产业发展的状态和趋势，包括文化创意产业增加值、重点大型文化企业发展水平、新兴业态文化产业的发展情况等多个维度。

在文化发展指数的筛选中，除了看现有的发展水平，还需要关注未来的发展能力这个维度。对于文化发展能力，一是看文化发展的创新能力，包括

① 陈威：《公共文化服务体系研究》，深圳报业集团出版社，2006。

② 陈威：《公共文化服务体系研究》，深圳报业集团出版社，2006。

供给模式和服务模式的创新。二是看文化发展方式的多样化、数字化，探索推广数字化传播方式。

三　文化发展指数的指标筛选及说明

（一）文化发展指数的观测指标选择和优化

根据上文中各国、各地区对文化发展指数的研究综述梳理、文化发展的构建原则和选择范围的分析，在文化发展指数构建的初步阶段，笔者认为，以下 18 个观测指标可供选择。具体观测指标包含每万人拥有公共文化设施面积、人均公共图书馆藏书、年人均参与文化活动次数、广播电视覆盖率、国民综合阅读率、公共文化机构达标率、经常参加体育锻炼人数、国民体质监测合格率、文化志愿者占常住人口比例、市民满意度调查、文化产业发展水平、文化产业“三上企业”发展水平、公共图书馆统一服务率、公共文化机构总分馆制实现率、公共文化机构数字化建设、广播电视节目数字传输服务、文艺创作水平、新业态占文化产业的比重等。

根据观测数据统计的可靠性和可操作性，笔者简化和优化了文化发展的观测指标，最终确立了 10 个观测指标，具体包括人均公共图书馆藏书册数、年人均参与文化活动次数、每万人拥有公共文化设施面积、文化安全责任事故率、文化及相关产业增加值、市民满意度、文化服务数字化实现率、公共文化机构统一服务率、文化体育传媒经费政府投入、文化创意产业政府资助。

（二）文化发展指数的观测指标名称、说明及来源

1. 人均拥有公共图书馆藏书册数

指标说明：指各级公共图书馆的总藏量与城市常住人口数之比。

指标来源：本指标为国际图联和联合国教科文组织通用的指标，用以测评一个城市公共图书馆的基础资源情况。

文化部计划财务司编制《中国文化文物统计年鉴》之“公共图书馆人均拥有藏书册数”；国际图联及联合国教科文组织所编写的《公共图书馆服务》（The public library service：*IFLA/UNESCOGuidelines for Development*）：公共图书馆的藏书量应该在人均1.5册~2.5册；2008年文化部制定的《公共图书馆建设标准》之附录：公共图书馆建设标准条文说明，提出未来5至10年我国公共图书馆人均拥有公共图书馆藏书0.6册至1.5册，针对大型、中型和小型图书馆的人均藏书数量有不同规定。

2. 年人均参与文化活动次数

指标说明：指平均每年观看电影、文艺演出和各类展览，以及参加群众文化活动的受众总人次数与城市常住人口数之比。

指标来源：本指标反映了市民对公共文化机构和政府文化主管部门提供的公益性文化活动的知晓、参与情况和受欢迎程度，已纳入《国家统计年鉴》每年统计和公布数据。

《广东群众幸福感测评指标体系》从2011年正式颁布，“年人均参与文化活动次数”每年纳入统计和评价范围，包括参加图书馆、博物馆、美术馆、文化馆、文化站和非遗中心举办的文化活动，其中，图书馆参与文化活动次数=讲座参与人次+培训班参加人次+展览参观人次；文化馆参与文化活动次数=举办文化活动参与人次+培训班参加人次+展览参观人次；文化站参与文化活动次数=举办文化活动参与人次+培训班参加人次+展览参观人次。

3. 每万人拥有公共文化设施面积

指标说明：指按城市常住人口计算，每万人拥有各级政府或社会投资兴建的，向公众开放用于开展公共文化活动的公益性文化场地设施面积数。公共文化设施面积，是对公众免费开放的公益性文化场馆的室内业务用房面积，不含室外文化设施面积。这里提出的“文化设施”为室内文化设施，包括图书馆、文化馆、博物馆、美术馆、文化站、电影院、书城、音乐厅、剧院及学校内文化设施等。

指标来源：本指标反映了城市公共文化设施建设情况和市民可享用的文

化设施的资源丰富程度，已纳入《国家统计年鉴》每年统计和公布数据。

《广东群众幸福感测评指标体系》从2011年正式颁布，“每万人拥有公共文化设施面积”每年纳入统计和评价范围；《广东省基本公共文化服务实施标准（2015～2020年）》第1条规定“到2020年，每万人室内公共文化设施面积不少于1200平方米，服务半径不低于城市十分钟文化圈、农村十里文化圈”。

4. 文化安全责任事故率

指标说明：文化安全责任事故率包括大型群众性活动安全责任事故率和公共文化场所和文化活动安全责任事故率两方面。

指标来源：大型群众性活动安全责任事故率反映了大型群众性活动的安全情况。公共文化场所和文化活动安全责任事故率反映了政府主管范围内的公共文化场所开展的文化活动的安全情况。其中大型群众性活动安全责任事故率强调的是社会范围内的大型活动，公共文化场所和文化活动安全责任事故率强调的是政府部门所开展的文化活动。

2007年10月由国务院签署的《大型群众性活动安全管理条例》规定，每场次参加人数达到1000人以上的活动，包括体育比赛、演唱会、音乐会、展览、展销、游园、灯会、庙会、花会、焰火晚会以及人才招聘会、现场开奖的彩票销售等活动，大型群众性活动的承办者应当制订安全工作方案，对其承办活动的安全负责。考虑到影剧院、音乐厅、公园、娱乐场所等在其日常业务范围内举办的活动虽然符合大型群众性活动的特征，但是已经过相关部门的依法经营许可，其安全问题可以纳入日常公共安全进行管理，不必再作为大型群众性活动进行管理。县级以上人民政府、国务院部门直接举办的大型群众性活动，其安全保卫工作由举办活动的人民政府、国务院部门负责，不实行安全许可制度。

文化部《公共文化场所和文化活动突发事件应急预案》预案中所指公共文化场所，是指经各级文化行政主管部门审批管理的，向公众开放的图书馆、博物馆、纪念馆、展览馆、美术馆、群艺馆（文化馆、站）、文化广场以及歌舞娱乐场所、网吧、电子游艺厅、录像厅、剧院（场）等场所。预案中所指文化活动，是指在公共文化场所举办或经文化行政主管部门审批的规模较大的群众性文化活动、演出活动、展览活动和文化娱乐活动。

5. 文化及相关产业增加值

指标说明：文化及相关产业增加值，指国家（或地区）所有常住单位一定时期内进行文化及相关产业生产活动的最终成果。

指标来源：《中华人民共和国文化发展年度统计公报》。

6. 市民满意度

指标说明：指通过第三方问卷调查，投诉统计等方法，来评价市民对已建成的公共文化设施的使用频率和选择偏好、文化活动的参与频率和喜好、文化服务提供者的态度和方式。

指标来源：本指标反映市民对文化服务质量的满意情况。采用问卷调查，国内外文化机构相关文化服务市民满意度调查表资料收集。

7. 文化服务数字化实现率

指标说明：在数字化服务水平中，主要包括两方面的指标，一是指公共文化服务机构的数字化建设情况，即政府及其文化服务探索“互联网＋公共文化”建设；二是指广播电视节目的数字化传输服务情况，即通过数字音频提供的广播节目数量和通过数字电视提供的电视节目数量。

指标来源：本指标反映了市属公共文化机构提供的文化服务的数字化实现程度、广播电视的数字化实现程度。

《国家基本公共文化服务指导标准（2015～2020年）》第4条、第5条提出，通过直播卫星提供不少于17套广播节目，通过无线模拟提供不少于6套广播节目，通过数字音频提供不少于15套广播节目。通过直播卫星提供25套电视节目，通过地面数字电视提供不少于15套电视节目，未完成无线数字化转换的地区，提供不少于5套电视节目。

8. 公共文化机构统一服务率

指标说明：指图书馆的总分馆制实现情况，统一资源、统一服务、统一技术，还包括文化馆文化活动资源的共享以及统一开展相关活动等。

指标来源：本指标反映了图书馆、文化馆总分馆之间的统一服务实现情况。

9. 文化体育传媒经费政府投入

指标说明：指各级政府在文化、文物、体育、广播影视和新闻出版方面的投入。

指标来源：《中华人民共和国文化发展年度统计公报》中，文化事业费是指区域内各级财政对文化系统主办单位的经费投入总和。一般包括艺术表演团体、公共图书馆、文化馆（站）等文化事业单位的财政拨款（不含基建拨款）及文化部门所属企业的财政补贴。根据现行统计口径，文化事业费不包括各级文化行政管理部门的行政运行经费。文物事业费是指区域内各级财政对文物事业的经费投入总和。一般包括博物馆、文物保护管理机构等文物事业单位的财政拨款（不含基建拨款）及文物部门所属企业的财政补贴。

文化体育传媒经费包括文化事业费、文物事业费、体育经费、广播影视经费、新闻出版经费、其他文体传媒支出和宣传文化发展专项支出。

10. 文化创意产业政府资助

指标说明：政府对文化创意产业的资金扶持。

指标来源：2009 年《文化产业振兴规划》提出“大幅增加中央财政扶持文化产业发展专项资金和文化体制改革专项资金规模”，将文化产业发展专项资金明确落实，并在后续出台的《文化产业发展专项资金管理暂行办法》（2010）中提出“贷款补贴、项目补助、补充国家资本金、绩效奖励、保险费补助”五种扶持办法。2012 年规范了修正了《文化产业发展专项资金管理暂行办法》，提出专项资金六大重点扶持方向，专项资金支持项目分为重大项目和一般项目，支持方式包括项目补助、贷款贴息、保费补贴和绩效奖励。2012 年《“十二五”时期文化产业配赠计划》中通过政府购买服务、项目补贴、以奖代补等方式，创新文化产业的政府投入方式。

（三）文化发展指数的指标测评和未来意义

对文化发展指数的各指标进行评价时，笔者认为人均公共图书馆藏书册数、年人均参与文化活动次数、每万人拥有公共文化设施面积、文化安全责任事故率、文化及相关产业增加值、市民满意度前6个指标的结果反映城市文化发展的现状和水平。文化服务数字化实现率、公共文化机构统一服务率、文化体育传媒经费政府投入、文化创意产业政府资助后4个指标的结果反映了城市文化发展的能力和提升空间。

“十二五”时期国家文化实现了跨越式发展，在新的时期，初步建立起文化发展指数体系，对城市文化发展进行定量测评，用数据真实反映出文化供需之间差距，文化设施是否普及、文化资源是否均衡、文化服务水平是否满足了市民基本需求、文化投入是否合理和是否达到对文化的正向促进，这将对我国文化发展的未来统计和分析具有一定的理论意义和实践意义。

皮书起源

“皮书”起源于十七、十八世纪的英国，主要指官方或社会组织正式发表的重要文件或报告，多以“白皮书”命名。在中国，“皮书”这一概念被社会广泛接受，并被成功运作、发展成为一种全新的出版形态，则源于中国社会科学院社会科学文献出版社。

皮书定义

皮书是对中国与世界发展状况和热点问题进行年度监测，以专业的角度、专家的视野和实证研究方法，针对某一领域或区域现状与发展态势展开分析和预测，具备原创性、实证性、专业性、连续性、前沿性、时效性等特点的公开出版物，由一系列权威研究报告组成。

皮书作者

皮书系列的作者以中国社会科学院、著名高校、地方社会科学院的研究人员为主，多为国内一流研究机构的权威专家学者，他们的看法和观点代表了学界对中国与世界的现实和未来最高水平的解读与分析。

皮书荣誉

皮书系列已成为社会科学文献出版社的著名图书品牌和中国社会科学院的知名学术品牌。2016 年，皮书系列正式列入“十三五”国家重点出版规划项目；2013~2018 年，重点皮书列入中国社会科学院承担的国家哲学社会科学创新工程项目；2018 年，59 种院外皮书使用“中国社会科学院创新工程学术出版项目”标识。

S 基本子库
UB DATABASE

中国社会发展数据库（下设 12 个子库）

全面整合国内外中国社会发展研究成果，汇聚独家统计数据、深度分析报告，涉及社会、人口、政治、教育、法律等 12 个领域，为了解中国社会发展动态、跟踪社会核心热点、分析社会发展趋势提供一站式资源搜索和数据分析与挖掘服务。

中国经济发展数据库（下设 12 个子库）

基于"皮书系列"中涉及中国经济发展的研究资料构建，内容涵盖宏观经济、农业经济、工业经济、产业经济等 12 个重点经济领域，为实时掌控经济运行态势、把握经济发展规律、洞察经济形势、进行经济决策提供参考和依据。

中国行业发展数据库（下设 17 个子库）

以中国国民经济行业分类为依据，覆盖金融业、旅游、医疗卫生、交通运输、能源矿产等 100 多个行业，跟踪分析国民经济相关行业市场运行状况和政策导向，汇集行业发展前沿资讯，为投资、从业及各种经济决策提供理论基础和实践指导。

中国区域发展数据库（下设 6 个子库）

对中国特定区域内的经济、社会、文化等领域现状与发展情况进行深度分析和预测，研究层级至县及县以下行政区，涉及地区、区域经济体、城市、农村等不同维度。为地方经济社会宏观态势研究、发展经验研究、案例分析提供数据服务。

中国文化传媒数据库（下设 18 个子库）

汇聚文化传媒领域专家观点、热点资讯，梳理国内外中国文化发展相关学术研究成果、一手统计数据，涵盖文化产业、新闻传播、电影娱乐、文学艺术、群众文化等 18 个重点研究领域。为文化传媒研究提供相关数据、研究报告和综合分析服务。

世界经济与国际关系数据库（下设 6 个子库）

立足"皮书系列"世界经济、国际关系相关学术资源，整合世界经济、国际政治、世界文化与科技、全球性问题、国际组织与国际法、区域研究 6 大领域研究成果，为世界经济与国际关系研究提供全方位数据分析，为决策和形势研判提供参考。

皮书系列

2018年

智 库 成 果 出 版 与 传 播 平 台

社会科学文献出版社
SOCIAL SCIENCES ACADEMIC PRESS (CHINA)

社长致辞

蓦然回首，皮书的专业化历程已经走过了二十年。20年来从一个出版社的学术产品名称到媒体热词再到智库成果研创及传播平台，皮书以专业化为主线，进行了系列化、市场化、品牌化、数字化、国际化、平台化的运作，实现了跨越式的发展。特别是在党的十八大以后，以习近平总书记为核心的党中央高度重视新型智库建设，皮书也迎来了长足的发展，总品种达到600余种，经过专业评审机制、淘汰机制遴选，目前，每年稳定出版近400个品种。“皮书”已经成为中国新型智库建设的抓手，成为国际国内社会各界快速、便捷地了解真实中国的最佳窗口。

20年孜孜以求，“皮书”始终将自己的研究视野与经济社会发展中的前沿热点问题紧密相连。600个研究领域，3万多位分布于800余个研究机构的专家学者参与了研创写作。皮书数据库中共收录了15万篇专业报告，50余万张数据图表，合计30亿字，每年报告下载量近80万次。皮书为中国学术与社会发展实践的结合提供了一个激荡智力、传播思想的入口，皮书作者们用学术的话语、客观翔实的数据谱写出了中国故事壮丽的篇章。

20年跬步千里，“皮书”始终将自己的发展与时代赋予的使命与责任紧紧相连。每年百余场新闻发布会，10万余次中外媒体报道，中、英、俄、日、韩等12个语种共同出版。皮书所具有的凝聚力正在形成一种无形的力量，吸引着社会各界关注中国的发展，参与中国的发展，它是我们向世界传递中国声音、总结中国经验、争取中国国际话语权最主要的平台。

皮书这一系列成就的取得，得益于中国改革开放的伟大时代，离不开来自中国社会科学院、新闻出版广电总局、全国哲学社会科学规划办公室等主管部门的大力支持和帮助，也离不开皮书研创者和出版者的共同努力。他们与皮书的故事创造了皮书的历史，他们对皮书的拳拳之心将继续谱写皮书的未来！

现在，“皮书”品牌已经进入了快速成长的青壮年时期。全方位进行规范化管理，树立中国的学术出版标准；不断提升皮书的内容质量和影响力，搭建起中国智库产品和智库建设的交流服务平台和国际传播平台；发布各类皮书指数，并使之成为中国指数，让中国智库的声音响彻世界舞台，为人类的发展做出中国的贡献——这是皮书未来发展的图景。作为“皮书”这个概念的提出者，“皮书”从一般图书到系列图书和品牌图书，最终成为智库研究和社会科学应用对策研究的知识服务和成果推广平台这整个过程的操盘者，我相信，这也是每一位皮书人执着追求的目标。

“当代中国正经历着我国历史上最为广泛而深刻的社会变革，也正在进行着人类历史上最为宏大而独特的实践创新。这种前无古人的伟大实践，必将给理论创造、学术繁荣提供强大动力和广阔空间。”

在这个需要思想而且一定能够产生思想的时代，皮书的研创出版一定能创造出新的更大的辉煌！

社会科学文献出版社社长
中国社会学会秘书长

谢寿光

2017年11月

社会科学文献出版社简介

社会科学文献出版社（以下简称“社科文献出版社”）成立于1985年，是直属于中国社会科学院的人文社会科学学术出版机构。成立至今，社科文献出版社始终依托中国社会科学院和国内外人文社会科学界丰厚的学术出版和专家学者资源，坚持“创社科经典，出传世文献”的出版理念、“权威、前沿、原创”的产品定位以及学术成果和智库成果出版的专业化、数字化、国际化、市场化的经营道路。

社科文献出版社是中国新闻出版业转型与文化体制改革的先行者。积极探索文化体制改革的先进方向和现代企业经营决策机制，社科文献出版社先后荣获“全国文化体制改革工作先进单位”、中国出版政府奖・先进出版单位奖，中国社会科学院先进集体、全国科普工作先进集体等荣誉称号。多人次荣获“第十届韬奋出版奖”“全国新闻出版行业领军人才”“数字出版先进人物”“北京市新闻出版广电行业领军人才”等称号。

社科文献出版社是中国人文社会科学学术出版的大社名社，也是以皮书为代表的智库成果出版的专业强社。年出版图书2000余种，其中皮书400余种，出版新书字数5.5亿字，承印与发行中国社科院院属期刊72种，先后创立了皮书系列、列国志、中国史话、社科文献学术译库、社科文献学术文库、甲骨文书系等一大批既有学术影响又有市场价值的品牌，确立了在社会学、近代史、苏东问题研究等专业学科及领域出版的领先地位。图书多次荣获中国出版政府奖、“三个一百”原创图书出版工程、“五个‘一’工程奖”、“大众喜爱的50种图书”等奖项，在中央国家机关“强素质・做表率”读书活动中，入选图书品种数位居各大出版社之首。

社科文献出版社是中国学术出版规范与标准的倡议者与制定者，代表全国50多家出版社发起实施学术著作出版规范的倡议，承担学术著作规范国家标准的起草工作，率先编撰完成《皮书手册》对皮书品牌进行规范化管理，并在此基础上推出中国版芝加哥手册——《社科文献出版社学术出版手册》。

社科文献出版社是中国数字出版的引领者，拥有皮书数据库、列国志数据库、“一带一路”数据库、减贫数据库、集刊数据库等4大产品线11个数据库产品，机构用户达1300余家，海外用户百余家，荣获“数字出版转型示范单位”“新闻出版标准化先进单位”“专业数字内容资源知识服务模式试点企业标准化示范单位”等称号。

社科文献出版社是中国学术出版走出去的践行者。社科文献出版社海外图书出版与学术合作业务遍及全球40余个国家和地区，并于2016年成立俄罗斯分社，累计输出图书500余种，涉及近20个语种，累计获得国家社科基金中华学术外译项目资助76种、“丝路书香工程”项目资助60种、中国图书对外推广计划项目资助71种以及经典中国国际出版工程资助28种，被五部委联合认定为“2015-2016年度国家文化出口重点企业”。

如今，社科文献出版社完全靠自身积累拥有固定资产3.6亿元，年收入3亿元，设置了七大出版分社、六大专业部门，成立了皮书研究院和博士后科研工作站，培养了一支近400人的高素质与高效率的编辑、出版、营销和国际推广队伍，为未来成为学术出版的大社、名社、强社，成为文化体制改革与文化企业转型发展的排头兵奠定了坚实的基础。

宏 观 经 济 类

经济蓝皮书

2018 年中国经济形势分析与预测

李平 / 主编　2017 年 12 月出版　定价：89.00 元

◆　本书为总理基金项目，由著名经济学家李扬领衔，联合中国社会科学院等数十家科研机构、国家部委和高等院校的专家共同撰写，系统分析了 2017 年的中国经济形势并预测 2018 年中国经济运行情况。

城市蓝皮书

中国城市发展报告 No.11

潘家华　单菁菁 / 主编　2018 年 9 月出版　估价：99.00 元

◆　本书是由中国社会科学院城市发展与环境研究中心编著的，多角度、全方位地立体展示了中国城市的发展状况，并对中国城市的未来发展提出了许多建议。该书有强烈的时代感，对中国城市发展实践有重要的参考价值。

人口与劳动绿皮书

中国人口与劳动问题报告 No.19

张车伟 / 主编　2018 年 10 月出版　估价：99.00 元

◆　本书为中国社会科学院人口与劳动经济研究所主编的年度报告，对当前中国人口与劳动形势做了比较全面和系统的深入讨论，为研究中国人口与劳动问题提供了一个专业性的视角。

中国省域竞争力蓝皮书

中国省域经济综合竞争力发展报告（2017 ~ 2018）

李建平　李闽榕　高燕京 / 主编　2018 年 5 月出版　估价：198.00 元

◆　本书融多学科的理论为一体，深入追踪研究了省域经济发展与中国国家竞争力的内在关系，为提升中国省域经济综合竞争力提供有价值的决策依据。

金融蓝皮书

中国金融发展报告（2018）

王国刚 / 主编　2018 年 2 月出版　估价：99.00 元

◆　本书由中国社会科学院金融研究所组织编写，概括和分析了 2017 年中国金融发展和运行中的各方面情况，研讨和评论了 2017 年发生的主要金融事件，有利于读者了解掌握 2017 年中国的金融状况，把握 2018 年中国金融的走势。

区域经济类

京津冀蓝皮书

京津冀发展报告（2018）

祝合良　叶堂林　张贵祥 / 等著　2018 年 6 月出版　估价：99.00 元

◆　本书遵循问题导向与目标导向相结合、统计数据分析与大数据分析相结合、纵向分析和长期监测与结构分析和综合监测相结合等原则，对京津冀协同发展新形势与新进展进行测度与评价。

社会政法类

社会蓝皮书

2018 年中国社会形势分析与预测

李培林　陈光金　张翼 / 主编　2017 年 12 月出版　定价：89.00 元

◆　本书由中国社会科学院社会学研究所组织研究机构专家、高校学者和政府研究人员撰写，聚焦当下社会热点，对 2017 年中国社会发展的各个方面内容进行了权威解读，同时对 2018 年社会形势发展趋势进行了预测。

法治蓝皮书

中国法治发展报告 No.16（2018）

李林　田禾 / 主编　2018 年 3 月出版　估价：118.00 元

◆　本年度法治蓝皮书回顾总结了 2017 年度中国法治发展取得的成就和存在的不足，对中国政府、司法、检务透明度进行了跟踪调研，并对 2018 年中国法治发展形势进行了预测和展望。

教育蓝皮书

中国教育发展报告（2018）

杨东平 / 主编　2018 年 4 月出版　估价：99.00 元

◆　本书重点关注了 2017 年教育领域的热点，资料翔实，分析有据，既有专题研究，又有实践案例，从多角度对 2017 年教育改革和实践进行了分析和研究。

社会体制蓝皮书

中国社会体制改革报告 No.6（2018）

龚维斌 / 主编　2018 年 3 月出版　估价：99.00 元

◆　本书由国家行政学院社会治理研究中心和北京师范大学中国社会管理研究院共同组织编写，主要对 2017 年社会体制改革情况进行回顾和总结，对 2018 年的改革走向进行分析，提出相关政策建议。

社会心态蓝皮书

中国社会心态研究报告（2018）

王俊秀　杨宜音 / 主编　2018 年 12 月出版　估价：99.00 元

◆　本书是中国社会科学院社会学研究所社会心理研究中心“社会心态蓝皮书课题组”的年度研究成果，运用社会心理学、社会学、经济学、传播学等多种学科的方法进行了调查和研究，对于目前中国社会心态状况有较广泛和深入的揭示。

华侨华人蓝皮书

华侨华人研究报告（2018）

贾益民 / 主编　2018 年 1 月出版　估价：139.00 元

◆　本书关注华侨华人生产与生活的方方面面。华侨华人是中国建设 21 世纪海上丝绸之路的重要中介者、推动者和参与者。本书旨在全面调研华侨华人，提供最新涉侨动态、理论研究成果和政策建议。

民族发展蓝皮书

中国民族发展报告（2018）

王延中 / 主编　2018 年 10 月出版　估价：188.00 元

◆　本书从民族学人类学视角，研究近年来少数民族和民族地区的发展情况，展示民族地区经济、政治、文化、社会和生态文明“五位一体”建设取得的辉煌成就和面临的困难挑战，为深刻理解中央民族工作会议精神、加快民族地区全面建成小康社会进程提供了实证材料。

产业经济类

房地产蓝皮书

中国房地产发展报告 No.15（2018）

李春华　王业强 / 主编　2018 年 5 月出版　估价：99.00 元

◆　2018 年《房地产蓝皮书》持续追踪中国房地产市场最新动态，深度剖析市场热点，展望 2018 年发展趋势，积极谋划应对策略。对 2017 年房地产市场的发展态势进行全面、综合的分析。

新能源汽车蓝皮书

中国新能源汽车产业发展报告（2018）

中国汽车技术研究中心　日产（中国）投资有限公司
东风汽车有限公司 / 编著　2018 年 8 月出版　估价：99.00 元

◆　本书对中国 2017 年新能源汽车产业发展进行了全面系统的分析，并介绍了国外的发展经验。有助于相关机构、行业和社会公众等了解中国新能源汽车产业发展的最新动态，为政府部门出台新能源汽车产业相关政策法规、企业制定相关战略规划，提供必要的借鉴和参考。

行业及其他类

旅游绿皮书

2017 ~ 2018 年中国旅游发展分析与预测

中国社会科学院旅游研究中心 / 编　2018 年 2 月出版　估价：99.00 元

◆　本书从政策、产业、市场、社会等多个角度勾画出 2017 年中国旅游发展全貌，剖析了其中的热点和核心问题，并就未来发展作出预测。

民营医院蓝皮书

中国民营医院发展报告（2018）

薛晓林 / 主编　2018 年 1 月出版　估价：99.00 元

◆　本书在梳理国家对社会办医的各种利好政策的前提下，对我国民营医疗发展现状、我国民营医院竞争力进行了分析，并结合我国医疗体制改革对民营医院的发展趋势、发展策略、战略规划等方面进行了预估。

会展蓝皮书

中外会展业动态评估研究报告（2018）

张敏 / 主编　2018 年 12 月出版　估价：99.00 元

◆　本书回顾了2017年的会展业发展动态，结合“供给侧改革”、“互联网 +”、“绿色经济”的新形势分析了我国展会的行业现状，并介绍了国外的发展经验，有助于行业和社会了解最新的展会业动态。

中国上市公司蓝皮书

中国上市公司发展报告（2018）

张平　王宏淼 / 主编　2018 年 9 月出版　估价：99.00 元

◆　本书由中国社会科学院上市公司研究中心组织编写的，着力于全面、真实、客观反映当前中国上市公司财务状况和价值评估的综合性年度报告。本书详尽分析了 2017 年中国上市公司情况，特别是现实中暴露出的制度性、基础性问题，并对资本市场改革进行了探讨。

工业和信息化蓝皮书

人工智能发展报告（2017 ~ 2018）

尹丽波 / 主编　2018 年 6 月出版　估价：99.00 元

◆　本书国家工业信息安全发展研究中心在对 2017 年全球人工智能技术和产业进行全面跟踪研究基础上形成的研究报告。该报告内容翔实、视角独特，具有较强的产业发展前瞻性和预测性，可为相关主管部门、行业协会、企业等全面了解人工智能发展形势以及进行科学决策提供参考。

国际问题与全球治理类

世界经济黄皮书

2018 年世界经济形势分析与预测

张宇燕 / 主编　2018 年 1 月出版　估价：99.00 元

◆　本书由中国社会科学院世界经济与政治研究所的研究团队撰写，分总论、国别与地区、专题、热点、世界经济统计与预测等五个部分，对 2018 年世界经济形势进行了分析。

国际城市蓝皮书

国际城市发展报告（2018）

屠启宇 / 主编　2018 年 2 月出版　估价：99.00 元

◆　本书作者以上海社会科学院从事国际城市研究的学者团队为核心，汇集同济大学、华东师范大学、复旦大学、上海交通大学、南京大学、浙江大学相关城市研究专业学者。立足动态跟踪介绍国际城市发展时间中，最新出现的重大战略、重大理念、重大项目、重大报告和最佳案例。

非洲黄皮书

非洲发展报告 No.20（2017 ~ 2018）

张宏明 / 主编　2018 年 7 月出版　估价：99.00 元

◆　本书是由中国社会科学院西亚非洲研究所组织编撰的非洲形势年度报告，比较全面、系统地分析了 2017 年非洲政治形势和热点问题，探讨了非洲经济形势和市场走向，剖析了大国对非洲关系的新动向；此外，还介绍了国内非洲研究的新成果。

国别类

美国蓝皮书

美国研究报告（2018）

郑秉文　黄平 / 主编　2018 年 5 月出版　估价：99.00 元

◆　本书是由中国社会科学院美国研究所主持完成的研究成果，它回顾了美国 2017 年的经济、政治形势与外交战略，对美国内政外交发生的重大事件及重要政策进行了较为全面的回顾和梳理。

德国蓝皮书

德国发展报告（2018）

郑春荣 / 主编　2018 年 6 月出版　估价：99.00 元

◆　本报告由同济大学德国研究所组织编撰，由该领域的专家学者对德国的政治、经济、社会文化、外交等方面的形势发展情况，进行全面的阐述与分析。

俄罗斯黄皮书

俄罗斯发展报告（2018）

李永全 / 编著　2018 年 6 月出版　估价：99.00 元

◆　本书系统介绍了 2017 年俄罗斯经济政治情况，并对 2016 年该地区发生的焦点、热点问题进行了分析与回顾；在此基础上，对该地区 2018 年的发展前景进行了预测。

文化传媒类

新媒体蓝皮书

中国新媒体发展报告 No.9（2018）

唐绪军 / 主编　2018 年 6 月出版　估价：99.00 元

◆　本书是由中国社会科学院新闻与传播研究所组织编写的关于新媒体发展的最新年度报告，旨在全面分析中国新媒体的发展现状，解读新媒体的发展趋势，探析新媒体的深刻影响。

移动互联网蓝皮书

中国移动互联网发展报告（2018）

余清楚 / 主编　2018 年 6 月出版　估价：99.00 元

◆　本书着眼于对 2017 年度中国移动互联网的发展情况做深入解析，对未来发展趋势进行预测，力求从不同视角、不同层面全面剖析中国移动互联网发展的现状、年度突破及热点趋势等。

文化蓝皮书

中国文化消费需求景气评价报告（2018）

王亚南 / 主编　2018 年 2 月出版　估价：99.00 元

◆　本书首创全国文化发展量化检测评价体系，也是至今全国唯一的文化民生量化检测评价体系，对于检验全国及各地 " 以人民为中心 " 的文化发展具有首创意义。

地方发展类

北京蓝皮书

北京经济发展报告（2017 ~ 2018）

杨松 / 主编　2018 年 6 月出版　估价：99.00 元

◆　本书对 2017 年北京市经济发展的整体形势进行了系统性的分析与回顾，并对 2018 年经济形势走势进行了预测与研判，聚焦北京市经济社会发展中的全局性、战略性和关键领域的重点问题，运用定量和定性分析相结合的方法，对北京市经济社会发展的现状、问题、成因进行了深入分析，提出了可操作性的对策建议。

温州蓝皮书

2018 年温州经济社会形势分析与预测

蒋儒标　王春光　金浩 / 主编　2018 年 4 月出版　估价：99.00 元

◆　本书是中共温州市委党校和中国社会科学院社会学研究所合作推出的第十一本温州蓝皮书，由来自党校、政府部门、科研机构、高校的专家、学者共同撰写的 2017 年温州区域发展形势的最新研究成果。

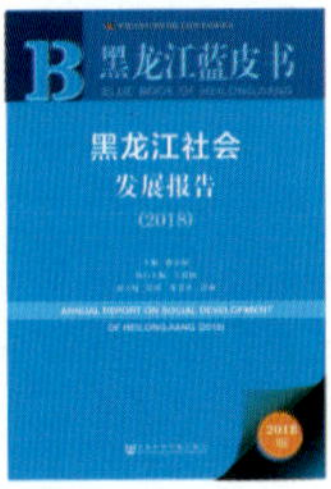

黑龙江蓝皮书

黑龙江社会发展报告（2018）

王爱丽 / 主编　2018 年 6 月出版　估价：99.00 元

◆　本书以千份随机抽样问卷调查和专题研究为依据，运用社会学理论框架和分析方法，从专家和学者的独特视角，对 2017 年黑龙江省关系民生的问题进行广泛的调研与分析，并对 2017 年黑龙江省诸多社会热点和焦点问题进行了有益的探索。这些研究不仅可以为政府部门更加全面深入了解省情、科学制定决策提供智力支持，同时也可以为广大读者认识、了解、关注黑龙江社会发展提供理性思考。

宏观经济类

城市蓝皮书
中国城市发展报告（No.11）
著(编)者：潘家华 单菁菁
2018年9月出版 / 估价：99.00元
PSN B-2007-091-1/1

城乡一体化蓝皮书
中国城乡一体化发展报告（2018）
著(编)者：付崇兰
2018年9月出版 / 估价：99.00元
PSN B-2011-226-1/2

城镇化蓝皮书
中国新型城镇化健康发展报告（2018）
著(编)者：张占斌
2018年8月出版 / 估价：99.00元
PSN B-2014-396-1/1

创新蓝皮书
创新型国家建设报告（2018~2019）
著(编)者：詹正茂
2018年12月出版 / 估价：99.00元
PSN B-2009-140-1/1

低碳发展蓝皮书
中国低碳发展报告（2018）
著(编)者：张希良 齐晔
2018年6月出版 / 估价：99.00元
PSN B-2011-223-1/1

低碳经济蓝皮书
中国低碳经济发展报告（2018）
著(编)者：薛进军 赵忠秀
2018年11月出版 / 估价：99.00元
PSN B-2011-194-1/1

发展和改革蓝皮书
中国经济发展和体制改革报告No.9
著(编)者：邹东涛 王再文
2018年1月出版 / 估价：99.00元
PSN B-2008-122-1/1

国家创新蓝皮书
中国创新发展报告（2017）
著(编)者：陈劲 2018年3月出版 / 估价：99.00元
PSN B-2014-370-1/1

金融蓝皮书
中国金融发展报告（2018）
著(编)者：王国刚
2018年2月出版 / 估价：99.00元
PSN B-2004-031-1/7

经济蓝皮书
2018年中国经济形势分析与预测
著(编)者：李平 2017年12月出版 / 定价：89.00元
PSN B-1996-001-1/1

经济蓝皮书春季号
2018年中国经济前景分析
著(编)者：李扬 2018年5月出版 / 估价：99.00元
PSN B-1999-008-1/1

经济蓝皮书夏季号
中国经济增长报告（2017~2018）
著(编)者：李扬 2018年9月出版 / 估价：99.00元
PSN B-2010-176-1/1

经济信息绿皮书
中国与世界经济发展报告（2018）
著(编)者：杜平
2017年12月出版 / 估价：99.00元
PSN G-2003-023-1/1

农村绿皮书
中国农村经济形势分析与预测（2017~2018）
著(编)者：魏后凯 黄秉信
2018年4月出版 / 估价：99.00元
PSN G-1998-003-1/1

人口与劳动绿皮书
中国人口与劳动问题报告No.19
著(编)者：张车伟 2018年11月出版 / 估价：99.00元
PSN G-2000-012-1/1

新型城镇化蓝皮书
新型城镇化发展报告（2017）
著(编)者：李伟 宋敏 沈体雁
2018年3月出版 / 估价：99.00元
PSN B-2005-038-1/1

中国省域竞争力蓝皮书
中国省域经济综合竞争力发展报告（2016~2017）
著(编)者：李建平 李闽榕 高燕京
2018年2月出版 / 估价：198.00元
PSN B-2007-088-1/1

中小城市绿皮书
中国中小城市发展报告（2018）
著(编)者：中国城市经济学会中小城市经济发展委员会
中国城镇化促进会中小城市发展委员会
《中国中小城市发展报告》编纂委员会
中小城市发展战略研究院
2018年11月出版 / 估价：128.00元
PSN G-2010-161-1/1

区域经济类

东北蓝皮书
中国东北地区发展报告（2018）
著(编)者：姜晓秋　2018年11月出版 / 估价：99.00元
PSN B-2006-067-1/1

金融蓝皮书
中国金融中心发展报告（2017~2018）
著(编)者：王力 黄育华　2018年11月出版 / 估价：99.00元
PSN B-2011-186-6/7

京津冀蓝皮书
京津冀发展报告（2018）
著(编)者：祝合良 叶堂林 张贵祥
2018年6月出版 / 估价：99.00元
PSN B-2012-262-1/1

西北蓝皮书
中国西北发展报告（2018）
著(编)者：任宗哲 白宽犁 王建康
2018年4月出版 / 估价：99.00元
PSN B-2012-261-1/1

西部蓝皮书
中国西部发展报告（2018）
著(编)者：璋勇 任保平　2018年8月出版 / 估价：99.00元
PSN B-2005-039-1/1

长江经济带产业蓝皮书
长江经济带产业发展报告（2018）
著(编)者：吴传清　2018年11月出版 / 估价：128.00元
PSN B-2017-666-1/1

长江经济带蓝皮书
长江经济带发展报告（2017~2018）
著(编)者：王振　2018年11月出版 / 估价：99.00元
PSN B-2016-575-1/1

长江中游城市群蓝皮书
长江中游城市群新型城镇化与产业协同发展报告（2018）
著(编)者：杨刚强　2018年11月出版 / 估价：99.00元
PSN B-2016-578-1/1

长三角蓝皮书
2017年创新融合发展的长三角
著(编)者：刘飞跃　2018年3月出版 / 估价：99.00元
PSN B-2005-038-1/1

长株潭城市群蓝皮书
长株潭城市群发展报告（2017）
著(编)者：张萍 朱有志　2018年1月出版 / 估价：99.00元
PSN B-2008-109-1/1

中部竞争力蓝皮书
中国中部经济社会竞争力报告（2018）
著(编)者：教育部人文社会科学重点研究基地南昌大学中国中部经济社会发展研究中心
2018年12月出版 / 估价：99.00元
PSN B-2012-276-1/1

中部蓝皮书
中国中部地区发展报告（2018）
著(编)者：宋亚平　2018年12月出版 / 估价：99.00元
PSN B-2007-089-1/1

区域蓝皮书
中国区域经济发展报告（2017~2018）
著(编)者：赵弘　2018年5月出版 / 估价：99.00元
PSN B-2004-034-1/1

中三角蓝皮书
长江中游城市群发展报告（2018）
著(编)者：秦尊文　2018年9月出版 / 估价：99.00元
PSN B-2014-417-1/1

中原蓝皮书
中原经济区发展报告（2018）
著(编)者：李英杰　2018年6月出版 / 估价：99.00元
PSN B-2011-192-1/1

珠三角流通蓝皮书
珠三角商圈发展研究报告（2018）
著(编)者：王先庆 林至颖　2018年7月出版 / 估价：99.00元
PSN B-2012-292-1/1

社会政法类

北京蓝皮书
中国社区发展报告（2017~2018）
著(编)者：于燕燕　2018年9月出版 / 估价：99.00元
PSN B-2007-083-5/8

殡葬绿皮书
中国殡葬事业发展报告（2017~2018）
著(编)者：李伯森　2018年4月出版 / 估价：158.00元
PSN G-2010-180-1/1

城市管理蓝皮书
中国城市管理报告（2017-2018）
著(编)者：刘林 刘承水　2018年5月出版 / 估价：158.00元
PSN B-2013-336-1/1

城市生活质量蓝皮书
中国城市生活质量报告（2017）
著(编)者：张连城 张平 杨春学 郎丽华
2018年2月出版 / 估价：99.00元
PSN B-2013-326-1/1

城市政府能力蓝皮书
中国城市政府公共服务能力评估报告（2018）
著(编)者：何艳玲　　2018年4月出版 / 估价：99.00元
PSN B-2013-338-1/1

创业蓝皮书
中国创业发展研究报告（2017～2018）
著(编)者：黄群慧 赵卫星 钟宏武
2018年11月出版 / 估价：99.00元
PSN B-2016-577-1/1

慈善蓝皮书
中国慈善发展报告（2018）
著(编)者：杨团　　2018年6月出版 / 估价：99.00元
PSN B-2009-142-1/1

党建蓝皮书
党的建设研究报告No.2（2018）
著(编)者：崔建民 陈东平　　2018年1月出版 / 估价：99.00元
PSN B-2016-523-1/1

地方法治蓝皮书
中国地方法治发展报告No.3（2018）
著(编)者：李林 田禾　　2018年3月出版 / 估价：118.00元
PSN B-2015-442-1/1

电子政务蓝皮书
中国电子政务发展报告（2018）
著(编)者：李季　　2018年8月出版 / 估价：99.00元
PSN B-2003-022-1/1

法治蓝皮书
中国法治发展报告No.16（2018）
著(编)者：吕艳滨　　2018年3月出版 / 估价：118.00元
PSN B-2004-027-1/3

法治蓝皮书
中国法院信息化发展报告 No.2（2018）
著(编)者：李林 田禾　　2018年2月出版 / 估价：108.00元
PSN B-2017-604-3/3

法治政府蓝皮书
中国法治政府发展报告（2018）
著(编)者：中国政法大学法治政府研究院
2018年4月出版 / 估价：99.00元
PSN B-2015-502-1/2

法治政府蓝皮书
中国法治政府评估报告（2018）
著(编)者：中国政法大学法治政府研究院
2018年9月出版 / 估价：168.00元
PSN B-2016-576-2/2

反腐倡廉蓝皮书
中国反腐倡廉建设报告 No.8
著(编)者：张英伟　　2018年12月出版 / 估价：99.00元
PSN B-2012-259-1/1

扶贫蓝皮书
中国扶贫开发报告（2018）
著(编)者：李培林 魏后凯　　2018年12月出版 / 估价：128.00元
PSN B-2016-599-1/1

妇女发展蓝皮书
中国妇女发展报告 No.6
著(编)者：王金玲　　2018年9月出版 / 估价：158.00元
PSN B-2006-069-1/1

妇女教育蓝皮书
中国妇女教育发展报告 No.3
著(编)者：张李玺　　2018年10月出版 / 估价：99.00元
PSN B-2008-121-1/1

妇女绿皮书
2018年：中国性别平等与妇女发展报告
著(编)者：谭琳　　2018年12月出版 / 估价：99.00元
PSN G-2006-073-1/1

公共安全蓝皮书
中国城市公共安全发展报告（2017～2018）
著(编)者：黄育华 杨文明 赵建辉
2018年6月出版 / 估价：99.00元
PSN B-2017-628-1/1

公共服务蓝皮书
中国城市基本公共服务力评价（2018）
著(编)者：钟君 刘志昌 吴正杲
2018年12月出版 / 估价：99.00元
PSN B-2011-214-1/1

公民科学素质蓝皮书
中国公民科学素质报告（2017～2018）
著(编)者：李群 陈雄 马宗文
2018年1月出版 / 估价：99.00元
PSN B-2014-379-1/1

公益蓝皮书
中国公益慈善发展报告（2016）
著(编)者：朱健刚 胡小军　　2018年2月出版 / 估价：99.00元
PSN B-2012-283-1/1

国际人才蓝皮书
中国国际移民报告（2018）
著(编)者：王辉耀　　2018年2月出版 / 估价：99.00元
PSN B-2012-304-3/4

国际人才蓝皮书
中国留学发展报告（2018）No.7
著(编)者：王辉耀 苗绿　　2018年12月出版 / 估价：99.00元
PSN B-2012-244-2/4

海洋社会蓝皮书
中国海洋社会发展报告（2017）
著(编)者：崔凤 宋宁而　　2018年3月出版 / 估价：99.00元
PSN B-2015-478-1/1

行政改革蓝皮书
中国行政体制改革报告No.7（2018）
著(编)者：魏礼群　　2018年6月出版 / 估价：99.00元
PSN B-2011-231-1/1

华侨华人蓝皮书
华侨华人研究报告（2017）
著(编)者：贾益民　　2018年1月出版 / 估价：139.00元
PSN B-2011-204-1/1

环境竞争力绿皮书
中国省域环境竞争力发展报告（2018）
著(编)者：李建平 李闽榕 王金南
2018年11月出版 / 估价：198.00元
PSN G-2010-165-1/1

环境绿皮书
中国环境发展报告（2017~2018）
著(编)者：李波　2018年4月出版 / 估价：99.00元
PSN G-2006-048-1/1

家庭蓝皮书
中国“创建幸福家庭活动”评估报告（2018）
著(编)者：国务院发展研究中心“创建幸福家庭活动评估”课题组
2018年12月出版 / 估价：99.00元
PSN B-2015-508-1/1

健康城市蓝皮书
中国健康城市建设研究报告（2018）
著(编)者：王鸿春 盛继洪　2018年12月出版 / 估价：99.00元
PSN B-2016-564-2/2

健康中国蓝皮书
社区首诊与健康中国分析报告（2018）
著(编)者：高和荣 杨叔禹 姜杰
2018年4月出版 / 估价：99.00元
PSN B-2017-611-1/1

教师蓝皮书
中国中小学教师发展报告（2017）
著(编)者：曾晓东 鱼霞　2018年6月出版 / 估价：99.00元
PSN B-2012-289-1/1

教育扶贫蓝皮书
中国教育扶贫报告（2018）
著(编)者：司树杰 王文静 李兴洲
2018年12月出版 / 估价：99.00元
PSN B-2016-590-1/1

教育蓝皮书
中国教育发展报告（2018）
著(编)者：杨东平　2018年4月出版 / 估价：99.00元
PSN B-2006-047-1/1

金融法治建设蓝皮书
中国金融法治建设年度报告（2015~2016）
著(编)者：朱小黄　2018年6月出版 / 估价：99.00元
PSN B-2017-633-1/1

京津冀教育蓝皮书
京津冀教育发展研究报告（2017~2018）
著(编)者：方中雄　2018年4月出版 / 估价：99.00元
PSN B-2017-608-1/1

就业蓝皮书
2018年中国本科生就业报告
著(编)者：麦可思研究院　2018年6月出版 / 估价：99.00元
PSN B-2009-146-1/2

就业蓝皮书
2018年中国高职高专生就业报告
著(编)者：麦可思研究院　2018年6月出版 / 估价：99.00元
PSN B-2015-472-2/2

科学教育蓝皮书
中国科学教育发展报告（2018）
著(编)者：王康友　2018年10月出版 / 估价：99.00元
PSN B-2015-487-1/1

劳动保障蓝皮书
中国劳动保障发展报告（2018）
著(编)者：刘燕斌　2018年9月出版 / 估价：158.00元
PSN B-2014-415-1/1

老龄蓝皮书
中国老年宜居环境发展报告（2017）
著(编)者：党俊武 周燕珉　2018年1月出版 / 估价：99.00元
PSN B-2013-320-1/1

连片特困区蓝皮书
中国连片特困区发展报告（2017~2018）
著(编)者：游俊 冷志明 丁建军
2018年4月出版 / 估价：99.00元
PSN B-2013-321-1/1

流动儿童蓝皮书
中国流动儿童教育发展报告（2017）
著(编)者：杨东平　2018年1月出版 / 估价：99.00元
PSN B-2017-600-1/1

民调蓝皮书
中国民生调查报告（2018）
著(编)者：谢耘耕　2018年12月出版 / 估价：99.00元
PSN B-2014-398-1/1

民族发展蓝皮书
中国民族发展报告（2018）
著(编)者：王延中　2018年10月出版 / 估价：188.00元
PSN B-2006-070-1/1

女性生活蓝皮书
中国女性生活状况报告No.12（2018）
著(编)者：韩湘景　2018年7月出版 / 估价：99.00元
PSN B-2006-071-1/1

汽车社会蓝皮书
中国汽车社会发展报告（2017~2018）
著(编)者：王俊秀　2018年1月出版 / 估价：99.00元
PSN B-2011-224-1/1

青年蓝皮书
中国青年发展报告（2018）No.3
著(编)者：廉思　2018年4月出版 / 估价：99.00元
PSN B-2013-333-1/1

青少年蓝皮书
中国未成年人互联网运用报告（2017~2018）
著(编)者：季为民 李文革 沈杰
2018年11月出版 / 估价：99.00元
PSN B-2010-156-1/1

人权蓝皮书
中国人权事业发展报告No.8（2018）
著(编)者：李君如　　2018年9月出版 / 估价：99.00元
PSN B-2011-215-1/1

社会保障绿皮书
中国社会保障发展报告No.9（2018）
著(编)者：王延中　　2018年1月出版 / 估价：99.00元
PSN G-2001-014-1/1

社会风险评估蓝皮书
风险评估与危机预警报告（2017～2018）
著(编)者：唐钧　　2018年8月出版 / 估价：99.00元
PSN B-2012-293-1/1

社会工作蓝皮书
中国社会工作发展报告（2016~2017）
著(编)者：民政部社会工作研究中心
2018年8月出版 / 估价：99.00元
PSN B-2009-141-1/1

社会管理蓝皮书
中国社会管理创新报告No.6
著(编)者：连玉明　　2018年11月出版 / 估价：99.00元
PSN B-2012-300-1/1

社会蓝皮书
2018年中国社会形势分析与预测
著(编)者：李培林 陈光金 张翼
2017年12月出版 / 定价：89.00元
PSN B-1998-002-1/1

社会体制蓝皮书
中国社会体制改革报告No.6（2018）
著(编)者：龚维斌　　2018年3月出版 / 估价：99.00元
PSN B-2013-330-1/1

社会心态蓝皮书
中国社会心态研究报告（2018）
著(编)者：王俊秀　　2018年12月出版 / 估价：99.00元
PSN B-2011-199-1/1

社会组织蓝皮书
中国社会组织报告（2017-2018）
著(编)者：黄晓勇　　2018年1月出版 / 估价：99.00元
PSN B-2008-118-1/2

社会组织蓝皮书
中国社会组织评估发展报告（2018）
著(编)者：徐家良　　2018年12月出版 / 估价：99.00元
PSN B-2013-366-2/2

生态城市绿皮书
中国生态城市建设发展报告（2018）
著(编)者：刘举科 孙伟平 胡文臻
2018年9月出版 / 估价：158.00元
PSN G-2012-269-1/1

生态文明绿皮书
中国省域生态文明建设评价报告（ECI 2018）
著(编)者：严耕　　2018年12月出版 / 估价：99.00元
PSN G-2010-170-1/1

退休生活蓝皮书
中国城市居民退休生活质量指数报告（2017）
著(编)者：杨一帆　　2018年5月出版 / 估价：99.00元
PSN B-2017-618-1/1

危机管理蓝皮书
中国危机管理报告（2018）
著(编)者：文学国 范正青
2018年8月出版 / 估价：99.00元
PSN B-2010-171-1/1

学会蓝皮书
2018年中国学会发展报告
著(编)者：麦可思研究院
2018年12月出版 / 估价：99.00元
PSN B-2016-597-1/1

医改蓝皮书
中国医药卫生体制改革报告（2017～2018）
著(编)者：文学国 房志武
2018年11月出版 / 估价：99.00元
PSN B-2014-432-1/1

应急管理蓝皮书
中国应急管理报告（2018）
著(编)者：宋英华　　2018年9月出版 / 估价：99.00元
PSN B-2016-562-1/1

政府绩效评估蓝皮书
中国地方政府绩效评估报告 No.2
著(编)者：贠杰　　2018年12月出版 / 估价：99.00元
PSN B-2017-672-1/1

政治参与蓝皮书
中国政治参与报告（2018）
著(编)者：房宁　　2018年8月出版 / 估价：128.00元
PSN B-2011-200-1/1

政治文化蓝皮书
中国政治文化报告（2018）
著(编)者：邢元敏 魏大鹏 龚克
2018年8月出版 / 估价：128.00元
PSN B-2017-615-1/1

中国传统村落蓝皮书
中国传统村落保护现状报告（2018）
著(编)者：胡彬彬 李向军 王晓波
2018年12月出版 / 估价：99.00元
PSN B-2017-663-1/1

中国农村妇女发展蓝皮书
农村流动女性城市生活发展报告（2018）
著(编)者：谢丽华　　2018年12月出版 / 估价：99.00元
PSN B-2014-434-1/1

宗教蓝皮书
中国宗教报告（2017）
著(编)者：邱永辉　　2018年8月出版 / 估价：99.00元
PSN B-2008-117-1/1

产业经济类

保健蓝皮书
中国保健服务产业发展报告 No.2
著(编)者：中国保健协会　中共中央党校
2018年7月出版 / 估价：198.00元
PSN B-2012-272-3/3

保健蓝皮书
中国保健食品产业发展报告 No.2
著(编)者：中国保健协会
中国社会科学院食品药品产业发展与监管研究中心
2018年8月出版 / 估价：198.00元
PSN B-2012-271-2/3

保健蓝皮书
中国保健用品产业发展报告 No.2
著(编)者：中国保健协会
国务院国有资产监督管理委员会研究中心
2018年3月出版 / 估价：198.00元
PSN B-2012-270-1/3

保险蓝皮书
中国保险业竞争力报告（2018）
著(编)者：保监会　2018年12月出版 / 估价：99.00元
PSN B-2013-311-1/1

冰雪蓝皮书
中国冰上运动产业发展报告（2018）
著(编)者：孙承华 杨占武 刘戈 张鸿俊
2018年9月出版 / 估价：99.00元
PSN B-2017-648-3/3

冰雪蓝皮书
中国滑雪产业发展报告（2018）
著(编)者：孙承华 伍斌 魏庆华 张鸿俊
2018年9月出版 / 估价：99.00元
PSN B-2016-559-1/3

餐饮产业蓝皮书
中国餐饮产业发展报告（2018）
著(编)者：邢颖
2018年6月出版 / 估价：99.00元
PSN B-2009-151-1/1

茶业蓝皮书
中国茶产业发展报告（2018）
著(编)者：杨江帆 李闽榕
2018年10月出版 / 估价：99.00元
PSN B-2010-164-1/1

产业安全蓝皮书
中国文化产业安全报告（2018）
著(编)者：北京印刷学院文化产业安全研究院
2018年12月出版 / 估价：99.00元
PSN B-2014-378-12/14

产业安全蓝皮书
中国新媒体产业安全报告（2016～2017）
著(编)者：肖丽　2018年6月出版 / 估价：99.00元
PSN B-2015-500-14/14

产业安全蓝皮书
中国出版传媒产业安全报告（2017～2018）
著(编)者：北京印刷学院文化产业安全研究院
2018年3月出版 / 估价：99.00元
PSN B-2014-384-13/14

产业蓝皮书
中国产业竞争力报告（2018）No.8
著(编)者：张其仔　2018年12月出版 / 估价：168.00元
PSN B-2010-175-1/1

动力电池蓝皮书
中国新能源汽车动力电池产业发展报告（2018）
著(编)者：中国汽车技术研究中心
2018年8月出版 / 估价：99.00元
PSN B-2017-639-1/1

杜仲产业绿皮书
中国杜仲橡胶资源与产业发展报告（2017～2018）
著(编)者：杜红岩 胡文臻 俞锐
2018年1月出版 / 估价：99.00元
PSN G-2013-350-1/1

房地产蓝皮书
中国房地产发展报告No.15（2018）
著(编)者：李春华 王业强
2018年5月出版 / 估价：99.00元
PSN B-2004-028-1/1

服务外包蓝皮书
中国服务外包产业发展报告（2017～2018）
著(编)者：王晓红 刘德军
2018年6月出版 / 估价：99.00元
PSN B-2013-331-2/2

服务外包蓝皮书
中国服务外包竞争力报告（2017～2018）
著(编)者：刘春生 王力 黄育华
2018年12月出版 / 估价：99.00元
PSN B-2011-216-1/2

工业和信息化蓝皮书
世界信息技术产业发展报告（2017～2018）
著(编)者：尹丽波　2018年6月出版 / 估价：99.00元
PSN B-2015-449-2/6

工业和信息化蓝皮书
战略性新兴产业发展报告（2017～2018）
著(编)者：尹丽波　2018年6月出版 / 估价：99.00元
PSN B-2015-450-3/6

客车蓝皮书
中国客车产业发展报告（2017~2018）
著(编)者：姚蔚　　2018年10月出版 / 估价：99.00元
PSN B-2013-361-1/1

流通蓝皮书
中国商业发展报告（2018~2019）
著(编)者：王雪峰 林诗慧
2018年7月出版 / 估价：99.00元
PSN B-2009-152-1/2

能源蓝皮书
中国能源发展报告（2018）
著(编)者：崔民选 王军生 陈义和
2018年12月出版 / 估价：99.00元
PSN B-2006-049-1/1

农产品流通蓝皮书
中国农产品流通产业发展报告（2017）
著(编)者：贾敬敦 张东科 张玉玺 张鹏毅 周伟
2018年1月出版 / 估价：99.00元
PSN B-2012-288-1/1

汽车工业蓝皮书
中国汽车工业发展年度报告（2018）
著(编)者：中国汽车工业协会
中国汽车技术研究中心
丰田汽车公司
2018年5月出版 / 估价：168.00元
PSN B-2015-463-1/2

汽车工业蓝皮书
中国汽车零部件产业发展报告（2017~2018）
著(编)者：中国汽车工业协会
中国汽车工程研究院深圳市沃特玛电池有限公司
2018年9月出版 / 估价：99.00元
PSN B-2016-515-2/2

汽车蓝皮书
中国汽车产业发展报告（2018）
著(编)者：中国汽车工程学会
大众汽车集团（中国）
2018年11月出版 / 估价：99.00元
PSN B-2008-124-1/1

世界茶业蓝皮书
世界茶业发展报告（2018）
著(编)者：李闽榕 冯廷佺
2018年5月出版 / 估价：168.00元
PSN B-2017-619-1/1

世界能源蓝皮书
世界能源发展报告（2018）
著(编)者：黄晓勇　　2018年6月出版 / 估价：168.00元
PSN B-2013-349-1/1

体育蓝皮书
国家体育产业基地发展报告（2016~2017）
著(编)者：李颖川　　2018年4月出版 / 估价：168.00元
PSN B-2017-609-5/5

体育蓝皮书
中国体育产业发展报告（2018）
著(编)者：阮伟 钟秉枢
2018年12月出版 / 估价：99.00元
PSN B-2010-179-1/5

文化金融蓝皮书
中国文化金融发展报告（2018）
著(编)者：杨涛 金巍
2018年5月出版 / 估价：99.00元
PSN B-2017-610-1/1

新能源汽车蓝皮书
中国新能源汽车产业发展报告（2018）
著(编)者：中国汽车技术研究中心
日产（中国）投资有限公司
东风汽车有限公司
2018年8月出版 / 估价：99.00元
PSN B-2013-347-1/1

薏仁米产业蓝皮书
中国薏仁米产业发展报告No.2（2018）
著(编)者：李发耀 石明　秦礼康
2018年8月出版 / 估价：99.00元
PSN B-2017-645-1/1

邮轮绿皮书
中国邮轮产业发展报告（2018）
著(编)者：汪泓　　2018年10月出版 / 估价：99.00元
PSN G-2014-419-1/1

智能养老蓝皮书
中国智能养老产业发展报告（2018）
著(编)者：朱勇　　2018年10月出版 / 估价：99.00元
PSN B-2015-488-1/1

中国节能汽车蓝皮书
中国节能汽车发展报告（2017~2018）
著(编)者：中国汽车工程研究院股份有限公司
2018年9月出版 / 估价：99.00元
PSN B-2016-565-1/1

中国陶瓷产业蓝皮书
中国陶瓷产业发展报告（2018）
著(编)者：左和平 黄速建
2018年10月出版 / 估价：99.00元
PSN B-2016-573-1/1

装备制造业蓝皮书
中国装备制造业发展报告（2018）
著(编)者：徐东华　　2018年12月出版 / 估价：118.00元
PSN B-2015-505-1/1

行业及其他类

"三农"互联网金融蓝皮书
中国"三农"互联网金融发展报告(2018)
著(编)者:李勇坚 王弢
2018年8月出版 / 估价:99.00元
PSN B-2016-560-1/1

SUV蓝皮书
中国SUV市场发展报告(2017~2018)
著(编)者:靳军 2018年9月出版 / 估价:99.00元
PSN B-2016-571-1/1

冰雪蓝皮书
中国冬季奥运会发展报告(2018)
著(编)者:孙承华 伍斌 魏庆华 张鸿俊
2018年9月出版 / 估价:99.00元
PSN B-2017-647-2/3

彩票蓝皮书
中国彩票发展报告(2018)
著(编)者:益彩基金 2018年4月出版 / 估价:99.00元
PSN B-2015-462-1/1

测绘地理信息蓝皮书
测绘地理信息供给侧结构性改革研究报告(2018)
著(编)者:库热西·买合苏提
2018年12月出版 / 估价:168.00元
PSN B-2009-145-1/1

产权市场蓝皮书
中国产权市场发展报告(2017)
著(编)者:曹和平 2018年5月出版 / 估价:99.00元
PSN B-2009-147-1/1

城投蓝皮书
中国城投行业发展报告(2018)
著(编)者:华景斌
2018年11月出版 / 估价:300.00元
PSN B-2016-514-1/1

大数据蓝皮书
中国大数据发展报告(No.2)
著(编)者:连玉明 2018年5月出版 / 估价:99.00元
PSN B-2017-620-1/1

大数据应用蓝皮书
中国大数据应用发展报告No.2(2018)
著(编)者:陈军君 2018年8月出版 / 估价:99.00元
PSN B-2017-644-1/1

对外投资与风险蓝皮书
中国对外直接投资与国家风险报告(2018)
著(编)者:中债资信评估有限责任公司
中国社会科学院世界经济与政治研究所
2018年4月出版 / 估价:189.00元
PSN B-2017-606-1/1

工业和信息化蓝皮书
人工智能发展报告(2017~2018)
著(编)者:尹丽波 2018年6月出版 / 估价:99.00元
PSN B-2015-448-1/6

工业和信息化蓝皮书
世界智慧城市发展报告(2017~2018)
著(编)者:尹丽波 2018年6月出版 / 估价:99.00元
PSN B-2017-624-6/6

工业和信息化蓝皮书
世界网络安全发展报告(2017~2018)
著(编)者:尹丽波 2018年6月出版 / 估价:99.00元
PSN B-2015-452-5/6

工业和信息化蓝皮书
世界信息化发展报告(2017~2018)
著(编)者:尹丽波 2018年6月出版 / 估价:99.00元
PSN B-2015-451-4/6

工业设计蓝皮书
中国工业设计发展报告(2018)
著(编)者:王晓红 于炜 张立群 2018年9月出版 / 估价:168.00元
PSN B-2014-420-1/1

公共关系蓝皮书
中国公共关系发展报告(2018)
著(编)者:柳斌杰 2018年11月出版 / 估价:99.00元
PSN B-2016-579-1/1

管理蓝皮书
中国管理发展报告(2018)
著(编)者:张晓东 2018年10月出版 / 估价:99.00元
PSN B-2014-416-1/1

海关发展蓝皮书
中国海关发展前沿报告(2018)
著(编)者:干春晖 2018年6月出版 / 估价:99.00元
PSN B-2017-616-1/1

互联网医疗蓝皮书
中国互联网健康医疗发展报告(2018)
著(编)者:芮晓武 2018年6月出版 / 估价:99.00元
PSN B-2016-567-1/1

黄金市场蓝皮书
中国商业银行黄金业务发展报告(2017~2018)
著(编)者:平安银行 2018年3月出版 / 估价:99.00元
PSN B-2016-524-1/1

会展蓝皮书
中外会展业动态评估研究报告(2018)
著(编)者:张敏 任中峰 聂鑫焱 牛盼强
2018年12月出版 / 估价:99.00元
PSN B-2013-327-1/1

基金会蓝皮书
中国基金会发展报告(2017~2018)
著(编)者:中国基金会发展报告课题组
2018年4月出版 / 估价:99.00元
PSN B-2013-368-1/1

基金会绿皮书
中国基金会发展独立研究报告(2018)
著(编)者:基金会中心网 中央民族大学基金会研究中心
2018年6月出版 / 估价:99.00元
PSN G-2011-213-1/1

基金会透明度蓝皮书
中国基金会透明度发展研究报告（2018）
著(编)者：基金会中心网
清华大学廉政与治理研究中心
2018年9月出版 / 估价：99.00元
PSN B-2013-339-1/1

建筑装饰蓝皮书
中国建筑装饰行业发展报告（2018）
著(编)者：葛道顺 刘晓一
2018年10月出版 / 估价：198.00元
PSN B-2016-553-1/1

金融监管蓝皮书
中国金融监管报告（2018）
著(编)者：胡滨 2018年5月出版 / 估价：99.00元
PSN B-2012-281-1/1

金融蓝皮书
中国互联网金融行业分析与评估（2018～2019）
著(编)者：黄国平 伍旭川 2018年12月出版 / 估价：99.00元
PSN B-2016-585-7/7

金融科技蓝皮书
中国金融科技发展报告（2018）
著(编)者：李扬 孙国峰 2018年10月出版 / 估价：99.00元
PSN B-2014-374-1/1

金融信息服务蓝皮书
中国金融信息服务发展报告（2018）
著(编)者：李平 2018年5月出版 / 估价：99.00元
PSN B-2017-621-1/1

京津冀金融蓝皮书
京津冀金融发展报告（2018）
著(编)者：王爱俭 王璟怡 2018年10月出版 / 估价：99.00元
PSN B-2016-527-1/1

科普蓝皮书
国家科普能力发展报告（2018）
著(编)者：王康友 2018年5月出版 / 估价：138.00元
PSN B-2017-632-4/4

科普蓝皮书
中国基层科普发展报告（2017～2018）
著(编)者：赵立新 陈玲 2018年9月出版 / 估价：99.00元
PSN B-2016-568-3/4

科普蓝皮书
中国科普基础设施发展报告（2017～2018）
著(编)者：任福君 2018年6月出版 / 估价：99.00元
PSN B-2010-174-1/3

科普蓝皮书
中国科普人才发展报告（2017～2018）
著(编)者：郑念 任嵘嵘 2018年7月出版 / 估价：99.00元
PSN B-2016-512-2/4

科普能力蓝皮书
中国科普能力评价报告（2018～2019）
著(编)者：李富强 李群 2018年8月出版 / 估价：99.00元
PSN B-2016-555-1/1

临空经济蓝皮书
中国临空经济发展报告（2018）
著(编)者：连玉明 2018年9月出版 / 估价：99.00元
PSN B-2014-421-1/1

旅游安全蓝皮书
中国旅游安全报告（2018）
著(编)者：郑向敏 谢朝武 2018年5月出版 / 估价：158.00元
PSN B-2012-280-1/1

旅游绿皮书
2017～2018年中国旅游发展分析与预测
著(编)者：宋瑞 2018年2月出版 / 估价：99.00元
PSN G-2002-018-1/1

煤炭蓝皮书
中国煤炭工业发展报告（2018）
著(编)者：岳福斌 2018年12月出版 / 估价：99.00元
PSN B-2008-123-1/1

民营企业社会责任蓝皮书
中国民营企业社会责任报告（2018）
著(编)者：中华全国工商业联合会
2018年12月出版 / 估价：99.00元
PSN B-2015-510-1/1

民营医院蓝皮书
中国民营医院发展报告（2017）
著(编)者：薛晓林 2018年1月出版 / 估价：99.00元
PSN B-2012-299-1/1

闽商蓝皮书
闽商发展报告（2018）
著(编)者：李闽榕 王日根 林琛
2018年12月出版 / 估价：99.00元
PSN B-2012-298-1/1

农业应对气候变化蓝皮书
中国农业气象灾害及其灾损评估报告（No.3）
著(编)者：矫梅燕 2018年1月出版 / 估价：118.00元
PSN B-2014-413-1/1

品牌蓝皮书
中国品牌战略发展报告（2018）
著(编)者：汪同三 2018年10月出版 / 估价：99.00元
PSN B-2016-580-1/1

企业扶贫蓝皮书
中国企业扶贫研究报告（2018）
著(编)者：钟宏武 2018年12月出版 / 估价：99.00元
PSN B-2016-593-1/1

企业公益蓝皮书
中国企业公益研究报告（2018）
著(编)者：钟宏武 汪杰 黄晓娟
2018年12月出版 / 估价：99.00元
PSN B-2015-501-1/1

企业国际化蓝皮书
中国企业全球化报告（2018）
著(编)者：王辉耀 苗绿 2018年11月出版 / 估价：99.00元
PSN B-2014-427-1/1

企业蓝皮书
中国企业绿色发展报告No.2（2018）
著(编)者：李红玉 朱光辉
2018年8月出版 / 估价：99.00元
PSN B-2015-481-2/2

企业社会责任蓝皮书
中资企业海外社会责任研究报告（2017~2018）
著(编)者：钟宏武 叶柳红 张蒽
2018年1月出版 / 估价：99.00元
PSN B-2017-603-2/2

企业社会责任蓝皮书
中国企业社会责任研究报告（2018）
著(编)者：黄群慧 钟宏武 张蒽 汪杰
2018年11月出版 / 估价：99.00元
PSN B-2009-149-1/2

汽车安全蓝皮书
中国汽车安全发展报告（2018）
著(编)者：中国汽车技术研究中心
2018年8月出版 / 估价：99.00元
PSN B-2014-385-1/1

汽车电子商务蓝皮书
中国汽车电子商务发展报告（2018）
著(编)者：中华全国工商业联合会汽车经销商商会
北方工业大学
北京易观智库网络科技有限公司
2018年10月出版 / 估价：158.00元
PSN B-2015-485-1/1

汽车知识产权蓝皮书
中国汽车产业知识产权发展报告（2018）
著(编)者：中国汽车工程研究院股份有限公司
中国汽车工程学会
重庆长安汽车股份有限公司
2018年12月出版 / 估价：99.00元
PSN B-2016-594-1/1

青少年体育蓝皮书
中国青少年体育发展报告（2017）
著(编)者：刘扶民 杨桦 2018年1月出版 / 估价：99.00元
PSN B-2015-482-1/1

区块链蓝皮书
中国区块链发展报告（2018）
著(编)者：李伟 2018年9月出版 / 估价：99.00元
PSN B-2017-649-1/1

群众体育蓝皮书
中国群众体育发展报告（2017）
著(编)者：刘国永 戴健 2018年5月出版 / 估价：99.00元
PSN B-2014-411-1/3

群众体育蓝皮书
中国社会体育指导员发展报告（2018）
著(编)者：刘国永 王欢 2018年4月出版 / 估价：99.00元
PSN B-2016-520-3/3

人力资源蓝皮书
中国人力资源发展报告（2018）
著(编)者：余兴安 2018年11月出版 / 估价：99.00元
PSN B-2012-287-1/1

融资租赁蓝皮书
中国融资租赁业发展报告（2017~2018）
著(编)者：李光荣 王力 2018年8月出版 / 估价：99.00元
PSN B-2015-443-1/1

商会蓝皮书
中国商会发展报告No.5（2017）
著(编)者：王钦敏 2018年7月出版 / 估价：99.00元
PSN B-2008-125-1/1

商务中心区蓝皮书
中国商务中心区发展报告No.4（2017~2018）
著(编)者：李国红 单菁菁 2018年9月出版 / 估价：99.00元
PSN B-2015-444-1/1

设计产业蓝皮书
中国创新设计发展报告（2018）
著(编)者：王晓红 张立群 于炜
2018年11月出版 / 估价：99.00元
PSN B-2016-581-2/2

社会责任管理蓝皮书
中国上市公司社会责任能力成熟度报告No.4（2018）
著(编)者：肖红军 王晓光 李伟阳
2018年12月出版 / 估价：99.00元
PSN B-2015-507-2/2

社会责任管理蓝皮书
中国企业公众透明度报告No.4（2017~2018）
著(编)者：黄速建 熊梦 王晓光 肖红军
2018年4月出版 / 估价：99.00元
PSN B-2015-440-1/2

食品药品蓝皮书
食品药品安全与监管政策研究报告（2016~2017）
著(编)者：唐民皓 2018年6月出版 / 估价：99.00元
PSN B-2009-129-1/1

输血服务蓝皮书
中国输血行业发展报告（2018）
著(编)者：孙俊 2018年12月出版 / 估价：99.00元
PSN B-2016-582-1/1

水利风景区蓝皮书
中国水利风景区发展报告（2018）
著(编)者：董建文 兰思仁
2018年10月出版 / 估价：99.00元
PSN B-2015-480-1/1

私募市场蓝皮书
中国私募股权市场发展报告（2017~2018）
著(编)者：曹和平 2018年12月出版 / 估价：99.00元
PSN B-2010-162-1/1

碳排放权交易蓝皮书
中国碳排放权交易报告（2018）
著(编)者：孙永平 2018年11月出版 / 估价：99.00元
PSN B-2017-652-1/1

碳市场蓝皮书
中国碳市场报告（2018）
著(编)者：定金彪 2018年11月出版 / 估价：99.00元
PSN B-2014-430-1/1

体育蓝皮书
中国公共体育服务发展报告（2018）
著(编)者：戴健　2018年12月出版 / 估价：99.00元
PSN B-2013-367-2/5

土地市场蓝皮书
中国农村土地市场发展报告（2017～2018）
著(编)者：李光荣　2018年3月出版 / 估价：99.00元
PSN B-2016-526-1/1

土地整治蓝皮书
中国土地整治发展研究报告（No.5）
著(编)者：国土资源部土地整治中心
2018年7月出版 / 估价：99.00元
PSN B-2014-401-1/1

土地政策蓝皮书
中国土地政策研究报告（2018）
著(编)者：高延利 李宪文　2017年12月出版 / 估价：99.00元
PSN B-2015-506-1/1

网络空间安全蓝皮书
中国网络空间安全发展报告（2018）
著(编)者：惠志斌 覃庆玲
2018年11月出版 / 估价：99.00元
PSN B-2015-466-1/1

文化志愿服务蓝皮书
中国文化志愿服务发展报告（2018）
著(编)者：张永新 良警宇　2018年11月出版 / 估价：128.00元
PSN B-2016-596-1/1

西部金融蓝皮书
中国西部金融发展报告（2017～2018）
著(编)者：李忠民　2018年8月出版 / 估价：99.00元
PSN B-2010-160-1/1

协会商会蓝皮书
中国行业协会商会发展报告（2017）
著(编)者：景朝阳 李勇　2018年4月出版 / 估价：99.00元
PSN B-2015-461-1/1

新三板蓝皮书
中国新三板市场发展报告（2018）
著(编)者：王力　2018年8月出版 / 估价：99.00元
PSN B-2016-533-1/1

信托市场蓝皮书
中国信托业市场报告（2017～2018）
著(编)者：用益金融信托研究院
2018年1月出版 / 估价：198.00元
PSN B-2014-371-1/1

信息化蓝皮书
中国信息化形势分析与预测（2017～2018）
著(编)者：周宏仁　2018年8月出版 / 估价：99.00元
PSN B-2010-168-1/1

信用蓝皮书
中国信用发展报告（2017～2018）
著(编)者：章政 田侃　2018年4月出版 / 估价：99.00元
PSN B-2013-328-1/1

休闲绿皮书
2017～2018年中国休闲发展报告
著(编)者：宋瑞　2018年7月出版 / 估价：99.00元
PSN G-2010-158-1/1

休闲体育蓝皮书
中国休闲体育发展报告（2017～2018）
著(编)者：李相如 钟秉枢
2018年10月出版 / 估价：99.00元
PSN B-2016-516-1/1

养老金融蓝皮书
中国养老金融发展报告（2018）
著(编)者：董克用 姚余栋
2018年9月出版 / 估价：99.00元
PSN B-2016-583-1/1

遥感监测绿皮书
中国可持续发展遥感监测报告（2017）
著(编)者：顾行发 汪克强 潘教峰 李闽榕 徐东华 王琦安
2018年6月出版 / 估价：298.00元
PSN B-2017-629-1/1

药品流通蓝皮书
中国药品流通行业发展报告（2018）
著(编)者：佘鲁林 温再兴
2018年7月出版 / 估价：198.00元
PSN B-2014-429-1/1

医疗器械蓝皮书
中国医疗器械行业发展报告（2018）
著(编)者：王宝亭 耿鸿武
2018年10月出版 / 估价：99.00元
PSN B-2017-661-1/1

医院蓝皮书
中国医院竞争力报告（2018）
著(编)者：庄一强 曾益新　2018年3月出版 / 估价：118.00元
PSN B-2016-528-1/1

瑜伽蓝皮书
中国瑜伽业发展报告（2017~2018）
著(编)者：张永建 徐华锋 朱泰余
2018年6月出版 / 估价：198.00元
PSN B-2017-625-1/1

债券市场蓝皮书
中国债券市场发展报告（2017～2018）
著(编)者：杨农　2018年10月出版 / 估价：99.00元
PSN B-2016-572-1/1

志愿服务蓝皮书
中国志愿服务发展报告（2018）
著(编)者：中国志愿服务联合会
2018年11月出版 / 估价：99.00元
PSN B-2017-664-1/1

中国上市公司蓝皮书
中国上市公司发展报告（2018）
著(编)者：张鹏 张平 黄胤英
2018年9月出版 / 估价：99.00元
PSN B-2014-414-1/1

中国新三板蓝皮书
中国新三板创新与发展报告（2018）
著(编)者：刘平安 闻召林
2018年8月出版 / 估价：158.00元
PSN B-2017-638-1/1

中医文化蓝皮书
北京中医药文化传播发展报告（2018）
著(编)者：毛嘉陵　2018年5月出版 / 估价：99.00元
PSN B-2015-468-1/2

中医文化蓝皮书
中国中医药文化传播发展报告（2018）
著(编)者：毛嘉陵　2018年7月出版 / 估价：99.00元
PSN B-2016-584-2/2

中医药蓝皮书
北京中医药知识产权发展报告No.2
著(编)者：汪洪 屠志涛　2018年4月出版 / 估价：168.00元
PSN B-2017-602-1/1

资本市场蓝皮书
中国场外交易市场发展报告（2016～2017）
著(编)者：高峦　2018年3月出版 / 估价：99.00元
PSN B-2009-153-1/1

资产管理蓝皮书
中国资产管理行业发展报告（2018）
著(编)者：郑智　2018年7月出版 / 估价：99.00元
PSN B-2014-407-2/2

资产证券化蓝皮书
中国资产证券化发展报告（2018）
著(编)者：纪志宏　2018年11月出版 / 估价：99.00元
PSN B-2017-660-1/1

自贸区蓝皮书
中国自贸区发展报告（2018）
著(编)者：王力 黄育华　2018年6月出版 / 估价：99.00元
PSN B-2016-558-1/1

国际问题与全球治理类

"一带一路"跨境通道蓝皮书
"一带一路"跨境通道建设研究报告（2018）
著(编)者：郭业洲　2018年8月出版 / 估价：99.00元
PSN B-2016-557-1/1

"一带一路"蓝皮书
"一带一路"建设发展报告（2018）
著(编)者：王晓泉　2018年6月出版 / 估价：99.00元
PSN B-2016-552-1/1

"一带一路"投资安全蓝皮书
中国"一带一路"投资与安全研究报告（2017～2018）
著(编)者：邹统钎 梁昊光　2018年4月出版 / 估价：99.00元
PSN B-2017-612-1/1

"一带一路"文化交流蓝皮书
中阿文化交流发展报告（2017）
著(编)者：王辉　2018年9月出版 / 估价：99.00元
PSN B-2017-655-1/1

G20国家创新竞争力黄皮书
二十国集团（G20）国家创新竞争力发展报告（2017～2018）
著(编)者：李建平 李闽榕 赵新力 周天勇
2018年7月出版 / 估价：168.00元
PSN Y-2011-229-1/1

阿拉伯黄皮书
阿拉伯发展报告（2016～2017）
著(编)者：罗林　2018年3月出版 / 估价：99.00元
PSN Y-2014-381-1/1

北部湾蓝皮书
泛北部湾合作发展报告（2017～2018）
著(编)者：吕余生　2018年12月出版 / 估价：99.00元
PSN B-2008-114-1/1

北极蓝皮书
北极地区发展报告（2017）
著(编)者：刘惠荣　2018年7月出版 / 估价：99.00元
PSN B-2017-634-1/1

大洋洲蓝皮书
大洋洲发展报告（2017～2018）
著(编)者：喻常森　2018年10月出版 / 估价：99.00元
PSN B-2013-341-1/1

东北亚区域合作蓝皮书
2017年"一带一路"倡议与东北亚区域合作
著(编)者：刘亚政 金美花
2018年5月出版 / 估价：99.00元
PSN B-2017-631-1/1

东盟黄皮书
东盟发展报告（2017）
著(编)者：杨晓强 庄国土
2018年3月出版 / 估价：99.00元
PSN Y-2012-303-1/1

东南亚蓝皮书
东南亚地区发展报告（2017～2018）
著(编)者：王勤　2018年12月出版 / 估价：99.00元
PSN B-2012-240-1/1

非洲黄皮书
非洲发展报告No.20（2017～2018）
著(编)者：张宏明　2018年7月出版 / 估价：99.00元
PSN Y-2012-239-1/1

非传统安全蓝皮书
中国非传统安全研究报告（2017～2018）
著(编)者：潇枫 罗中枢　2018年8月出版 / 估价：99.00元
PSN B-2012-273-1/1

国际安全蓝皮书
中国国际安全研究报告（2018）
著(编)者：刘慧　2018年7月出版 / 估价：99.00元
PSN B-2016-521-1/1

国际城市蓝皮书
国际城市发展报告（2018）
著(编)者：屠启宇　2018年2月出版 / 估价：99.00元
PSN B-2012-260-1/1

国际形势黄皮书
全球政治与安全报告（2018）
著(编)者：张宇燕　2018年1月出版 / 估价：99.00元
PSN Y-2001-016-1/1

公共外交蓝皮书
中国公共外交发展报告（2018）
著(编)者：赵启正 雷蔚真　2018年4月出版 / 估价：99.00元
PSN B-2015-457-1/1

金砖国家黄皮书
金砖国家综合创新竞争力发展报告（2018）
著(编)者：赵新力 李闽榕 黄茂兴
2018年8月出版 / 估价：128.00元
PSN Y-2017-643-1/1

拉美黄皮书
拉丁美洲和加勒比发展报告（2017～2018）
著(编)者：袁东振　2018年6月出版 / 估价：99.00元
PSN Y-1999-007-1/1

澜湄合作蓝皮书
澜沧江-湄公河合作发展报告（2018）
著(编)者：刘稚　2018年9月出版 / 估价：99.00元
PSN B-2011-196-1/1

欧洲蓝皮书
欧洲发展报告（2017～2018）
著(编)者：黄平 周弘 程卫东
2018年6月出版 / 估价：99.00元
PSN B-1999-009-1/1

葡语国家蓝皮书
葡语国家发展报告（2016～2017）
著(编)者：王成安 张敏 刘金兰
2018年4月出版 / 估价：99.00元
PSN B-2015-503-1/2

葡语国家蓝皮书
中国与葡语国家关系发展报告·巴西（2016）
著(编)者：张曙光　2018年8月出版 / 估价：99.00元
PSN B-2016-563-2/2

气候变化绿皮书
应对气候变化报告（2018）
著(编)者：王伟光 郑国光　2018年11月出版 / 估价：99.00元
PSN G-2009-144-1/1

全球环境竞争力绿皮书
全球环境竞争力报告（2018）
著(编)者：李建平 李闽榕 王金南
2018年12月出版 / 估价：198.00元
PSN G-2013-363-1/1

全球信息社会蓝皮书
全球信息社会发展报告（2018）
著(编)者：丁波涛 唐涛　2018年10月出版 / 估价：99.00元
PSN B-2017-665-1/1

日本经济蓝皮书
日本经济与中日经贸关系研究报告（2018）
著(编)者：张季风　2018年6月出版 / 估价：99.00元
PSN B-2008-102-1/1

上海合作组织黄皮书
上海合作组织发展报告（2018）
著(编)者：李进峰　2018年6月出版 / 估价：99.00元
PSN Y-2009-130-1/1

世界创新竞争力黄皮书
世界创新竞争力发展报告（2017）
著(编)者：李建平 李闽榕 赵新力
2018年1月出版 / 估价：168.00元
PSN Y-2013-318-1/1

世界经济黄皮书
2018年世界经济形势分析与预测
著(编)者：张宇燕　2018年1月出版 / 估价：99.00元
PSN Y-1999-006-1/1

丝绸之路蓝皮书
丝绸之路经济带发展报告（2018）
著(编)者：任宗哲 白宽犁 谷孟宾
2018年1月出版 / 估价：99.00元
PSN B-2014-410-1/1

新兴经济体蓝皮书
金砖国家发展报告（2018）
著(编)者：林跃勤 周文　2018年8月出版 / 估价：99.00元
PSN B-2011-195-1/1

亚太蓝皮书
亚太地区发展报告（2018）
著(编)者：李向阳　2018年5月出版 / 估价：99.00元
PSN B-2001-015-1/1

印度洋地区蓝皮书
印度洋地区发展报告（2018）
著(编)者：汪戎　2018年6月出版 / 估价：99.00元
PSN B-2013-334-1/1

渝新欧蓝皮书
渝新欧沿线国家发展报告（2018）
著(编)者：杨柏 黄森　2018年6月出版 / 估价：99.00元
PSN B-2017-626-1/1

中阿蓝皮书
中国-阿拉伯国家经贸发展报告（2018）
著(编)者：张廉 段庆林 王林聪 杨巧红
2018年12月出版 / 估价：99.00元
PSN B-2016-598-1/1

中东黄皮书
中东发展报告No.20（2017～2018）
著(编)者：杨光　2018年10月出版 / 估价：99.00元
PSN Y-1998-004-1/1

中亚黄皮书
中亚国家发展报告（2018）
著(编)者：孙力　2018年6月出版 / 估价：99.00元
PSN Y-2012-238-1/1

国别类

澳大利亚蓝皮书
澳大利亚发展报告（2017-2018）
著(编)者：孙有中 韩锋　2018年12月出版 / 估价：99.00元
PSN B-2016-587-1/1

巴西黄皮书
巴西发展报告（2017）
著(编)者：刘国枝　2018年5月出版 / 估价：99.00元
PSN Y-2017-614-1/1

德国蓝皮书
德国发展报告（2018）
著(编)者：郑春荣　2018年6月出版 / 估价：99.00元
PSN B-2012-278-1/1

俄罗斯黄皮书
俄罗斯发展报告（2018）
著(编)者：李永全　2018年6月出版 / 估价：99.00元
PSN Y-2006-061-1/1

韩国蓝皮书
韩国发展报告（2017）
著(编)者：牛林杰 刘宝全　2018年5月出版 / 估价：99.00元
PSN B-2010-155-1/1

加拿大蓝皮书
加拿大发展报告（2018）
著(编)者：唐小松　2018年9月出版 / 估价：99.00元
PSN B-2014-389-1/1

美国蓝皮书
美国研究报告（2018）
著(编)者：郑秉文 黄平　2018年5月出版 / 估价：99.00元
PSN B-2011-210-1/1

缅甸蓝皮书
缅甸国情报告（2017）
著(编)者：孔鹏 杨祥章　2018年1月出版 / 估价：99.00元
PSN B-2013-343-1/1

日本蓝皮书
日本研究报告（2018）
著(编)者：杨伯江　2018年6月出版 / 估价：99.00元
PSN B-2002-020-1/1

土耳其蓝皮书
土耳其发展报告（2018）
著(编)者：郭长刚 刘义　2018年9月出版 / 估价：99.00元
PSN B-2014-412-1/1

伊朗蓝皮书
伊朗发展报告（2017～2018）
著(编)者：冀开运　2018年10月 / 估价：99.00元
PSN B-2016-574-1/1

以色列蓝皮书
以色列发展报告（2018）
著(编)者：张倩红　2018年8月出版 / 估价：99.00元
PSN B-2015-483-1/1

印度蓝皮书
印度国情报告（2017）
著(编)者：吕昭义　2018年4月出版 / 估价：99.00元
PSN B-2012-241-1/1

英国蓝皮书
英国发展报告（2017～2018）
著(编)者：王展鹏　2018年12月出版 / 估价：99.00元
PSN B-2015-486-1/1

越南蓝皮书
越南国情报告（2018）
著(编)者：谢林城　2018年1月出版 / 估价：99.00元
PSN B-2006-056-1/1

泰国蓝皮书
泰国研究报告（2018）
著(编)者：庄国土 张禹东 刘文正
2018年10月出版 / 估价：99.00元
PSN B-2016-556-1/1

文化传媒类

“三农”舆情蓝皮书
中国“三农”网络舆情报告（2017～2018）
著(编)者：农业部信息中心
2018年6月出版 / 估价：99.00元
PSN B-2017-640-1/1

传媒竞争力蓝皮书
中国传媒国际竞争力研究报告（2018）
著(编)者：李本乾 刘强 王大可
2018年8月出版 / 估价：99.00元
PSN B-2013-356-1/1

传媒蓝皮书
中国传媒产业发展报告（2018）
著(编)者：崔保国　2018年5月出版 / 估价：99.00元
PSN B-2005-035-1/1

传媒投资蓝皮书
中国传媒投资发展报告（2018）
著(编)者：张向东 谭云明
2018年6月出版 / 估价：148.00元
PSN B-2015-474-1/1

非物质文化遗产蓝皮书
中国非物质文化遗产发展报告（2018）
著(编)者：陈平　　2018年5月出版 / 估价：128.00元
PSN B-2015-469-1/2

非物质文化遗产蓝皮书
中国非物质文化遗产保护发展报告（2018）
著(编)者：宋俊华　　2018年10月出版 / 估价：128.00元
PSN B-2016-586-2/2

广电蓝皮书
中国广播电影电视发展报告（2018）
著(编)者：国家新闻出版广电总局发展研究中心
2018年7月出版 / 估价：99.00元
PSN B-2006-072-1/1

广告主蓝皮书
中国广告主营销传播趋势报告No.9
著(编)者：黄升民 杜国清 邵华冬 等
2018年10月出版 / 估价：158.00元
PSN B-2005-041-1/1

国际传播蓝皮书
中国国际传播发展报告（2018）
著(编)者：胡正荣 李继东 姬德强
2018年12月出版 / 估价：99.00元
PSN B-2014-408-1/1

国家形象蓝皮书
中国国家形象传播报告（2017）
著(编)者：张昆　　2018年3月出版 / 估价：128.00元
PSN B-2017-605-1/1

互联网治理蓝皮书
中国网络社会治理研究报告（2018）
著(编)者：罗昕 支庭荣
2018年9月出版 / 估价：118.00元
PSN B-2017-653-1/1

纪录片蓝皮书
中国纪录片发展报告（2018）
著(编)者：何苏六　　2018年10月出版 / 估价：99.00元
PSN B-2011-222-1/1

科学传播蓝皮书
中国科学传播报告（2016~2017）
著(编)者：詹正茂　　2018年6月出版 / 估价：99.00元
PSN B-2008-120-1/1

两岸创意经济蓝皮书
两岸创意经济研究报告（2018）
著(编)者：罗昌智 董泽平
2018年10月出版 / 估价：99.00元
PSN B-2014-437-1/1

媒介与女性蓝皮书
中国媒介与女性发展报告（2017~2018）
著(编)者：刘利群　　2018年5月出版 / 估价：99.00元
PSN B-2013-345-1/1

媒体融合蓝皮书
中国媒体融合发展报告（2017）
著(编)者：梅宁华 支庭荣　　2018年1月出版 / 估价：99.00元
PSN B-2015-479-1/1

全球传媒蓝皮书
全球传媒发展报告（2017~2018）
著(编)者：胡正荣 李继东　　2018年6月出版 / 估价：99.00元
PSN B-2012-237-1/1

少数民族非遗蓝皮书
中国少数民族非物质文化遗产发展报告（2018）
著(编)者：肖远平（彝） 柴立（满）
2018年10月出版 / 估价：118.00元
PSN B-2015-467-1/1

视听新媒体蓝皮书
中国视听新媒体发展报告（2018）
著(编)者：国家新闻出版广电总局发展研究中心
2018年7月出版 / 估价：118.00元
PSN B-2011-184-1/1

数字娱乐产业蓝皮书
中国动画产业发展报告（2018）
著(编)者：孙立军 孙平 牛兴侦
2018年10月出版 / 估价：99.00元
PSN B-2011-198-1/2

数字娱乐产业蓝皮书
中国游戏产业发展报告（2018）
著(编)者：孙立军 刘跃军
2018年10月出版 / 估价：99.00元
PSN B-2017-662-2/2

文化创新蓝皮书
中国文化创新报告（2017·No.8）
著(编)者：傅才武　　2018年4月出版 / 估价：99.00元
PSN B-2009-143-1/1

文化建设蓝皮书
中国文化发展报告（2018）
著(编)者：江畅 孙伟平 戴茂堂
2018年5月出版 / 估价：99.00元
PSN B-2014-392-1/1

文化科技蓝皮书
文化科技创新发展报告（2018）
著(编)者：于平 李凤亮　　2018年10月出版 / 估价：99.00元
PSN B-2013-342-1/1

文化蓝皮书
中国公共文化服务发展报告（2017~2018）
著(编)者：刘新成 张永新 张旭
2018年12月出版 / 估价：99.00元
PSN B-2007-093-2/10

文化蓝皮书
中国少数民族文化发展报告（2017~2018）
著(编)者：武翠英 张晓明 任乌晶
2018年9月出版 / 估价：99.00元
PSN B-2013-369-9/10

文化蓝皮书
中国文化产业供需协调检测报告（2018）
著(编)者：王亚南　　2018年2月出版 / 估价：99.00元
PSN B-2013-323-8/10

文化蓝皮书
中国文化消费需求景气评价报告（2018）
著(编)者：王亚南　　2018年2月出版 / 估价：99.00元
PSN B-2011-236-4/10

文化蓝皮书
中国公共文化投入增长测评报告（2018）
著(编)者：王亚南　　2018年2月出版 / 估价：99.00元
PSN B-2014-435-10/10

文化品牌蓝皮书
中国文化品牌发展报告（2018）
著(编)者：欧阳友权　　2018年5月出版 / 估价：99.00元
PSN B-2012-277-1/1

文化遗产蓝皮书
中国文化遗产事业发展报告（2017～2018）
著(编)者：苏杨 张颖岚 卓杰 白海峰 陈晨 陈叙图
2018年8月出版 / 估价：99.00元
PSN B-2008-119-1/1

文学蓝皮书
中国文情报告（2017～2018）
著(编)者：白烨　　2018年5月出版 / 估价：99.00元
PSN B-2011-221-1/1

新媒体蓝皮书
中国新媒体发展报告No.9（2018）
著(编)者：唐绪军　　2018年7月出版 / 估价：99.00元
PSN B-2010-169-1/1

新媒体社会责任蓝皮书
中国新媒体社会责任研究报告（2018）
著(编)者：钟瑛　　2018年12月出版 / 估价：99.00元
PSN B-2014-423-1/1

移动互联网蓝皮书
中国移动互联网发展报告（2018）
著(编)者：余清楚　　2018年6月出版 / 估价：99.00元
PSN B-2012-282-1/1

影视蓝皮书
中国影视产业发展报告（2018）
著(编)者：司若 陈鹏 陈锐　　2018年4月出版 / 估价：99.00元
PSN B-2016-529-1/1

舆情蓝皮书
中国社会舆情与危机管理报告（2018）
著(编)者：谢耘耕　　2018年9月出版 / 估价：138.00元
PSN B-2011-235-1/1

地方发展类-经济

澳门蓝皮书
澳门经济社会发展报告（2017～2018）
著(编)者：吴志良 郝雨凡　　2018年7月出版 / 估价：99.00元
PSN B-2009-138-1/1

澳门绿皮书
澳门旅游休闲发展报告（2017～2018）
著(编)者：郝雨凡 林广志　　2018年5月出版 / 估价：99.00元
PSN G-2017-617-1/1

北京蓝皮书
北京经济发展报告（2017～2018）
著(编)者：杨松　　2018年6月出版 / 估价：99.00元
PSN B-2006-054-2/8

北京旅游绿皮书
北京旅游发展报告（2018）
著(编)者：北京旅游学会
2018年7月出版 / 估价：99.00元
PSN G-2012-301-1/1

北京体育蓝皮书
北京体育产业发展报告（2017～2018）
著(编)者：钟秉枢 陈杰 杨铁黎
2018年9月出版 / 估价：99.00元
PSN B-2015-475-1/1

滨海金融蓝皮书
滨海新区金融发展报告（2017）
著(编)者：王爱俭 李向前　　2018年4月出版 / 估价：99.00元
PSN B-2014-424-1/1

城乡一体化蓝皮书
北京城乡一体化发展报告（2017～2018）
著(编)者：吴宝新 张宝秀 黄序
2018年5月出版 / 估价：99.00元
PSN B-2012-258-2/2

非公有制企业社会责任蓝皮书
北京非公有制企业社会责任报告（2018）
著(编)者：宋贵伦 冯培　　2018年6月出版 / 估价：99.00元
PSN B-2017-613-1/1

福建旅游蓝皮书
福建省旅游产业发展现状研究（2017~2018）
著(编)者：陈敏华 黄远水
2018年12月出版 / 估价：128.00元
PSN B-2016-591-1/1

福建自贸区蓝皮书
中国(福建)自由贸易试验区发展报告(2017~2018)
著(编)者：黄茂兴　　2018年4月出版 / 估价：118.00元
PSN B-2016-531-1/1

甘肃蓝皮书
甘肃经济发展分析与预测（2018）
著(编)者：安文华 罗哲　　2018年1月出版 / 估价：99.00元
PSN B-2013-312-1/6

甘肃蓝皮书
甘肃商贸流通发展报告（2018）
著(编)者：张应华 王福生 王晓芳
2018年1月出版 / 估价：99.00元
PSN B-2016-522-6/6

甘肃蓝皮书
甘肃县域和农村发展报告（2018）
著(编)者：朱智文 包东红 王建兵
2018年1月出版 / 估价：99.00元
PSN B-2013-316-5/6

甘肃农业科技绿皮书
甘肃农业科技发展研究报告（2018）
著(编)者：魏胜文 乔德华 张东伟
2018年12月出版 / 估价：198.00元
PSN B-2016-592-1/1

巩义蓝皮书
巩义经济社会发展报告（2018）
著(编)者：丁同民 朱军 2018年4月出版 / 估价：99.00元
PSN B-2016-532-1/1

广东外经贸蓝皮书
广东对外经济贸易发展研究报告（2017～2018）
著(编)者：陈万灵 2018年6月出版 / 估价：99.00元
PSN B-2012-286-1/1

广西北部湾经济区蓝皮书
广西北部湾经济区开放开发报告（2017～2018）
著(编)者：广西壮族自治区北部湾经济区和东盟开放合作办公室
广西社会科学院
广西北部湾发展研究院
2018年2月出版 / 估价：99.00元
PSN B-2010-181-1/1

广州蓝皮书
广州城市国际化发展报告（2018）
著(编)者：张跃国 2018年8月出版 / 估价：99.00元
PSN B-2012-246-11/14

广州蓝皮书
中国广州城市建设与管理发展报告（2018）
著(编)者：张其学 陈小钢 王宏伟 2018年8月出版 / 估价：99.00元
PSN B-2007-087-4/14

广州蓝皮书
广州创新型城市发展报告（2018）
著(编)者：尹涛 2018年6月出版 / 估价：99.00元
PSN B-2012-247-12/14

广州蓝皮书
广州经济发展报告（2018）
著(编)者：张跃国 尹涛 2018年7月出版 / 估价：99.00元
PSN B-2005-040-1/14

广州蓝皮书
2018年中国广州经济形势分析与预测
著(编)者：魏明海 谢博能 李华
2018年6月出版 / 估价：99.00元
PSN B-2011-185-9/14

广州蓝皮书
中国广州科技创新发展报告（2018）
著(编)者：于欣伟 陈爽 邓佑满 2018年8月出版 / 估价：99.00元
PSN B-2006-065-2/14

广州蓝皮书
广州农村发展报告（2018）
著(编)者：朱名宏 2018年7月出版 / 估价：99.00元
PSN B-2010-167-8/14

广州蓝皮书
广州汽车产业发展报告（2018）
著(编)者：杨再高 冯兴亚 2018年7月出版 / 估价：99.00元
PSN B-2006-066-3/14

广州蓝皮书
广州商贸业发展报告（2018）
著(编)者：张跃国 陈杰 荀振英
2018年7月出版 / 估价：99.00元
PSN B-2012-245-10/14

贵阳蓝皮书
贵阳城市创新发展报告No.3（白云篇）
著(编)者：连玉明 2018年5月出版 / 估价：99.00元
PSN B-2015-491-3/10

贵阳蓝皮书
贵阳城市创新发展报告No.3（观山湖篇）
著(编)者：连玉明 2018年5月出版 / 估价：99.00元
PSN B-2015-497-9/10

贵阳蓝皮书
贵阳城市创新发展报告No.3（花溪篇）
著(编)者：连玉明 2018年5月出版 / 估价：99.00元
PSN B-2015-490-2/10

贵阳蓝皮书
贵阳城市创新发展报告No.3（开阳篇）
著(编)者：连玉明 2018年5月出版 / 估价：99.00元
PSN B-2015-492-4/10

贵阳蓝皮书
贵阳城市创新发展报告No.3（南明篇）
著(编)者：连玉明 2018年5月出版 / 估价：99.00元
PSN B-2015-496-8/10

贵阳蓝皮书
贵阳城市创新发展报告No.3（清镇篇）
著(编)者：连玉明 2018年5月出版 / 估价：99.00元
PSN B-2015-489-1/10

贵阳蓝皮书
贵阳城市创新发展报告No.3（乌当篇）
著(编)者：连玉明 2018年5月出版 / 估价：99.00元
PSN B-2015-495-7/10

贵阳蓝皮书
贵阳城市创新发展报告No.3（息烽篇）
著(编)者：连玉明 2018年5月出版 / 估价：99.00元
PSN B-2015-493-5/10

贵阳蓝皮书
贵阳城市创新发展报告No.3（修文篇）
著(编)者：连玉明 2018年5月出版 / 估价：99.00元
PSN B-2015-494-6/10

贵阳蓝皮书
贵阳城市创新发展报告No.3（云岩篇）
著(编)者：连玉明 2018年5月出版 / 估价：99.00元
PSN B-2015-498-10/10

贵州房地产蓝皮书
贵州房地产发展报告No.5（2018）
著(编)者：武廷方 2018年7月出版 / 估价：99.00元
PSN B-2014-426-1/1

贵州蓝皮书
贵州册亨经济社会发展报告（2018）
著(编)者：黄德林　2018年3月出版 / 估价：99.00元
PSN B-2016-525-8/9

贵州蓝皮书
贵州地理标志产业发展报告（2018）
著(编)者：李发耀 黄其松　2018年8月出版 / 估价：99.00元
PSN B-2017-646-10/10

贵州蓝皮书
贵安新区发展报告（2017～2018）
著(编)者：马长青 吴大华　2018年6月出版 / 估价：99.00元
PSN B-2015-459-4/10

贵州蓝皮书
贵州国家级开放创新平台发展报告（2017～2018）
著(编)者：申晓庆 吴大华 季泓
2018年11月出版 / 估价：99.00元
PSN B-2016-518-7/10

贵州蓝皮书
贵州国有企业社会责任发展报告（2017～2018）
著(编)者：郭丽　2018年12月出版 / 估价：99.00元
PSN B-2015-511-6/10

贵州蓝皮书
贵州民航业发展报告（2017）
著(编)者：申振东 吴大华　2018年1月出版 / 估价：99.00元
PSN B-2015-471-5/10

贵州蓝皮书
贵州民营经济发展报告（2017）
著(编)者：杨静 吴大华　2018年3月出版 / 估价：99.00元
PSN B-2016-530-9/9

杭州都市圈蓝皮书
杭州都市圈发展报告（2018）
著(编)者：沈翔 戚建国　2018年5月出版 / 估价：128.00元
PSN B-2012-302-1/1

河北经济蓝皮书
河北省经济发展报告（2018）
著(编)者：马树强 金浩 张贵　2018年4月出版 / 估价：99.00元
PSN B-2014-380-1/1

河北蓝皮书
河北经济社会发展报告（2018）
著(编)者：康振海　2018年1月出版 / 估价：99.00元
PSN B-2014-372-1/3

河北蓝皮书
京津冀协同发展报告（2018）
著(编)者：陈璐　2018年1月出版 / 估价：99.00元
PSN B-2017-601-2/3

河南经济蓝皮书
2018年河南经济形势分析与预测
著(编)者：王世炎　2018年3月出版 / 估价：99.00元
PSN B-2007-086-1/1

河南蓝皮书
河南城市发展报告（2018）
著(编)者：张占仓 王建国　2018年5月出版 / 估价：99.00元
PSN B-2009-131-3/9

河南蓝皮书
河南工业发展报告（2018）
著(编)者：张占仓　2018年5月出版 / 估价：99.00元
PSN B-2013-317-5/9

河南蓝皮书
河南金融发展报告（2018）
著(编)者：喻新安 谷建全
2018年6月出版 / 估价：99.00元
PSN B-2014-390-7/9

河南蓝皮书
河南经济发展报告（2018）
著(编)者：张占仓 完世伟
2018年4月出版 / 估价：99.00元
PSN B-2010-157-4/9

河南蓝皮书
河南能源发展报告（2018）
著(编)者：国网河南省电力公司经济技术研究院
河南省社会科学院
2018年3月出版 / 估价：99.00元
PSN B-2017-607-9/9

河南商务蓝皮书
河南商务发展报告（2018）
著(编)者：焦锦淼 穆荣国　2018年5月出版 / 估价：99.00元
PSN B-2014-399-1/1

河南双创蓝皮书
河南创新创业发展报告（2018）
著(编)者：喻新安 杨雪梅　2018年8月出版 / 估价：99.00元
PSN B-2017-641-1/1

黑龙江蓝皮书
黑龙江经济发展报告（2018）
著(编)者：朱宇　2018年1月出版 / 估价：99.00元
PSN B-2011-190-2/2

湖南城市蓝皮书
区域城市群整合
著(编)者：童中贤 韩未名　2018年12月出版 / 估价：99.00元
PSN B-2006-064-1/1

湖南蓝皮书
湖南城乡一体化发展报告（2018）
著(编)者：陈文胜 王文强 陆福兴
2018年8月出版 / 估价：99.00元
PSN B-2015-477-8/8

湖南蓝皮书
2018年湖南电子政务发展报告
著(编)者：梁志峰　2018年5月出版 / 估价：128.00元
PSN B-2014-394-6/8

湖南蓝皮书
2018年湖南经济发展报告
著(编)者：卞鹰　2018年5月出版 / 估价：128.00元
PSN B-2011-207-2/8

湖南蓝皮书
2016年湖南经济展望
著(编)者：梁志峰　2018年5月出版 / 估价：128.00元
PSN B-2011-206-1/8

湖南蓝皮书
2018年湖南县域经济社会发展报告
著(编)者：梁志峰 2018年5月出版 / 估价：128.00元
PSN B-2014-395-7/8

湖南县域绿皮书
湖南县域发展报告（No.5）
著(编)者：袁准 周小毛 黎仁寅
2018年3月出版 / 估价：99.00元
PSN G-2012-274-1/1

沪港蓝皮书
沪港发展报告（2018）
著(编)者：尤安山 2018年9月出版 / 估价：99.00元
PSN B-2013-362-1/1

吉林蓝皮书
2018年吉林经济社会形势分析与预测
著(编)者：邵汉明 2017年12月出版 / 估价：99.00元
PSN B-2013-319-1/1

吉林省城市竞争力蓝皮书
吉林省城市竞争力报告（2018~2019）
著(编)者：崔岳春 张磊 2018年12月出版 / 估价：99.00元
PSN B-2016-513-1/1

济源蓝皮书
济源经济社会发展报告（2018）
著(编)者：喻新安 2018年4月出版 / 估价：99.00元
PSN B-2014-387-1/1

江苏蓝皮书
2018年江苏经济发展分析与展望
著(编)者：王庆五 吴先满 2018年7月出版 / 估价：128.00元
PSN B-2017-635-1/3

江西蓝皮书
江西经济社会发展报告（2018）
著(编)者：陈石俊 龚建文 2018年10月出版 / 估价：128.00元
PSN B-2015-484-1/2

江西蓝皮书
江西设区市发展报告（2018）
著(编)者：姜玮 梁勇 2018年10月出版 / 估价：99.00元
PSN B-2016-517-2/2

经济特区蓝皮书
中国经济特区发展报告（2017）
著(编)者：陶一桃 2018年1月出版 / 估价：99.00元
PSN B-2009-139-1/1

辽宁蓝皮书
2018年辽宁经济社会形势分析与预测
著(编)者：梁启东 魏红江 2018年6月出版 / 估价：99.00元
PSN B-2006-053-1/1

民族经济蓝皮书
中国民族地区经济发展报告（2018）
著(编)者：李曦辉 2018年7月出版 / 估价：99.00元
PSN B-2017-630-1/1

南宁蓝皮书
南宁经济发展报告（2018）
著(编)者：胡建华 2018年9月出版 / 估价：99.00元
PSN B-2016-569-2/3

浦东新区蓝皮书
上海浦东经济发展报告（2018）
著(编)者：沈开艳 周奇 2018年2月出版 / 估价：99.00元
PSN B-2011-225-1/1

青海蓝皮书
2018年青海经济社会形势分析与预测
著(编)者：陈玮 2017年12月出版 / 估价：99.00元
PSN B-2012-275-1/2

山东蓝皮书
山东经济形势分析与预测（2018）
著(编)者：李广杰 2018年7月出版 / 估价：99.00元
PSN B-2014-404-1/5

山东蓝皮书
山东省普惠金融发展报告（2018）
著(编)者：齐鲁财富网
2018年9月出版 / 估价：99.00元
PSN B2017-676-5/5

山西蓝皮书
山西资源型经济转型发展报告（2018）
著(编)者：李志强 2018年7月出版 / 估价：99.00元
PSN B-2011-197-1/1

陕西蓝皮书
陕西经济发展报告（2018）
著(编)者：任宗哲 白宽犁 裴成荣
2018年1月出版 / 估价：99.00元
PSN B-2009-135-1/6

陕西蓝皮书
陕西精准脱贫研究报告（2018）
著(编)者：任宗哲 白宽犁 王建康
2018年6月出版 / 估价：99.00元
PSN B-2017-623-6/6

上海蓝皮书
上海经济发展报告（2018）
著(编)者：沈开艳
2018年2月出版 / 估价：99.00元
PSN B-2006-057-1/7

上海蓝皮书
上海资源环境发展报告（2018）
著(编)者：周冯琦 汤庆合
2018年2月出版 / 估价：99.00元
PSN B-2006-060-4/7

上饶蓝皮书
上饶发展报告（2016~2017）
著(编)者：廖其志 2018年3月出版 / 估价：128.00元
PSN B-2014-377-1/1

深圳蓝皮书
深圳经济发展报告（2018）
著(编)者：张骁儒 2018年6月出版 / 估价：99.00元
PSN B-2008-112-3/7

四川蓝皮书
四川城镇化发展报告（2018）
著(编)者：侯水平 陈炜
2018年4月出版 / 估价：99.00元
PSN B-2015-456-7/7

四川蓝皮书
2018年四川经济形势分析与预测
著(编)者：杨钢　2018年1月出版 / 估价：99.00元
PSN B-2007-098-2/7

四川蓝皮书
四川企业社会责任研究报告（2017~2018）
著(编)者：侯水平 盛毅　2018年5月出版 / 估价：99.00元
PSN B-2014-386-4/7

四川蓝皮书
四川生态建设报告（2018）
著(编)者：李晟之　2018年5月出版 / 估价：99.00元
PSN B-2015-455-6/7

体育蓝皮书
上海体育产业发展报告（2017~2018）
著(编)者：张林 黄海燕　2018年10月出版 / 估价：99.00元
PSN B-2015-454-4/5

体育蓝皮书
长三角地区体育产业发展报告（2017~2018）
著(编)者：张林　2018年4月出版 / 估价：99.00元
PSN B-2015-453-3/5

天津金融蓝皮书
天津金融发展报告（2018）
著(编)者：王爱俭 孔德昌　2018年3月出版 / 估价：99.00元
PSN B-2014-418-1/1

图们江区域合作蓝皮书
图们江区域合作发展报告（2018）
著(编)者：李铁　2018年6月出版 / 估价：99.00元
PSN B-2015-464-1/1

温州蓝皮书
2018年温州经济社会形势分析与预测
著(编)者：蒋儒标 王春光 金浩
2018年4月出版 / 估价：99.00元
PSN B-2008-105-1/1

西咸新区蓝皮书
西咸新区发展报告（2018）
著(编)者：李扬 王军
2018年6月出版 / 估价：99.00元
PSN B-2016-534-1/1

修武蓝皮书
修武经济社会发展报告（2018）
著(编)者：张占仓 袁凯声
2018年10月出版 / 估价：99.00元
PSN B-2017-651-1/1

偃师蓝皮书
偃师经济社会发展报告（2018）
著(编)者：张占仓 袁凯声 何武周
2018年7月出版 / 估价：99.00元
PSN B-2017-627-1/1

扬州蓝皮书
扬州经济社会发展报告（2018）
著(编)者：陈扬
2018年12月出版 / 估价：108.00元
PSN B-2011-191-1/1

长垣蓝皮书
长垣经济社会发展报告（2018）
著(编)者：张占仓 袁凯声 秦保建
2018年10月出版 / 估价：99.00元
PSN B-2017-654-1/1

遵义蓝皮书
遵义发展报告（2018）
著(编)者：邓彦 曾征 龚永育
2018年9月出版 / 估价：99.00元
PSN B-2014-433-1/1

地方发展类-社会

安徽蓝皮书
安徽社会发展报告（2018）
著(编)者：程桦　2018年4月出版 / 估价：99.00元
PSN B-2013-325-1/1

安徽社会建设蓝皮书
安徽社会建设分析报告（2017~2018）
著(编)者：黄家海 蔡宪
2018年11月出版 / 估价：99.00元
PSN B-2013-322-1/1

北京蓝皮书
北京公共服务发展报告（2017~2018）
著(编)者：施昌奎　2018年3月出版 / 估价：99.00元
PSN B-2008-103-7/8

北京蓝皮书
北京社会发展报告（2017~2018）
著(编)者：李伟东
2018年7月出版 / 估价：99.00元
PSN B-2006-055-3/8

北京蓝皮书
北京社会治理发展报告（2017~2018）
著(编)者：殷星辰　2018年7月出版 / 估价：99.00元
PSN B-2014-391-8/8

北京律师蓝皮书
北京律师发展报告 No.3（2018）
著(编)者：王隽　2018年12月出版 / 估价：99.00元
PSN B-2011-217-1/1

北京人才蓝皮书
北京人才发展报告（2018）
著(编)者：敏华　　2018年12月出版 / 估价：128.00元
PSN B-2011-201-1/1

北京社会心态蓝皮书
北京社会心态分析报告（2017～2018）
北京市社会心理服务促进中心
2018年10月出版 / 估价：99.00元
PSN B-2014-422-1/1

北京社会组织管理蓝皮书
北京社会组织发展与管理（2018）
著(编)者：黄江松
2018年4月出版 / 估价：99.00元
PSN B-2015-446-1/1

北京养老产业蓝皮书
北京居家养老发展报告（2018）
著(编)者：陆杰华 周明明
2018年8月出版 / 估价：99.00元
PSN B-2015-465-1/1

法治蓝皮书
四川依法治省年度报告No.4（2018）
著(编)者：李林 杨天宗 田禾
2018年3月出版 / 估价：118.00元
PSN B-2015-447-2/3

福建妇女发展蓝皮书
福建省妇女发展报告（2018）
著(编)者：刘群英　　2018年11月出版 / 估价：99.00元
PSN B-2011-220-1/1

甘肃蓝皮书
甘肃社会发展分析与预测（2018）
著(编)者：安文华 包晓霞 谢增虎
2018年1月出版 / 估价：99.00元
PSN B-2013-313-2/6

广东蓝皮书
广东全面深化改革研究报告（2018）
著(编)者：周林生 涂成林
2018年12月出版 / 估价：99.00元
PSN B-2015-504-3/3

广东蓝皮书
广东社会工作发展报告（2018）
著(编)者：罗观翠　　2018年6月出版 / 估价：99.00元
PSN B-2014-402-2/3

广州蓝皮书
广州青年发展报告（2018）
著(编)者：徐柳 张强
2018年8月出版 / 估价：99.00元
PSN B-2013-352-13/14

广州蓝皮书
广州社会保障发展报告（2018）
著(编)者：张跃国　　2018年8月出版 / 估价：99.00元
PSN B-2014-425-14/14

广州蓝皮书
2018年中国广州社会形势分析与预测
著(编)者：张强 郭志勇 何镜清
2018年6月出版 / 估价：99.00元
PSN B-2008-110-5/14

贵州蓝皮书
贵州法治发展报告（2018）
著(编)者：吴大华　　2018年5月出版 / 估价：99.00元
PSN B-2012-254-2/10

贵州蓝皮书
贵州人才发展报告（2017）
著(编)者：于杰 吴大华
2018年9月出版 / 估价：99.00元
PSN B-2014-382-3/10

贵州蓝皮书
贵州社会发展报告（2018）
著(编)者：王兴骥　　2018年4月出版 / 估价：99.00元
PSN B-2010-166-1/10

杭州蓝皮书
杭州妇女发展报告（2018）
著(编)者：魏颖　　2018年10月出版 / 估价：99.00元
PSN B-2014-403-1/1

河北蓝皮书
河北法治发展报告（2018）
著(编)者：康振海　　2018年6月出版 / 估价：99.00元
PSN B-2017-622-3/3

河北食品药品安全蓝皮书
河北食品药品安全研究报告（2018）
著(编)者：丁锦霞　　2018年10月出版 / 估价：99.00元
PSN B-2015-473-1/1

河南蓝皮书
河南法治发展报告（2018）
著(编)者：张林海　　2018年7月出版 / 估价：99.00元
PSN B-2014-376-6/9

河南蓝皮书
2018年河南社会形势分析与预测
著(编)者：牛苏林　　2018年5月出版 / 估价：99.00元
PSN B-2005-043-1/9

河南民办教育蓝皮书
河南民办教育发展报告（2018）
著(编)者：胡大白　　2018年9月出版 / 估价：99.00元
PSN B-2017-642-1/1

黑龙江蓝皮书
黑龙江社会发展报告（2018）
著(编)者：谢宝禄　　2018年1月出版 / 估价：99.00元
PSN B-2011-189-1/2

湖南蓝皮书
2018年湖南两型社会与生态文明建设报告
著(编)者：卞鹰　　2018年5月出版 / 估价：128.00元
PSN B-2011-208-3/8

湖南蓝皮书
2018年湖南社会发展报告
著(编)者：卞鹰　　2018年5月出版 / 估价：128.00元
PSN B-2014-393-5/8

健康城市蓝皮书
北京健康城市建设研究报告（2018）
著(编)者：王鸿春 盛继洪　　2018年9月出版 / 估价：99.00元
PSN B-2015-460-1/2

江苏法治蓝皮书
江苏法治发展报告No.6（2017）
著(编)者：蔡道通 龚廷泰 2018年8月出版 / 估价：99.00元
PSN B-2012-290-1/1

江苏蓝皮书
2018年江苏社会发展分析与展望
著(编)者：王庆五 刘旺洪 2018年8月出版 / 估价：128.00元
PSN B-2017-636-2/3

南宁蓝皮书
南宁法治发展报告（2018）
著(编)者：杨维超 2018年12月出版 / 估价：99.00元
PSN B-2015-509-1/3

南宁蓝皮书
南宁社会发展报告（2018）
著(编)者：胡建华 2018年10月出版 / 估价：99.00元
PSN B-2016-570-3/3

内蒙古蓝皮书
内蒙古反腐倡廉建设报告 No.2
著(编)者：张志华 2018年6月出版 / 估价：99.00元
PSN B-2013-365-1/1

青海蓝皮书
2018年青海人才发展报告
著(编)者：王宇燕 2018年9月出版 / 估价：99.00元
PSN B-2017-650-2/2

青海生态文明建设蓝皮书
青海生态文明建设报告（2018）
著(编)者：张西明 高华 2018年12月出版 / 估价：99.00元
PSN B-2016-595-1/1

人口与健康蓝皮书
深圳人口与健康发展报告（2018）
著(编)者：陆杰华 傅崇辉 2018年11月出版 / 估价：99.00元
PSN B-2011-228-1/1

山东蓝皮书
山东社会形势分析与预测（2018）
著(编)者：李善峰 2018年6月出版 / 估价：99.00元
PSN B-2014-405-2/5

陕西蓝皮书
陕西社会发展报告（2018）
著(编)者：任宗哲 白宽犁 牛昉 2018年1月出版 / 估价：99.00元
PSN B-2009-136-2/6

上海蓝皮书
上海法治发展报告（2018）
著(编)者：叶必丰 2018年9月出版 / 估价：99.00元
PSN B-2012-296-6/7

上海蓝皮书
上海社会发展报告（2018）
著(编)者：杨雄 周海旺
2018年2月出版 / 估价：99.00元
PSN B-2006-058-2/7

社会建设蓝皮书
2018年北京社会建设分析报告
著(编)者：宋贵伦 冯虹 2018年9月出版 / 估价：99.00元
PSN B-2010-173-1/1

深圳蓝皮书
深圳法治发展报告（2018）
著(编)者：张骁儒 2018年6月出版 / 估价：99.00元
PSN B-2015-470-6/7

深圳蓝皮书
深圳劳动关系发展报告（2018）
著(编)者：汤庭芬 2018年8月出版 / 估价：99.00元
PSN B-2007-097-2/7

深圳蓝皮书
深圳社会治理与发展报告（2018）
著(编)者：张骁儒 2018年6月出版 / 估价：99.00元
PSN B-2008-113-4/7

生态安全绿皮书
甘肃国家生态安全屏障建设发展报告（2018）
著(编)者：刘举科 喜文华
2018年10月出版 / 估价：99.00元
PSN G-2017-659-1/1

顺义社会建设蓝皮书
北京市顺义区社会建设发展报告（2018）
著(编)者：王学武 2018年9月出版 / 估价：99.00元
PSN B-2017-658-1/1

四川蓝皮书
四川法治发展报告（2018）
著(编)者：郑泰安 2018年1月出版 / 估价：99.00元
PSN B-2015-441-5/7

四川蓝皮书
四川社会发展报告（2018）
著(编)者：李羚 2018年6月出版 / 估价：99.00元
PSN B-2008-127-3/7

云南社会治理蓝皮书
云南社会治理年度报告（2017）
著(编)者：晏雄 韩全芳
2018年5月出版 / 估价：99.00元
PSN B-2017-667-1/1

地方发展类-文化

北京传媒蓝皮书
北京新闻出版广电发展报告（2017~2018）
著(编)者：王志 2018年11月出版 / 估价：99.00元
PSN B-2016-588-1/1

北京蓝皮书
北京文化发展报告（2017~2018）
著(编)者：李建盛 2018年5月出版 / 估价：99.00元
PSN B-2007-082-4/8

创意城市蓝皮书
北京文化创意产业发展报告（2018）
著(编)者：郭万超 张京成　2018年12月出版 / 估价：99.00元
PSN B-2012-263-1/7

创意城市蓝皮书
天津文化创意产业发展报告（2017～2018）
著(编)者：谢思全　2018年6月出版 / 估价：99.00元
PSN B-2016-536-7/7

创意城市蓝皮书
武汉文化创意产业发展报告（2018）
著(编)者：黄永林 陈汉桥　2018年12月出版 / 估价：99.00元
PSN B-2013-354-4/7

创意上海蓝皮书
上海文化创意产业发展报告（2017～2018）
著(编)者：王慧敏 王兴全　2018年8月出版 / 估价：99.00元
PSN B-2016-561-1/1

非物质文化遗产蓝皮书
广州市非物质文化遗产保护发展报告（2018）
著(编)者：宋俊华　2018年12月出版 / 估价：99.00元
PSN B-2016-589-1/1

甘肃蓝皮书
甘肃文化发展分析与预测（2018）
著(编)者：王俊莲 周小华　2018年1月出版 / 估价：99.00元
PSN B-2013-314-3/6

甘肃蓝皮书
甘肃舆情分析与预测（2018）
著(编)者：陈双梅 张谦元　2018年1月出版 / 估价：99.00元
PSN B-2013-315-4/6

广州蓝皮书
中国广州文化发展报告（2018）
著(编)者：屈哨兵 陆志强　2018年6月出版 / 估价：99.00元
PSN B-2009-134-7/14

广州蓝皮书
广州文化创意产业发展报告（2018）
著(编)者：徐咏虹　2018年7月出版 / 估价：99.00元
PSN B-2008-111-6/14

海淀蓝皮书
海淀区文化和科技融合发展报告（2018）
著(编)者：陈名杰 孟景伟　2018年5月出版 / 估价：99.00元
PSN B-2013-329-1/1

河南蓝皮书
河南文化发展报告（2018）
著(编)者：卫绍生　2018年7月出版 / 估价：99.00元
PSN B-2008-106-2/9

湖北文化产业蓝皮书
湖北省文化产业发展报告（2018）
著(编)者：黄晓华　2018年9月出版 / 估价：99.00元
PSN B-2017-656-1/1

湖北文化蓝皮书
湖北文化发展报告（2017~2018）
著(编)者：湖北大学高等人文研究院
中华文化发展湖北省协同创新中心
2018年10月出版 / 估价：99.00元
PSN B-2016-566-1/1

江苏蓝皮书
2018年江苏文化发展分析与展望
著(编)者：王庆五 樊和平　2018年9月出版 / 估价：128.00元
PSN B-2017-637-3/3

江西文化蓝皮书
江西非物质文化遗产发展报告（2018）
著(编)者：张圣才 傅安平　2018年12月出版 / 估价：128.00元
PSN B-2015-499-1/1

洛阳蓝皮书
洛阳文化发展报告（2018）
著(编)者：刘福兴 陈启明　2018年7月出版 / 估价：99.00元
PSN B-2015-476-1/1

南京蓝皮书
南京文化发展报告（2018）
著(编)者：中共南京市委宣传部
2018年12月出版 / 估价：99.00元
PSN B-2014-439-1/1

宁波文化蓝皮书
宁波“一人一艺”全民艺术普及发展报告（2017）
著(编)者：张爱琴　2018年11月出版 / 估价：128.00元
PSN B-2017-668-1/1

山东蓝皮书
山东文化发展报告（2018）
著(编)者：涂可国　2018年5月出版 / 估价：99.00元
PSN B-2014-406-3/5

陕西蓝皮书
陕西文化发展报告（2018）
著(编)者：任宗哲 白宽犁 王长寿
2018年1月出版 / 估价：99.00元
PSN B-2009-137-3/6

上海蓝皮书
上海传媒发展报告（2018）
著(编)者：强荧 焦雨虹　2018年2月出版 / 估价：99.00元
PSN B-2012-295-5/7

上海蓝皮书
上海文学发展报告（2018）
著(编)者：陈圣来　2018年6月出版 / 估价：99.00元
PSN B-2012-297-7/7

上海蓝皮书
上海文化发展报告（2018）
著(编)者：荣跃明　2018年2月出版 / 估价：99.00元
PSN B-2006-059-3/7

深圳蓝皮书
深圳文化发展报告（2018）
著(编)者：张骁儒　2018年7月出版 / 估价：99.00元
PSN B-2016-554-7/7

四川蓝皮书
四川文化产业发展报告（2018）
著(编)者：向宝云 张立伟　2018年4月出版 / 估价：99.00元
PSN B-2006-074-1/7

郑州蓝皮书
2018年郑州文化发展报告
著(编)者：王哲　2018年9月出版 / 估价：99.00元
PSN B-2008-107-1/1

皮书起源

“皮书”起源于十七、十八世纪的英国，主要指官方或社会组织正式发表的重要文件或报告，多以“白皮书”命名。在中国，“皮书”这一概念被社会广泛接受，并被成功运作、发展成为一种全新的出版形态，则源于中国社会科学院社会科学文献出版社。

皮书定义

皮书是对中国与世界发展状况和热点问题进行年度监测，以专业的角度、专家的视野和实证研究方法，针对某一领域或区域现状与发展态势展开分析和预测，具备原创性、实证性、专业性、连续性、前沿性、时效性等特点的公开出版物，由一系列权威研究报告组成。

皮书作者

皮书系列的作者以中国社会科学院、著名高校、地方社会科学院的研究人员为主，多为国内一流研究机构的权威专家学者，他们的看法和观点代表了学界对中国与世界的现实和未来最高水平的解读与分析。

皮书荣誉

皮书系列已成为社会科学文献出版社的著名图书品牌和中国社会科学院的知名学术品牌。2016 年，皮书系列正式列入“十三五”国家重点出版规划项目；2013~2018 年，重点皮书列入中国社会科学院承担的国家哲学社会科学创新工程项目；2018 年，59 种院外皮书使用“中国社会科学院创新工程学术出版项目”标识。

中国皮书网

（网址：www.pishu.cn）

发布皮书研创资讯，传播皮书精彩内容
引领皮书出版潮流，打造皮书服务平台

栏目设置

关于皮书：何谓皮书、皮书分类、皮书大事记、皮书荣誉、
皮书出版第一人、皮书编辑部

最新资讯：通知公告、新闻动态、媒体聚焦、网站专题、视频直播、下载专区

皮书研创：皮书规范、皮书选题、皮书出版、皮书研究、研创团队

皮书评奖评价：指标体系、皮书评价、皮书评奖

互动专区：皮书说、社科数托邦、皮书微博、留言板

所获荣誉

2008 年、2011 年，中国皮书网均在全国新闻出版业网站荣誉评选中获得“最具商业价值网站”称号；

2012 年，获得“出版业网站百强”称号。

网库合一

2014 年，中国皮书网与皮书数据库端口合一，实现资源共享。

权威报告·一手数据·特色资源

皮书数据库

ANNUAL REPORT(YEARBOOK) DATABASE

当代中国经济与社会发展高端智库平台

所获荣誉

- 2016年，入选“‘十三五’国家重点电子出版物出版规划骨干工程”
- 2015年，荣获“搜索中国正能量 点赞2015”“创新中国科技创新奖”
- 2013年，荣获“中国出版政府奖·网络出版物奖”提名奖
- 连续多年荣获中国数字出版博览会“数字出版·优秀品牌”奖

www.pishu.com.cn

成为会员

通过网址www.pishu.com.cn或使用手机扫描二维码进入皮书数据库网站，进行手机号码验证或邮箱验证即可成为皮书数据库会员（建议通过手机号码快速验证注册）。

会员福利

- 使用手机号码首次注册的会员，账号自动充值100元体验金，可直接购买和查看数据库内容（仅限使用手机号码快速注册）。
- 已注册用户购书后可免费获赠100元皮书数据库充值卡。刮开充值卡涂层获取充值密码，登录并进入“会员中心”—“在线充值”—“充值卡充值”，充值成功后即可购买和查看数据库内容。

数据库服务热线：400-008-6695
数据库服务QQ：2475522410
数据库服务邮箱：database@ssap.cn

图书销售热线：010-59367070/7028
图书服务QQ：1265056568
图书服务邮箱：duzhe@ssap.cn